Virtualisierung für Einsteiger

Matthew Portnoy

Virtualisierung für Einsteiger

Übersetzung aus dem Amerikanischen von
Reinhard Engel

Bibliografische Information der Deutschen Nationalbibliothek

Die Deutsche Nationalbibliothek verzeichnet diese Publikation in der Deutschen Nationalbibliografie; detaillierte bibliografische Daten sind im Internet über http://dnb.d-nb.de abrufbar.

1. Auflage 2012

© 2012 WILEY-VCH Verlag GmbH & Co. KGaA, Weinheim

Englischsprachige Originalausgabe »Virtualization Essentials«. Copyright © 2012 by John Wiley & Sons, Inc. All Rights Reserved. This translation published under license with the original publisher John Wiley and Sons, Inc.
Alle Rechte vorbehalten. Diese Übersetzung wird mit Genehmigung von John Wiley and Sons, Inc. publiziert.

Wiley, das Wiley-Logo und das Sybex-Logo sind Marken oder eingetragene Marken von John Wiley & Sons, Inc., USA, Deutschland und in anderen Ländern und dürfen nicht ohne schriftliche Genehmigung verwendet werden. Alle im Buch genannten Marken sind Eigentum ihrer jeweiligen Besitzer.

Das vorliegende Werk wurde sorgfältig erarbeitet. Dennoch übernehmen Autoren und Verlag für die Richtigkeit von Angaben, Hinweisen und Ratschlägen sowie eventuelle Druckfehler keine Haftung.

Wir möchten Sie mit diesem Buch optimal unterstützen und freuen uns daher über Ihre Anregungen und Verbesserungsvorschläge. Notwendige Korrekturen veröffentlichen wir im Interesse aller Leser umgehend unter *www.sybex.de* und berücksichtigen sie bei der nächsten Auflage. Herzlichen Dank für Ihre Unterstützung!

Ihr Sybex-Lektoratsteam
lektorat@sybex.de

ISBN 978-3-527-76023-7

Coverbild   © shutterstock/advent, Bukhavets Mikhail; Torge Stoffers
Umschlaggestaltung   Torge Stoffers, Graphik-Design, Leipzig
Korrektur   Petra Heubach-Erdmann und Jürgen Erdmann, Düsseldorf
Satz   Reemers Publishing Services GmbH, Krefeld
Druck und Bindung   CPI – Ebner & Spiegel GmbH, Ulm

Inhaltsverzeichnis

		Über den Autor	11
		Einführung	13
		Wer dieses Buch lesen sollte	14
		Was Sie brauchen	15
		Was in diesem Buch behandelt wird......................	15
		Kontakt mit dem Autor aufnehmen	17
1		Was ist Virtualisierung?..............................	19
	1.1	Eine Beschreibung der Virtualisierung	19
	1.2	Die Bedeutung der Virtualisierung	29
	1.3	Wie funktioniert Virtualisierungs-Software?.................	36
	1.4	Die Grundlagen und darüber hinaus.......................	40
2		Was sind Hypervisoren?..............................	41
	2.1	Beschreibung eines Hypervisors	41
	2.2	Die Rolle eines Hypervisors..............................	47
	2.3	Ein Vergleich der heutigen Hypervisoren	50
	2.4	Die Grundlagen und darüber hinaus.......................	56
3		Was sind virtuelle Maschinen?........................	59
	3.1	Aufbau einer virtuellen Maschine.........................	59
	3.2	Wie eine virtuelle Maschine funktioniert	67
	3.3	Mit virtuellen Maschinen arbeiten	69
	3.4	Die Grundlagen und darüber hinaus.......................	75

| Inhaltsverzeichnis

4	Eine virtuelle Maschine erstellen	77
4.1	P2V-Umwandlungen	77
4.2	Bestückung Ihrer Umgebung	81
4.3	Eine neue virtuelle Maschine erstellen	92
4.4	Die Grundlagen und darüber hinaus	99
5	Windows auf einer virtuellen Maschine installieren	101
5.1	Windows in eine virtuelle Maschine laden	101
5.2	Die Konfigurationsoptionen	120
5.3	Eine neue virtuelle Maschine optimieren	127
5.4	Die Grundlagen und darüber hinaus	128
6	Linux auf einer virtuellen Maschine installieren	131
6.1	Linux in eine virtuelle Maschine laden	131
6.2	Linux in einer virtuellen Maschine erstellen	133
6.3	VMware Tools installieren	149
6.4	Die Konfigurationsoptionen verstehen	154
6.5	Eine neue virtuelle Linux-Maschine optimieren	160
6.6	Die Grundlagen und darüber hinaus	162
7	CPUs für eine virtuelle Maschine verwalten	163
7.1	Die Virtualisierung der CPU verstehen	163
7.2	VM-CPU-Optionen konfigurieren	168
7.3	Optimierungsverfahren für VM-CPUs	169
7.4	Die Grundlagen und darüber hinaus	174
8	Speicher für eine virtuelle Maschine verwalten	175
8.1	Was ist Speichervirtualisierung?	175
8.2	VM-Speicheroptionen konfigurieren	178
8.3	Optimierungsverfahren für VM-Speicher	180
8.4	Die Grundlagen und darüber hinaus	187
9	Festplattenspeicher für eine virtuelle Maschine verwalten	189
9.1	Was ist Plattenspeichervirtualisierung?	189
9.2	VM-Storage-Optionen konfigurieren	195
9.3	Optimierung von VM-Festplatten	203
9.4	Die Grundlagen und darüber hinaus	209

10	Networking für eine virtuelle Maschine verwalten............	211
10.1	Was ist Netzwerk-Virtualisierung?.........................	211
10.2	VM-Netzwerkoptionen konfigurieren.......................	223
10.3	Optimierungsverfahren für virtuelle Netzwerke...............	231
10.4	Die Grundlagen und darüber hinaus........................	233

11	**Eine virtuelle Maschine kopieren**...........................	235
11.1	Eine virtuelle Maschine klonen...........................	236
11.2	Den Status einer virtuellen Maschine speichern...............	247
11.3	Die Grundlagen und darüber hinaus........................	256

12	**Zusätzliche Geräte in virtuellen Maschinen verwalten**..........	259
12.1	Mit VMware Tools arbeiten................................	259
12.2	Virtuelle Geräte verstehen................................	261
12.3	CD/DVD-Laufwerke konfigurieren.........................	262
12.4	Ein Diskettenlaufwerk konfigurieren.......................	263
12.5	Eine Soundkarte konfigurieren............................	266
12.6	USB-Geräte konfigurieren................................	268
12.7	Grafische Displays konfigurieren..........................	271
12.8	Andere Geräte konfigurieren..............................	272
12.9	Die Grundlagen und darüber hinaus........................	276

13	**Was bedeutet Verfügbarkeit?**................................	277
13.1	Die Verfügbarkeit steigern................................	277
13.2	Eine virtuelle Maschine schützen..........................	280
13.3	Mehrere virtuelle Maschinen schützen......................	285
13.4	Datenzentren schützen...................................	290
13.5	Die Grundlagen und darüber hinaus........................	293

14	**Wie arbeiten Applikationen in einer virtuellen Maschine?**.......	295
14.1	Applikationsperformance in einer virtuellen Infrastruktur.......	296
14.2	Applikationen in einer virtuellen Umgebung einsetzen..........	301
14.3	Virtuelle Appliances und vApps verstehen...................	310
14.4	Die Grundlagen und darüber hinaus........................	313

| Inhaltsverzeichnis

    Glossar 315

    Lösungen zu den Zusatzaufgaben 323
        Kapitel 1 323
        Kapitel 2 324
        Kapitel 3 325
        Kapitel 4 326
        Kapitel 5 326
        Kapitel 6 327
        Kapitel 7 327
        Kapitel 8 328
        Kapitel 9 328
        Kapitel 10 329
        Kapitel 11 329
        Kapitel 12 330
        Kapitel 13 331
        Kapitel 14 331

Für meine Freunde und Familie, nah und fern.

Über den Autor

Matt Portnoy arbeitet seit mehr als 30 Jahren in der IT-Branche. Er war für Unternehmen wie NCR, Sperry/Unisys, Stratus Computer und Oracle tätig. Gegenwärtig ist er bei VMware beschäftigt. Während seiner beruflichen Laufbahn hat er viele der zentralen technologischen Trends aus erster Hand miterlebt: die Geburt des PC, Client-Server Computing, Fehlertoleranz und Verfügbarkeit, den Aufstieg des Internets und jetzt der Virtualisierung, die die Basis für das Cloud Computing bildet. Als Analytiker sowohl bei der Geschäftsanbahnung als auch bei der Geschäftsabwicklung hat er alle Disziplinen des IT-Geschäfts kennen gelernt, einschließlich zahlloser Programmiersprachen, Betriebssysteme, Applikationsdesign und -entwicklung, Datenbankoperationen, Networking, Sicherheit, Verfügbarkeit und Virtualisierung. Er war Vortragsredner auf der VMworld, der größten Virtualisierungskonferenz der IT-Branche, und hält häufig Vorträge auf Treffen von Usergroups. Außerdem hält er als Assistenzprofessor am Wake Tech Community College in Raleigh, North Carolina, seit 2007 Vorlesungen über Datenbanken ab.

Einführung

Wir leben in aufregenden Zeiten. Die Informationsflut überrollt zunehmend alle Lebensbereiche. Ohne Zeitverzögerung können wir auf schwindelerregende Mengen von Informationen zu dem Zeitpunkt zugreifen, an dem sie veröffentlicht werden. Smartphones und Tablets liefern kabellos Streaming Video, Audio und andere Medienformate an so gut wie jeden Ort des Planeten. Selbst Menschen, die nicht mit klassischen Computern umgehen können, halten per Facebook Kontakt mit Freunden und Familienmitgliedern, suchen per Google neue Restaurants, lassen sich Wegbeschreibungen ausdrucken und twittern ihre Eindrücke nach dem Restaurantbesuch. Die Infrastruktur, die diese Dienste unterstützt, wächst ebenfalls exponentiell. Ermöglicht wird dieses rasante Wachstum durch die Technologie der Virtualisierung.

Einerseits ist die Virtualisierung nicht mehr als eine zunehmend effiziente Nutzung vorhandener Ressourcen, die in kurzer Zeit riesige Kosteneinsparungen ermöglicht. Andererseits bietet sie Unternehmen neue Modelle für den Einsatz von Applikationen, um die Benutzer-Erwartungen einer höheren Verfügbarkeit zu erfüllen, modulare Packages, um neue Dienste nicht in Wochen, sondern in Minuten bereitzustellen, und fortgeschrittene Funktionen, die ein automatisches Load Balancing, Skalierbarkeit ohne Ausfallzeit, Selbstheilung, Self Service Provisioning und viele andere Fähigkeiten zur Verfügung stellen, um die traditionelle Architektur geschäftskritischer Applikationen zu verbessern. Große Unternehmen setzen diese Technologie bereits seit etwa fünf bis zehn Jahren ein, während kleinere bis mittlere Unternehmen sie erst jetzt für sich entdecken. Einige von ihnen könnten diese Entwicklung ganz verpassen und direkt zum Cloud Computing übergehen, der nächsten Entwicklungsstufe des Einsatzes von Applikationen. Die Virtualisierung bildet auch die Basis des Cloud Computings.

Dieser Quantensprung in unserer Welt erinnert an ähnliche Trends aus unserer jüngeren Geschichte, als Elektrizität und Telefon eingeführt wurden und das Alltagsleben veränderten. Während dieser Umwälzungen entstanden ganz neue

Branchen aus dem Nichts. Sie schufen neue Arbeitsplätze und boten Unternehmern mit Weitsicht und dem Mut, die Gunst der Stunde zu nutzen, Gelegenheit, neue Geschäftsfelder zu erschließen. Einem solchen Pioniergeist bieten sich heute ähnliche Chancen, da direkt vor unseren Augen ein neues Geschäftsfeld definiert und geschaffen wird. Wer selbst kein Virtualisierungsanbieter ist, kann mit diversen Partnern zusammenarbeiten: Hardware-Anbieter stellen Server zur Verfügung, Netzwerk-Anbieter sorgen für Connectivity, Storage-Partner bieten Datenspeicherung an und jeder stellt Dienste zur Verfügung. Software-Anbieter entwickeln neue speziell auf diese neuen Architekturen zugeschnittene Applikationen. Drittanbieter erstellen Tools, um diese Applikationen und die neue Infrastruktur zu überwachen und zu verwalten. Je mehr sich das Cloud Computing zum De-facto-Modell für die Entwicklung, den Einsatz und die Wartung von Applikationsdiensten entwickelt, desto stärker wird sich dieses Geschäftsfeld ausweiten.

Die erste Generation der Virtualisierungsspezialisten erwarb ihr Wissen aus schierer Notwendigkeit: Sie waren Server-Administratoren, die die neue Infrastruktur verstehen mussten, die in ihren Rechenzentren eingesetzt wurde. Dabei eigneten sie sich auch Wissen über diverse Teilbereiche an: über das Networking, um die virtuellen Netzwerke zu verwalten, über die Speicherung, um Verbindungen zu Storage Arrays herzustellen, und über Applikationen, um die Kommunikation mit den Applikationsteams zu verbessern. Nur wenige Menschen beherrschen alle diese Gebiete. Egal, ob Sie über eine gewisse Virtualisierungserfahrung verfügen oder das Gebiet für Sie neu ist, finden Sie in diesem Text das erforderliche Grundwissen, um die Virtualisierung selbst und die zentrale Rolle zu verstehen, die sie für die heutige und künftige IT-Infrastruktur spielt. Das Buch gibt Ihnen die Gelegenheit, eine der heute aufregendsten und am schnellsten wachsenden Technologien kennen zu lernen und zu erforschen.

Viel Spaß beim Lesen und bei der Virtualisierung!

Wer dieses Buch lesen sollte

Dieser Text wurde für Leser konzipiert, die nichts oder nur wenig über die Virtualisierungstechnologie wissen, und will ihnen die erforderlichen Grundkenntnisse vermitteln. Dieses Buch ist für Sie interessant, wenn Sie als IT-Student Informationen über die Virtualisierung suchen oder als IT-Manager im Rahmen Ihrer beruflichen Aufgaben die Grundlagen der Virtualisierung besser verstehen müssen. Dieses Buch könnte für Sie auch interessant sein, wenn Sie sich als IT-Profi auf eine bestimmte Disziplin (Server-Administration, Networking, Storage) spezialisiert haben und eine Einführung in die Virtualisierung oder das Cloud Computing suchen, um das Potenzial dieser Technologien für Ihr Unternehmen abzuschätzen.

Um den Inhalt dieses Buches zu verstehen, sollten Sie ...

- ... über grundlegende PC-Erfahrungen verfügen.
- ... wissen, was ein Betriebssystem ist und tut.
- ... wissen, welche Ressourcen bei der Datenverarbeitung benötigt werden (CPU, Arbeitsspeicher, externer Speicher und Netzwerk).
- ... auf abstrakter Ebene wissen, wie Programme diese Ressourcen nutzen.

Dieser Text ist für Sie nicht interessant, wenn Sie bereits professionell mit der Virtualisierung arbeiten und eine Anleitung oder eine Referenz suchen.

Was Sie brauchen

Die Übungen und Illustrationen in diesem Text wurden auf einem System erstellt, das unter Windows 7 SP1 lief. Als Virtualisierungsplattform wurde VMware Player eingesetzt. Sie können den Player kostenlos von folgender Adresse herunterladen: *http://downloads.vmware.com/d/*. Sie sollten über wenigstens 2 GB Arbeitsspeicher verfügen, mehr wäre noch besser. Die Installation erfordert 150 MB auf der Festplatte.

Die Beispiele demonstrieren die Erstellung zweier virtueller Maschinen: die eine unter Windows 7, die andere unter Red Hat Linux. Sie brauchen auch die Installationsmedien für diese Systeme. Jede der virtuellen Maschinen erfordert etwa 30 GB auf der Festplatte.

Was in diesem Buch behandelt wird

Hier ein Überblick über die Inhalte der einzelnen Kapitel.

Kapitel 1: Was ist Virtualisierung? führt in die Grundbegriffe der Computer-Virtualisierung von den Mainframes über verschiedene Computing-Trends bis zu den heutigen Technologien ein.

| Einführung

Kapitel 2: Was sind Hypervisoren? konzentriert sich auf Hypervisoren, die Software, die die Virtualisierungsschicht zur Verfügung stellt, und vergleicht einige der heutigen Angebote auf dem Markt.

Kapitel 3: Was sind virtuelle Maschinen? beschreibt, wie eine virtuelle Maschine aufgebaut ist, erklärt, wie sie mit dem Hypervisor zusammenarbeitet, der ihre Existenz unterstützt, und gibt einen Überblick über die Verwaltung der Ressourcen einer virtuellen Maschine.

Kapitel 4: Eine virtuelle Maschine erstellen beginnt mit der Konvertierung vorhandener physischer Server in virtuelle Maschinen und leitet Schritt für Schritt durch die Installation des VMware Player, der Virtualisierungsplattform, die in diesem Buch verwendet wird, sowie die Erstellung einer virtuellen Maschine.

Kapitel 5: Windows auf einer virtuellen Maschine installieren erläutert, wie Sie Microsoft Windows in die erstellte virtuelle Maschine laden können, und beschreibt dann die Konfiguration und möglichen Einstellungen.

Kapitel 6: Linux auf einer virtuellen Maschine installieren erläutert, wie Sie Red Hat Linux in eine virtuelle Maschine laden können, und beschreibt dann die Konfiguration und möglichen Einstellungen.

Kapitel 7: CPUs für eine virtuelle Maschine verwalten beschreibt, wie CPU-Ressourcen virtualisiert werden, und beschreibt dann verschiedene Einstellungsmöglichkeiten und Optimierungen. Zu den behandelten Themen gehören Hyperthreading und Intel kontra AMD.

Kapitel 8: Speicher für eine virtuelle Maschine verwalten beschreibt, wie Speicher in einer virtuellen Umgebung verwaltet wird und welche Konfigurationsmöglichkeiten zur Verfügung stehen. Es schließt mit einer Beschreibung verschiedener Technologien zur Speicheroptimierung und ihrer Arbeitsweise.

Kapitel 9: Storage für eine virtuelle Maschine verwalten untersucht, wie virtuelle Maschinen auf Storage Arrays zugreifen und welche Verbindungsmöglichkeiten sie nutzen können. Beschrieben werden Storage-Optionen für virtuelle Maschinen und Technologien der Storage-Optimierung wie etwa die Deduplikation.

Kapitel 10: Networking für eine virtuelle Maschine verwalten beschreibt zunächst das virtuelle Networking und wie virtuelle Maschinen über virtuelle Switches miteinander und der Außenwelt kommunizieren. Es schließt mit den Konfigurationsoptionen virtueller Netzwerke und beschreibt Optimierungsverfahren.

Kapitel 11: Eine virtuelle Maschine kopieren beschreibt, wie virtuelle Maschinen gesichert und durch Techniken wie Cloning und den Einsatz von Templates bereitgestellt werden können. Es schließt mit einer leistungsstarken Funktion namens *Snapshots*, mit der man den Status einer virtuellen Maschine sichern kann.

Kapitel 12: Zusätzliche Geräte in einer virtuellen Maschine verwalten beschreibt zunächst Tools für virtuelle Maschinen und von Fremdanbietern angebotene Applikations-Packages, die die Performance einer virtuellen Maschine optimieren. Es schließt mit Beschreibungen der virtuellen Unterstützung für andere Peripheriegeräte wie CD/DVD-Laufwerke und USB-Geräte.

Kapitel 13: Was bedeutet Verfügbarkeit? begründet, wie wichtig die Verfügbarkeit in der virtuellen Umgebung ist, und beschreibt dann verschiedene Verfügbarkeitstechnologien, die einzelne virtuelle Maschinen, Virtualisierungs-Server und ganze Datenzentren vor geplanten und ungeplanten Ausfallzeiten schützen.

Kapitel 14: Wie arbeiten Applikationen in einer virtuellen Maschine? konzentriert sich auf die Verfahren und Prozeduren für den Einsatz von Applikationen in einer virtuellen Umgebung. Die Themen umfassen die Applikationsperformance, die Verwendung von Ressourcenpools und den Einsatz virtueller Geräte.

Die **Lösungen der Zusatzaufgaben** enthalten alle Antworten auf die Übungen am Ende jedes Kapitels.

Das **Glossar** enthält die gebräuchlichsten Begriffe, die in diesem Buch verwendet werden.

Kontakt mit dem Autor aufnehmen

Ich schätze Ihr Feedback über dieses Buch oder über Bücher, die Sie in Zukunft gerne von mir sehen würden. Sie können mir (auf Englisch) gerne unter *mportnoyvm@gmail.com* schreiben.

Kapitel 1
Was ist Virtualisierung?

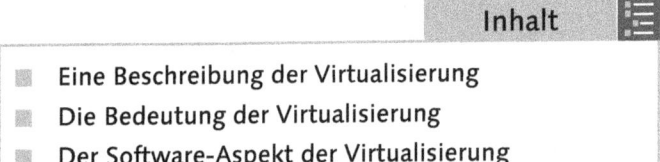

- Eine Beschreibung der Virtualisierung
- Die Bedeutung der Virtualisierung
- Der Software-Aspekt der Virtualisierung

Wir leben mitten in einer Umbruchphase. IT-Dienste werden zunehmend in neuen Formen über neue Kanäle angeboten. Als Konsument surfen Sie mit Ihrem Handy im Web, erhalten Wegbeschreibungen von einem GPS-Gerät und laden Filme und Musik aus der Cloud. Alle diese Dienste basieren auf einer ganz bestimmten Technologie, der *Virtualisierung* – der Möglichkeit, physische Server in eine virtuelle Maschine zu abstrahieren.

In diesem Kapitel lernen Sie einige Grundbegriffe der Virtualisierung kennen, erfahren, warum Virtualisierung erforderlich wurde, und lernen, warum sie ein Schlüsselbaustein für die künftige Informationsverarbeitung ist.

1.1 Eine Beschreibung der Virtualisierung

Im Laufe der letzten fünfzig Jahre haben bestimmte Schlüsseltrends die Art und Weise, wie IT-Dienste bereitgestellt wurden, grundlegend verändert. In den 60er und 70er Jahren des letzten Jahrhunderts beherrschten Mainframes die IT-Szene. In den 80er und frühen 90er Jahren trieben Personal Computer, die Digitalisierung des Schreibtisches und die Client/Server-Technologie die Entwicklung voran.

1.1 | Was ist Virtualisierung?

Seit Mitte der 90er Jahren erfolgte der rasante Aufstieg des Internets mit einem frühen Boom, dem Platzen der Internetblase und der schnellen Erholung. Auch wenn dieser Trend bis heute ungebrochen ist, befinden wir uns bereits mitten in einem weiteren, unser Denken verändernden Trend: der Virtualisierung.

Die Virtualisierung ist eine zerstörerische Technologie; denn sie zerreißt unseren Status quo, mit Computern als physische Maschinen umzugehen, Dienste bereitzustellen und Budgets festzulegen. Um zu verstehen, warum die Virtualisierung die heutige IT-Umgebung so tief greifend beeinflusst, müssen Sie ein wenig mehr darüber wissen, wie es dazu gekommen ist.

Die Bedeutung des Wortes *virtuell* hat sich in den letzten Jahren gewandelt. Sie hat sich parallel zur Erweiterung des Einsatzes von Computern in immer mehr Lebensbereichen erweitert; besonders die weitverbreitete Nutzung des Internets und von Smartphones hat diese Entwicklung vorangetrieben. Online-Applikationen haben es uns ermöglicht, in virtuellen Läden zu kaufen, mögliche Urlaubsorte auf virtuellen Touren zu erkunden und sogar unsere virtuellen Bücher in virtuellen Bibliotheken aufzubewahren. Viele Menschen investieren eine beträchtliche Zeit und echtes Geld, um als Abenteurer ganze Welten zu erkunden, die nur in der Vorstellung eines anderen und auf einem Gaming-Server existieren.

In der Informatik bedeutet Virtualisierung oft die Abstraktion einer physischen Komponente in ein logisches Software-Objekt. Durch Virtualisierung eines Objekts ist es oft möglich, die Ressource besser zu nutzen, die durch das Objekt zur Verfügung gestellt wird. So bieten etwa virtuelle LANs (Local Area Networks), oder VLANs, eine bessere Netzwerk-Performance und Handhabbarkeit, wenn sie von der physischen Hardware getrennt werden. Ähnlich bieten SANs (Storage Area Networks) eine größere Flexibilität, eine verbesserte Verfügbarkeit und effizientere Nutzung von Speicherressourcen, wenn die physischen Geräte in logische Objekte abstrahiert werden, die schnell und leicht manipuliert werden können. Wir werden uns jedoch auf die Virtualisierung ganzer Computer konzentrieren.

Wenn Ihnen der Begriff der Computer-Virtualisierung noch nicht vertraut ist, denken Sie möglicherweise zunächst an die so genannte *virtuelle Realität* – die Technologie, die durch die Nutzung raffinierter visueller Projektionen und sensorischer Feedbacks einer Person die Erfahrung vermittelt, sich tatsächlich in dieser erschaffenen Umgebung zu befinden. Auf einer grundlegenden Ebene ist dies genau das, worum es bei der Computer-Virtualisierung geht: Es ist die Art und Weise, wie eine Computer-Applikation ihre erschaffene Umgebung »erlebt«.

Eine Beschreibung der Virtualisierung | 1.1

> **Hinweis**
>
> Einige Beispiele für virtuelle Realitäten in unserer Popkultur sind das File Retrieval Interface in dem Buch *Disclosure* von Michael Crichton, die Filme der *Matrix*-Trilogie und das Holodeck von *Star Trek: The Next Generation*.

Die erste Mainstream-Virtualisierung erfolgte in den 1960ern auf IBM-Mainframes, aber Gerald J. Popek und Robert P. Goldberg legten die Rahmenbedingungen fest, die die Anforderungen beschreiben, die ein Computersystem erfüllen muss, um die Virtualisierung zu unterstützen. 1974 veröffentlichen sie ihren Artikel »Formal Requirements for Virtualizable Third Generation Architectures« (»Formale Anforderungen an virtualisierbare Architekturen der dritten Generation«), in dem sie die Rollen und Eigenschaften von virtuellen Maschinen und Monitoren für virtuelle Maschinen beschreiben. Diese Regeln befolgen wir heute noch. Sie können den Artikel unter *http://dl.acm.org/citation.cfm?doid=361011. 361073* kaufen oder gegen Gebühr für eine gewisse Zeitspanne online lesen. Laut Goldberg und Popek kann eine virtuelle Maschine (VM) alle Hardware-Ressourcen, einschließlich Prozessoren, Speicher, externe Speicher und Netzwerk-Connectivity virtualisieren. Ein Virtual-Machine-Monitor (VMM), heute üblicherweise *Hypervisor* genannt, ist die Software, die die Umgebung zur Verfügung stellt, in der eine VM arbeitet. Abbildung 1.1 zeigt eine einfache Illustration eines VMM.

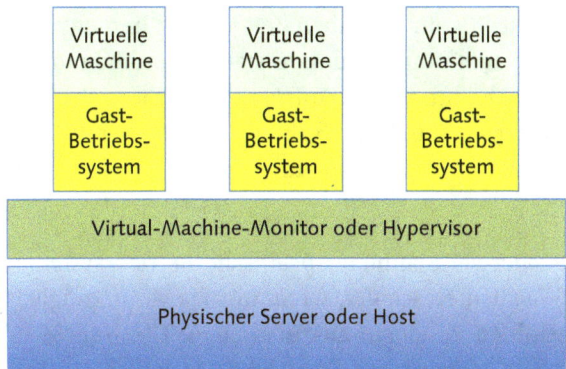

Abbildung 1.1 Ein grundlegender Virtual-Machine-Monitor (VMM)

Laut Goldberg und Popek muss ein VMM drei Eigenschaften aufweisen, um ihrer Definition zu genügen:

- **Treue (Fidelity):** Die Umgebung, die er für die VM erstellt, ist im Wesentlichen identisch mit der ursprünglichen Hardware (der physischen Maschine).

1.1 | Was ist Virtualisierung?

- **Isolation oder Sicherheit (Isolation or Safety)**: Der VMM muss über die komplette Kontrolle über die System-Ressourcen verfügen.

- **Performance (Performance)**: Zwischen der Performance der VM und ihrem physischen Gegenstück sollte es nur einen geringen oder gar keinen Unterschied geben.

Weil die meisten VMMs über die ersten beiden Eigenschaften verfügen, gelten VMMs, die auch das letzte Kriterium erfüllen, als *effiziente* VMMs. Wir werden auf diese Eigenschaften in Kapitel 2, »Was sind Hypervisoren?«, und in Kapitel 3, »Was sind virtuelle Maschinen?«, sehr viel tiefer eingehen.

Zurück zur Analogie der virtuellen Realität: Warum sollte man für ein Computerprogramm überhaupt eine virtuelle Welt erschaffen? Es zeigt sich, dass dies unbedingt erforderlich war. Ein kleiner Blick in die Geschichte soll Ihnen helfen, diese Notwendigkeit zu verstehen. Es würde den Rahmen dieses Textes sprengen, alle Details der Entwicklung der Server-basierten Datenverarbeitung darzulegen; doch für unsere Zwecke reicht die Beschreibung einiger Schlüsselereignisse.

1.1.1 Microsoft Windows fördert das Server-Wachstum

Microsoft Windows wurde in den 1980ern hauptsächlich als Betriebssystem für PCs entwickelt. Es gab Konkurrenten wie etwa CP/M oder OS/2, aber wie Sie wissen, setzte sich Windows letztlich auf dem Markt durch und ist heute immer noch das führende Betriebssystem für PCs. In derselben Zeit stellten immer mehr Unternehmen ihre Geschäftsprozesse auf Computer um. Anstatt Papier hin und her zu schieben, wickelten sie ihre Buchhaltung, ihre Auftragsverwaltung, ihr Personalwesen und viele andere branchenspezifische Aufgaben zunehmend mit Standardsoftware oder kundenspezifischen Applikationen auf Mainframes oder Minicomputern ab.

Auf diesen Computern liefen üblicherweise anbieterspezifische Betriebssysteme, was es den Unternehmen und IT-Fachleuten schwer, wenn nicht sogar unmöglich machte, Daten zwischen inkompatiblen Systemen auszutauschen. Dies führte zu einem Bedarf an *Standards*, ebenfalls gemeinsam festgelegten Methoden für den Datenaustausch, aber auch zu der Idee, dass dieselben oder ähnliche Betriebssysteme und Programme auf der Hardware vieler verschiedener Anbieter laufen können sollten. Das erste dieser Betriebssysteme war das von den Bell Laboratories kommerziell angebotene UNIX-Betriebssystem.

> **Hinweis**
>
> Zwischen den späten 1970ern und bis weit in die 1980er hinein gab es mehr als 70 verschiedene Betriebssysteme für Personal Computer.

In den Unternehmen wurden sowohl Windows-basierte PCs als auch Rechner mit anderen Betriebssystemen eingesetzt, die von den einschlägigen IT-Abteilungen betreut wurden. Aber es war kostspielig, die IT-Mitarbeiter auf mehreren Plattformen zu schulen. Höhere Speicherkapazitäten, schnellere Prozessoren und größere und schnellere Speichersubsysteme führten dazu, dass die Hardware, auf der Windows laufen konnte, zunehmend auch leistungsstärkere Applikationen ausführen konnte, die früher nur auf Minicomputern und Mainframes laufen konnten. Diese Applikationen wurden auf Windows Server migriert oder speziell für diese Plattform neu konzipiert.

Für die Unternehmen zahlte sich dies aus, weil die erforderliche Windows-Expertise bereits im Haus zur Verfügung stand und es nicht mehr erforderlich war, die eigene IT-Infrastruktur mit mehreren IT-Teams zu unterstützen. Diese Umstellung stellte die Unternehmen aber auch vor andere Herausforderungen. Weil Windows ursprünglich als Single-User-Betriebssystem konzipiert worden war, liefen einzelne Applikationen auf einem einzigen Windows Server problemlos, aber wenn ein zweites Programm gestartet wurde, verursachten die Anforderungen beider Programme oft diverse Ressourcenkonflikte und führten sogar zu Abstürzen des Betriebssystems. Dieses Verhalten veranlasste viele Unternehmen, Applikationsdesigner, Entwickler, IT-Fachleute und Anbieter, die Best Practice »Ein Server, eine Applikation« zu implementieren. Deshalb mussten für jede eingesetzte Applikation ein oder mehrere Server beschafft, eingerichtet und verwaltet werden.

Ein weiterer Grund für den wachsenden Einsatz von Servern war die Unternehmenspolitik. Die verschiedenen Unternehmen in einem einzelnen Konzern wollten keine gemeinsame Infrastruktur. Personal- und Buchhaltungsabteilungen behaupteten, ihre Daten wären zu sensibel, um anderen Gruppen den Zugriff auf die eigenen Systeme zu erlauben. Marketing, Finanzen und Verkauf bliesen in dasselbe Horn, um ihre Finanzdaten zu schützen. Forschung und Entwicklung verfügten ebenfalls über separate Server, um das geistige Eigentum ihres Unternehmens zu schützen. Weil sich die Abteilungen an ihre Besitzstände klammerten, setzten Unternehmen manchmal redundante Applikationen ein, wie etwa vier oder mehr E-Mail-Systeme, möglicherweise noch von verschiedenen Anbietern. Die Forderung nach der ausschließlichen Kontrolle über ihre Applikationsinfrastruktur gab den Abteilungen das

1.1 Was ist Virtualisierung?

Gefühl, auch die eigenen Daten ausschließlich selbst zu kontrollieren, aber diese Art von Kontrolle erhöhte auch ihre Kapitalkosten.

Diese Politik wurde durch die Tatsache unterstützt, dass die wachsende Nachfrage, der Wettbewerb, Moores Gesetz und Verbesserungen der Server- und Speichertechnologien die Kosten der Hardware drastisch reduzierten. Dadurch wurden die Einstiegskosten für Abteilungen, eine eigene IT-Infrastruktur aufzubauen und zu verwalten, erheblich gesenkt. Verarbeitungs- und Speicherkapazitäten, die früher Hunderttausende Dollar gekostet hatten, waren jetzt für einen Bruchteil dieser Kosten zu haben. Folglich wurden immer mehr Windows Server installiert.

Computer in Unternehmen wurden ursprünglich in speziellen Räumen untergebracht. Die Größe dieser Computerräume reichte von überdimensionierten Schränken bis zu speziell eingerichteten Etagen für die Aufstellung der Technologie-Infrastruktur eines Unternehmens. Sie verfügten üblicherweise über einen doppelten Fußboden, in dem die Kabel und manchmal Röhren für die Klimatisierung verlegt waren. Die Räume enthielten die Computer, die Netzwerkausrüstung und oft auch Telekommunikationsgeräte. Sie mussten mit ausreichend Strom versorgt werden, um alle Geräte betreiben zu können. Da diese vielen Geräte in einem geschlossenen Raum untergebracht waren, erzeugten sie eine beträchtliche Wärme, die durch entsprechende Kühlsysteme abgeleitet werden musste.

Die Verkabelung aller dieser Geräte, Brandschutzmaßnahmen und separate Sicherheitssysteme zum Schutz der Räume selbst trugen erheblich und mit steigender Tendenz zu den IT-Betriebskosten eines modernen Unternehmens bei. Weil die Unternehmen zunehmend mehr Geschäftsprozesse mit der IT-Technologie abwickelten, installierten sie zu diesem Zweck immer mehr Server. Schließlich führte diese Erweiterung zu Datenzentren. Ein *Datenzentrum* kann einen größeren Computerraum, eine komplette Etage in einem Gebäude oder ganze Gebäude umfassen, die ausschließlich der Gesundheit und der reibungslosen Funktion der IT-Infrastruktur des Unternehmens dienen. Es gab Gebäude ausschließlich für die Unterstützung der Server. Und dann erschien am Ende des 20. Jahrhunderts das Internet.

»E-business or out of business« (»E-Business oder kein Business«) war das Motto, als Unternehmen versuchten, ihre Territorien in dieser neuen Online-Welt abzustecken. Um den Anschluss an ihre Mitbewerber nicht zu verlieren, mussten Unternehmen ihre alten Applikationen webfähig machten, um diese stärker auf die Kunden auszurichten und kundendienstfreundlicher zu gestalten. Zu diesem Zweck setzen sie noch mehr Server ein. Innovative Unternehmen wie etwa Amazon oder Google erschienen aus dem Nichts. Sie schufen umwälzende Geschäftsmodelle, die auf großen Server-Farmen basierten, um schnell Millionen von Webseiten mit Petabytes von Daten liefern zu können (siehe Tabelle 1.1).

Name	Abkürzung	Größe
Byte	B	8 Bits (ein einzelnes Zeichen)
Kilobyte	KB	1.024 B
Megabyte	MB	1.024 KB
Gigabyte	GB	1.024 MB
Terabyte	TB	1.024 GB
Petabyte	PB	1.024 TB
Exabyte	EB	1.024 PB

Tabelle 1.1   Byte-Größen

Die IT-Infrastruktur wucherte mit alarmierender Geschwindigkeit aus; und es wurde noch schlimmer. Neue konsumentenbasierte Dienste wurden nicht mehr nur über die traditionellen Online-Kanäle, sondern auch über neuere Geräte wie Mobiltelefone oder Smartpads bereitgestellt, was das Wachstum der Datenzentren weiter beschleunigte. Zwischen 2000 und 2006 verdoppelte sich laut einem Bericht der *Environmental Protection Agency (EPA)* der Energieverbrauch der Datenzentren in den Vereinigten Staaten; und für die nächsten fünf Jahre wurde eine weitere Verdopplung erwartet. Doch nicht nur das: Server konsumierten über zwei Prozent der gesamten im Lande produzierten Elektrizität, und der Energieverbrauch zur Kühlung dieser Systeme war etwa noch einmal so hoch.

Betrachten wir diese Datenzentren etwas genauer. Viele stießen auf mehreren Ebenen an ihre räumlichen Grenzen. Manche Unternehmen hatten einfach keinen Platz mehr, um weitere Server aufzustellen, suchten nach Alternativen. Oft waren in den Gebäuden, in denen ein Datenzentrum untergebracht war, die Kapazitäten der Energieversorgung und der Kühlsysteme erschöpft. Größere oder zusätzliche Datenzentren zu bauen, war und ist immer noch ein teures Unterfangen. Doch der Platzmangel war nicht das einzige Wachstumsproblem. Oft wuchsen die Datenzentren schneller als die Fähigkeit ihrer Betreiber, sie zu kontrollieren und zu verwalten.

Geschichten von *verlorenen Servern* machten die Runde. (Ein *verlorener Server* ist ein Server, der läuft, von dem aber niemand recht weiß, welchen Zweck er erfüllt oder welchem Unternehmen er dient.) Doch aus Furcht, versehentlich irgendeinen

1.1 | Was ist Virtualisierung?

lebenswichtigen Geschäftsprozess zu unterbrechen, durften diese verlorenen Server nicht einfach abschaltet werden. In einigen Datenzentren war die Verkabelung so dick und ineinander verflochten, dass es einfacher war, defekte oder alte Kabel, die ausgetauscht werden mussten bzw. nicht mehr benötigt wurden, einfach liegen zu lassen, als zu versuchen, sie aus dem Geflecht herauszulösen. Natürlich sind dies extreme Beispiele, aber die meisten Datenzentren standen in einem oder mehreren dieser Bereiche vor mehr oder weniger großen Problemen.

1.1.2 Moores Gesetz

Die eben beschriebenen Ereignisse – die Marktdurchdringung von Windows, die zunehmende Abhängigkeit der Unternehmen von der Servertechnologie und das rasante Wachstum des Internets und anderer Content-getriebener Kanäle – trugen alle zum beschleunigten Wachstum der weltweiten Server-Population bei. Laut einer Studie aus 2006 war die geschätzte Anzahl von 16 Millionen Servern im Jahr 2000 auf fast 30 Millionen im Jahr 2005 angestiegen. Dieser Trend hält bis heute an. Denken Sie nur daran, auf wie vielen Wegen Sie heute Informationen aus der großen, weiten Welt abrufen können: Computer, Mobilgeräte (Handys, Smartphones, Tablets), Gaming-Plattformen, internetfähige Fernsehgeräte und andere. Täglich kommen neue Methoden hinzu. Jede Geräteklasse braucht eine breite und tiefe Infrastruktur, um ihre Dienste zu erfüllen. Doch dies ist nur ein Teil der Geschichte. Ihr anderer Teil handelt davon, wie effizient diese Computer geworden sind.

Wenn Sie eine elektronische Kopie dieses Textes auf einem traditionellen Computer oder vielleicht auf einem Smartphone oder sogar einem Tablet lesen, haben Sie dieses Gerät wahrscheinlich bereits wenigstens einmal ersetzt. Üblicherweise bieten Telekommunikationsanbieter ihren Kunden im Abstand einiger Jahre an, ältere Smartphones durch neuere, modernere Modelle zu ersetzen; dabei spekulieren sie natürlich auf eine Vertragsverlängerung. Einen Computer, den Sie 2000 gekauft haben, haben Sie wahrscheinlich durch ein Modell ersetzt, das Sie in den letzten drei bis fünf Jahren gekauft haben; und wenn es eher fünf Jahre sind, denken Sie wahrscheinlich darüber nach, dieses Gerät erneut zu ersetzen. Dies hat weniger mit Überalterung zu tun, obwohl elektronische Geräte heute selten so gebaut werden, dass sie ihre Nutzungszeitspanne überdauern.

Der Hauptgrund für einen Austausch ist vielmehr der unglaublich schnelle technologische Fortschritt. Immer mehr Funktionen werden in immer schnellere und kleinere Komponenten gepackt. So nahmen etwa die ersten Digitalkameras Bilder mit einer Auflösung von weniger als einem Megapixel auf. Heute bieten Kameras der unteren Preisklasse standardmäßig Auflösungen von mehr als zwölf Megapixeln. Smartphones waren ursprünglich mit Speicher (RAM) ausgerüstet, der in Kilobytes gemessen wurde; heute sind sie standardmäßig mit mehreren Gigabytes ausgerüstet. Der Unterschied beträgt zwei Größenordnungen. Es überrascht nicht, dass es eine Faustregel gibt, die besagt, wie schnell dieses Wachstum erfolgt. Sie wird als *Moores Gesetz* bezeichnet und sagt aus, mit welcher Rate bestimmte Technologien verbessert werden (siehe Abbildung 1.2).

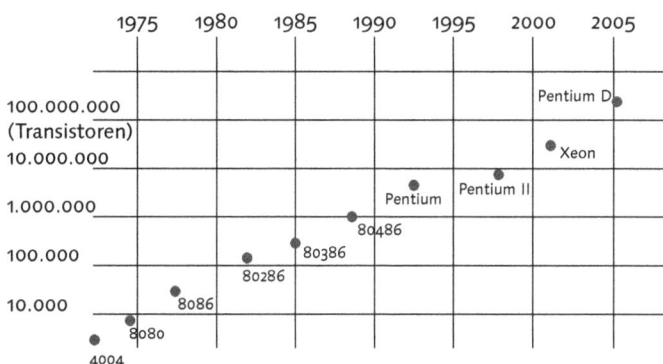

Abbildung 1.2 Moores Gesetz: Transistorzahl und Prozessorgeschwindigkeit

Die Entdeckung und Beschreibung dieses Phänomens wird Gordon Moore, einem der Gründer von Intel, zugeschrieben. Deshalb trägt es seinen Namen. Seine ursprünglichen Einsichten wurden bereits 1965 veröffentlicht; und obwohl sie seit damals mehrfach verfeinert wurden, sind sie auch heute noch gültig. Einfach ausgedrückt besagt Moores Gesetz, dass sich die Prozessorleistung etwa alle 18 Monate verdoppelt. Das bedeutet, dass ein Computer, den Sie in 18 Monaten vom heutigen Datum an gerechnet kaufen, doppelt so leistungsstark sein wird wie einer, den Sie heute kaufen.

Es hat sich gezeigt, dass Moores Gesetz nicht nur für die *Prozessorleistung* (die Geschwindigkeit und Kapazität von Computerchips), sondern auch für viele verwandte Technologien gilt (wie etwa die Speicherkapazität oder die Megapixelzahl in Digitalkameras). Man könnte meinen, dass wir nach fast 50 Jahren an eine technologische Grenze stoßen würden, die einen Fortgang dieses exponentiellen Wachstums verhinderte. Doch Wissenschaftler glauben, dass die Entwicklung, pessimistisch geschätzt, noch wenigstens 20 Jahre und optimistisch geschätzt noch Jahrhunderte so weitergehen wird. Doch was hat dies mit überstrapazierten Datenzentren und dem explosiven Server-Wachstum zu tun?

Server werden routinemäßig ersetzt. Es gibt zwei Hauptmodelle für diesen Prozess. Unternehmen kaufen Server; und dann kaufen sie in drei bis fünf Jahren neuere Modelle, wenn die alten Geräte abgeschrieben worden sind. Andere Unternehmen leasen Server, und wenn ein Leasing-Vertrag abgelaufen ist, leasen sie neuere Server. Das Intervall beträgt ebenfalls drei bis fünf Jahre. Der Server, der ursprünglich gekauft worden war, sollte wahrscheinlich eine bestimmte Aufgabe erfüllen, etwa eine Datenbank verwalten. Modell und Größe des Servers wurden mit der Hilfe eines Applikationsanbieters abgestimmt, der aufgrund der Anforderungen des Unternehmens eine bestimmte Konfiguration empfahl.

Die Anforderungen wurden nicht aus den aktuellen Bedürfnissen des Unternehmens zum Zeitpunkt des Serverkaufs, sondern aus seinen projektierten künftigen Bedürfnissen und etwaigen Notsituationen abgeleitet. Diese Zusatzkapazität wird auch als *Headroom* (wörtlich *Kopffreiheit*) bezeichnet. Um den Server für drei bis fünf Jahre nutzen zu können, musste dieser groß genug sein, um das erwartete Wachstum bis zu seiner Ausmusterung zu bewältigen, unabhängig davon, ob diese Zusatzkapazität tatsächlich genutzt wurde oder nicht. Wenn der Server ersetzt wurde, wurde er für die nächste Periode oft gegen ein ähnlich konfiguriertes Modell (mit derselben Anzahl von Prozessoren und demselben oder einem größeren Speicher) ausgetauscht, aber der neuere Server war nicht derselbe.

Betrachten wir als Beispiel eine Spanne von sechs Jahren, um die Auswirkung von Moores Gesetz auf den Austausch eines Servers zu untersuchen (siehe Tabelle 1.2). Ein Unternehmen, das seine Server in einem Rhythmus von drei Jahren austauscht, hat den ersten Server zwei Mal ersetzt – das erste Mal am Ende von Jahr drei und ein zweites Mal am Ende von Jahr sechs. Laut Moores Gesetz hat sich die Leistungsstärke des Servers vier Mal verdoppelt, und der dritte Server ist 16 Mal leistungsstärker als der ursprüngliche Computer! Selbst wenn das Unternehmen den Server bei einem Rhythmus von fünf Jahren nur einmal ausgetauscht hätte, wäre sein gegenwärtiger Rechner acht Mal schneller als der erste Server.

Jahr	2005	2006	2007	2008	2009	2010
Prozessorgeschwindigkeit	1x	2x	4x	4x	8x	16x
3-Jahres-Plan			Kauf			Kauf
5-Jahres-Plan					Kauf	

Tabelle 1.2 Steigerung der Prozessorgeschwindigkeit im Laufe von sechs Jahren

Zusätzlich zu schnelleren CPUs und einer schnelleren Verarbeitung verfügen neuere Server normalerweise über mehr Speicher, ein weiterer Vorteil von Moores Gesetz. Unterm Strich sind Ersatz-Server beträchtlich größer und viel leistungsstärker als die ursprünglichen Server, die bereits für die Last (Workload), die sie handhaben sollten, überdimensioniert waren.

Es gibt noch einen letzten Aspekt, den Sie in diesem Kontext kennen müssen: Die tatsächliche Last eines Servers wächst üblicherweise nicht so schnell wie seine Fähigkeiten. Das bedeutet, dass die freien Kapazitäten von Servern ebenfalls beträchtlich zugenommen haben. Obwohl die Performancereserve ursprünglich irgendwo zwischen 20 bis 50 Prozent lag, konnte die ungenutzte Kapazität nach einem Server-Austausch oder zwei über 90 Prozent betragen. In Datenzentren war es nicht ungewöhnlich, Server durchschnittlich nur zu 10 bis 15 Prozent zu nutzen. Dabei waren die Lasten oft so verteilt, dass einige wenige Server sehr stark genutzt wurden, während der größte Teil der Server tatsächlich nur zu weniger als fünf Prozent belastet war. Anders ausgedrückt: Die meisten CPUs arbeiteten 95 Prozent der Zeit oder mehr einfach im Leerlauf!

1.2 Die Bedeutung der Virtualisierung

An diesem Punkt treffen die beiden Geschichten zusammen. Einerseits gab es ein ungezügeltes Wachstum von Datenzentren, die mit Servern überfüllt waren; andererseits führte die Kombination aus den Auswirkungen von Moores Gesetz und dem »Ein Server, eine Applikation«-Modell im Laufe der Zeit dazu, dass diese Server einzeln immer weniger Arbeit leisteten. Glücklicherweise war in Form der Virtualisierung Hilfe unterwegs. Die Idee und Implementierung der Virtualisierung war nicht neu. Sie wurde bereits in den frühen 1970ern auf IBM-Mainframes realisiert und war an moderne Computersysteme angepasst worden. Die Details der Virtualisierung werden etwas später behandelt. Doch greifen wir zunächst auf die Definition der Virtualisierung von Popek und Goldberg zurück. Danach ermöglicht es die Virtualisierung, viele Betriebssysteme gleichzeitig auf derselben Server-Hardware auszuführen, wobei jede virtuelle Maschine funktional von allen anderen isoliert bleibt. Die erste kommerziell verfügbare Lösung zur Virtualisierung von x86-Computern wurde 2001 von VMware angeboten.

1.2 | Was ist Virtualisierung?

> **Hinweis**
>
> Die Abkürzung *x86* bezeichnet eine Prozessorarchitektur, die ursprünglich auf der 8086-CPU und späteren Chip-Generationen von Intel basierte, deren Name mit »86« endete. Andere Anbieter produzieren heute ebenfalls Prozessoren mit dieser Architektur.

Zwei Jahre später erschien ein paralleles Open-Source-Angebot namens Xen auf dem Markt. Diese Lösungen (VMMs oder Hypervisoren) bestanden aus einer zusätzlichen Software-Schicht, die entweder zwischen einem Betriebssystem und den virtuellen Maschinen (VMs) oder wie ein traditionelles Betriebssystem wie Windows oder Linux direkt auf der Hardware, dem »Bare-Metal«, installiert wurde. Im nächsten Kapitel werden Hypervisoren viel eingehender beschrieben.

Die Virtualisierung entlastete einerseits die übervollen Datenzentren und ermöglichte zugleich eine bessere Auslastung der unzureichend genutzten Server. Durch sie konnten mehrere physische Server in einem Server zusammengefasst werden, der mehrere virtuelle Maschinen parallel ausführte und dadurch viel besser ausgelastet war. Diese Zusammenfassung von Servern wird als *Konsolidierung* bezeichnet (siehe Abbildung 1.3). Die Konsolidierung kann durch die so genannte *Kon-*

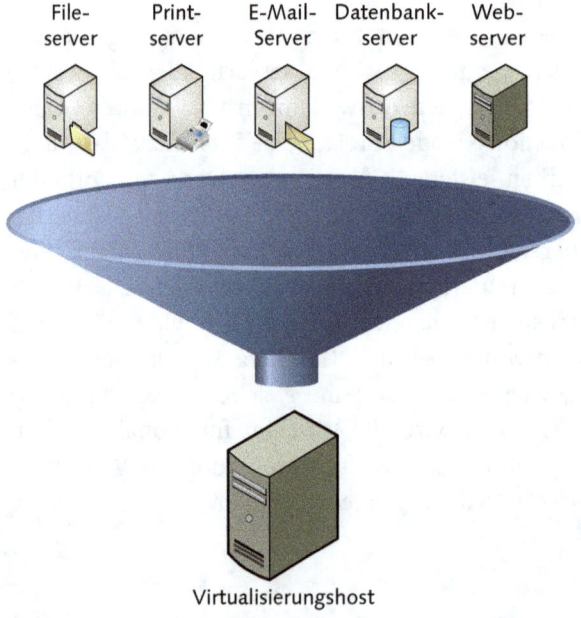

Abbildung 1.3 Server-Konsolidierung

solidierungsrate gemessen werden. Sie gibt einfach die Anzahl der VMs an, die parallel auf einem Server ausgeführt werden – so hat etwa ein Server, auf dem acht VMs laufen, die Konsolidierungsrate 8:1. Die Konsolidierung entlastete die bedrängten Datenzentren und ihre Leiter spürbar, weil sie mehrere drängende Probleme genau zu dem Zeitpunkt löste, als eine kritische Schwelle erreicht worden war. Selbst mit bescheidenen Konsolidierungsraten von 4:1 konnten drei Viertel der Server in einem Datenzentrum abgeschafft werden.

In größeren Datenzentren, die Hunderte oder sogar Tausende von Servern beherbergten, konnte durch die Virtualisierung ein großer Teil der Server stillgelegt werden. Dadurch wurde der Raumbedarf eines Datenzentrums erheblich reduziert; sie brauchten weniger Energie; die Kühlsysteme konnten verkleinert werden; und es war nicht mehr erforderlich, zusätzliche Datenzentren zu bauen und einzurichten. Weniger Server bedeuteten auch geringere Kosten für die Wartung der Unternehmens-Hardware und ein verringerter Zeitaufwand für die Systemadministratoren, da diese von zahlreichen Routineaufgaben entlastet wurden.

> **Hinweis**
>
> **Konsolidierung senkt Kosten** Viele Studien zeigen, dass die Gesamtbetriebskosten (englisch *total cost of ownership*) für einen Server über drei Jahre hinweg irgendwo zwischen drei bis zehn Mal so hoch sind wie für den Server selbst. Anders ausgedrückt: Wenn ein Server 5.000 € kostet, betragen die Kosten für die Wartung dieses Servers wenigstens weitere 5.000 € pro Jahr. Über drei Jahre sind das 20.000 € pro Server (die ursprünglichen Kosten für die Hardware plus die Wartungskosten für drei Jahre). Diese Betriebskosten umfassen die Software, die jährliche Software- und Hardware-Wartung, Energie, Kühlung, Verkabelung, Personalkosten und mehr. Diesem Beispiel folgend kann also ein Unternehmen für jeweils hundert Server, die es konsolidieren kann, zwei Millionen Euro im ersten und in jedem folgenden Jahr einsparen.

Abgesehen von der Konsolidierung vollzog sich eine zweite Entwicklung. Als Unternehmen die Vorteile der Virtualisierung erkannten, kaufen sie keine neue Hardware mehr, wenn die Leasingverträge oder die Wartungsverträge für ihre alten, käuflich erworbenen Geräte abgelaufen waren. Stattdessen virtualisierten sie die Lasten dieser Server. Dies wird als *Containment* bezeichnet. Containment brachte den Unternehmen verschiedene Vorteile: Sie mussten nicht mehr Jahr für Jahr größere Mengen an Hardware austauschen; und die ganzen Kosten für die Verwaltung und Wartung dieser Server – Energie, Kühlung usw. – gingen von da an nicht mehr in ihre Gewinn-und-Verlust-Rechnung ein.

1.2 | Was ist Virtualisierung?

Vor der kommerziellen Einsatzreife der Virtualisierung arbeitete Moores Gesetz gegen das etablierte Applikation/Server/Datenzentrum-Modell; danach half es, die Kosten zu senken. Die Konsolidierungsraten der ersten Generation von x86-Hypervisoren betrugen etwa 5:1. Doch im Laufe der Zeit ermöglichen leistungsstärkere Chips und größere Speicher viel höhere Konsolidierungsraten. Ein einziger physischer Server konnte jetzt Dutzende oder Hunderte von VMs ausführen. Anstatt drei von vier Servern einzusparen, kann die Virtualisierung heute bequem neun von zehn Servern überflüssig machen; bei passend konfigurierten Servern können auch neunundneunzig von hundert Servern eingespart werden. Als Folge davon haben die meisten Datenzentren der Unternehmen viel Raum wiedergewonnen, den sie vor der Virtualisierung verloren hatten.

> **Hinweis**
>
> **Heute gibt es mehr virtuelle als physische Server** IDC berichtete, dass 2009 mehr virtuelle als physische Server eingesetzt wurden. Das IT-Marktforschungsinstitut sagte voraus, dass der Einsatz physischer Server in den kommenden fünf Jahren relativ gleich bleiben werde, während sich der Einsatz virtueller Maschinen in der gleichen Zeitspanne verdoppeln werde.

1.2.1 Die heutigen Trends

Konsolidierung und Containment sind nur zwei der vielen hier vorgestellten Beispiele, wie die Virtualisierung die Nutzung traditioneller Server verbessert. Es sind auch die beiden Beispiele, die in den meisten Analysen behandelt werden, weil sie unter einem monetären Gesichtspunkt am leichtesten zu quantifizieren sind. Wenn die Hardwarekosten in Ihrem Budget keine oder nur noch eine geringe Rolle spielen, verbessert sich direkt Ihre Gewinnsituation. In den folgenden Absätzen werden einige andere Beispiele vorgestellt und später in dem Buch vertieft.

Wird die Virtualisierung in einem Unternehmen eingeführt, ist der weitere Verlauf ziemlich vorhersagbar. Der erste Brückenkopf besteht aus Infrastrukturdiensten oder dem Ersatz älterer Server, zwei Bereichen, in denen die Verwaltung und die Kosten der Server üblicherweise die meisten Probleme bereiten. Infrastruktur-Server haben in Unternehmen eine integrierende Funktion, indem sie den Abteilungen fachungebundene Dienste zur Verfügung stellen: Printserver, Fileserver und Domain-Dienste. Diese Server sind für den reibungslosen täglichen Geschäftsablauf unverzichtbar, laufen aber auf weniger zuverlässiger, weniger teurer Hardware als die Applikationen der ersten Schicht, die die unternehmensspezifischen Geschäftsprozesse steuern.

Ältere Server sind ebenfalls ein Problembereich. Datenzentren hosten häufig Applikationen, die nicht unter neueren Betriebssystemen laufen. So könnte etwa ein sieben Jahre altes Windows-NT-System für eine kundenspezifisch erstellte Software bereitgehalten werden, die nur auf der ursprünglichen Hardware läuft, obwohl diese längst überholt ist und nicht mehr zuverlässig läuft und womöglich gar nicht mehr gewartet werden kann. Oft haben Unternehmen auch Applikationen, die überhaupt niemand mehr warten kann (lachen Sie nicht; so etwas kommt vor). Der Anbieter ist längst vom Markt verschwunden oder der interne Experte hat das Unternehmen verlassen, aber die Applikation läuft; deshalb hofft man, dass sie dies auch weiter tun wird. Wie Sie sehen werden, macht die Virtualisierung derartige Applikationen viel verfügbarer, skalierbarer und handhabbarer, als sie es auf einem physischen Server jemals waren, und das auch noch zu geringeren Kosten.

Nachdem die Infrastrukturdienste virtualisiert worden sind und ein Unternehmen die ersten monetären Vorteile seiner neuen Strategie erkannt hat, wird ein aktives Programm gestartet, um die nächste Stufe zu implementieren. Wenn Leasingverträge für Server abgelaufen sind, werden ihre Workloads in die wachsende Infrastruktur integriert. Unternehmen befolgen normalerweise eine Virtualization-First-Strategie. Danach werden alle Server-Anforderungen für neue Projekte des Unternehmens durch die virtuellen Ressourcen und nicht durch den Zukauf neuer physischer Ressourcen erfüllt. Neue Hardware wird nur noch gekauft, wenn die Anforderungen nachweislich nicht mit der virtuellen Umgebung befriedigt werden können.

Direkt hinter den Infrastrukturdiensten stehen die Test- und Entwicklungsserver. Jede produktive Applikation eines Unternehmens wird durch zwei bis zehn Mal so viele Server im Datenzentrum unterstützt. Applikationen der ersten Schicht erfordern viele Umgebungen für Tests von Updates, der Qualität, der User-Akzeptanz, der Lösung von Problemen, des Performance-Tunings und mehr. Die Integration dieser Systeme in die virtuelle Infrastruktur erspart dem Unternehmen durch die Konsolidierung nicht nur Kosten, sondern gibt Entwicklern und Applikationsbesitzern auch eine größere Flexibilität bei der Verwaltung ihrer Prozesse. Mit vorkonfigurierten Templates können sie schnell neue Server einsetzen. Verglichen mit Wochen vor der Umstellung dauert dieser Prozess nur noch Minuten.

An diesem Punkt ist die Infrastruktur eines Unternehmens etwa zu 50 bis 75 Prozent virtualisiert, zumindest auf den x86-Plattformen, auf denen seine Windows- und Linux-Server laufen. Die Mitarbeiter haben die Expertise und das Vertrauen in die Virtualisierungstechnologien aufgebaut und suchen immer noch nach neuen Möglichkeiten, weitere Vorteile der Virtualisierung zu nutzen. Von hier aus schlagen Unternehmen, oft gleichzeitig, verschiedene Richtungen ein.

Größere Applikationen erfordern oft größere Hardware und dafür spezialisierte besondere Betriebssysteme. So laufen etwa Datenbanken auf diversen anbieterspezifischen UNIX-Systemen. Sun Server arbeiten mit Solaris, HP Server mit HP/UX und IBM Server mit AIX. Unternehmen investieren große Summen für diese proprietäre Hardware und entsprechend viel Zeit und Aufwand für die Schulung ihrer Menschen, damit sie mit diesen offenen, aber ebenfalls proprietären Betriebssystemen umgehen können. Aber auch hier arbeitet Moores Gesetz zum Vorteil der Unternehmen. Früher waren x86-Plattformen nicht leistungsstark oder zuverlässig genug, um diese lebenswichtigen Aufgaben auszuführen; heute ist dies nicht mehr der Fall. Es gibt heute fast keine Aufgaben mehr, die aus Performancegründen nicht in einer virtuellen Umgebung ausgeführt werden können. Linux, eine Open-Source-Variante von UNIX, kann dieselbe Applikations-Software ausführen wie die anbieterspezifischen Hardware- und Software-Kombinationen. Obwohl wir uns hauptsächlich auf Microsoft Windows konzentrieren, kann Linux ebenfalls leicht virtualisiert werden. Dies veranlasst viele Unternehmen, diese geschäftskritischen Aufgaben auf flexiblere, billigere und oft verfügbarere Umgebungen zu übertragen.

Wie bereits weiter vorne erwähnt wurde, sind virtuelle Server eingekapselte Systeme, die im Wesentlichen einfach aus einem Satz von Dateien bestehen, die wie andere Dateien kopiert und verschoben werden können. Weil zunehmend mehr Aufgaben der Informationsverarbeitung im Internet abgewickelt werden, ist die Verfügbarkeit zu einem entscheidenden Faktor geworden. Dies bedeutet, einen 24/7-Betrieb durch erweiterte Software und Funktionen zu garantieren oder die *Disaster-Recovery*-Fähigkeiten (Wiederherstellung des Betriebs nach einer Unterbrechung) zu verbessern. Virtualisierung unterstützt eine höhere Verfügbarkeit durch mehrere Techniken.

Virtuelle Maschinen können von einem physischen Host ohne Unterbrechung auf einen anderen verschoben werden. Anstatt eine Applikationsausfallzeit einzuplanen, um einen physischen Server zu warten, kann die Last auf einen anderen Host übertragen werden. Dann kann der erste physische Server gewartet und danach die Last wieder auf den ersten zurückübertragen werden, ohne die Verfügbarkeit für die Anwender zu unterbrechen. Bei Linux und neueren Versionen von Microsoft Windows können Sie zusätzliche Ressourcen, Prozessoren und Speicher zu einer virtuellen Maschine hinzufügen, ohne das Betriebssystem neu zu booten. Wegen dieser Fähigkeit kann ein Administrator Ressourcenengpässe beseitigen, ohne die Betriebsbereitschaft einer Applikation zu beeinträchtigen. Durch Replikation der Dateien, aus denen ein Server besteht, auf einer zweiten Site (Niederlassung) kann das gesamte Datenzentrum bei einer Naturkatastrophe (etwa einem Hurrikan oder einer Überschwemmung) in wenigen Stunden oder sogar Minuten wiederhergestellt werden. Vor der Virtualisierung hätte dies Tage oder Wochen erfordert. Dies sind nur einige Beispiele dafür, wie die Virtualisierung die Verfügbarkeit verbessert.

Schließlich werden die restlichen physischen Server einbezogen. Dies sind die Rechner, auf denen die *Applikationen der ersten Schicht* laufen, also die strategischen Geschäftsanwendungen, mit denen sich das Unternehmen im Markt profiliert. Dazu zählen: E-Mail-Dienste wie Microsoft Exchange oder Lotus Notes, Datenbankserver wie etwa Microsoft SQL Server, Oracle oder MySQL, Unternehmensanwendungen wie etwa SAP, Statistik- und Analysesysteme wie etwa SAS, Applikationen für die Gesundheitsvorsorge, Finanzdienstleistungsapplikationen, kundenspezifische Java-Anwendungen und viele mehr. Weil die reibungslose Ausführung dieser Applikationen Gewinn und Verlust eines Unternehmens direkt beeinflussen, zögern Administratoren und Anwendungsnutzer, bewährte Umgebungen oder Verfahren zu ändern, selbst wenn diese nicht perfekt sind. Aber nachdem sie in Test-, Entwicklungs- und Qualitätssicherungsumgebungen mit virtualisierten Servern gearbeitet haben, sind sie mit dieser Technologie vertraut genug, um auch diese restlichen Aufgaben zu virtualisieren.

Durch die Umstellung auf eine vollkommen virtualisierte Plattform erlangen Unternehmen einen viel höheren Grad von Verfügbarkeit sowie mehr Beweglichkeit und Flexibilität. Ihre Systeme sind erheblich wartungsfreundlicher als in einer rein physischen Umgebung. In diesem Buch werden Sie die Fähigkeiten von virtuellen Maschinen und virtuellen Umgebungen noch viele eingehender kennen lernen. Hier sei nur noch ein großer Vorteil der Virtualisierung erwähnt, der die Grundlage für die nächste Phase der Entwicklung von Datenzentrum bildet: das Cloud Computing.

1.2.2 Virtualisierung und Cloud Computing

Vor fünf Jahren verstanden nur sehr wenige Menschen die Bedeutung des Wörter »Cloud Computing«. Heute ist es sehr unwahrscheinlich, jemanden in der weltweiten Geschäftswelt oder auf den Konsumentenmärkten zu finden, der den Begriff *Cloud Computing* noch nicht gehört hat. Ähnlich wie bei der explosionsartigen Entstehung des Internets in den späten 1990er und frühen 2000er Jahren arbeiten heute viele Unternehmen daran, ihr Angebot »cloudfähig« zu präsentieren. Analog zu ihren Anstrengungen während des Dotcom-Booms bemühen sich Konsumentendienste ebenfalls darum, die Cloud zu nutzen. So führte etwa Apple vor Kurzem die iCloud ein, in der Sie Ihre Musik, Bilder, Bücher und andere digitale Besitztümer speichern und dann weltweit von jedem beliebigen Ort aus abrufen können. Andere Unternehmen, wie etwa Microsoft, Amazon oder Google bieten ähnliche Cloud-basierte Dienste an. Anstatt die Cloud zu definieren, was den Rahmen dieses Buches sprengen würde, betrachten wir einfach, was die Cloud anbietet: eine einfache Methode, um auf Daten und Anwendungen zuzugreifen und sie zu nutzen.

Virtualisierung ist auch der Motor, der das Cloud Computing antreiben wird, indem sie das Datenzentrum – dessen Prozesse gewöhnlich aufwendig und personalintensiv waren – in einen sich selbst verwaltenden, hochskalierbaren und hochverfügbaren Pool von leicht konsumierbaren Ressourcen umzuwandeln. Vor der Virtualisierung verbrachten Systemadministratoren 70 Prozent oder mehr ihrer Zeit mit Routineaufgaben und der Reaktion auf Probleme. Dies ließ ihnen wenig Zeit für Innovation oder Wachstum.

Die Virtualisierung und infolgedessen das Cloud Computing bieten mehr Möglichkeiten, Prozesse zu automatisieren, um die Verwaltungskosten zu reduzieren und die Fähigkeit eines Unternehmens zu steigern, Lösungen dynamisch einzusetzen. Indem das Cloud Computing die physische Schicht von der tatsächlichen Hardware abstrahiert, kreiert es das Konzept eines virtuellen Datenzentrums, ein Konstrukt, das alles enthält, was in einem physischen Datenzentrum zu finden ist. Dieses virtuelle Datenzentrum, das in der Cloud eingesetzt wird, bietet Ressourcen nach Bedarf an, ähnlich wie ein Stromanbieter Elektrizität zur Verfügung stellt. Kurz und gut: Dieses neue Modell der Informationsverarbeitung wird die Auslieferung neuer Applikationen entscheidend vereinfachen und es Unternehmen ermöglichen, deren Einsatz zu beschleunigen, ohne ihre Skalierbarkeit, Robustheit oder Verfügbarkeit zu beeinträchtigen.

1.3 Wie funktioniert Virtualisierungs-Software?

Auch wenn bis jetzt hauptsächlich die Server-Virtualisierung beschrieben wurde und sie auch im Rest des Buches ein zentrales Thema sein wird, gibt es noch andere Methoden und Bereiche der Virtualisierung. Personal Computer werden durch

Tablets und Thin Clients ersetzt, aber die Applikationen, die auf PCs laufen, müssen den Anwendern immer noch angeboten werden. Eine Möglichkeit dazu ist die Desktop-Virtualisierung. Diese Applikationen können ebenfalls virtualisiert, gepackt und an die Anwender ausgeliefert werden. Die Virtualisierung wird sogar für andere Mobilgeräte wie etwa Smartphones entwickelt.

1.3.1 Server-Virtualisierung

Das Modell der Server-Virtualisierung, das Sie weiter vorne kennen gelernt haben, besteht aus einer physischen Hardware, die durch zwei fundamentale Software-Lösungen ergänzt wird. Der Hypervisor abstrahiert die physische Schicht und präsentiert diese Abstraktion so, dass sie von virtualisierten Servern oder virtuellen Maschinen genutzt werden können. Ein Hypervisor wird direkt auf einem Server installiert, ohne dass sich zwischen ihm und dem physischen Gerät ein Betriebssystem befindet. Dann werden virtuelle Maschinen *instanziiert* oder gebootet. Aus der Sicht der virtuellen Maschine präsentiert sich der Hypervisor als eine Reihe von Hardware-Ressourcen, mit denen sie arbeiten kann. Der Hypervisor wird zur Schnittstelle zwischen den Hardware-Geräten auf dem physischen Server und den virtuellen Geräten der virtuellen Maschinen. Der Hypervisor präsentiert jeder einzelnen virtuellen Maschine nur eine Teilmenge der physischen Ressourcen und handhabt den Input/Output (I/O) zwischen der VM und dem physischen Gerät. Hypervisoren leisten mehr, als nur eine Plattform für die Ausführung von VMs zur Verfügung zu stellen; zusätzliche bieten sie verbesserte Verfügbarkeitsfunktionen an und schaffen neue und bessere Methoden der Bereitstellung und Verwaltung.

Während Hypervisoren die Basis für virtuelle Umgebungen bilden, sind virtuelle Maschinen die Motoren, die die Applikationen antreiben. Virtuelle Maschinen enthalten alles, was ihre physischen Gegenstücke tun (Betriebssysteme, Applikationen, Netzwerkverbindungen, Zugriff auf Speichermedien und andere erforderliche Ressourcen), sind aber in einem Satz von Datendateien gespeichert. Dieses Packaging macht virtuelle Maschinen viel flexibler und handhabbarer, indem es die traditionellen Eigenschaften von Dateien auf neue Weise nutzt. Virtuelle Maschinen können geklont, aktualisiert und sogar von einem Ort an einen anderen verschoben werden, ohne Benutzerapplikationen zu unterbrechen. Hypervisoren werden in Kapitel 2 eingehend behandelt; dann folgen virtuelle Maschinen in Kapitel 3.

1.3.2 Desktop-Virtualisierung

Die Virtualisierung hat nicht nur das Modell des traditionellen Server Computings, sondern auch das Modell des Desktop Computings verändert. Desktop Computing ist für Unternehmen in vielerlei Hinsicht teuer und ineffizient. Es erfordert Mitarbeiter, die Installation und Updates von Software betreuen, die die Hardware warten und die Anwender per Helpdesk unterstützen. Virtuelle Desktops laufen auf einem Server im Datenzentrum; diese Server verfügen über eine viel leistungsstärkere und zuverlässigere Hardware als traditionelle PCs. Die Applikationen, die von den Anwendern genutzt werden, laufen gleich daneben ebenfalls auf einem Server im Datenzentrum. Deshalb entfällt der gesamte frühere Netzwerkverkehr zwischen dem Datenzentrum und den Desktops, wodurch der Netzwerkverkehr erheblich reduziert wird und Netzwerkressourcen freigesetzt werden.

Der Zugriff auf virtuelle Desktops erfolgt durch Thin Clients oder andere Geräte, die meist zuverlässiger und billiger als PCs sind. Thin Clients haben eine Lebensdauer von sieben bis zehn Jahren und müssen deshalb weniger häufig ersetzt werden. Sie verbrauchen auch nur etwa fünf bis zehn Prozent der Energie eines PC. In großen Unternehmen addieren sich diese Kosten schnell zu größeren Summen. Wenn ein Thin Client kaputtgeht, kann ein Anwender ihn selbst ersetzen und ist nicht auf einen Servicetechniker angewiesen. Der virtuelle Desktop, auf dem alle Daten gespeichert sind, ist von dem Hardwareausfall nicht betroffen. Tatsächlich verlassen die Daten das Datenzentrum nicht mehr. Deshalb ist das Risiko, dass ein verlorenes oder gestohlenes Gerät Sicherheitsprobleme verursacht, ebenfalls reduziert.

Diese Daten werden jetzt nicht mehr von einem unerfahrenen oder gleichgültigen Anwender, sondern von einem Fachmann verwaltet und gesichert. Desktop Images als virtuelle Maschinen zu erstellen, bringt ähnliche Kostenvorteile wie bei der Server-Virtualisierung. Ihr wahrer Vorteil zeigt sich aber bei der Desktop-Verwaltung. Ein Desktop-Administrator kann weniger Images erstellen und verwalten, die dann von Hunderten von Menschen genutzt werden können. Patches, die auf diese Images angewendet werden, erreichen garantiert jeden Anwender, was bei physischen Desktops nicht immer der Fall ist. Falls ein neuer Patch oder andere Softwareänderungen eine Applikation beschädigen, kann der Administrator die Anwender zurück auf das ursprüngliche Image verweisen. Ein einfaches Logout und Login stellt den ursprünglichen funktionsfähigen Desktop wieder her.

> **Hinweis**
>
> Zwei beliebte Lösungen für die Desktop-Virtualisierung sind Citrix XenDesktop und VMware View. Daneben gibt es viele andere Anbieter, die Desktops mit verschiedenen Kombinationen aus Hardware und Software anbieten.

Einer der größten Unterschiede findet sich im Bereich der Sicherheit. Heutige PCs arbeiten routinemäßig mit Antiviren-Software, um ihre Daten vor Schadsoftware und anderem zu schützen. Die Virtualisierung ermöglicht neue Methoden des Schutzes. Anstatt die Malware-Software auf einzelne virtuelle Desktops zu laden, gibt es heute virtuelle Mittel, speziell erstellte virtuelle Maschinen, die auf jedem Host installiert sind und alle virtuellen Desktops schützen, die auf ihm laufen. Dieses neue Modell reduziert den gesamten I/O und die Prozessornutzung, da neue Definitionen nur noch einmal und nicht mehr für jeden Gast heruntergeladen werden müssen. Dieser Bereich ist im Moment in einem schnellen Wandel und Wachstum begriffen, und es scheint, als würde sich diese Entwicklung in neuen Anwendergeräten weiter fortsetzen.

1.3.3 Applikationsvirtualisierung

Computerprogramme oder Applikationen können ebenfalls virtualisiert werden. Wie bei der Server- und der Desktop-Virtualisierung gibt es mehrere verschiedene Lösungen für dieses Problem. Es gibt zwei Hauptgründe für die Applikationsvirtualisierung.

Der erste Grund ist der einfache Einsatz. Denken Sie nur an die Anzahl der Programme auf Ihrem PC. Einige Unternehmen müssen Hunderte oder sogar Tausende von verschiedenen Applikationen verwalten. Wenn eine neue Version einer dieser Applikationen verfügbar ist und das Unternehmen seine Software auf diese neue Version aktualisieren will, muss es auf allen seinen PCs eine neue Kopie installieren. Bei einer kleineren Anzahl von Computern ist diese Aufgabe relativ trivial. Aber wollten Sie dies mit hundert PCs machen? Oder tausend? Oder zehntausend? Die IT-Abteilungen von Großunternehmen verfügen über Werkzeuge, die ihnen helfen, diese Aufgabe zuverlässig zu automatisieren.

> **Hinweis**
>
> Einige beliebte Lösungen für die Applikationsvirtualisierung sind Microsoft App-V, Citrix Application Streaming und VMware ThinApp. Jede Lösung löst das Problem anders, aber wirksam.

Der zweite Grund hat mit der Interaktion verschiedener Applikationen untereinander zu tun. Haben Sie jemals eine Applikation geladen oder aktualisiert, die eine andere Funktionalität beschädigt hat, die vorher reibungslos lief? Es ist schwer abzuschätzen, welchen Einfluss die Aktualisierung einer Lösung auf andere Applikationen haben kann. Selbst einfache Aktualisierungen etwa vom Browser können Probleme verursachen. Einige Arten der Applikationsvirtualisierung können diese Probleme entschärfen oder verhindern, indem sie das gesamte Programm und den Prozess einkapseln. Im Moment werden viele Lösungen der Applikationsvirtualisierung angeboten. Dieser Bereich ist in einem schnellen Wandel begriffen. Regelmäßig werden neue Anwendungsfälle veröffentlicht, insbesondere in Verbindung mit Mobilgeräten wie etwa Smartphones und Tablets.

1.4 Die Grundlagen und darüber hinaus

Die Server-Virtualisierung ist eine zerstörerische Technologie, die es ermöglicht, viele logische Computer auf einem einzigen physischen Server laufen zu lassen. Das extreme Wachstum der Server-Population, das durch den Einsatz von Applikationen, die Verbreitung von Microsoft Windows und Moores Gesetz angeheizt wurde, hat die physischen Ressourcen und finanziellen Mittel der meisten Unternehmen weltweit bis an die Grenzen belastet. Virtualisierung ist kein neues Konzept, aber es wurde weiterentwickelt und half, die Datenzentren durch Server-Konsolidierung und Containment zu entlasten. Viele Eigenschaften der Server-Virtualisierung, wie etwa erhöhte Verfügbarkeit und Skalierbarkeit, bilden die Basis für Unternehmen, die das Cloud Computing in Angriff nehmen.

Übungen

- Berechnen Sie unter Anwendung von Moores Gesetz, wie viel schneller als im Jahr 2000 die Prozessoren heute sind. Berechnen Sie, wie viel schneller Prozessoren in zehn Jahren ab heute sein werden.
- Nutzen Sie das Internet, um herauszufinden, wie viele verschiedene Arten der Server-Virtualisierung öffentlich verfügbar sind. Wie viele separate Architekturen sind in Ihren Suchergebnissen vertreten?
- Ab welcher Anzahl von Servern ist es sinnvoll, ein Datenzentrum zu virtualisieren? Werden die Kosteneinsparungen und weichen Ersparnisse (wie bessere Verwaltung und Verfügbarkeit) die ursprünglichen Kosten der Virtualisierung, der Schulung und des Umstellungsaufwands übersteigen?

Kapitel 2
Was sind Hypervisoren?

> **Inhalt**
> - Beschreibung eines Hypervisors
> - Welche Rolle spielt ein Hypervisor?
> - Ein Vergleich heutiger Hypervisoren

In diesem Kapitel lernen Sie, was ein Hypervisor ist und wie er sich seit seinen Anfängen auf Mainframe-Computern vor mehr als vierzig Jahren entwickelt hat. Sie erfahren, welche verschiedenen Hypervisor-Typen es gibt und was sie tun. Zum Schluss werden einige der heute verfügbaren modernen Hypervisoren verglichen.

2.1 Beschreibung eines Hypervisors

Ursprünglich wurde der Virtual-Machine-Monitor entwickelt, um ein spezielles Problem zu lösen; doch danach haben sich die VMMs in etwas ganz anderes entwickelt. Die Bezeichnung *Virtual Machine Manager* ist in Ungnade gefallen und wurde durch die Bezeichnung *Hypervisor* ersetzt. Mit den heutigen Hypervisoren können wir die immer schnelleren Prozessoren und größeren Speicherkapazitäten besser nutzen. Ein Hypervisor ist eine Software-Schicht, die unter den virtuellen Maschinen und über der Hardware angesiedelt ist (siehe Abbildung 2.1).

Ohne Hypervisor kommuniziert ein Betriebssystem direkt mit der unter ihm liegenden Hardware. Diskoperationen werden direkt von dem Disksubsystem ausgeführt, und Speicherinhalte werden direkt aus dem physischen Speicher abge-

2.1 | Was sind Hypervisoren?

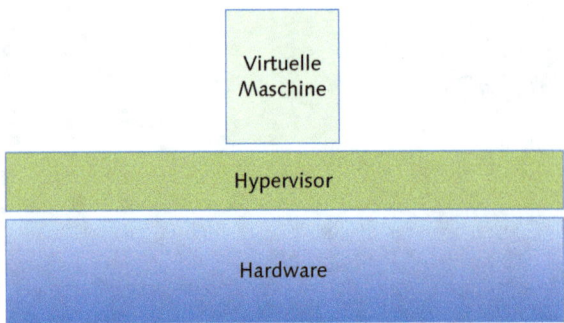

Abbildung 2.1 Wo der Hypervisor angesiedelt ist

rufen. Ohne *Hypervisor* würden die Betriebssysteme von mehreren virtuellen Maschinen gleichzeitig um die Kontrolle der Hardware konkurrieren. Chaos wäre die Folge. Der Hypervisor verwaltet die Interaktionen zwischen den virtuellen Maschinen und der Hardware, die sie als Gäste gemeinsam nutzen.

2.1.1 Die Geschichte der Hypervisoren

Wie bereits erwähnt, erfolgte die erste Virtualisierung auf IBM-Mainframes. Die entwickelte Software löste ein bestimmtes Problem, indem sie die verfügbaren Speicherressourcen effizienter verwaltete. Sie ist ein Vorfahr der heutigen viel ausgefeilteren Folgeprodukte. Auch wenn wir uns hier nicht mit Mainframes befassen, existiert die Virtualisierungstechnologie auf diesen Plattformen bereits seit den 1970ern. Sie ist hoch entwickelt und wird bis heute auf Mainframes eingesetzt.

Die ersten Virtual-Machine-Monitore wurden für die Entwicklung und das Debugging von Betriebssystemen eingesetzt, weil sie Programmierern eine *Sandbox* (wörtlich *Sandkasten*, übertragen *abgeschirmter Raum*) zur Verfügung stellten. Dort konnten sie ihre Software schnell und wiederholt testen, ohne alle Ressourcen der Hardware zu nutzen. Bald wurde die Software so erweitert, dass mehrere Umgebungen gleichzeitig ausgeführt werden konnten. Dabei wurden die Hardware-Ressourcen in virtuellen Servern abgebildet, die jeweils ein eigenes Betriebssystem ausführen konnten. Aus diesem Modell entwickelten sich die heutigen Hypervisoren.

> **Hinweis**
>
> **Woher kommt die Bezeichnung »Hypervisor«?** Ursprünglich wollten die Software-Entwickler ein Problem der Ressourcenallokation lösen. Sie versuchten, Speicherbereiche zu nutzen, die für die Programmierer normalerweise nicht zugänglich waren. Sie hatten Erfolg. Ihre Software wurde als *Hypervisor* bezeichnet, weil Betriebssysteme damals als Supervisoren bezeichnet wurden und die neue Software gewissermaßen noch »über« (griechisch *hyper*) diesen stehen konnte.

Es vergingen zwanzig Jahre, bevor die Virtualisierung nennenswert auch außerhalb der Mainframe-Umgebung in Erscheinung trat. In den 1990ern begannen Forscher die Möglichkeiten zu untersuchen, kommerziell erschwingliche Versionen einer VMM zu erstellen. Verglichen mit Minicomputern hatten Mainframes einen großen Nachteil: Sie waren sehr teuer. Könnte die Virtualisierung auf erschwinglicher Standard-Hardware angeboten werden, könnten die meisten Unternehmen erhebliche Kosten einsparen.

Der andere Teil der Herausforderung bestand darin, eine Lösung zu entwickeln, die ein Gast-Betriebssystem ohne Änderungen ausführen konnte. Dies war ein entscheidender Aspekt; denn bei Änderungen bestand die Gefahr, dass eine virtuelle Maschine in wesentlichen Eigenschaften von ihrem physischen Gegenstück abwich. Dann wären Lösungen, die in der virtuellen Umgebung entwickelt worden waren, in der physischen Umgebung möglicherweise nicht hundertprozentig einsatzfähig. Dies hätte zu mehr Komplexität im Lebenszyklus einer Applikation geführt.

Die Struktur oder Architektur einer VMM ist ziemlich einfach (siehe Abbildung 2.2). Sie besteht aus einer Software-Schicht, die zwischen der Hardware, dem *Host*,

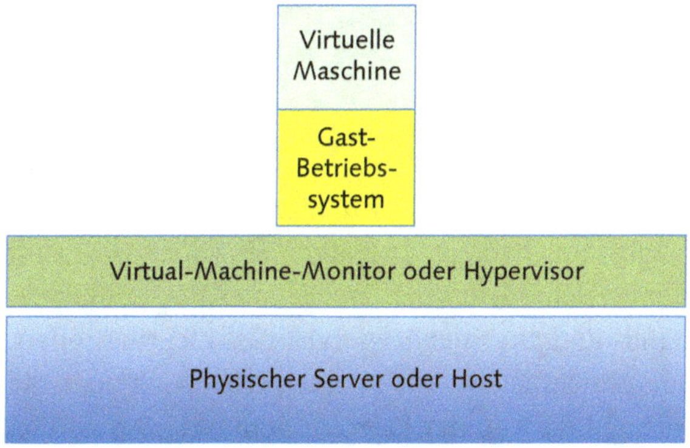

Abbildung 2.2 Ein Virtual-Machine-Monitor

und den von ihr unterstützten virtuellen Maschinen angesiedelt ist. Eine virtuelle Maschine (siehe das folgende Kapitel) wird auch als *Gast* (englisch *guest*) bezeichnet.

Es gibt zwei Klassen von Hypervisoren, genannt *Typ 1* und *Typ 2*. Ihre Namen sagen nichts über ihre Unterschiede aus. Der einzige bemerkenswerte Punkt ist die unterschiedliche Art und Weise, wie sie eingesetzt werden.

2.1.2 Typ-1-Hypervisoren

Typ-1-Hypervisoren laufen ohne ein Betriebssystem direkt auf der Server-Hardware (siehe Abbildung 2.3). Weil es zwischen dem Hypervisor und der physischen Hardware keine vermittelnde Schicht gibt, wird diese Variante auch als *Bare-Metal-Implementierung* (wörtlich *Nacktes-Metall-Implementierung*) bezeichnet. Ein Typ-1-Hypervisor kann ohne Vermittlung direkt mit den darunterliegenden Hardware-Ressourcen kommunizieren, wodurch dieser Typ viel effizienter als ein Typ-2-Hypervisor arbeiten kann.

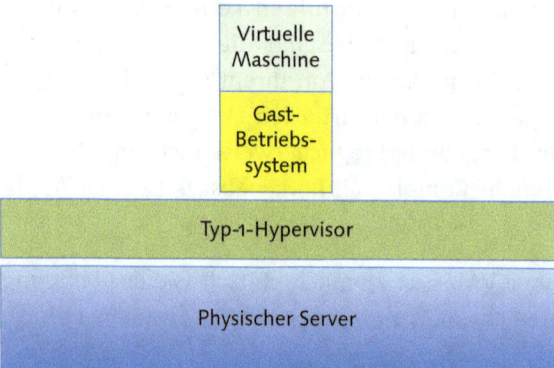

Abbildung 2.3 Ein Typ-1-Hypervisor

Abgesehen von einer besseren Performance gelten Typ-1-Hypervisoren auch als sicherer als Typ-2-Hypervisoren. Gast-Operationen werden weitergereicht; deshalb kann ein Gast den Hypervisor, auf dem er unterstützt wird, nicht beeinflussen. Eine virtuelle Maschine kann sich nur selbst beschädigen und einen einzelnen Gast zum Absturz bringen. Doch dieses Ereignis reicht nicht über Grenzen des VM-Containers hinaus. Andere Gäste arbeiten weiter, und auch der Hypervisor ist nicht betroffen. Ein böswilliger Gast, in dem Code absichtlich versucht, den Hypervisor oder die anderen Gäste zu beeinflussen, ist nicht dazu in der Lage. Abbildung 2.4 zeigt den Ausfall eines Gastes in einem Typ-1-Hypervisor.

Beschreibung eines Hypervisors | 2.1

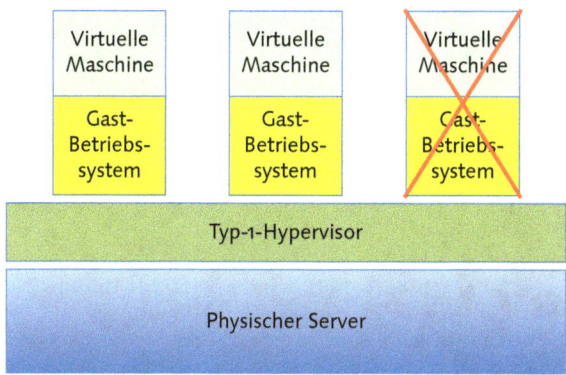

Abbildung 2.4 Ausfall eines Gastes

Typ-1-Hypervisor erfordern einen geringeren zusätzlichen Verarbeitungsaufwand. Deshalb können mehr virtuelle Maschinen auf einem Host laufen. Unter rein finanziellen Aspekten könnten bei einem Typ-1-Hypervisor die Kosten für ein Host-Betriebssystem eingespart werden, obwohl die Berechnung unter praktischen Aspekten viel komplexer wäre und alle Komponenten und Facetten einbeziehen müsste, aus denen sich die Gesamtbetriebskosten zusammensetzen.

Hinweis	x
Beispiele für Typ-1-Hypervisoren sind VMware ESX, Microsoft Hyper-V und viele Xen-Varianten.	

2.1.3 Typ-2-Hypervisoren

Ein Typ-2-Hypervisor ist selbst eine Applikation, die unter einem traditionellen Betriebssystem läuft (siehe Abbildung 2.5). Die ersten x86-Angebote waren vom Typ 2, weil dies der schnellste Weg auf den Markt war – die vorhandenen Betriebssysteme handhabten bereits alle Hardware-Ressourcen, und der Hypervisor konnte die Fähigkeiten nutzen.

Ein Vorteil dieses Modells liegt darin, dass es zahlreiche verschiedene Hardware-Geräte unterstützen kann, weil es diese Fähigkeiten von dem Betriebssystem erbt. Oft lassen sich Typ-2-Hypervisoren leicht installieren und einsetzen, weil ein großer Teil der Hardware-Konfigurationsarbeit, wie etwa Vernetzung und Speicherung, bereits von dem Betriebssystem erledigt worden ist.

Wegen dieser zusätzlichen Schicht zwischen dem Hypervisor selbst und der Hardware sind Typ-2-Hypervisoren nicht so effizient wie Typ-1-Hypervisoren. Jedes

2.1 | Was sind Hypervisoren?

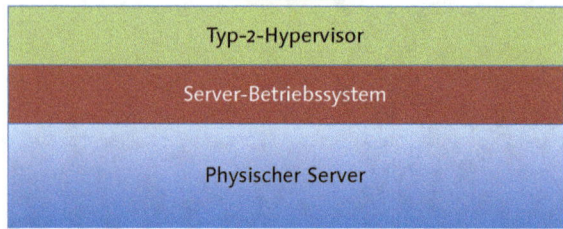

Abbildung 2.5 Ein Typ-2-Hypervisor

Mal, wenn eine virtuelle Maschine einen Plattenzugriff, eine Netzwerkoperation oder eine andere Hardware-Interaktion ausführt, delegiert sie diese Aufgabe wie in einer Typ-1-Hypervisor-Umgebung an ihren Hypervisor. Doch im Gegensatz zu dieser Umgebung muss der Typ-2-Hypervisor die Aufgabe dann selbst an das Betriebssystem delegieren, das dann die I/O-Anforderungen handhabt. Das Betriebssystem gibt die Daten zurück an den Hypervisor; dieser gibt sie dann weiter an den Gast. Jede Transaktion erfordert also zwei zusätzliche Schritte, die Zeit erfordern und verwaltet werden müssen.

> **Hinweis**
>
> VMware Player, VMware Workstation und Microsoft Virtual Server sind Beispiele für Typ-2-Hypervisoren.

Außerdem sind Typ-2-Hypervisoren weniger zuverlässig, weil es mehr mögliche Fehlerpunkte gibt: Alles, was die Verfügbarkeit des zugrunde liegenden Betriebssystems beeinträchtigen kann, kann auch den Hypervisor und die von ihm unterstützten Gäste beeinflussen. Muss das Standard-Betriebssystem nach Patches neu gestartet werden, müssen auch alle virtuellen Maschinen auf diesem Host neu gestartet werden.

2.2 Die Rolle eines Hypervisors

Bis jetzt war die Erklärung eines Hypervisors ziemlich einfach: Er ist eine Software-Schicht, die zwischen der Hardware und einer oder mehreren von ihm unterstützten virtuellen Maschinen angesiedelt ist. Seine Aufgaben sind ebenfalls ziemlich einfach. Die drei von Popek und Goldberg definierten Eigenschaften kennzeichnen diese Aufgaben:

- Eine Umgebung zur Verfügung stellen, die mit der physischen Umgebung identisch ist
- Diese Umgebung mit minimalen Performancekosten zur Verfügung stellen
- Die komplette Kontrolle über die System-Ressourcen behalten

2.2.1 Holodecks und Verkehrspolizisten

Damit viele Gäste die physischen Ressourcen eines Hosts gemeinsam nutzen können, müssen zwei Bedingungen erfüllt sein:

Die erste Bedingung: Die Gäste müssen die verschiedenen Hardware-Ressourcen sehen und darauf zugreifen können. Das Gast-Betriebssystem sollte auch Festplatten nutzen, auf den Speicher zugreifen, Netzwerkaufrufe machen können oder wenigstens glauben, dass es dies kann. Dies ist der Punkt, an dem der Hypervisor ins Spiel kommt.

Die Technologie der virtuellen Realität, wie sie in Filmen oder Fernsehserien dargestellt wird, liefert eine brauchbare Analogie: Wenn die Technologie ausgefeilt genug ist, kann sie die Realität so realistisch und genau präsentieren, dass der Anwender sie nicht mehr von der virtuellen Realität unterscheiden kann. Anders ausgedrückt: Würden Sie bewusstlos werden und auf einem Holodeck des Raumschiffs Enterprise aufwachen, könnten Sie möglicherweise nicht erkennen, dass Sie sich auf einem Holodeck befinden. Aus der Sicht eines Gast-Betriebssystems leistet dies ein Hypervisor: Er bringt den Gast dazu, zu glauben, er könne tatsächlich die physischen Geräte des Hosts sehen und direkt mit ihnen interagieren. Diese Hardware-Abstraktion wird in Abbildung 2.6 illustriert.

Tatsächlich wird jedem Gast nur ein Bruchteil der Ressourcen des physischen Hosts präsentiert. Ein Host kann über bis zu 64 GB installierten physischen Speicher verfügen, aber ein Gast kann annehmen, er habe 4 GB. Ein Gast könnte annehmen, Dateien auf ein Laufwerk mit einer Kapazität von 250 GB zu schreiben, das in Wirklichkeit nur Teil eines Dateisystems in einem viel größeren Storage-Area-

2.2 | Was sind Hypervisoren?

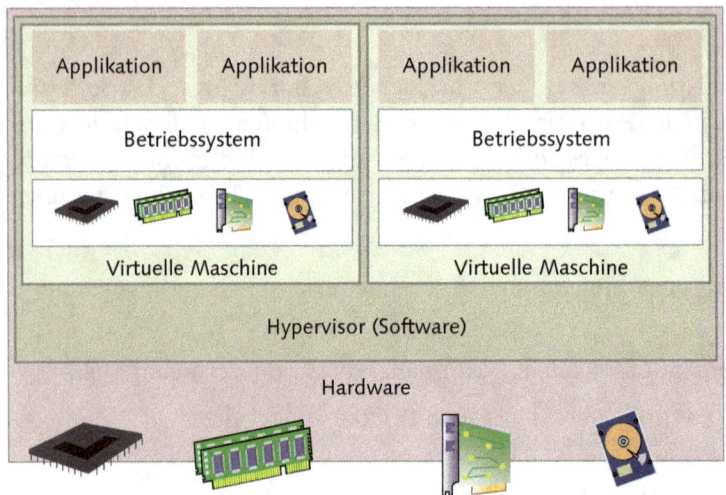

Abbildung 2.6 Hardware per Abstraktion von den Gästen isolieren

Netzwerk ist. Verarbeitungs- und Netzwerkressourcen funktionieren ähnlich: Ein Gast kann über zwei virtuelle CPUs verfügen und Zugriff auf eine einzige Network Interface Card (NIC) haben, während der physische Host über viel mehr Exemplare beider Komponenten verfügt.

Die zweite Bedingung: Der Hypervisor muss die Hardware nicht nur per Abstraktion von den virtuellen Gästen isolieren, sondern auch die Workload zwischen ihnen ausbalancieren. Jeder Gast stellt permanent gewisse Anforderungen an die verschiedenen Ressourcen-Subsysteme. Der Hypervisor muss alle diese Anforderungen bedienen, indem er zwischen jedem Gast und den physischen Geräten vermittelt, dabei aber auch darauf achtet, dass jeder Gast rechtzeitig über die richtigen Ressourcen verfügen kann. In dieser Funktion agiert der Hypervisor wie ein Verkehrspolizist, der den Verkehrsfluss so regelt, dass in jeder Richtung niemand zu lange warten muss und alle Straßen fair berücksichtigt werden.

2.2.2 Ressourcenallokation

In gewisser Weise hat sich der Hypervisor zu einer Art Betriebssystem für die Hardware entwickelt, doch anstatt Applikations- oder Programmanforderungen zu bedienen, bedient er komplette (virtuelle) Server. Abbildung 2.7 zeigt, wie eine I/O-Operation verarbeitet wird. Eine Gast-Applikation fordert einen Lesezugriff auf die Platte und übergibt diese Anforderung an das Gast-Betriebssystem. Das Gast-Betriebssystem greift auf die Platte zu, die es sieht. Hier greift der Hypervisor

Die Rolle eines Hypervisors | 2.2

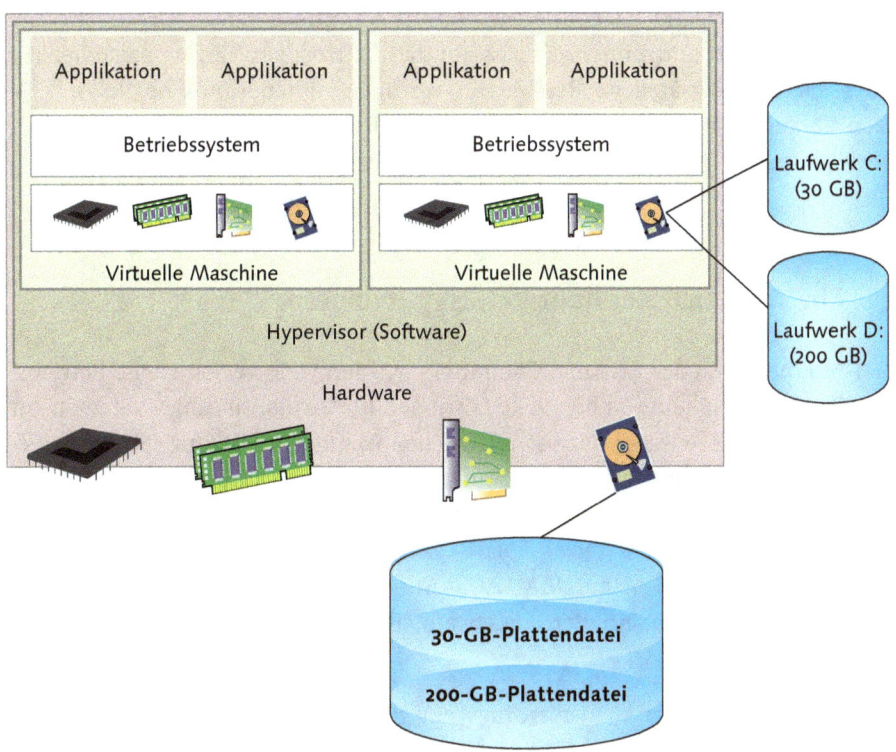

Abbildung 2.7 Verarbeitung einer I/O-Anforderung eines Gastes

ein, fängt den Aufruf ab, übersetzt ihn in eine Ansprache der physischen Platte und übergibt ihn an das Storage-Subsystem. Wenn die Antwort kommt, gibt der Hypervisor die Daten zurück an das Gast-Betriebssystem, das sie so empfängt, als kämen sie direkt von dem physischen Gerät.

Der Hypervisor handhabt nicht nur alle Storage-I/O-Anforderungen des Gastes, sondern auch den Netzwerk-I/O, Speicherzugriffe und die Arbeit der CPU, und zwar für alle Gäste, die auf dem physischen Server gehostet werden, auf dem der Hypervisor läuft. Der Hypervisor verfügt über einen Ressourcen-Scheduling-Prozess, der dafür sorgt, dass alle angeforderten Ressourcen in vernünftiger Weise bedient werden. Einige Hypervisoren verfügen über Optionen, Gäste zu priorisieren, damit wichtige Applikationen bevorzugt behandelt werden können und wegen der Konkurrenzsituation nicht unter einer Verschlechterung der Performance leiden.

Bei der Umstellung auf eine virtuelle Infrastruktur ist es wichtig zu wissen, welche System-Ressourcen verwaltet und alloziert werden müssen, um die geplante phy-

2.3 | Was sind Hypervisoren?

sische Hardware richtig zu konfigurieren. Die Summe der Ressourcen, die alle Gäste auf dem Host konsumieren, muss auf diesem Host zur Verfügung stehen. Er sollte sogar über zusätzliche Ressourcen verfügen, um periodische Belastungsspitzen abfangen zu können, ein gewisses Wachstum zu ermöglichen und dem Hypervisor selbst einen gewissen Spielraum zu verschaffen.

2.3 Ein Vergleich der heutigen Hypervisoren

In den Anfangstagen des Personal Computers wurden viele verschiedene Betriebssysteme angeboten; heute stehen viele Lösungen für Virtualisierungsstrategien zur Verfügung. Ähnlich wie bei der ursprünglichen Mainframe-Lösung gibt es anbieter- und betriebssystemspezifische Lösungen, mit denen Anwender eine einzelne Betriebssystemumgebung in mehrere sichere Umgebungen einbetten können. Dazu zählen Sun (heute Oracle) Solaris Zones, BSD jails in FreeBSD, HP-UX Containers und PowerVM auf IBM AIX. Andere Lösungen, wie etwa Parallels Virtuozzo, virtualisieren ein Betriebssystem, das alle Gäste gemeinsam nutzen können.

Dieser Text konzentriert sich allerdings auf die x86-Server-Virtualisierung und nicht auf andere Technologien. Eine erste Marktbereinigung hat bereits stattgefunden, weshalb heute weniger Lösungen angeboten werden. Als dieses Buch geschrieben wurde, repräsentierten die drei Lösungen, die in diesem Abschnitt beschrieben werden, fast 100 Prozent des Server-Virtualisierungsmarktes. In diesem Vergleich sollen die Stärken und Unterschiede der Lösungen herausgearbeitet werden; es geht nicht darum, festzustellen, welche Lösung besser oder schlechter ist. Sie werden sehen, dass verschiedene Umstände oft zu verschiedenen Lösungen führen.

2.3.1 VMware ESX

VM Ware wurde 1998 gegründet und war das erste Unternehmen, das eine kommerziell verfügbare x86-Virtualisierungslösung entwickelte. Im folgenden Jahr veröffentlichte das Unternehmen sein erstes Produkt, Workstation 1.0, mit dem Entwickler auf ihren Windows- oder Linux-Desktops virtuelle Maschinen erstellen und einsetzen konnten. 2001, also zwei Jahre später, wurden sowohl ESX 1.0 als auch GSX 1.0 veröffentlicht. ESX war ein Typ-1-Hypervisor und GSX war ein Typ-2-Hypervisor. Beide Lösungen werden heute noch eingesetzt und immer noch verbessert und aktualisiert. Doch GSX ist in *VMware Server* umbenannt worden und steht kostenlos als Download zur Verfügung.

> **Hinweis**
>
> **ESX oder ESXi – um welche Version geht es?** Die ursprüngliche Architektur von ESX bestand aus zwei Teilen, dem eigentlichen Hypervisor, der die Virtualisierung leistete, und ein Linux-basiertes Konsolenmodul, das mit dem Hypervisor installiert und als Verwaltungsschnittstelle zu dem Hypervisor diente. Für VMware war dieses Modell aus zwei Gründen keine Dauerlösung: Der erste Grund war die Größe. Die Service-Konsole war etwa 30-mal so groß wie der Hypervisor. So war etwa der Hypervisor bei ESX 3.5 ungefähr 32 MB groß, während die Service-Konsole um die 900 MB erforderte. Der andere Grund war die Sicherheit. Linux ist eine bekannte Umgebung, und es gab Befürchtungen, dass der Hypervisor durch die Service-Konsole kompromittiert werden könnte. ESXi wurde mit demselben Hypervisor-Kern, aber ohne die Service-Konsole entwickelt. Der Hypervisor wird über ein Command-line interface (CLI; Befehlszeilenschnittstelle) verwaltet und wurde so umgebaut, dass Komponenten von Fremdanbietern integriert werden können, was zuvor durch Agenten in der Service-Konsole ermöglicht worden war. VMware veröffentlichte von Version 3.5 in 2007 bis Version 4.1 in 2010 zwei Versionen, das klassische ESX und ESXi. Ab Version 5 im Jahr 2011 wird nur noch die ESXi-Architektur angeboten.

Der Marktanteil ist nicht immer der beste Indikator für die Brauchbarkeit und die Fähigkeiten einer Lösung; doch zehn Jahre nach der ersten Veröffentlichung von ESX hat VMware laut Gartner immer noch einen Marktanteil von fast 85 Prozent. VMware hat seinen Vorteil, der erste Anbieter auf dem Markt gewesen zu sein, wohl genutzt, um die Funktionen und Fähigkeiten weiterzuentwickeln, die viele andere Virtualisierungsanbieter immer noch nachzubauen versuchen. Einige dieser Funktionen werden etwas später behandelt; doch zunächst soll ESX etwas näher dargestellt werden. Abbildung 2.8 zeigt eine vereinfachte Architektur von VMware ESXi. (Es gab Gerüchte, *ESX* wäre ursprünglich die Abkürzung für *Elastic Sky X* und *GSX* die Abkürzung für *Ground Storm X* gewesen, obwohl offiziell nur die Namen *ESX* und *GSX* verwendet wurden.)

Der VMKernel enthält alle erforderlichen Prozesse, um virtuelle Maschinen zu unterstützen und die Hardware und Verfügbarkeit von Ressourcen zu verwalten. Zusätzlich können Infrastrukturdienste, wie etwa Zeiterfassung und Logging, Integrationen mit VMware-Management-Werkzeugen, sowie andere autorisierte Module von Fremdanbietern, wie etwa Hardware-Treiber und Hardware-Überwachungswerkzeuge, ebenfalls in dem VMKernel laufen. Dieses Modell ist einer der größten Unterschiede zwischen VMware und vielen anderen Lösungen.

2.3 | Was sind Hypervisoren?

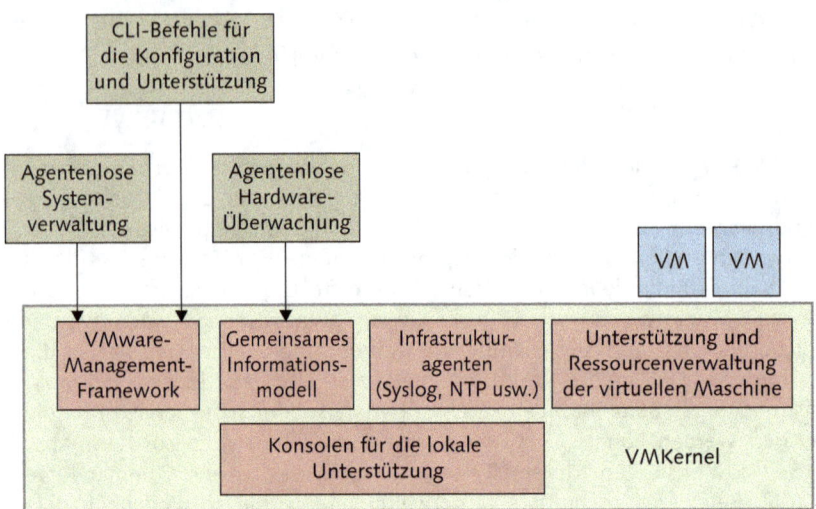

Abbildung 2.8 Die ESX-Architektur

Als Erstanbieter konnte VMware Funktionen und Fähigkeiten weiterentwickeln und ausreifen lassen, die bei konkurrierenden Lösungen nur rudimentär oder gar nicht verfügbar sind. VMotion, das 2003 eingeführt wurde, ermöglicht die Migration einer laufenden virtuellen Maschine von einem physischen Host auf einen anderen, ohne das Betriebssystem oder die auf diesem Gast laufenden Applikationen zu unterbrechen. Transparentes Page Sharing und Memory Ballooning sind nur zwei der Funktionen, die eine effiziente Speichernutzung ermöglichen. Hochverfügbarkeit und Fehlertoleranz sorgen ohne zusätzliche Software-Lösungen für eine erhöhte Einsatzbereitschaft der virtuellen Maschinen. Dies sind nur einige der umfassenden Funktionen, die VMware ESX anbietet.

Obwohl die Mitbewerber bei einigen der Kernfähigkeiten von ESX nachgezogen haben, entwickelt VMware die Kernfunktionalität des ESX-Hypervisors weiter und bietet darüber hinaus zusätzliche leistungsstarke Lösungen an, um die Verwaltung, die Sicherheit und die Verfügbarkeit weiter zu verbessern.

2.3.2 Citrix Xen

Der Xen Hypervisor begann in den späten 1990ern als Forschungsprojekt an der Universität von Cambridge. Das Ziel bestand darin, eine effiziente Plattform für das Distributed Computing zu entwickeln. 2002 wurde der Code als Open-Source-Projekt veröffentlicht. Dadurch konnte jeder Programmierer Funktionen und Fähigkeiten des Produkts verbessern. XenSource wurde 2004 gegründet, um den

Xen Hypervisor auf den Markt zu bringen, aber das Open-Source-Projekt blieb bis heute immer noch offen. 2005 schlossen Red Hat, Novell und Sun den Xen Hypervisor in ihre Produktangebote ein, so dass dieses Produkt den Mainstream erreichte. Zwei Jahre später wurde XenSource von Citrix Systems übernommen, um die eigenen Lösungen für die Applikationsauslieferung zu ergänzen. Abbildung 2.9 zeigt die Xen-Architektur näher.

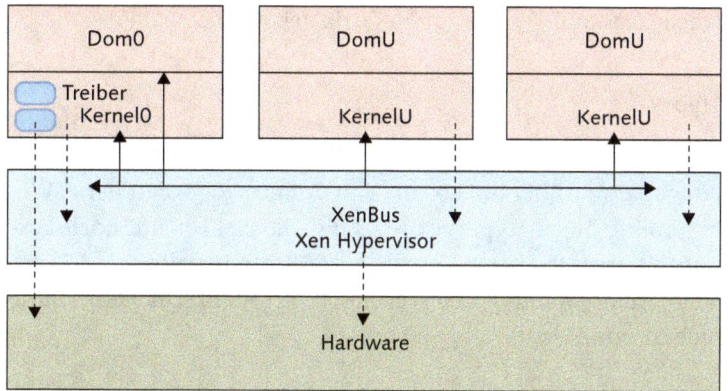

Abbildung 2.9 Die Xen-Hypervisor-Architektur

Der Hypervisor ist eine Bare-Metal-Lösung, setzt also direkt auf der Hardware auf, aber die Implementierung unterscheidet sich etwas von der VMware-Architektur. Das Xen-Modell verfügt über einen speziellen Gast namens *Domain 0*, auch *Dom0* genannt. Dieser Gast wird gebootet, wenn der Hypervisor gebootet wird. Er verfügt über Verwaltungsrechte, die sich von denen anderer Gäste unterscheiden. Weil er direkt auf die Hardware zugreifen kann, handhabt er den gesamten I/O für die einzelnen Gäste. Außerdem handhabt er die Unterstützung der Hardware-Gerätetreiber. Wenn zusätzliche Gäste die zugrunde liegende Hardware-Ressourcen anfordern, werden diese Anforderungen an den Hypervisor, dann an den Dom0-Gast und dann an die Ressource geleitet. Antworten durchlaufen diesen Weg umgekehrt bis zu dem jeweiligen Gast.

Läuft in dem Dom0-Gast ein Betriebssystem, kann die Verfügbarkeit leiden. Wenn das Betriebssystem gepatcht werden muss, unterbricht ein Reboot von Dom0 alle anderen Gäste, selbst wenn die Patches nichts mit den Virtualisierungsfunktionen zu tun haben. Weil Dom0 ebenfalls ein Gast ist, konsumiert er Ressourcen und konkurriert mit den anderen Gästen des Systems um Ressourcen. Dies kann zu Performanceproblemen führen, wenn der Dom0 entweder über knappe Ressourcen verfügt oder Gast-Ressourcen verwendet.

2.3 | Was sind Hypervisoren?

Noch einmal: Bei diesem Vergleich geht es nicht darum, welche Lösung überlegen ist (für einige ähnelt diese Diskussion der Frage, ob Borussia Dortmund besser spielt als Bayern München), sondern darum, zu erklären, dass es zahlreiche Wege gibt, ein Problem zu lösen. Wenn Ihre Lösung die anstehenden Probleme löst, ist sie für Sie die richtige. Als Open-Source-Lösung hat Xen und damit auch Citrix XenServer viele Befürworter; doch als dieses Buch geschrieben wurde, hatten beide Varianten zusammen weniger als fünf Prozent Anteil am kommerziellen Markt. Viele Installationen waren an virtuelle Desktop-Lösungen von Citrix gekoppelt.

2.3.3 Microsoft Hyper-V

Microsoft trat 2005 mit Virtual Server in den Virtualisierungsmarkt ein, nachdem das Unternehmen einige Jahre früher die Lösung von Connectix gekauft hatte. Wie GSX war Virtual Server eine Typ-2-Hypervisor-Lösung. Sie steht heute noch kostenlos zur Verfügung. Microsoft Hyper-V wurde 2008 als installierbare Komponente des Betriebssystems Windows Server 2008 veröffentlicht. Abbildung 2.10 zeigt die Architektur von Hyper-V.

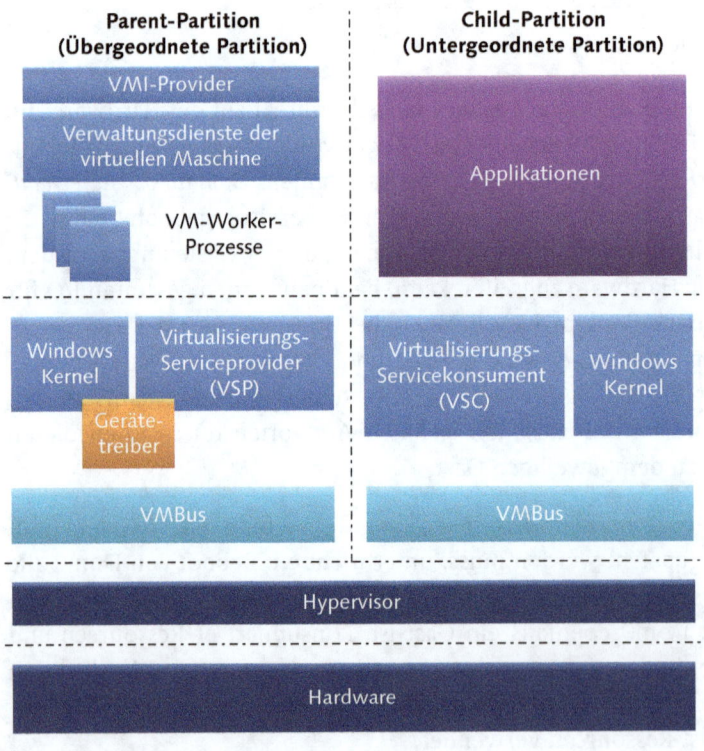

Abbildung 2.10 Die Architektur von Microsoft Hyper-V

Hyper-V ist ein Typ-1-Hypervisor, weil die Software des Hypervisors direkt auf der Hardware aufsetzt. Doch Microsoft verwendet eine etwas andere Nomenklatur – die virtualisierten Aufgaben werden nicht als *Gäste*, sondern als *Partitionen* bezeichnet. Ähnlich dem Xen-Modell erfordert das Produkt eine spezielle Parent-Partition, die direkt auf die Hardware-Ressourcen zugreifen kann. Wie in Dom0 läuft in der Parent-Partition ein Betriebssystem – in diesem Fall Windows Server 2008. Diese Partition erstellt und verwaltet die Child-Partitionen und handhabt die Funktionen der Systemverwaltung und die Gerätetreiber. Weil Hyper-V auf einem ähnlichen Modell wie XenServer basiert, ist es für dieselben Verfügbarkeitsschwierigkeiten anfällig, die mit dem Patching und Ressourcenkonflikten verbunden sind.

Trotz des relativ späten Eintritts in den Virtualisierungsmarkt hat Microsoft einen Marktanteil von über zehn Prozent. Obwohl das Produkt nicht an den Funktionsumfang einiger anderer Lösungen heranreicht, verfolgt Microsoft eine aggressive Lizenz- und Packagingpolitik, um seine Anwender zu ermutigen, Hyper-V einzusetzen. Diese Strategie hat Microsoft schon früher sowohl bei den Betriebssystemen als auch bei den Webbrowsern gute Dienste geleistet.

2.3.4 Andere Lösungen

Neben den vorgestellten drei Lösungen bieten zahlreiche andere Anbieter Virtualisierungslösungen an. Zusammen haben diese, je nachdem, wen Sie fragen, einen Marktanteil zwischen ein bis fünf Prozent. Die meisten restlichen Lösungen basieren auf dem ursprünglichen Open-Source-Code von Xen, der von den verschiedenen Lösungsanbietern erweitert und aktualisiert worden ist.

Oracle bietet eine Reihe von Lösungen an, die selbst entwickelt oder hinzugekauft wurden. 2007 wurde Oracle VM eingeführt, ein Bare-Metal-Hypervisor, der auf dem Open-Source-Code von Xen basiert. 2009 übernahm Oracle Virtual Iron, eine weitere Xen-basierte Hypervisor-Lösung, mit der Absicht, die Technologie in die vorhandene Oracle VM zu integrieren. 2010 übernahm Oracle Sun MicroSystems und erwarb damit eine Reihe weiterer Virtualisierungslösungen, die Sun entwickelt oder hinzugekauft hatte, darunter Solaris-special Zones und die x86-orientierte VirtualBox, ein beliebtes Workbench-Werkzeug für Entwickler. Danach wurde VirtualBox in *Oracle VM VirtualBox* umbenannt. Die Oracle-Lösungen haben im Mainstream keine Akzeptanz gefunden, hauptsächlich, weil sie so spät auf den Markt kamen und die Vielfalt der Lösungen für die Anwender eher verwirrend war. Die Anwender dieser Lösungen setzen auch sonst Oracle-Produkte ein.

2.4 | Was sind Hypervisoren?

Red Hat bietet eine weitere Lösung, die im Laufe der Zeit mehrfach geändert wurde. Anfänglich nutzte sie ebenfalls den Open-Source-Code von Xen, weil dieser gut in das Red-Hat-Geschäftsmodell der Open-Source-Lösungen passte. 2008 übernahm Red Hat das Unternehmen Qumranet und dessen Kernel-based-Virtual-Maschine-(KVM-)Lösung. KVM basiert wie Linux selbst ebenfalls auf dem gleichnamigen Open-Source-Projekt. Die neueste Veröffentlichung von Red Hat Enterprise Linux (RHEL) unterstützt gegenwärtig sowohl die KVM- als auch die Xen-Virtualisierungstechnologien. Red Hat hat bekannt gegeben, in Zukunft auf KVM zu setzen, obwohl Xen bis wenigstens 2014 unterstützt werden soll. Wie Oracle hat KVM bis jetzt keine nennenswerte Anzahl von Anwendern gewinnen können und wird hauptsächlich von vorhandenen Kunden von Red Hat selbst eingesetzt.

Zusätzlich zu diesen Lösungen gibt es über ein Dutzend weiterer kommerzieller x86-Server-Virtualisierungslösungen. Die Geschichte vergleichbarer Software-Märkte lässt vermuten, dass viele dieser Lösungsanbieter wegen ihrer technischen Innovationen entweder von einem der Marktführer übernommen oder wegen mangelnder finanzieller Ressourcen einfach vom Markt verschwinden werden. Was immer passieren wird, wir leben in einer aufregenden Zeit, in der wir Zeuge der Geburt, des Wachstums und der Reife einer wichtigen Technologie werden, die die IT-Branche bereits nachhaltig geändert hat und weiter ändern wird.

2.4 Die Grundlagen und darüber hinaus

Hypervisoren sind der Klebstoff der Virtualisierung. Sie verbinden ihre virtuellen Gäste mit der physischen Welt und sorgen für die gleichmäßige Auslastung der Ressourcen, die sie verwalten. Ihre Hauptfunktion besteht darin, die physischen Geräte zu abstrahieren. Sie agieren im Dienst der Gäste als Vermittler, indem sie den gesamten I/O zwischen den Gästen und Geräten verwalten. Es gibt zwei Hypervisor-Hauptimplementierungen: mit und ohne ein zusätzliches Betriebssystem zwischen Hypervisor und Hardware. Beide haben ihre Anwendungszwecke. Der kommerzielle Virtualisierungsmarkt ist gegenwärtig ein Wachstumsmarkt; deshalb kämpfen neue und alte Lösungsanbieter seit Längerem um Marktanteile. Die Gewinner werden eine gute Ausgangsposition haben, um die nächste Generation von Datenzentren und Content-Anbietern von Konsumentenlösungen zu unterstützen sowie die Basistechnologie für das Cloud Computing zu liefern.

Die Grundlagen und darüber hinaus | 2.4

Übungen

- Suchen Sie im Internet vier verschiedene Typ-2-Hypervisor-Lösungen. Welche Unterschiede haben sie? Warum würden Sie die eine oder andere Lösung vorziehen?

- Hypervisoren für die Server-Virtualisierung sind nur eine Anwendung dieser Technologie. Da Mikroprozessoren in viele der heutigen Smart-Geräte eingebaut werden, wo sonst könnten noch ein Hypervisor und mehrere Gäste verwendet werden?

- Unternehmen müssen oft Anforderungen und Bedürfnisse mit Einschränkungen der realen Welt, wie etwa Budgetgrenzen oder Mitarbeitermangel, in Einklang bringen. Wie würden Sie Ihren Vorgesetzten, der eine weniger teure, »hinreichend gute« Virtualisierungslösung sucht, überzeugen, eine funktionsreichere, aber teurere Lösung zu erwerben? Wie könnten Sie Ihren Vorgesetzten, der eine teurere, funktionsreichere Virtualisierungslösung erwerben will, überzeugen, Geld zu sparen und eine »hinreichend gute« Lösung zu kaufen?

Kapitel 3
Was sind virtuelle Maschinen?

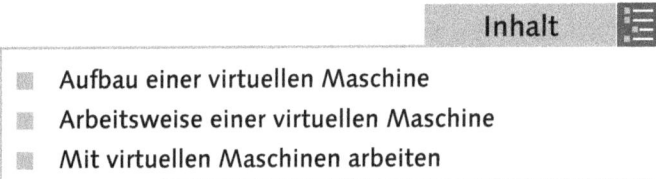

- Aufbau einer virtuellen Maschine
- Arbeitsweise einer virtuellen Maschine
- Mit virtuellen Maschinen arbeiten

Virtuelle Maschinen sind die grundlegenden Komponenten der Virtualisierung. Sie sind die Container für traditionelle Betriebssysteme und Applikationen, die auf einem Hypervisor auf einem physischen Server laufen. In einer virtuellen Maschine läuft alles sehr ähnlich wie auf einem physischen Server – doch außerhalb der VM herrschen ganz andere Verhältnisse. In diesem Kapitel werden diese Unterschiede beschrieben. Insbesondere lernen Sie, wie virtuelle Maschinen auf den physischen Maschinen arbeiten, auf denen sie laufen, und erhalten eine erste Einführung in die Verwaltung virtueller Maschinen.

3.1 Aufbau einer virtuellen Maschine

Eine virtuelle Maschine, kurz *VM*, hat mit einem physischen Server vieles gemeinsam. Ähnlich wie dieser unterstützt eine VM ein Betriebssystem und gewisse Ressourcen, auf die die Applikationen zugreifen können, die auf der VM laufen. Doch im Gegensatz zu einem physischen Server, auf dem gleichzeitig nur ein Betriebssystem und wenige, normalerweise zusammengehörige Applikationen laufen, können viele VMs gleichzeitig auf einem einzigen physischen Server laufen. Außerdem können in diesen VMs viele verschiedene Betriebssysteme

3.1 | Was sind virtuelle Maschinen?

laufen, die unterschiedliche Applikationen unterstützen. Zudem bestehen VMs im Gegensatz zu einem physischen Server nur aus einem Satz von Dateien, die den virtuellen Server beschreiben.

Die Hauptdateien, aus denen eine VM besteht, sind die Konfigurationsdatei und die virtuellen Diskdateien. Die Konfigurationsdatei beschreibt die Ressourcen, die die VM nutzen kann: Sie enthält eine Liste der virtuellen Hardware, aus denen diese spezielle VM besteht. Abbildung 3.1 zeigt vereinfacht eine virtuelle Maschine. Wenn Sie sich eine virtuelle Maschine als leeren Server vorstellen, zählt die Konfigurationsdatei die Hardware-Geräte auf, die dieser Server enthält: CPU, Speicher, Festplatten, Vernetzung, CD-Laufwerk usw. Wenn Sie eine neue virtuelle Maschine bauen, werden Sie sehen, dass diese Konfiguration genau einem Server entspricht, der frisch vom Fließband kommt – irgendein (virtuelles) Gerät, das auf Software wartet, die ihm eine Richtung und einen Zweck gibt. In Kapitel 4, »Eine virtuelle Maschine erstellen«, werden wir genau dies tun.

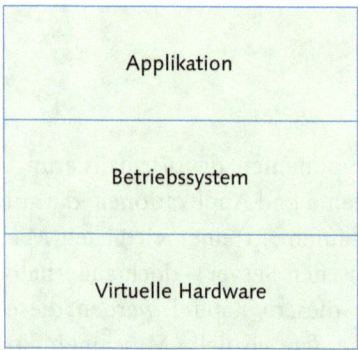

Abbildung 3.1 Eine virtuelle Maschine

Virtuelle Maschinen können auf verschiedene Hardware-Ressourcen zugreifen, aber von ihrem Standpunkt aus wissen sie nicht, dass diese Geräte nur virtuell existieren. Die virtuellen Geräte, mit denen sie zu tun haben, sind Standardgeräte. Anders ausgedrückt: Alle virtuellen Maschinen arbeiten mit denselben virtuellen Geräten. Deshalb können die VMs auf verschiedene Hardware-Plattformen portiert werden und, wie später in dem Kapitel erläutert wird, in verschiedenen Virtualisierungslösungen unterschiedlicher Anbieter eingesetzt werden. Wie bei einer physischen Maschine können Sie in einer virtuellen Maschine verschiedene Peripheriegeräte konfigurieren. In diesem Buch wird hauptsächlich beschrieben, wie Sie diese Geräte konfigurieren und verwalten können. Doch der wahre Schlüssel zum Verständnis virtueller Maschinen liegt in der Erkenntnis, dass es zwei verschiedene Sichten auf eine VM gibt: von innen und von außen.

Von außen sehen Sie von der virtuellen Maschine nur die Zusammenstellung und Konfiguration des Host-Servers. Egal, ob auf einem Laptop VMware Fusion, Parallels Desktop oder VMware Workstation oder auf einem ausgewachsenen Unternehmens-Server von Dell, HP, IBM oder Cisco, VMware vSphere oder Citrix XenServer laufen, alle Ressourcen, auf die Sie zugreifen können, sind Systemgeräte.

Von innen sieht eine virtuelle Maschine wie eine physische Maschine aus. Aus der Sicht des Betriebssystems oder einer Applikation stehen Festplatten, Speicher, Netzwerk und Verarbeitungskapazitäten zur Verfügung. Wenn Sie Windows ausführen und die verschiedenen Utilities der Systemsteuerung aufrufen, um Ihr System zu untersuchen, werden Sie wenig finden, bei dem Sie stutzen würden. Speichergeräte, Laufwerk C:, Laufwerk D: usw. befinden sich, wo sie sein sollten; die Netzwerkverbindungen sind sichtbar und funktionsfähig; und die Systemdienste laufen. Der Server verfügt über einen bestimmten Speicherbereich und eine oder mehrere CPUs, hat möglicherweise ein CD-Laufwerk, einen Monitor, eine Tastatur und vielleicht sogar ein Diskettenlaufwerk. Alles sieht so aus, wie es sollte, bis Sie tiefer graben und den Windows-Geräte-Manager aufrufen (siehe Abbildung 3.2).

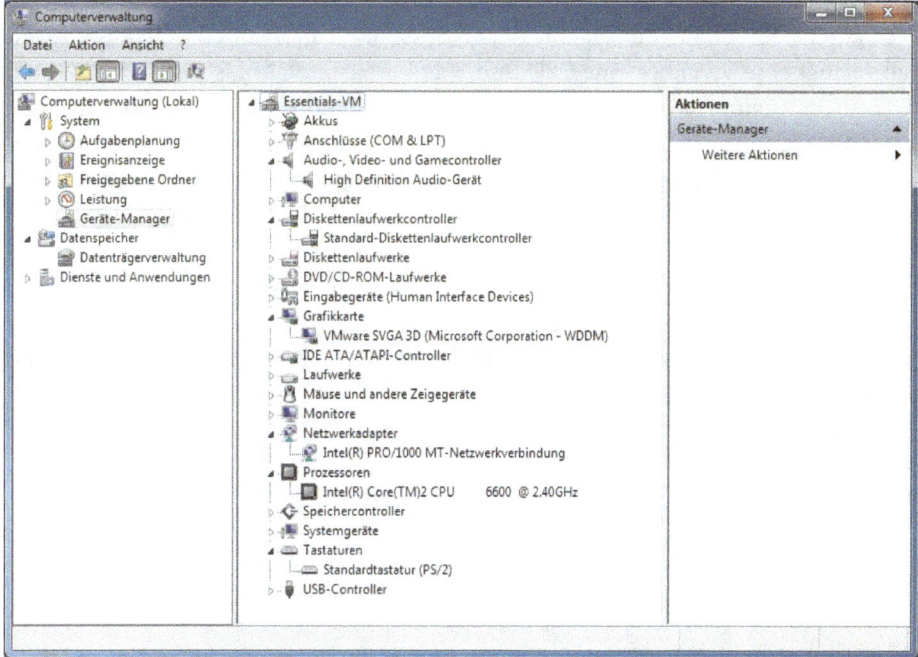

Abbildung 3.2 Windows-Geräte-Manager in einer VM

3.1 | Was sind virtuelle Maschinen?

Hier können Sie sehen, wo die Unterschiede zwischen der realen und der virtuellen Welt beginnen. Ein Blick auf den Netzwerkadapter und den Speicheradapter zeigt ebenfalls Branchenstandardgeräte. Der Display-Adapter entspricht nicht Ihrem tatsächlichen Monitor. Er wird als Standard-Gerätetreiber erstellt, der für jeden Monitor verwendet werden kann. Die Festplatten und die DVD/CD-Laufwerke sind ebenfalls spezielle virtuelle Treiber. Denn der Hypervisor, in denen die virtuellen Maschinen laufen, präsentiert diese generischen Ressourcen, mit denen sie verbunden werden. Die speziellen Gerätetreiber werden in Kapitel 5, »Windows auf einer virtuellen Maschine installieren«, näher beschrieben. Sie werden später hinzugefügt, um diese Verbindung zu optimieren.

Wenn Sie einen neuen Computer (egal, ob Laptop oder Server) kaufen, zählt die Konfiguration zu Ihren wichtigsten Entscheidungen. Mit VMs erhalten Sie die Fähigkeit und Flexibilität, die Konfiguration leicht ohne die meisten der Einschränkungen zu ändern, denen dieselben Änderungen auf einem physischen Server unterworfen wären.

3.1.1 Die CPU in einer virtuellen Maschine

Virtuelle Maschinen sind so konfiguriert, dass sie, je nach der erwarteten Belastung des Systems, mit einem oder mehreren Prozessoren laufen können. Im einfachsten Fall verfügt eine VM über eine CPU und, wie bereits erwähnt, steht nur diese eine CPU zur Verfügung, wenn Sie die Hardware vom Standpunkt der VM aus betrachten. Vom Standpunkt des Hosts aus wurde der virtuellen Maschine die Fähigkeit zugewiesen, CPU-Zyklen der auf dem Host verfügbaren CPUs in Anspruch zu nehmen. In diesem Fall (siehe Abbildung 3.3) kann die Eine-CPU-VM die Kapazität einer einzigen CPU für sich in Anspruch nehmen. Der Host reserviert eine CPU nicht ausschließlich für die Nutzung einer bestimmten VM. Wenn die VM Prozessor-Ressourcen benötigt, nimmt der Hypervisor stattdessen die Anforderung entgegen, verteilt die Aufgaben und gibt die Ergebnisse über den entsprechenden Gerätetreiber an die VM zurück.

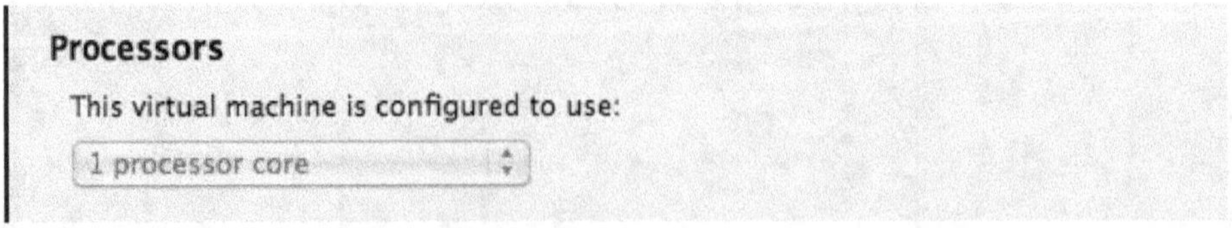

Processors
This virtual machine is configured to use:
1 processor core

Abbildung 3.3 CPU-Einstellungen in einer VM

Vergessen Sie nicht, dass der Host normalerweise über viel mehr CPUs verfügt als jede einzelne VM. Einer einzelnen VM ist keine spezielle CPU zugewiesen, sondern es ist Aufgabe des Hypervisors, für jede einzelne VM Zeit auf diesen Prozessoren zu reservieren. Ursprünglich wurde die Virtualisierung eingeführt, um Ressourcen durch Konsolidierung effizienter zu nutzen, und eine fest zugeordnete CPU würde diesem Zweck zuwiderlaufen. Und noch eine Anmerkung: Die meisten Server verfügen heute über mehrere Socket-CPUs, und jeder dieser Sockets enthält einen oder mehrere Kerne. Für unsere Zwecke betrachtet eine VM einen Kern als einzelne virtuelle CPU. Man kann auch Multi-CPU-, Mehrkern-VMs erstellen, aber das gehört nicht in dieses Buch. Die Verwaltung und Konfiguration von Prozessor-Ressourcen wird in Kapitel 7, »CPUs für eine virtuelle Maschine verwalten«, eingehend behandelt.

3.1.2 Speicher in einer virtuellen Maschine

Der Speicher, oder die RAM-Ressourcen, ist wahrscheinlich die Komponente einer virtuellen Umgebung, die am leichtesten zu verstehen ist. Wie bei einer physischen Maschine sind ausreichende oder unzureichende Speicherressourcen in einer virtuellen Maschine oft für den Erfolg oder das Scheitern verantwortlich, wenn die Performance einer Applikation bewertet wird. Einer virtuellen Maschine wird ein Speicherbereich einer bestimmten Größe zugewiesen (siehe Abbildung 3.4); mehr Speicher kann diese VM nicht nutzen, selbst wenn auf der physischen Maschine ein erheblich größerer Speicher zur Verfügung stehen sollte. Im Gegensatz zu physischen Maschinen können Sie jedoch einfach den Speicherumfang rekonfigurieren, wenn eine virtuelle Maschine mehr Speicher erfordert. Die VM kann sofort, manchmal sogar ohne einen Neustart, auf die zusätzliche Kapazität zugreifen. Wie bei der CPU-Nutzung haben Anbieter ausgefeilte Techniken zur Speicherverwaltung entwickelt, um den verfügbaren physischen Speicher bestmöglich zu nutzen. Verwaltung und Konfiguration von Speicherressourcen werden in Kapitel 8, »Speicher für eine virtuelle Maschine verwalten«, ausführlich behandelt.

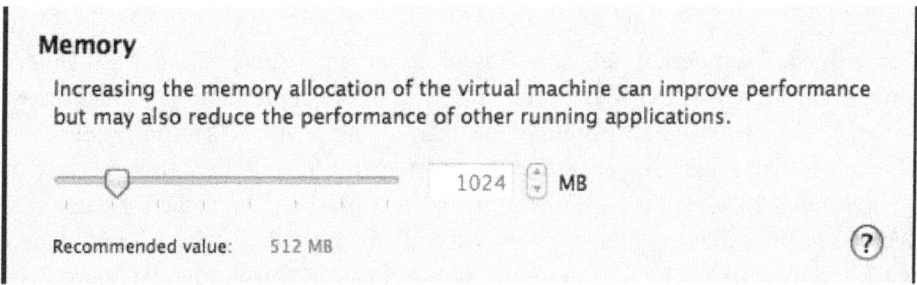

Abbildung 3.4 Speichereinstellungen in einer VM

3.1.3 Netzwerkressourcen in einer virtuellen Maschine

Wie ihr physisches Gegenstück stellt die virtuelle Vernetzung einer VM Methoden zur Verfügung, um mit der physischen Welt zu kommunizieren. Jeder virtuellen Maschine können eine oder mehrere NICs (Network Interface Cards) zugeordnet werden, die eine Verbindung mit einem Netzwerk repräsentieren. Diese virtuellen NICs sind jedoch nicht mit den physischen NICs in dem Host-System verbunden. Der Hypervisor unterstützt die Erstellung eines virtuellen Netzwerks, das die virtuellen NICs mit einem Netzwerk verbindet, das aus virtuellen Switches besteht. Es ist dieses virtuelle Netzwerk, das mit den physischen NICs verbunden ist (siehe Abbildung 3.5).

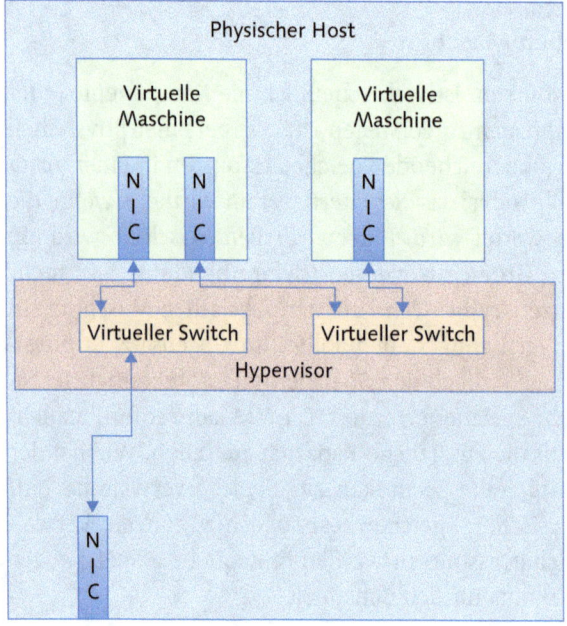

Abbildung 3.5 Ein einfaches virtuelles Netzwerk

Das virtuelle Netzwerk spielt ebenfalls eine wichtige Rolle, um sichere Umgebungen für die virtuellen Maschinen zu schaffen, die gemeinsam auf einem Host laufen. Vom Sicherheitsstandpunkt aus kann eine VM-zu-VM-Kommunikation über einen virtuellen Switch erfolgen und nie den physischen Host verlassen. Abbildung 3.6 zeigt die Konfiguration eines einfachen, virtuellen Netzwerks. Wenn eine virtuelle NIC einer zweiten VM mit einem virtuellen Switch verbunden wird und dieser Switch nicht mit einer physischen NIC verbunden ist, kann man nur über die erste VM mit der zweiten VM kommunizieren. So entsteht ein

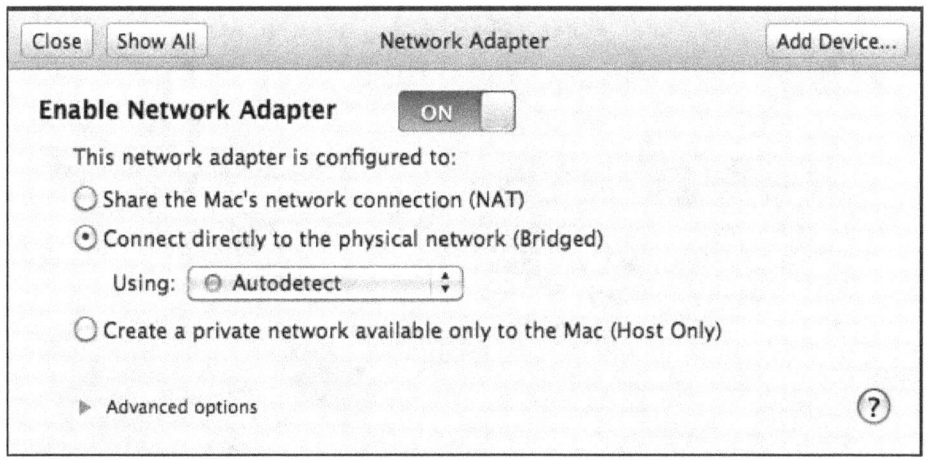

Abbildung 3.6 Netzwerkressourcen in einer VM

schützender Puffer zwischen der Außenwelt und dieser VM. Käme eine dritte VM ins Spiel, hätte auch sie nur dann Zugriff auf die geschützte VM, wenn sie mit demselben virtuellen Switch verbunden wäre. Verwaltung und Konfiguration von Netzwerkressourcen werden in Kapitel 10, »Networking für eine virtuelle Maschine verwalten«, ausführlich behandelt.

3.1.4 Plattenspeicher in einer virtuellen Maschine

Virtuelle Server brauchen Plattspeicher, mit dem sie arbeiten können. Wie bei den bisher behandelten Ressourcen unterscheidet sich das, was der virtuellen Maschine präsentiert wird, grundsätzlich von dem, was diese zu sehen glaubt (siehe Abbildung 3.7). Eine virtuelle Maschine, die Windows ausführt, sieht ein Laufwerk C:, ein Laufwerk D: und vielleicht noch andere Laufwerke. Tatsächlich sind diese »Laufwerke« nur reservierte Bereiche auf einem gemeinsam genutzten Speichergerät, die von dem Hypervisor verwaltet und der VM präsentiert werden.

Abbildung 3.8 zeigt, wie die virtuelle Maschine die Speicherressourcen sieht. Wenn eine virtuelle Maschine mit einem virtuellen SCSI-Diskadapter kommuniziert, tauscht der Hypervisor Datenblöcke mit dem physischen Speichergerät aus. Die tatsächliche Verbindung von dem Host zum Speichergerät wird per Abstraktion von den virtuellen Maschinen isoliert, und zwar unabhängig davon, ob es sich um eine lokale Festplatte auf dem Host oder ein SAN (Storage Area Network) handelt.

3.1 | Was sind virtuelle Maschinen?

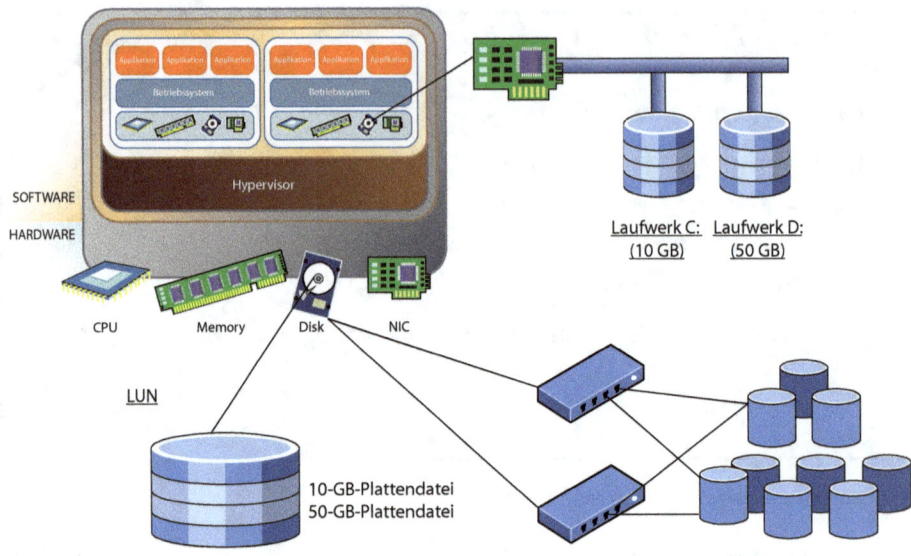

Abbildung 3.7 Plattenspeicher in einer virtuellen Maschine

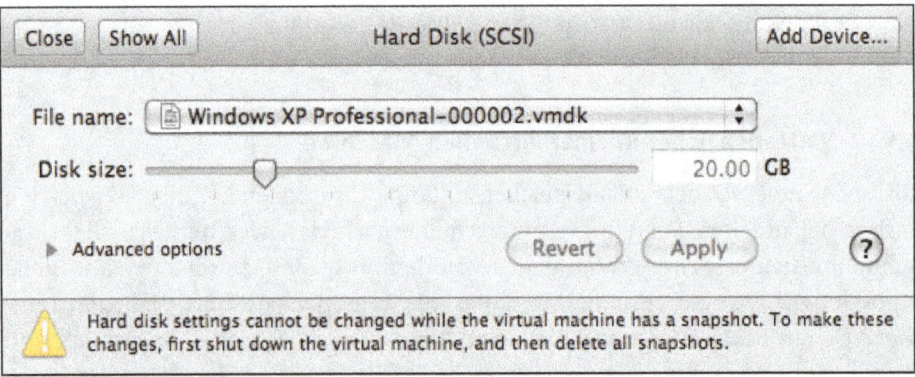

Abbildung 3.8 Speicherressourcen in einer VM

Virtuelle Maschinen müssen sich normalerweise nicht darum kümmern, ob sie per Fibre Channel, iSCSI oder NFS (Network File System) mit ihren Speicherressourcen verbunden sind, weil diese Komponenten auf dem Host konfiguriert und verwaltet werden. Verwaltung und Konfiguration von (externen) Speicherressourcen werden in Kapitel 9, »Festplattenspeicher für eine virtuelle Maschine verwalten«, behandelt.

3.2 Wie eine virtuelle Maschine funktioniert

Man kann die Arbeitsweise der Virtualisierung unter verschiedenen Aspekten betrachten. So kann man etwa sagen, dass ein Hypervisor die Entkopplung traditioneller Betriebssysteme von der Hardware ermöglicht. Der Hypervisor transportiert und reguliert die Ressourcen, die von seinen virtuellen Gästen genutzt werden. Er erwirbt diese Fähigkeit, indem er das Gast-Betriebssystem glauben macht, der Hypervisor sei tatsächlich die Hardware. Um die Arbeitsweise der virtuellen Maschine zu verstehen, müssen Sie etwas mehr über die Arbeitsweise der Virtualisierung wissen.

Ohne zu sehr auf die Einzelheiten einzugehen, wollen wie untersuchen, wie ein natives Betriebssystem die Hardware verwaltet. Abbildung 3.9 soll diesen Prozess illustrieren. Wenn ein Programm Daten aus einer Datei auf einer Festplatte benötigt, sendet es einen Befehl in seiner Programmiersprache, etwa ein fgets() in C, an das Betriebssystem. Das Betriebssystem verfügt über Informationen über das Dateisystem und leitet die Anforderung an den entsprechenden Geräte-Manager weiter. Dieser arbeitet mit dem physischer Festplatten-I/O-Controller und dem Speichergerät zusammen, um die gewünschten Daten abzurufen. Die Daten werden über den I/O-Controller und den Gerätetreiber an das Betriebssystem zurückgegeben, das sie dann an das anfordernde Programm weiterleitet. Allerdings werden nicht nur Datenblöcke angefordert; das Betriebssystem muss auch Speicherblöcke verschieben, CPU-Zyklen regeln oder Netzwerkressourcen bereitstel-

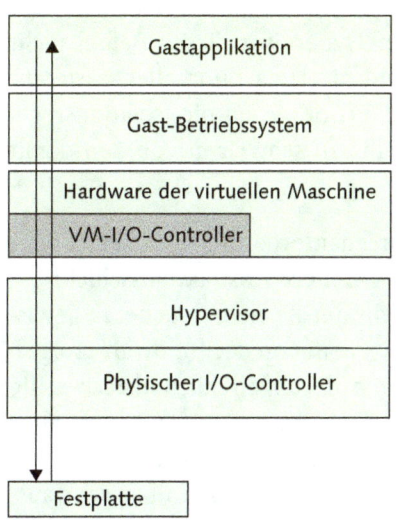

Abbildung 3.9 Eine vereinfachte Datenanforderung

len. Gleichzeitig stellen andere Programme zusätzliche Anforderungen, und es ist Aufgabe des Betriebssystems, allen Programmen gerecht zu werden.

Sicherheitsmaßnahmen sind in die x86-Architektur selbst eingebaut. Dadurch sollen sowohl zufällige als auch absichtliche schädliche Systemaufrufe daran gehindert werden, die Applikationen oder das Betriebssystem zu übernehmen oder zu beschädigen. Die Architektur des x86-Prozessors verfügt über vier verschiedene Schutzebenen, auf denen Prozessorbefehle ausgeführt werden können. Diese Ebenen werden oft als *Ringe* bezeichnet. Der Ring 0 im Zentrum, in dem der Kernel des Betriebssystems arbeitet, verfügt über die höchsten Privilegien. Üblicherweise werden in den Ringen 1 und 2 die Gerätetreiber ausgeführt. Ring 3 verfügt über den geringsten Vertrauensschutz; hier werden Applikationen ausgeführt. Praktisch werden Ring 1 und Ring 2 selten verwendet. Applikationen selbst können direkt keine Prozessorinstruktionen ausführen. Diese Anforderungen werden über Systemaufrufe an die Ebenen durchgereicht, wo sie, wie in dem vereinfachten Beispiel, für die Applikation ausgeführt werden oder einen Fehler auslösen, weil die Anforderung gegen eine Einschränkung verstoßen würde.

Will ein Systemprogramm den Zustand einer Hardware-Komponente verändern, führt es privilegierte Anweisungen in Ring 0 aus. Ein Beispiel wäre etwa eine Shutdown-Anforderung, also eine Anforderung, das System herunterzufahren. Ein Hypervisor läuft in Ring 0, und die Betriebssysteme in den Gästen glauben, sie liefen in Ring 0. Wenn ein Gast einen Shutdown-Befehl geben will, fängt der Hypervisor diese Anforderung ab und antwortet dem Gast, dass der Shutdown eingeleitet worden ist, damit das Betriebssystem die erforderlichen Schritte für ein Software-Shutdown ausführen kann. Würde der Hypervisor diesen Befehl nicht abfangen, könnte jeder Gast die Ressourcen und die Umgebung aller Gäste auf einem Host direkt beeinflussen. Dies wäre ein Verstoß gegen die Isolationsregel aus der Definition von Popek und Goldberg, ganz zu schweigen von den damit verbundenen Problemen.

Wie das native Betriebssystem, das die Ressourcenanforderungen nebenläufiger Programme verwaltet, ziehen Hypervisoren eine weitere Abstraktionsschicht ein und verwalten die Ressourcenanforderungen mehrerer Betriebssysteme. In gewisser Weise entkoppeln Hypervisoren ein Betriebssystem von der Hardware, sorgen aber immer noch dafür, dass diese Ressourcenanforderungen fair und rechtzeitig bedient werden. Diese zusätzliche Verarbeitungsschicht hat wider gegenteilige Erwartungen keinen wesentlichen Einfluss auf die Performance der Applikationen, die in VMs ausgeführt werden. Die heutigen Lösungen verfügen über sehr ausgefeilte Algorithmen, um diesen permanent im Wandel begriffenen und komplexen I/O-Fluss vom Gast zum Hypervisor zum Host und wieder zurück zu regulieren, ohne merkliche Ressourcen für die Verwaltung der Anforderungen des Hypervisors bereitzustellen. Wie in einer physischen Umgebung hängen die meisten Performanceprobleme in einer virtuellen Umgebung immer noch von einer korrekten Bereitstellung der erforderlichen Ressourcen für die Aufgaben der Applikationen ab.

3.3 Mit virtuellen Maschinen arbeiten

Virtuelle Maschinen existieren in zwei physischen Formen: als Dateien, die die Konfiguration der virtuellen Maschine beschreiben, und die Instanziierung dieser Dateien im Speicher, die die laufende VM nach ihrem Start repräsentiert. Mit einer laufenden virtuellen Maschine zu arbeiten, ähnelt der Arbeit mit einem physischen Server. Wie bei einem physischen Server können Sie mit ihr über eine Netzwerkverbindung interagieren, um die Umgebung zu laden, zu verwalten und zu überwachen oder die verschiedenen Applikationen auszuführen, die der Server unterstützt. Ebenso können Sie wie bei einem physischen Server die Hardware-Konfiguration modifizieren und Funktionen und Kapazitäten hinzufügen oder entfernen, obwohl physische und virtuelle Server für diese Zwecke andere Methoden verwenden und virtuelle Server in dieser Hinsicht viel flexibler sind.

Wie man mit einer laufenden VM arbeitet, wird erst im nächsten Kapitel beschrieben. Hier wird zunächst beschrieben, warum die Tatsache, dass diese VMs als Datendateien existieren, ein Schlüsselfaktor ist, sie zu verwalten und zu warten. Seit der Einführung des Computers waren Dateien das Mittel, Daten zu speichern. Aufgrund dieser langen Geschichte ist die Dateiverwaltung eine Routineaufgabe. Spreadsheets, Dokumente, Präsentationen, Bilder, Videos, Audios – alle möglichen Medien werden als Dateien gespeichert, die leicht kopiert, dupliziert oder von einem Ort an einen anderen verschoben werden können. Durch Nutzung diese Eigenschaften von Dateien können Sie einige bemerkenswerte Dinge mit virtuellen Maschinen anstellen.

3.3.1 Virtuelle Maschinen klonen

Die Bereitstellung von Servern erfordert beträchtliche Ressourcen in Form von Zeit, Arbeit und Geld. Vor der Server-Virtualisierung konnte es in bestimmten Unternehmen Wochen oder sogar Monate dauern, einen physischen Server zu beschaffen. Der Erwerb war mit erheblichen Kosten, oft in der Höhe mehrerer

3.3 | Was sind virtuelle Maschinen?

Tausend Euro verbunden. War der Server ausgeliefert, wurde eine zusätzliche Rüstzeit benötigt, um ihn einsatzbereit zu machen. Ein Server-Administrator musste eine lange Liste von Aufgaben abarbeiten: ein Betriebssystem laden; etwaige Patches nachladen, um das Betriebssystem auf den neuesten Stand zu bringen; zusätzlichen Speicher konfigurieren; Unternehmenswerkzeuge und -applikationen installieren, die für die Verwaltung der Unternehmensinfrastruktur benötigt wurden; Netzwerk-Informationen sammeln; und die Server in die Netzwerk-Infrastruktur einbinden. Schließlich konnte der Server für ein Applikationsteam freigegeben werden, um die eigentlichen Applikationen zu installieren und zu konfigurieren, die auf dem Server laufen sollten. Diese zusätzliche Rüstzeit konnte je nach Komplexität der zu installierenden Software und den zur Verfügung stehenden Installationshilfen mehrere Tage dauern.

Vergleichen Sie dies mit einer virtuellen Maschine. Wenn Sie einen neuen Server brauchen, können Sie einen vorhandenen klonen (siehe Abbildung 3.10). Der Prozess erfordert kaum mehr, als die Dateien zu kopieren, aus denen der vorhandene Server besteht. Nachdem diese Kopie erstellt worden ist, muss das Gast-Betriebssystem nur kleinere Anpassungen vornehmen, um dem neuen Server eine

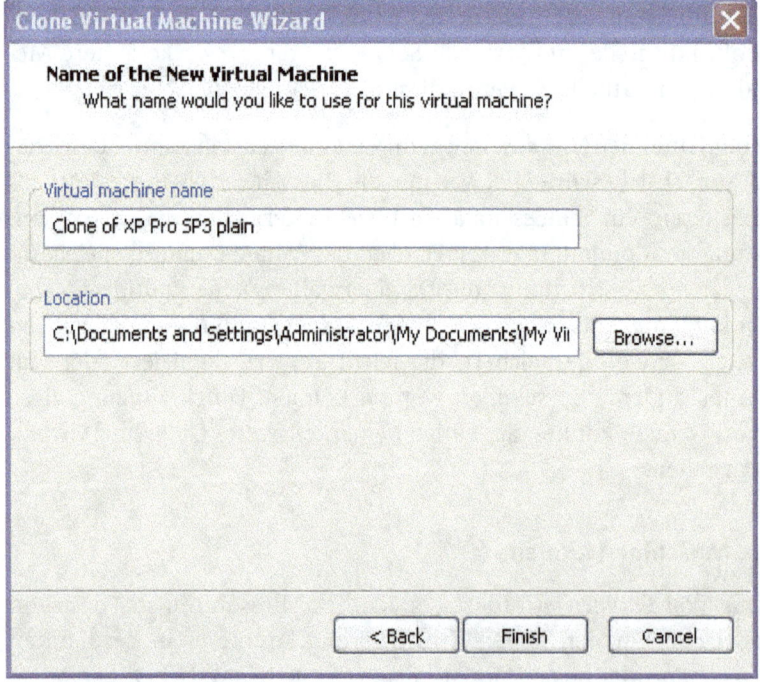

Abbildung 3.10 Eine VM klonen

eindeutige Identität mit einem eigenen Systemnamen und einer IP-Adresse zu geben, bevor er instanziiert werden kann. Ohne diese Anpassungen würden zwei VMs mit derselben Identität im Netzwerk und dem Applikationsraum laufen; dadurch könnte auf viele Ebenen Chaos ausgelöst werden. Werkzeuge zur Verwaltung virtueller Maschinen verfügen über eingebaute Funktionen, die Ihnen helfen, die erforderlichen Anpassungen beim Klonen vorzunehmen. Dadurch wird diese Aufgabe auf kaum mehr als einige Mausklicks reduziert.

Auch wenn es nur einige Momente dauert, den Klon zu erstellen, dauert es eine gewisse Zeit, die Kopien der Dateien einzurichten und den Gast anzupassen. Abhängig von einer Reihe von Faktoren kann dies Minuten oder sogar Stunden dauern. Verglichen mit der Bereitstellung und Einrichtung eines physischen Servers, die Wochen oder länger dauern kann, kann man eine virtuelle Maschine in wenigen Minuten bereitstellen und konfigurieren. Dadurch werden beträchtliche Kosten sowohl für die Arbeit als auch für die Hardware eingespart. VM-Klone werden in Kapitel 11, »Eine virtuelle Maschine kopieren«, ausführlicher behandelt.

3.3.2 Was sind Templates?

Ähnlich wie Klone sind Virtual Machine Templates (Schablonen virtueller Maschinen) ein weiterer Mechanismus, um schnell voll konfigurierte virtuelle Server bereitzustellen. Ein Template ist eine Form, eine vorkonfigurierte, bereits geladene virtuelle Maschine, die dazu dient, Kopien von gebräuchlichen Servern zu erstellen. Diese Fähigkeit wird mit dem Kontrollkästchen ENABLE TEMPLATE MODE des Dialogfelds VIRTUAL MACHINE SETTINGS aktiviert (siehe Abbildung 3.11).

Ein Template und ein Klon unterscheiden sich dadurch, dass der Klon ausgeführt wird, das Template dagegen nicht. In den meisten Umgebungen kann ein Template nicht ausgeführt werden. Um es zu ändern (etwa um Patches zu ändern), muss ein Template zunächst in eine virtuelle Maschine zurückverwandelt werden. Dann wird die virtuelle Maschine gestartet, die erforderlichen Patches werden angewendet, die virtuelle Maschine wird heruntergefahren und dann wird die VM wieder in ein Template umgewandelt. Ähnlich wie beim Klonen muss eine VM, die von einem Template abgeleitet wird, ebenfalls eine eindeutige Identität erhalten. Und wie beim Klonen geht es um Größenordnungen schneller, eine virtuelle Maschine von einem Template abzuleiten, als einen neuen physischen Server bereitzustellen. Im Gegensatz zum Klonen existiert eine VM, die in ein Template umgewandelt wird, danach nicht mehr.

3.3 | Was sind virtuelle Maschinen?

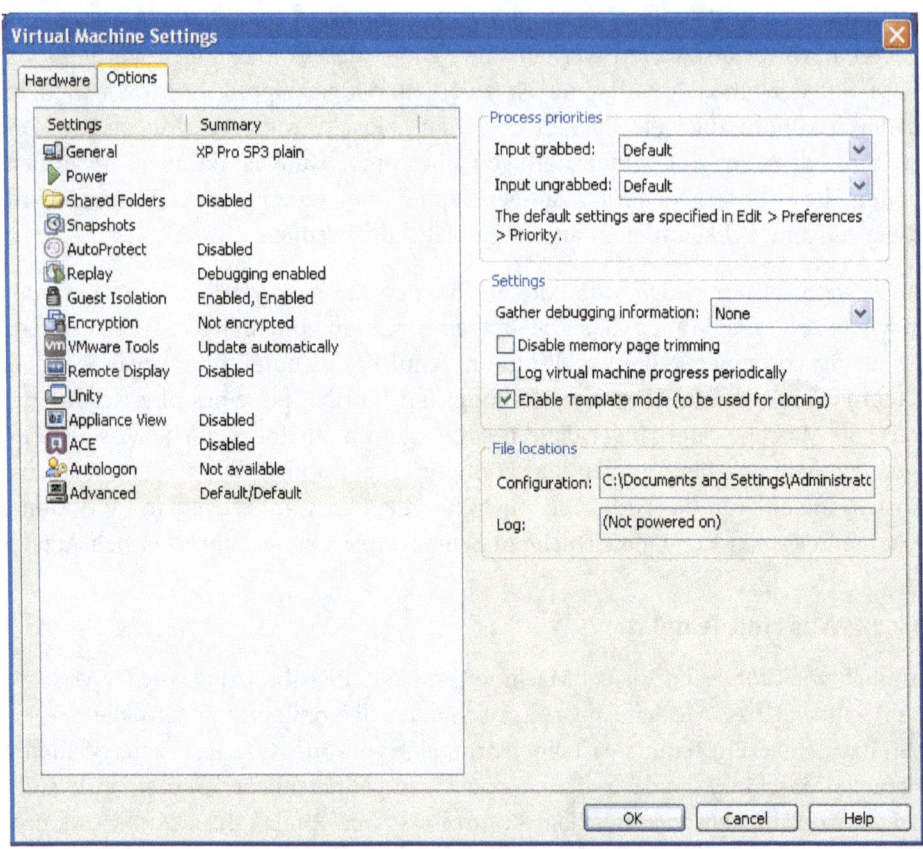

Abbildung 3.11 Eine VM von einem Template erstellen

Templates dienen nicht nur dazu, »leere« virtuelle Maschinen auszuliefern, also Server, die aus vorkonfigurierten virtuellen Maschinen bestehen, auf denen ein Betriebssystem installiert ist; sie können auch VMs bereitstellen, auf denen bereits Applikationen installiert und konfiguriert sind. Wenn Anwender ihre Programme laden müssen, kann eine VM, die von einem vorgefertigten Template erstellt wurde, dem Anwender diese Applikationen für den sofortigen Gebrauch zur Verfügung stellen. Tatsächlich haben viele Applikationsanbieter angefangen, ihre Applikationen in Form von Virtual Machine Templates anzubieten, die heruntergeladen und dann mit einem Minimum an Zeitaufwand eingesetzt werden. Templates werden in Kapitel 11 eingehender behandelt.

Mit virtuellen Maschinen arbeiten | 3.3

> **Hinweis**
>
> Cisco bietet seine *Unified Communications*-Lösung als vorgefertigten Download an. Oracle bietet gegenwärtig mehr als dreißig Templates zum Download an, darunter Peoplesoft, Siebel, Oracle E-Business, WebLogic und Oracle-Datenbanklösungen.

3.3.3 Was sind Snapshots?

Snapshots (Schnappschüsse) sind eigentlich genau das, was ihre Bezeichnung ausdrückt: ein Abbild des Zustands einer VM zu einem bestimmten Zeitpunkt. Sie halten einen Zustand fest, den Sie leicht wiederherstellen können, wenn eine nachfolgende Änderung der VM unerwünschte Ergebnisse gebracht hat. Abbildung 3.12 zeigt den grundlegenden Ablauf der Arbeit mit einem Snapshot. Ein Snapshot bewahrt den Zustand einer VM, ihre Daten und ihre Hardware-Konfiguration.

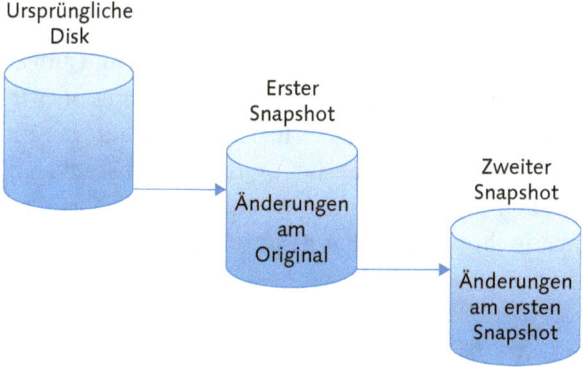

Abbildung 3.12 Eine Snapshot-Disk-Kette

Nachdem Sie einen Snapshot einer VM erstellt haben, werden Änderungen der VM nicht mehr in der virtuellen Maschine, sondern in einer so genannten *Delta Disk*, manchmal auch *Child Disk* genannt, gespeichert. Diese Delta Disk sammelt alle Änderungen, bis eines von zwei Ereignissen eintritt: ein weiterer Snapshot oder eine Konsolidierung, die den Snapshot-Prozess beendet. Wird ein weiterer Snapshot erstellt, wird eine zweite Delta Disk erstellt: Alle folgenden Änderungen werden dann auf der zweiten Disk gespeichert. Erfolgt eine Konsolidierung, werden die Delta-Disk-Änderungen in die Dateien der zugrunde liegenden virtuellen Maschine geschrieben, die damit die aktualisierte VM wird.

3.3 | Was sind virtuelle Maschinen?

Schließlich können Sie den Zustand einer VM zu dem Zeitpunkt wiederherstellen, an dem ein Snapshot erstellt wurde. Dabei werden alle Änderungen verworfen, die seit diesem Zeitpunkt gemacht worden sind. Snapshots sind in Test- und Entwicklungsumgebungen sehr nützlich. Entwickler können mit Snapshots riskante oder unbekannte Prozesse ausprobieren und gegebenenfalls ihre Umgebung in einem bekannten gesunden Zustand wiederherstellen. Mit Snapshots können Sie einen Patch oder ein Update testen, wenn das Ergebnis unsicher ist. Snapshots sind eine einfache Methode, Änderungen rückgängig zu machen. Snapshots sind kein Ersatz für richtige Backups. Mehrere Snapshots einer VM zu erstellen, ist in einer Testumgebung eine brauchbare Strategie, kann aber in einem produktiven System erhebliche Performanceprobleme verursachen. Snapshots werden in Kapitel 11 ausführlicher behandelt.

3.3.4 Was ist OVF?

Das OVF (Open Virtualization Format) ist eine weitere Methode, virtuelle Maschinen zu verpacken und zu verteilen. OVF ist ein Standard, der von einer branchenweiten Gruppe von Vertretern der Hauptanbieter in den verschiedenen Bereichen der Virtualisierung entwickelt wurde. Dieser Standard soll ein plattform- und anbieterneutrales Format zur Verfügung stellen, um virtuelle Maschinen in einer oder in mehreren Dateien zu bündeln, die leicht von einer Virtualisierungsplattform auf eine andere transportiert werden können. Die meisten Virtualisierungsanbieter haben Optionen, virtuelle Maschinen in Dateien im OVF-Format zu exportieren sowie VM-Dateien im OVF-Format in ihre eigenen Formate zu importieren.

> **Hinweis**
>
> Der OVF-Standard wird von der DMTF (Distributed Management Task Force) überwacht. Der Standard ist ziemlich neu und noch in der Entwicklung begriffen. Näheres finden Sie unter *www.dmtf.org*.

Der OVF-Standard unterstützt zwei verschiedene Methoden zur Verpackung virtueller Maschinen. Das OVF-Template erstellt eine Reihe von Dateien, die die virtuelle Maschine repräsentieren, so wie die virtuelle Maschine selbst aus einer Reihe von Dateien besteht. Der OVF-Standard unterstützt auch ein zweites Format, OVA, das alle Daten in einer einzigen Datei zusammenpackt. Tatsächlich sagt der Standard: »Ein OVF-Package kann in einer einzigen Datei im TAR-Format gespeichert werden. Die Erweiterung dieser Datei soll *.ova* lauten (für: *open virtual appliance* oder *application*; *offenes virtuelles Gerät* oder *offene virtuelle Anwendung*).«

> **Hinweis**
>
> **Virtuelle Geräte** Je nachdem wer die Definition vorgibt, kann der Begriff des *virtuellen Geräts* ähnlich wie viele andere technische Konzepte eine Reihe von Einsatzbereichen virtueller Maschinen bedeuten. Ursprünglich bezeichnete der Terminus eine spezielle virtuelle Maschine, die ein Betriebssystem und eine bereits geladene und vorkonfigurierte Applikation enthielt, die zur Ausführung einer bestimmten Funktion vorgesehen war. Der Anwender konnte kaum auf die Konfiguration des Geräts zugreifen; und bei Aktualisierungen oder Patches musste er das gesamte Package erneut herunterladen und ersetzen, anstatt innerhalb der VM zu arbeiten. Ein Beispiel für eine solche Implementierung war die BEA Liquid VM, die eine optimierte WebLogic-Application-Server-Umgebung zur Verfügung stellte. Die Definition wurde seit damals auf normale virtuelle Maschinen erweitert, die über ein bereits geladenes Betriebssystem und eine vorinstallierte Applikation verfügen, bei denen der Anwender aber auf alle Konfigurations- und Tuningparameter sowohl des Betriebssystems als auch der Applikation zugreifen kann. Dieses Modell ist zusammen mit dem Anbieter-Support für ihre Applikationen gewachsen, die in einer virtualisierten Umgebung laufen.

3.4 Die Grundlagen und darüber hinaus

Virtuelle Maschinen sind die Container, die auf Hypervisoren setzen, um ihre Funktionen zu erfüllen. Sie lassen sich viel besser verwalten und sind kostengünstiger als ihre physischen Gegenstücke. Dies ermöglicht einen schnellen Ersteinsatz und bietet einzigartige Konfigurationsmöglichkeiten. In VMs stehen alle traditionellen Server-Ressourcen zur Verfügung; ihre Schnittstellen und ihr Verhalten entspricht den Erwartungen, obwohl die Virtualisierung zusätzliche Optionen bietet, die auf einem physischen Server nicht machbar sind. Applikationsanbieter erstellen für ihre Kunden virtuelle Geräte, die die Kunden herunterladen und einsetzen können. Das in der Branche standardisierte OVF-Format ermöglicht eine vom Anbieter und der Plattform unabhängige Verpackung und Distribution vorgefertigter, vorkonfigurierter Server und Applikationen.

Übungen

- Gibt es Vorteile physischer Server, die jemanden davon abhalten könnten, virtuelle Maschinen einzusetzen? An welchem Punkt überwiegen Ihrer Meinung nach die Kosteneinsparungen und Verwaltungsvorteile der virtuellen Maschinen die von Ihnen genannten Vorteile physischer Server?

3.4 | Was sind virtuelle Maschinen?

- Ermitteln Sie im Internet die Menge und die Arten von virtuellen Geräten, die zum Download angeboten werden. Welche verschiedenen Formate werden angeboten? Stehen alle im OVF-Format zur Verfügung? Warum oder warum nicht ist dies Ihrer Meinung nach der Fall?
- Studieren Sie die Dokumentation des OVF-Standards. Welche Anforderungen müssen die VM-Dateien erfüllen, um mit dem OVF-Standard konform zu sein? Sind sie einfach oder komplex?

Kapitel 4
Eine virtuelle Maschine erstellen

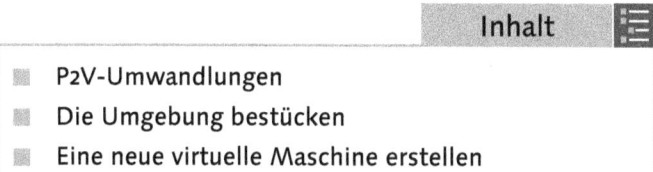

- P2V-Umwandlungen
- Die Umgebung bestücken
- Eine neue virtuelle Maschine erstellen

Virtuelle Maschinen sind die Bausteine der heutigen Datenzentren. Nachdem eine Infrastruktur aufgebaut worden ist, beginnt der Prozess, in der Umgebung Aufgabenträger zu installieren. Es werden zwei Hauptmethoden unterschieden, diese virtuelle Maschinen zu erstellen: erstens die Umwandlung physischer Maschinen in virtuelle (abgekürzt *P2V* für englisch *Physical-to-Virtual*) und zweitens ein kompletter Neuaufbau. Beide Varianten werden in diesem Kapitel beschrieben. Mit der zweiten Variante erstellen Sie später eine erste VM.

4.1 P2V-Umwandlungen

Die Virtualisierungstechnologie und ihr Einsatz in Unternehmen entstanden nicht spontan aus dem Nichts. Auch wenn heute zunehmend virtuelle Maschinen eingesetzt werden, stehen in Datenzentren immer noch viele Millionen physischer Server, auf denen diverse Applikationen laufen. Auch ein großer Prozentsatz neuer Aufgaben wird immer noch auf physischen Servern implementiert. Datenzentrumsleiter, die ihre Umgebungen virtualisieren wollen, können zwei Strategien anwenden.

Die erste dieser Strategien ist das *Containment*. Dabei werden neue Applikationen als virtuelle Maschinen implementiert, weshalb zusätzliche physische Server nur noch benötigt werden, um die Kapazitäten der virtuellen Infrastruktur zu erweitern. Mehr über die *Containment*-Strategie lernen Sie später, wenn Sie neue virtuelle Maschinen erstellen.

Die zweite Strategie ist die *Konsolidierung*. Dabei werden vorhandene physische Server in virtuelle Server umgewandelt, die auf einem Hypervisor laufen können. Wenn IT-Abteilungen die beträchtlichen Kosteneinsparungen realisieren wollen, die die Virtualisierung bietet, müssen sie einen großen Teil der Aufgaben ihrer physischen Server auf die virtuelle Infrastruktur übertragen. Dafür benötigen sie Werkzeuge und Verfahren, um ihre vorhandenen physischen Server in virtuelle Maschinen umzuwandeln.

4.1.1 Die Umwandlung physischer Maschinen in virtuelle

Physische Maschinen in virtuelle umzuwandeln, ist auf mehreren Wegen möglich. Die Erstellung einer brandneuen virtuellen Maschine ist normalerweise vorzuziehen. Eine neue virtuelle Maschine gibt Ihnen die Gelegenheit, die aktuelle Version des Betriebssystems und die neuesten Patches zu installieren. Außerdem können Sie den ganzen Datenschrott loswerden, der sich im Laufe der Zeit auf einem alten Server aufgrund der Installationen und Aktualisierungen von Applikationen und Werkzeugen sowie längst überholter und vergessener Software angesammelt hat. Wie Sie bei der Erstellung einer virtuellen Maschine sehen werden, werden auch bestimmte physische Treiber und Serverprozesse in der virtuellen Umgebung nicht mehr benötigt. Außerdem sind dabei bestimmte Anpassungen erforderlich.

Wollten Sie diesen Prozess manuell für mehrere Server durchführen, müssten Sie viele Aufgaben mehrfach wiederholen, was sehr zeitaufwendig und fehleranfällig wäre. Deshalb haben viele Anbieter P2V-Werkzeuge entwickelt, um die Umwandlung vorhandener physischer Server in virtuelle Maschinen zu automatisieren. Diese Werkzeuge erstellen keinen sauberen virtuellen Server mit einem neuen Betriebssystem, sondern kopieren einfach alles in die VM. Ältere Server, auf denen Applikationen oder Umgebungen ausgeführt werden, die kein Administrator mehr so recht versteht, sind gefährdet, sollten Komponenten ihrer Hardware ausfallen. Möglicherweise wird die Version des Betriebssystems nicht mehr unterstützt oder läuft sogar nicht mehr auf einer neueren Plattform.

Diese Situation eignet sich perfekt für die P2V-Strategie. Die Aufgaben können in ihrem nativen Zustand komplett in eine neue plattformunabhängige Umgebung übertragen werden. Dort können sie bis zum Ende der Nutzungsdauer der Applikationen ausgeführt werden, ohne dass man Ausfälle alternder Hardware befürchten muss. Außerdem muss der Systemadministrator die Applikation nicht auf ein neues Betriebssystem migrieren, auf dem sie möglicherweise nicht korrekt funktioniert. Auch dabei werden Leben und Nutzungsdauer der Applikation nur mit einer kleinen Unterbrechung verlängert.

> **Hinweis**
>
> Abgesehen von P2V können die meisten Werkzeuge für bestimmte Debugging-Zwecke auch V2P, Virtual-to-Physical, ausführen. Andere beherrschen auch V2V, Virtual-to-Virtual, um den Hypervisor eines Anbieters gegen den eines anderen auszutauschen. Einige neuere Versionen bieten jetzt auch P2C, Physical-to-Cloud, an.

Einer der Nachteile einer P2V-Umwandlung kann auch ein Vorteil sein. Der P2V-Prozess klont im Grund einen vorhandenen physischen Server in eine virtuelle Maschine. Dabei werden einige Änderungen vorgenommen. So werden etwa physische Treiber in ihre virtuellen Gegenstücke übersetzt und das Netzwerk wird umkonfiguriert; aber letztlich wird der Inhalt eines Quellservers bei P2V in die Ziel-VM kopiert.

Neben den Hypervisor-Anbietern bieten unter anderem auch folgende Fremdanbieter P2V-Werkzeuge an:

- VMware Converter
- Novell Platespin Migrate
- Microsoft System Center VMM
- Citrix XenConvert
- Quest Software vConverter
- Symantec System Recovery

Im Gegensatz zu vielen anderen P2V-Werkzeugen verfügt VMware Converter nicht über eine V2P-Funktion. Es gibt dafür keine offizielle Begründung, aber V2P läuft dem erklärten Unternehmensziel von VMware direkt zuwider.

4.1.2 Heißes und kaltes Klonen

Eine P2V-Umwandlung kann *heiß* oder *kalt* erfolgen; beide Varianten haben Vor- und Nachteile.

4.1 | Eine virtuelle Maschine erstellen

Bei einer *kalten Umwandlung* (englisch *cold cloning*) ist die Applikation heruntergefahren und die Quellmaschine liegt still. Die neue Maschine wird praktisch in einem einfachen Kopiervorgang erstellt. Bei beiden Arten wird ein ähnlicher Prozess ausgeführt:

- Zunächst werden die Ressourcen ermittelt, die von dem vorhandenen Server benutzt werden, um die erforderlichen Ressourcen für die virtuelle Maschine im richtigen Umfang zur Verfügung zu stellen.
- Dann wird die virtuelle Maschine mit der korrekten Konfiguration erstellt.
- Dann werden die Daten von dem (physischen) Quell-Server auf den (virtuellen) Ziel-Server kopiert.
- Nach der Umwandlung wird die VM bereinigt und konfiguriert. Dabei können Netzwerkeinstellungen geändert, für virtuelle Operationen nicht benötigte Applikationen und Dienste entfernt und neue Treiber und Werkzeuge eingespielt werden.

Bei einer *heißen Umwandlung* (englisch *hot cloning*) erfolgt das Klonen, während der Quell-Server gebootet ist und die Applikation läuft. Dieses Verfahren hat den Nachteil, dass sich die Daten auf der Quellmaschine laufend ändern und es schwierig ist, alle diese Änderungen auf die neue VM zu übertragen. Ihr Vorteil besteht darin, dass nicht alle Applikationen so lange stillgelegt werden müssen, bis die P2V-Umwandlung abgeschlossen ist. Eine heiße Umwandlung kann durchgeführt werden, ohne die Applikation zu unterbrechen. Je nachdem, von wo der Zugriff auf die Applikationsdaten erfolgt, kann die Umwandlung noch einfacher sein. Wenn die Daten bereits mit einem SAN und nicht auf einem lokalen Speicher in dem Server verwaltet werden, kann der physische Server per P2V umgewandelt werden. Wenn die Arbeit und Validierung nach der Umwandlung abgeschlossen ist, kann der physische Server herunterfahren und die Platten auf der virtuellen Maschine neu angemeldet werden. Dieser Prozess wäre weniger zeitaufwendig, als die Daten während der P2V-Umwandlung von den lokalen Platten in das SAN zu migrieren.

Die Dauer einer P2V-Umwandlung hängt von der umzuwandelnden Datenmenge ab und korreliert direkt mit der Größe der Platten, die in eine virtuelle Maschine migriert werden müssen. Mehr und größere Platten erfordern mehr Zeit. Die Dauer kann stark schwanken (von weniger als einer Stunde bis vielleicht einem Tag). Doch die meisten Systeme können bequem in wenigen Stunden umgewandelt werden. Noch schneller geht es, wenn mehrere P2V-Umwandlungen parallel erfolgen. Anbieter und Service-Unternehmen verfügen heute über eine jahrelange

Erfahrung mit solchen Umwandlungen und haben P2V-Betriebe eingerichtet, in denen Unternehmen Dutzende oder Hunderte von Migrationen mit minimalen Unterbrechungen ihrer Geschäftsprozesse und einem hohen Erfolgsgrad durchführen können. Am Ende des Prozesses stehen in einem Datenzentrum erheblich weniger physische Server als am Anfang.

4.2 Bestückung Ihrer Umgebung

Um virtuelle Maschinen zu erstellen und zu konfigurieren, brauchen Sie eine Workbench (Werkbank). Obwohl Sie einen Typ-1-Hypervisor herunterladen und auf Ihrem PC installieren könnten, gehört dies nicht zum Thema dieses Buches. Außerdem ist es für Ihre kommenden Arbeiten nicht erforderlich. Tatsächlich gibt es viele Werkzeuge, mit denen Sie VMs mit einem Typ-2-Hypervisor als Umgebung erstellen können. Dies hat den Vorteil, dass Sie virtuelle Maschinen bei Bedarf starten und wieder herunterfahren oder unterbrechen können, wenn Ihre Arbeit abgeschlossen ist, und dann zu Ihren normalen PC-Applikationen zurückkehren können. Viele Applikationsentwickler nutzen diese Werkzeuge, um virtuelle Maschinen zu erstellen, die dann in eine größere spezialisierte virtuelle Umgebung migriert werden. Hier ist eine kurze Liste einiger verbreiteter Applikationen:

- VMware Workstation
- VMware Player
- VMware Fusion (für Macintosh)
- Parallels Desktop
- Virtual Box (Open-Source)
- Microsoft Windows Virtual PC

Welche Werkzeuge Sie für Ihre Virtualisierungs-Workbench auswählen, hängt von mehreren Faktoren ab, darunter Ihrem Desktop-Betriebssystem und natürlich Ihrem Budget. In den meisten Beispielen in diesem Buch wird VMware Player verwendet. Sollen Dinge illustriert werden, die der Player nicht beherrscht, wird VMware Workstation eingesetzt. Ähnlich wie Sie mit Adobe Acrobat Reader PDF-Dokumente anzeigen können, die von anderen erstellt wurden, können Sie mit VMware Player virtuelle Maschinen ausführen. Sie können damit auch neue VMs erstellen.

4.2 | Eine virtuelle Maschine erstellen

Der Player wird aus mehreren Gründen in diesen Beispielen verwendet: Der erste und wichtigste Grund ist, dass Sie VMware Player kostenlos herunterladen können. Der zweite Grund ist, dass VMware den Löwenanteil des Virtualisierungsmarktes beherrscht. Deshalb ist es sinnvoll, eine weiter verbreitete Lösung einzusetzen als eine seltener anzutreffende Applikation. Viele Universitäten und Fachhochschulen haben Vereinbarungen mit verschiedenen Software-Unternehmen wie etwa Microsoft, Red Hat, Cisco oder VMware, die ihre Lösungen für Studenten kostenlos oder sehr preiswert anbieten. Wenn Sie also dieses Buch als Student im Rahmen einer Vorlesung oder einer Übung verwenden, könnte deshalb VMware Workstation für Sie zu verringerten Kosten oder kostenlos zur Verfügung stehen.

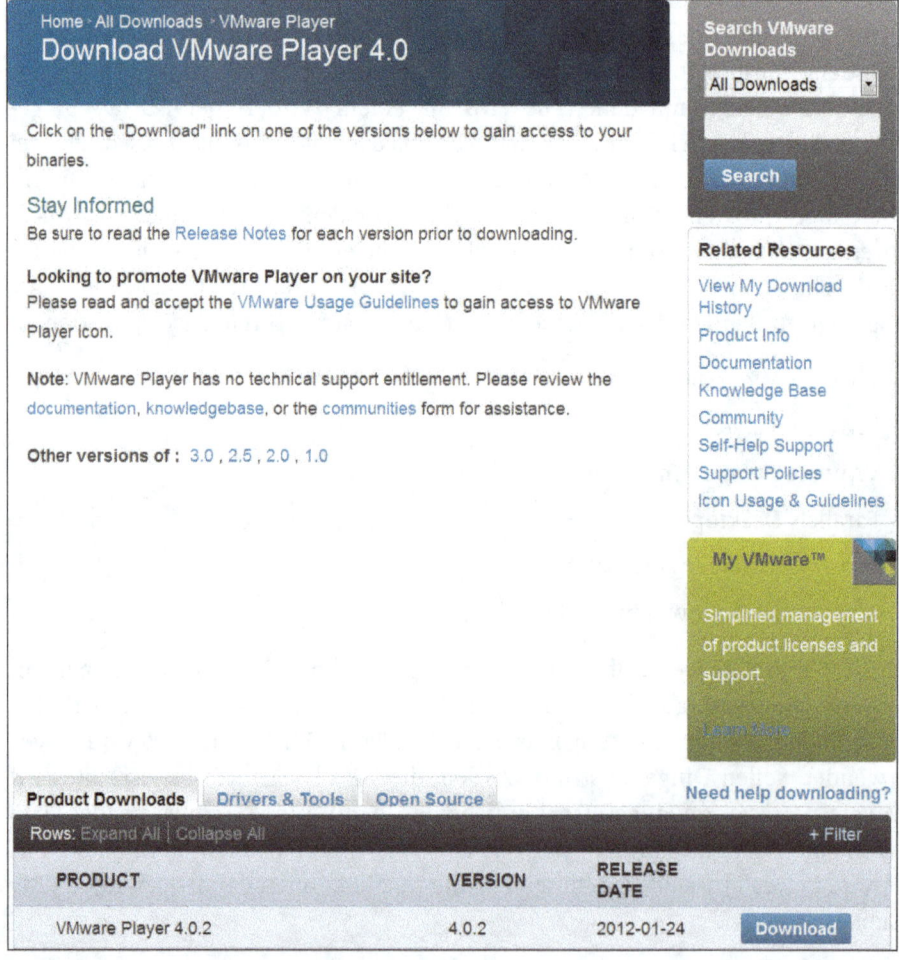

Abbildung 4.1 VMware Player herunterladen

Bestückung Ihrer Umgebung | 4.2

> **Hinweis**
>
> Für die Beispiele wurden VMware Player Version 4.0.2 und VMware Workstation 8.0.1 auf einem Windows-7-SP1-System verwendet.

Sie können VMware Player von der VMware-Website über verschiedene Links, darunter *www.vmware.com/downloads*, herunterladen (siehe Abbildung 4.1). Lesen Sie die RELEASE NOTES, die Sie über den Link auf der Seite aufrufen können, um zu prüfen, ob Ihr Computer die Anforderungen für die Software erfüllt. Normalerweise ist der Speicher die Ressource, die Ihr Computer am dringendsten benötigt. Wie Sie wissen, läuft ein Typ-2-Hypervisor auf einem nativen Betriebssystem. Deshalb muss der Speicher für das Host-Betriebssystem, VMware Player sowie alle VMs ausreichen, die Sie ausführen wollen. Weil Sie üblicherweise nur eine VM gleichzeitig ausführen werden, stellen die Prozessor-Ressourcen normalerweise keinen Engpass dar. Wenn Sie mehrere VMs ausführen, was in Test- oder Entwicklungsumgebungen nicht ungewöhnlich ist, könnte sich dies ändern.

> **Hinweis**
>
> Die neueste Version von VMware Player erfordert einen 64-Bit-Computer. Wenn Sie mit einem 32-Bit-Rechner arbeiten, können Sie Version 3.0 verwenden, doch möglicherweise entsprechen dann Ihre Bildschirmanzeigen nicht den Abbildungen. Sie können sowohl die neueste Version als auch ältere Versionen von VMware Player von *www.vmware.com/downloads/* herunterladen, darunter auch Version 3.0.

Nachdem Sie das VMware Player Executable heruntergeladen haben, installieren Sie es mit einem Doppelklick auf das Symbol (siehe Abbildung 4.2).

Wird nach dem Doppelklick das Dialogfeld SICHERHEITSWARNUNG angezeigt, klicken Sie auf AUSFÜHREN. Dann wird der VMWARE PLAYER SETUP-Dialog gestartet (siehe Abbildung 4.3). Klicken Sie auf NEXT, um fortzufahren.

Die Seite DESTINATION FOLDER wird angezeigt (siehe Abbildung 4.4). Legen Sie einen Zielordner Ihrer Wahl fest, indem Sie auf den CHANGE-Button klicken, oder klicken Sie auf NEXT, um den Standardordner zu übernehmen und fortzufahren.

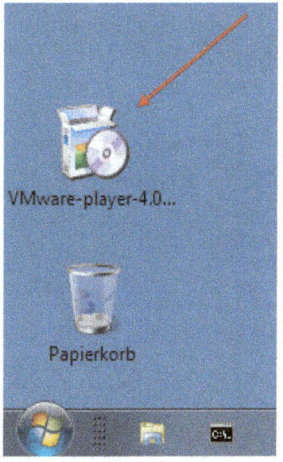

Abbildung 4.2 Das »VMware Player«-Paket

4.2 | Eine virtuelle Maschine erstellen

Abbildung 4.3 Die Startseite des »VMware Player Setup«-Dialogs

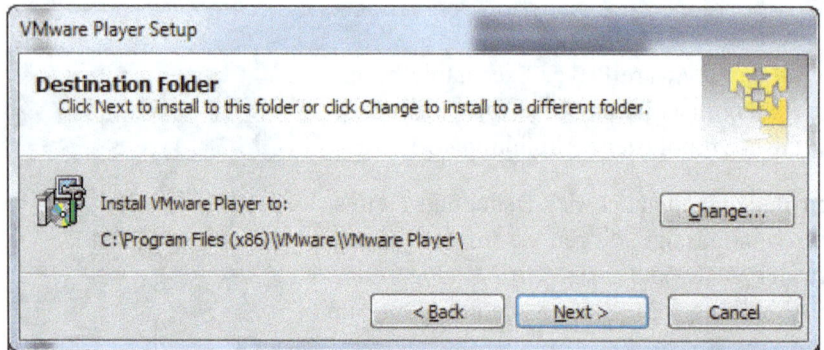

Abbildung 4.4 Die Seite »Destination Folder«

Die Seite SOFTWARE UPDATES wird angezeigt (siehe Abbildung 4.5). Deaktivieren Sie das Kontrollkästchen CHECK FOR PRODUCT UPDATES ON STARTUP, wenn das Programm nicht bei jedem Start prüfen soll, ob Aktualisierungen vorhanden sind. Klicken Sie auf den Link LEARN MORE, wenn Sie mehr über den Aktualisierungsprozess erfahren wollen. Klicken Sie auf NEXT, um fortzufahren.

Bestückung Ihrer Umgebung | 4.2

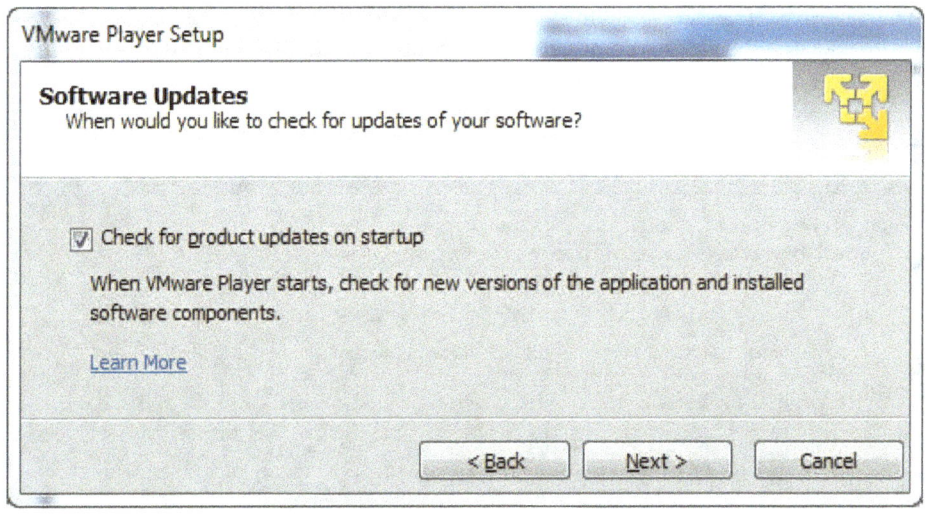

Abbildung 4.5 Die Seite »Software Updates«

Die Seite USER EXPERIENCE IMPROVEMENT PROGRAM wird angezeigt (siehe Abbildung 4.6). Deaktivieren Sie das Kontrollkästchen HELP IMPROVE VMWARE PLAYER, wenn Sie kein Anwender-Feedback an VMware senden wollen. Klicken Sie auf den Link LEARN MORE, wenn Sie mehr über den Feedback-Prozess erfahren wollen. Klicken Sie auf NEXT, um fortzufahren.

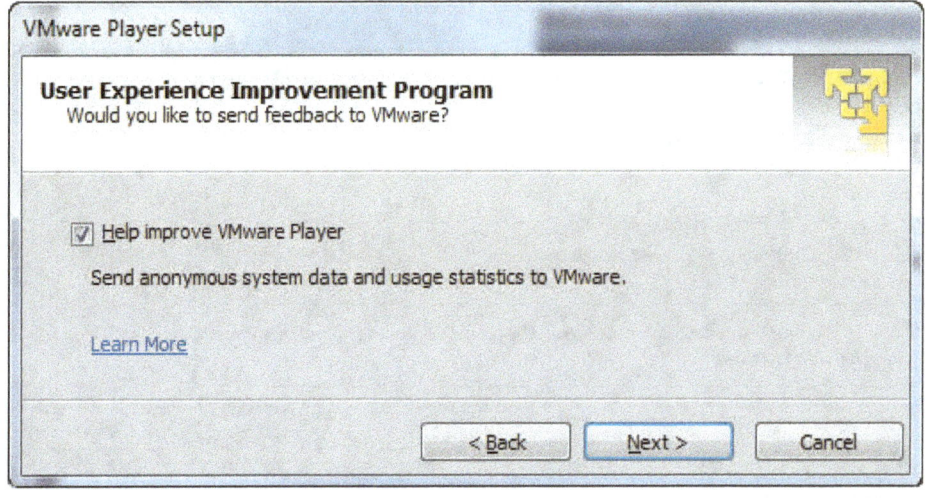

Abbildung 4.6 Die Seite »User Experience Improvement Program«

4.2 | Eine virtuelle Maschine erstellen

Die Seite SHORTCUTS wird angezeigt (siehe Abbildung 4.7). Deaktivieren Sie die Kontrollkästchen, wenn die angebotenen Shortcuts nicht erstellt werden sollen. Klicken Sie auf NEXT, um fortzufahren.

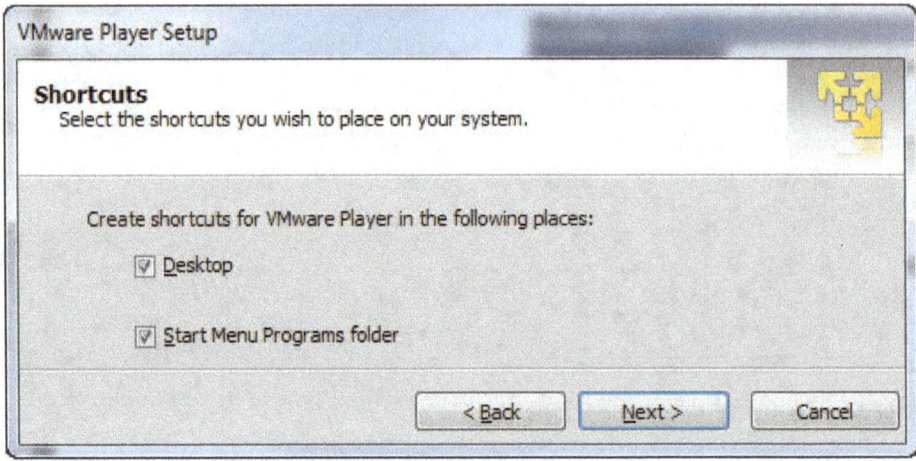

Abbildung 4.7 Die Seite »Shortcuts«

Die letzte Vorbereitungsseite, READY TO PERFOM THE REQUESTED OPERATIONS, wird angezeigt (siehe Abbildung 4.8). Sie können Ihre bisher gewählten Optionen Seite für Seite überprüfen, indem Sie den BACK-Button anklicken. Wählen Sie CONTINUE, um VMware Player zu installieren.

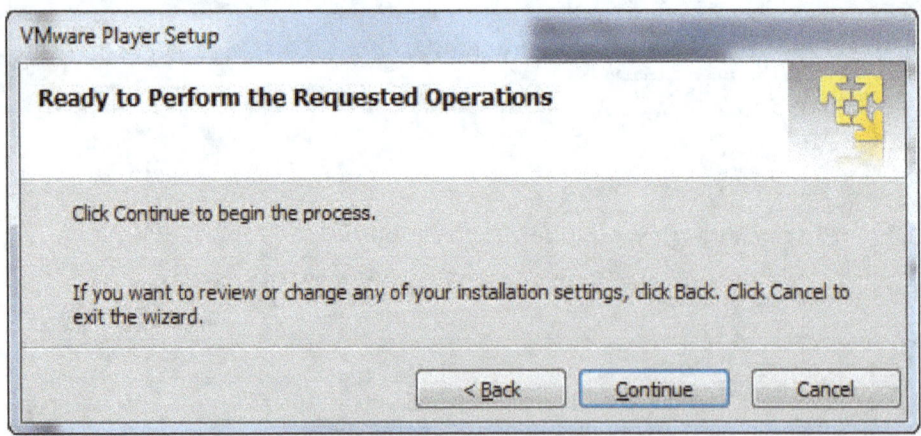

Abbildung 4.8 Die letzte Seite vor der Installation

VMware Player wird installiert. Es werden mehrere Aktualisierungsseiten mit dem Fortschritt der Installation angezeigt (siehe Abbildung 4.9). Dieser Prozess dauert einige Minuten.

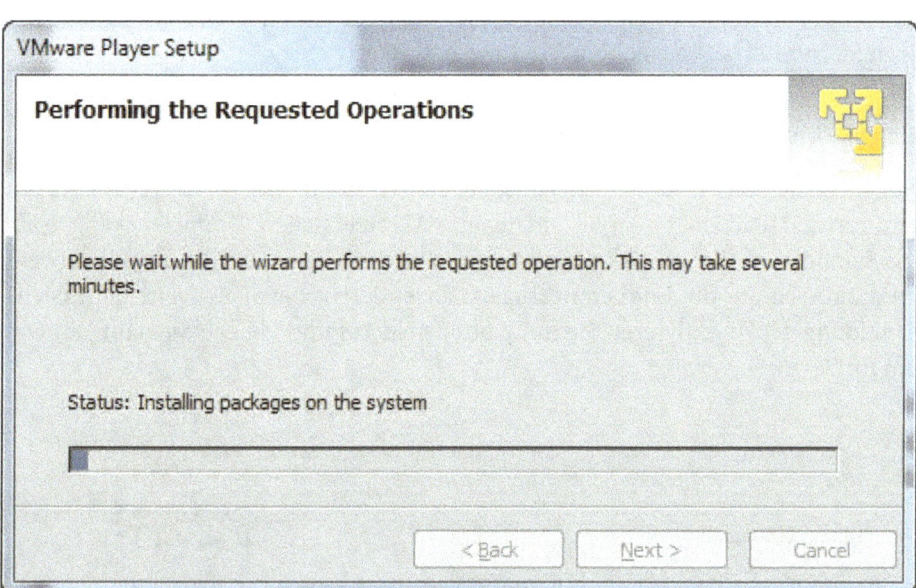

Abbildung 4.9 Die Fortschrittsanzeige der Installation

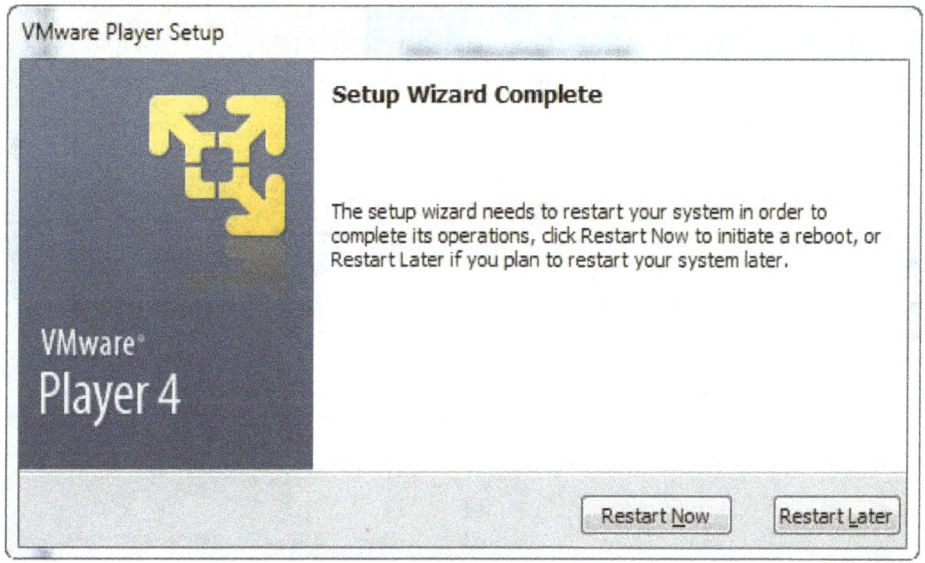

Abbildung 4.10 Installation abgeschlossen

4.2 | Eine virtuelle Maschine erstellen

Nach dem Abschluss der Installation wird eine letzte Seite mit einem entsprechenden Hinweis angezeigt (siehe Abbildung 4.10). Sie sagt auch, dass Sie Ihr System in einem letzten Schritt neu starten müssen. Falls Sie sich für die Erstellung eines Shortcuts entschieden haben, steht dieser Shortcut jetzt auf Ihrem Desktop. Klicken Sie auf RESTART NOW, um Windows neu zu starten.

4.2.1 VMware Player erkunden

Nachdem Sie den Player installiert haben, sollten Sie ihn starten und sich kurz mit ihm vertraut machen, bevor Sie anfangen, VMs zu erstellen. Doppelklicken Sie auf das Symbol, um VMware Player zu starten. Bei der ersten Ausführung der Anwendung müssen Sie die Endbenutzerlizenz akzeptieren, bevor es weitergeht (siehe Abbildung 4.11). Aktivieren Sie das Optionsfeld YES und klicken Sie dann auf OK, um fortzufahren.

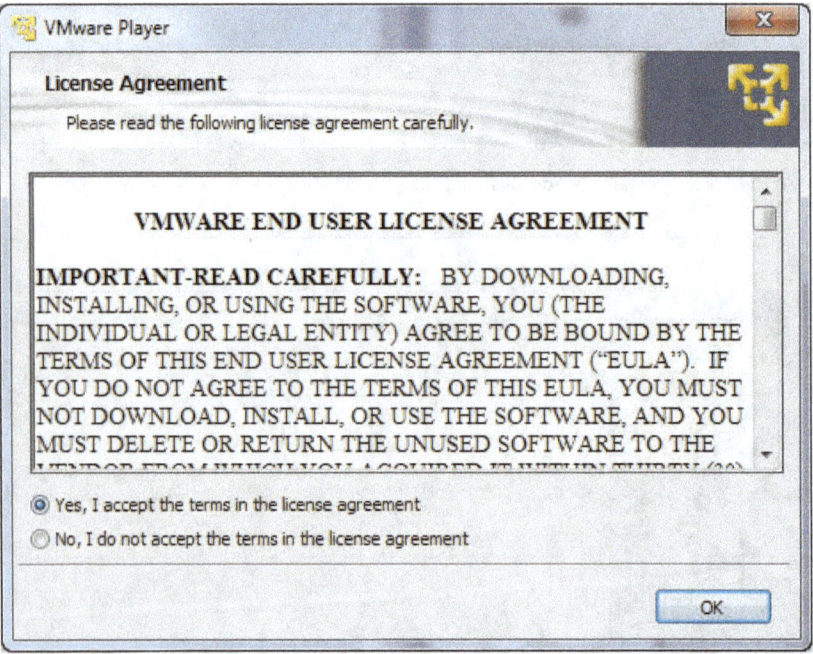

Abbildung 4.11 Die Seite mit der Lizenzvereinbarung

Bestückung Ihrer Umgebung | 4.2

Als Nächstes wird das Hauptfenster von VMware Player geöffnet (siehe Abbildung 4.12). Die Einträge auf der rechten Seite des Fensters sind eine Teilmenge der Optionen, die in der Menüleiste am oberen Rand des Fensters angeboten werden. Sie können entweder die Symbole oder den Text auf der rechten Seite anklicken, um die entsprechende Aktion auszuwählen. Wenn Sie das Haus-Symbol auf der linken Seite auswählen, kehren Sie zum Hauptfenster zurück.

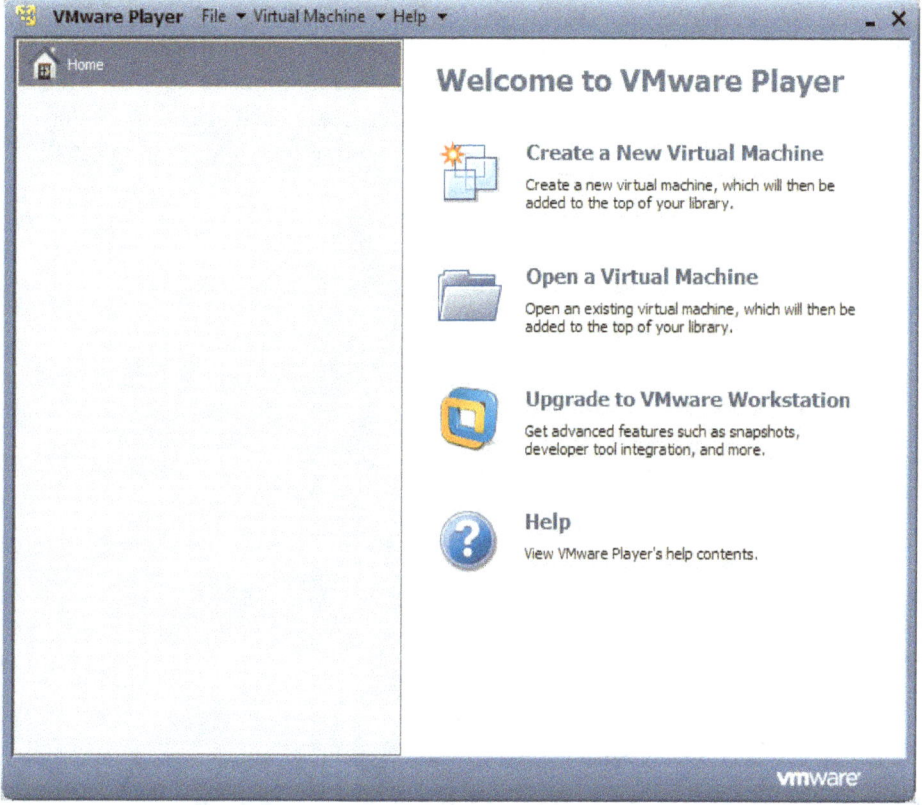

Abbildung 4.12 Das VMware-Player-Hauptfenster

Das FILE-Menü (Datei-Menü) enthält folgende Optionen:

- CREATE A NEW VIRTUAL MACHINE
- OPEN A VIRTUAL MACHINE
- DOWNLOAD A VIRTUAL APPLIANCE
- PLAYER PREFERENCES
- EXIT

4.2 | Eine virtuelle Maschine erstellen

Wie bei vielen Windows-Applikationen gibt es auch hier noch Tastaturbefehle, mit denen ausgewählte Funktionen ausgeführt werden können. Die Befehle CREATE (Erstellen) und OPEN (Öffnen) sind wohl ziemlich selbsterklärend; Sie werden beide häufig nutzen. EXIT (Beenden) ist ebenfalls selbsterklärend. Mit DOWNLOAD A VIRTUAL APPLIANCE können Sie mit Ihrem Standard-Browser den VMware Virtual Appliance Marketplace (Markt für virtuelle Geräte) öffnen, auf dem Sie nach speziellen vorgefertigten VMs suchen oder sich einfach Tausende von verfügbaren VMs anschauen können. Virtuelle Geräte werden später in Kapitel 14, »Wie arbeiten Applikationen in einer virtuellen Maschine?«, ausführlicher behandelt. Wählen Sie schließlich PLAYER PREFERENCES (Player-Präferenzen) aus. Das Dialogfeld präsentiert Ihnen mehrere Optionen, mit denen Sie das Verhalten des Players ändern können, wenn Sie mit der Applikation arbeiten (siehe Abbildung 4.13).

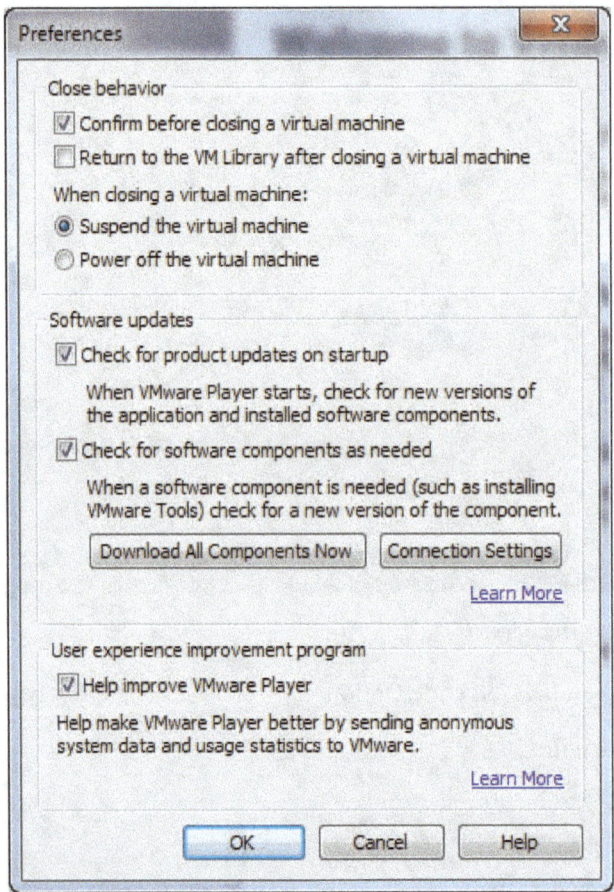

Abbildung 4.13 Player-Präferenzen

Bestückung Ihrer Umgebung | 4.2

Das VIRTUAL MACHINE-Menü enthält folgende Optionen:

- VIRTUAL MACHINE SETTINGS
- REMOVABLE DEVICES
- ENTER UNITY
- POWER
- SEND CTRL+ALT+DEL
- INSTALL VMWARE TOOLS

Weil gegenwärtig keine virtuellen Maschinen aktiv oder ausgewählt sind, sind alle diese Optionen deaktiviert. Sie werden grau dargestellt und können nicht ausgewählt werden. Sie werden sie alle näher kennen lernen, wenn Sie virtuelle Maschinen erstellen und benutzen.

Das HELP-Menü enthält folgende Optionen:

- HELP TOPICS
- GUEST OPERATING SYSTEM INSTALLATION GUIDE
- MIGRATE YOUR PC
- ONLINE COMMUNITY
- REQUEST A PRODUCT FEATURE
- HINTS
- UPGRADE TO VMWARE WORKSTATION
- SOFTWARE UPDATES
- MESSAGE LOG
- ABOUT VMWARE PLAYER

Mit der Option HELP TOPICS (Hilfethemen) können Sie nach Hilfe zu Themen suchen, zu denen Sie Unterstützung brauchen. Die Option GUEST OPERATING SYSTEM INSTALLATION GUIDE (Installationsanleitung für Gast-Betriebssysteme) stellt Ihnen einen Link zu einer Ressource zur Verfügung, die laufend aktualisiert wird und Sie detailliert darüber informiert, welche Gast-Betriebssysteme unterstützt und wie sie in einer virtuellen Maschine installiert werden. Die Option MIGRATE YOUR PC (Migrieren Sie Ihren PC) verbindet Sie mit dem kostenlosen VMware-Converter-Dienstprogramm, mit dem Sie Ihren PC in eine VM umwandeln können. Die Option ONLINE COMMUNITY (Online-Gemeinschaft) stellt einen Link zu den Online-Diskussionsbereichen über VMware Player zur Verfügung.

Mit der Option REQUEST A PRODUCT FEATURE (Eine Produktfunktion anfordern) können Sie Vorschläge zur Verbesserung der Funktionalität an die VMware-Player-Produktentwickler senden. Mit der Option HINTS (Hinweise) können Sie die Hinweisfunktion an- oder abschalten. Die Option UPGRADE TO VMWARE WORKSTATION (Auf VMware Workstation upgraden) leitet Sie zur Produktseite von VMware Workstation weiter. Mit der Option SOFTWARE UPDATES (Software-Aktualisierungen) können Sie prüfen, ob eine neuere Version von VMware Player zum Download zur Verfügung steht. Die Option MESSAGE LOG (Nachrichtenprotokoll), die anfänglich deaktiviert ist, zeigt Ihnen Systemmeldungen an. Schließlich liefert Ihnen die Option ABOUT VMWARE PLAYER (Über VMware Player) Informationen über diese bestimmte Installation von VMware Player, einschließlich der Versionsnummer und verschiedener Informationen über den Host.

4.3 Eine neue virtuelle Maschine erstellen

Haben Administratoren die Vorteile der Konsolidierung in einem Datenzentrum erst einmal kennen gelernt, suchen sie schnell nach weiteren Virtualisierungsmöglichkeiten, um diese Vorteile zu vermehren. Wie Sie bereits wissen, bezeichnet *Containment* die Strategie, neue Applikationen in Form virtueller Maschinen einzuführen. Ein großer Vorteil dieser Strategie liegt in der beträchtlichen Reduzierung der Kosten für den Erwerb neuer Hardware, weil die meisten neuen Aufgaben jetzt mit virtuellen Maschinen gelöst werden. Während der Umstellung müssen die Administratoren natürlich etwas über die Konfiguration der Applikationen auf virtuellen Maschinen lernen.

Werden für neue Applikationen physische Server gekauft, hängt deren Konfiguration von mehreren Annahmen ab. Erstens wird eine betriebliche Nutzungsdauer des Servers zugrunde gelegt. Ein typischer Server ist zwischen drei und fünf Jahre im produktiven Einsatz. Danach wird er durch neuere Hardware ersetzt, die schneller und normalerweise auch billiger und wartungsfreundlicher ist. Wenn Sie das System für seine betriebliche Nutzungsdauer konfigurieren wollen, müssen Sie zwei Parameter berücksichtigen: Spitzenperformance und Wachstum.

Ein Server ist üblicherweise so ausgelegt, dass er die Last bewältigen kann, die die Applikation nach Einschätzung ihres Besitzers am Ende ihres Lebenszyklus bewältigen muss. Wenn sie etwa im ersten Jahr tausend Transaktionen pro Sekunde bewältigen muss und pro Jahr ein Wachstum von etwa zehn Prozent erwartet wird, muss der Server am Ende von fünf Jahren über 1.450 Transaktionen pro

Sekunde bewältigen können. Doch unter einem anderen Gesichtspunkt kann die Spitzenbelastung bereits im ersten Jahr bei 1.500 Transaktionen pro Sekunde liegen. Diese Belastung könnte im letzten Jahr auf etwa 2.200 Transaktionen pro Sekunde ansteigen. Unterm Strich bedeutet dies, dass Sie Ihren Server bereits vom ersten Tag an mit einer doppelt so hohen Kapazität ausrüsten müssen, als zu diesem Zeitpunkt benötigt wird. Dieses Geschäftsmodell beherrscht seit Jahren den Server-Markt: Ein Applikationsanbieter arbeitet mit einem Kunden zusammen, um seinen langfristigen Bedarf zu berechnen, und konfiguriert die Hardware für diese Projektion. Das Unternehmen bezahlt für diese Kapazitäten und Hardware, auch wenn diese projektierten Werte nie erreicht werden. Werden diese jedoch bereits früher erreicht, muss der vorhandene Server durch zusätzliche Ressourcen erweitert werden, falls dies möglich ist; anderenfalls muss er durch einen komplett neuen Server ersetzt werden.

4.3.1 Überlegungen zur Konfiguration einer VM

Virtuelle Maschinen und eine virtuelle Infrastruktur funktionieren anders. Die Plattform ist eine Zusammenstellung von Ressourcen, die verschiedenen Aufgaben zugeordnet werden; aber dieser Zuordnung kann oft sehr fließend und dynamisch angepasst werden. Dies steht in einem scharfen Gegensatz zu der im Wesentlichen unveränderlichen Konfiguration eines physischen Servers. Besitzer von Applikationen müssen zwei wesentliche Bereiche verstehen, wenn sie ihre Applikationen in eine virtuelle Umgebung überführen: Konfiguration und Ressourcenallokation. Obwohl jede Applikation einzigartig ist und andere Ressourcen benötigt, brauchen die meisten Aufgaben weniger Speicher und weniger Prozessoren, wenn sie auf eine virtuelle Maschine übertragen werden, als auf einem physischen Server.

Warum? Eine virtuelle Umgebung stellt viele Möglichkeiten der dynamischen Allokation von Ressourcen zur Verfügung. Deshalb kann sie jederzeit an den gegenwärtigen Bedarf angepasst werden und braucht keine Überkapazitäten für projektierte künftige Anforderungen. Wie Sie später sehen werden, können Sie bei der Konfiguration auch Ressourcenreserven einplanen, die bei Bedarf bereitgestellt werden. Solange diese Reserven nicht genutzt werden, stehen sie als Teil des größeren Ressourcenpools für alle zur Verfügung. Sowohl die Speicherverwaltung als auch die Prozessornutzung ist hochgradig optimiert; deshalb wird eine neue VM normalerweise kleiner ausgelegt. Anstatt mit einer größeren VM zu beginnen und Ressourcen zu blockieren, werden Ressourcen erst bei Bedarf hinzugefügt. Mit wenigen Ausnahmen ist es eine Best Practice, jede neue VM mit einer einzigen virtuellen CPU (vCPU) zu erstellen und zusätzliche vCPUs nur hinzuzufügen, wenn

4.3 | Eine virtuelle Maschine erstellen

eine schwache Performance die Änderung erforderlich macht. In den meisten Fällen ist eine vCPU mehr als ausreichend.

4.3.2 Eine erste VM erstellen

Unter Beachtung der Best Practices für die Konfiguration werden Sie Ihre erste virtuelle Maschine mit einer vCPU, 1 GB Speicher, 30 GB Plattenspeicher und einer Netzwerkverbindung ausstatten. Vergessen Sie nicht, dass die VM einem Hardware-Server entspricht. Wenn Sie fertig sind, verfügen Sie also nur über einen Container, in den Sie ein Betriebssystem laden können. In Kapitel 5, »Windows auf einer virtuellen Maschine installieren«, wird die Installation von Microsoft Windows 7 in einer VM behandelt, in Kapitel 6, »Linux auf einer virtuellen Maschine installieren«, wird behandelt, wie Red Hat Linux in einer VM installiert wird.

Öffnen Sie zunächst VMware Player. Wählen Sie die Option CREATE A NEW VIRTUAL MACHINE im Hauptfenster oder im FILE-Menü aus. Sie öffnen damit den NEW VIRTUAL MACHINE WIZARD (siehe Abbildung 4.14). Der Wizard (Assistent) bietet Ihnen drei Optionen an. Die ersten beiden laden ein Betriebssystem entweder von einer DVD oder einem ISO-Image; doch im Moment stellen wir diese Methoden

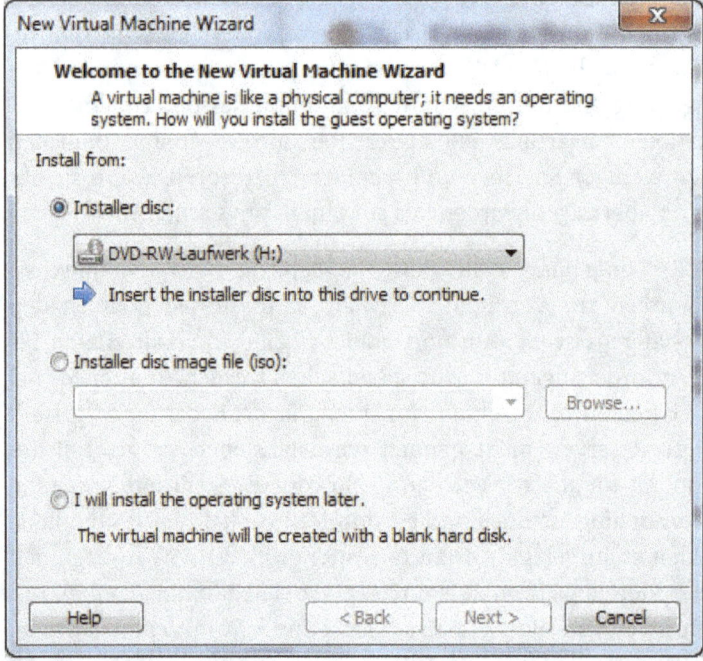

Abbildung 4.14 Der »New Virtual Machine Wizard«

Eine neue virtuelle Maschine erstellen | 4.3

zurück. Wählen Sie die dritte Option, I WILL INSTALL THE OPERATING SYSTEM LATER (Ich werde das Betriebssystem später installieren); klicken Sie dann auf NEXT.

Die Seite SELECT A GUEST OPERATING SYSTEM wird angezeigt (siehe Abbildung 4.15). Dort können Sie auswählen, welches Betriebssystem Sie installieren wollen. Wie Sie sehen, können recht viele Betriebssysteme in einer virtuellen Maschine installiert werden. Wählen Sie das Gast-Betriebssystem und die Version aus. Da diese VM als Grundlage für Kapitel 5 dienen soll, ist WINDOWS 7 X64 ausgewählt. Klicken Sie auf NEXT, um fortzufahren.

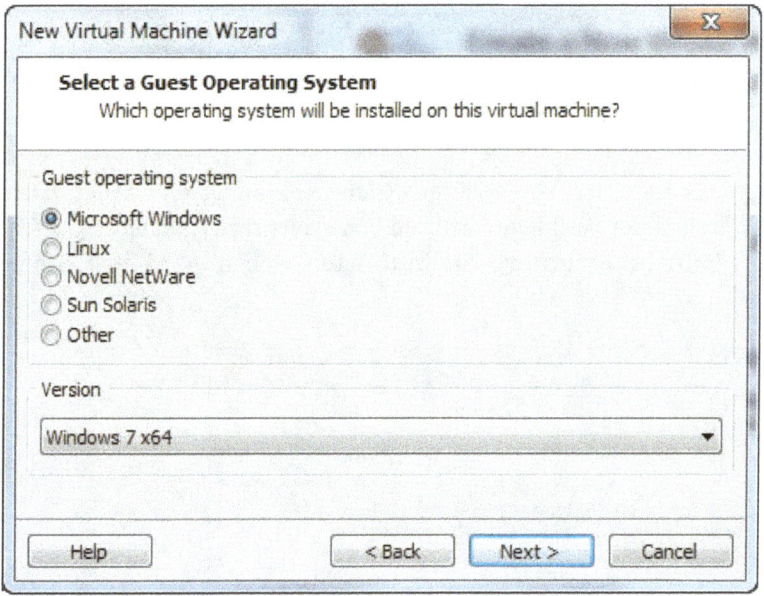

Abbildung 4.15 Die Seite »Select a Guest Operating System«

Die Seite NAME THE VIRTUAL MACHINE wird angezeigt (siehe Abbildung 4.16). Hier können Sie einen Namen für die VM auswählen und festlegen, wo die Dateien gespeichert werden sollen, aus denen diese VM besteht. Sie können die Vorgaben übernehmen oder Ihren eigenen Namen vergeben. Mit dem BROWSE-Button können Sie einen anderen Speicherort für die Dateien festlegen. Klicken Sie auf NEXT, um fortzufahren.

4.3 | Eine virtuelle Maschine erstellen

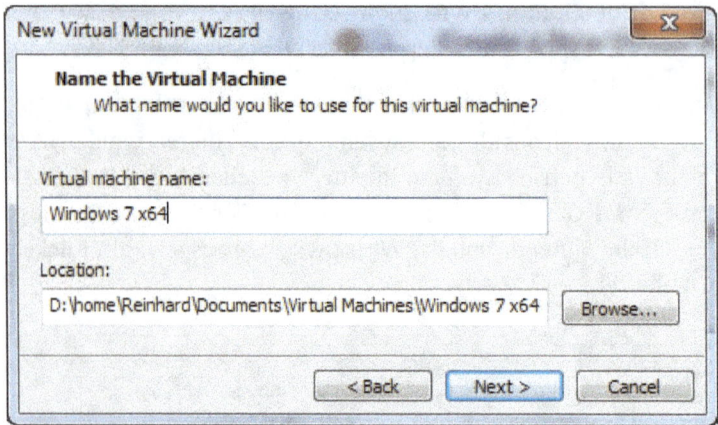

Abbildung 4.16 Die Seite »Name the Virtual Machine«

Die Seite SPECIFY DISK CAPACITY wird angezeigt (siehe Abbildung 4.17). Hier legen Sie die Anfangskapazität der Festplatte für Ihren VM Player fest. Abhängig von Typ und Version des Betriebssystems, das Sie installieren wollen, wird eine Größe

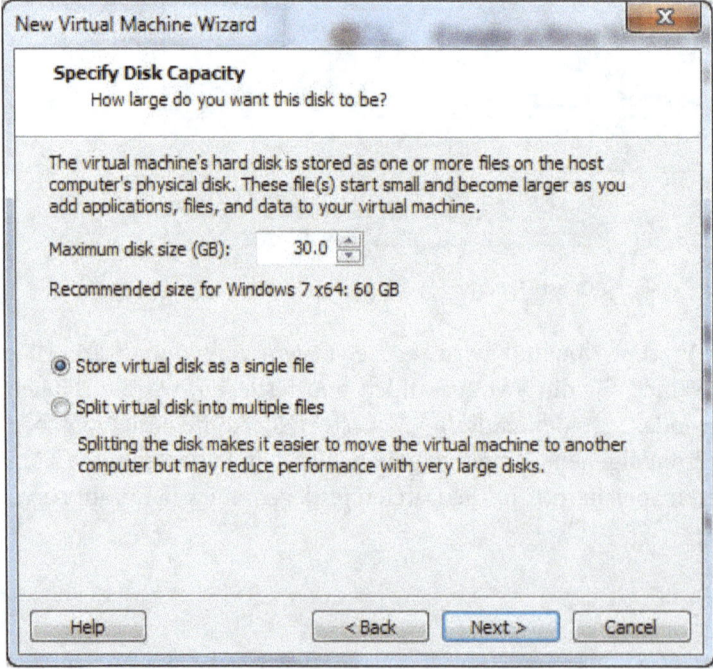

Abbildung 4.17 Die Seite »Specify Disk Capacity«

vorgeschlagen, in diesem Fall 60 GB. Sie können auch festlegen, ob die Platte in dem Host-Dateisystem durch eine große Datei oder viele kleinere Dateien repräsentiert werden soll. Weil nicht geplant ist, dieses VM zu verschieben, speichern Sie die virtuelle Disk in einer einzigen Datei und weisen ihr eine geringere Speicherkapazität (hier 30 GB) zu. Klicken Sie auf NEXT, um fortzufahren.

Die Seite READY TO CREATE VIRTUAL MACHINE wird angezeigt (siehe Abbildung 4.18). Die VM kann jetzt erstellt werden. Wenn Sie sich die Einstellungen anschauen, werden Sie feststellen, dass einige virtuelle Geräte, die in die VM eingeschlossen werden, wie etwa ein Diskettenlaufwerk und ein Drucker, nicht ausgewählt wurden.

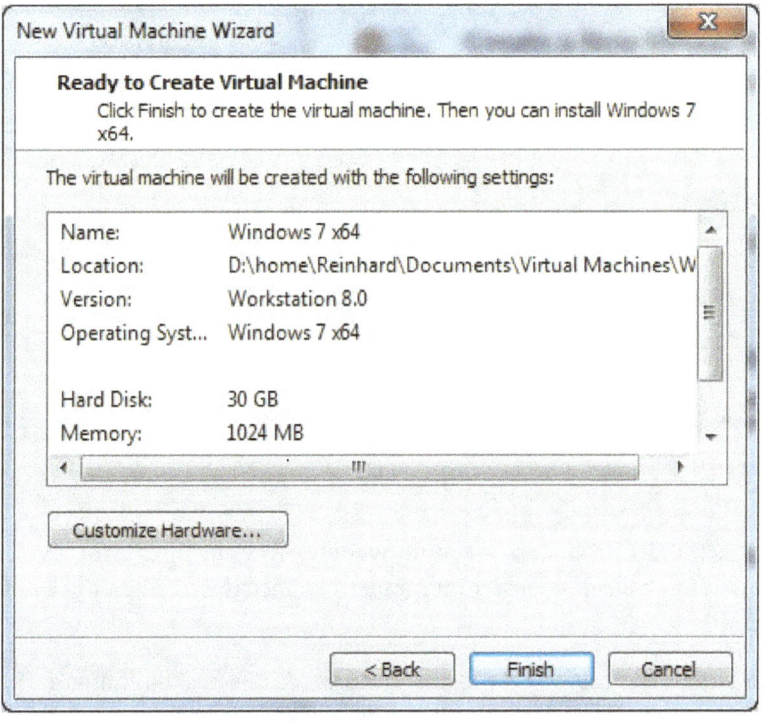

Abbildung 4.18 Die Seite »Ready to Create Virtual Machine«

Wenn Sie weitere Änderungen an der standardmäßigen Geräteauswahl vornehmen wollen, können Sie auf CUSTOMIZE HARDWARE (Hardware anpassen) klicken. Dann wird das Dialogfeld HARDWARE geöffnet (siehe Abbildung 4.19). Es zeigt eine Zusammenfassung der Hardware-Geräte, die konfiguriert werden, sowie die Spei-

4.3 | Eine virtuelle Maschine erstellen

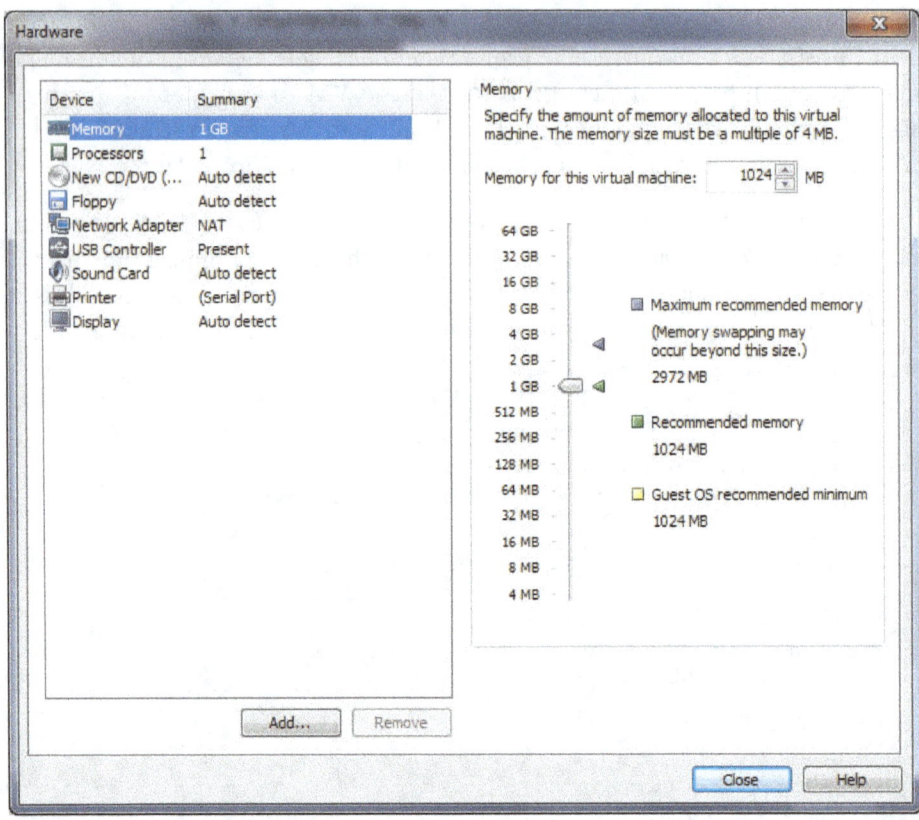

Abbildung 4.19 Das Dialogfeld zur Anpassung der Hardware

chereinstellungen. Da Sie die Anpassungen im weiteren Verlauf Ihrer Arbeit vornehmen werden, können Sie das Fenster im Moment einfach durch einen Klick auf CLOSE schließen.

Sie sehen wieder die Seite READY TO CREATE VIRTUAL MACHINE (Abbildung 4.18, weiter vorne). Dies ist die letzte Seite des Wizards. Klicken Sie auf FINISH, um die Erstellung der VM abzuschließen.

Die virtuelle Maschine ist jetzt erstellt. Die neue VM wird in der linken Spalte angezeigt (siehe Abbildung 4.20). Weil die VM ausgewählt ist, werden auf der rechten Seite zusätzliche Informationen und Bearbeitungsoptionen angezeigt. Sie werden im nächsten Kapitel behandelt.

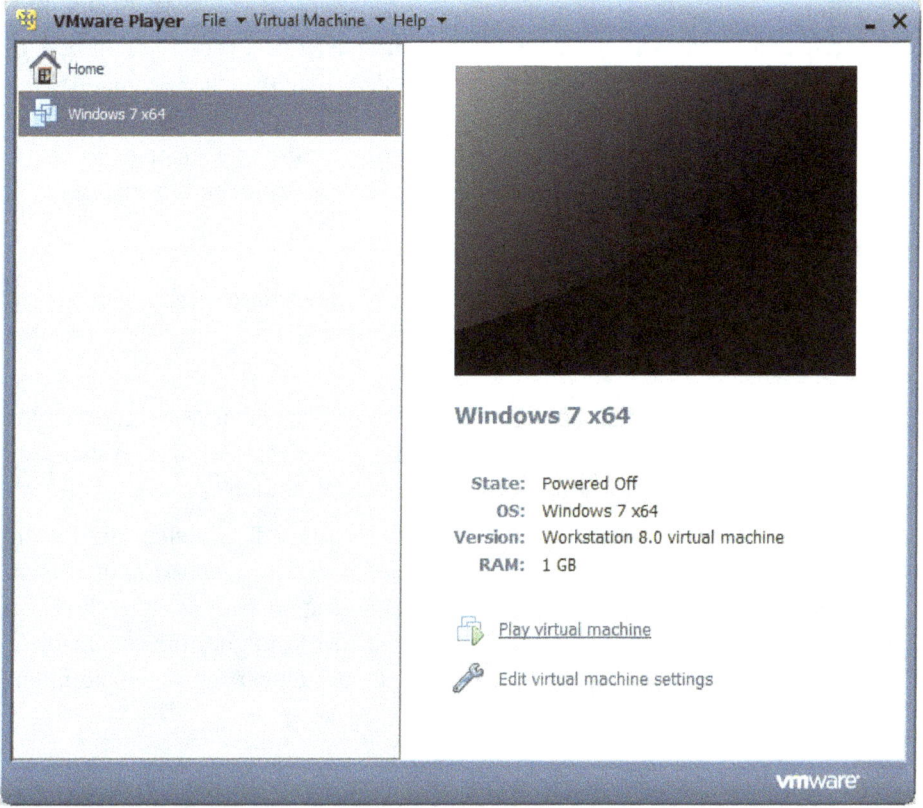

Abbildung 4.20 Die neue virtuelle Maschine im VMware Player

4.4 Die Grundlagen und darüber hinaus

Die Virtualisierungsanstrengungen der meisten Unternehmen sind durch zwei Strategien beschleunigt worden: Konsolidierung und Containment. Um physische Server effizienter durch virtuelle Server ersetzen zu können, wurden automatisierte Werkzeuge entwickelt, die diese Umstellung besser mit manuellen Prozessen bewältigen. Um neue Applikationen als virtuelle Maschinen einsetzen zu können, muss eine virtuelle Hardware erstellt werden, auf der das Betriebssystem wie auf einem physischen Server geladen werden kann. Doch diese virtuelle Hardware kann viel flexibler als ein physischer Server konfiguriert und geändert werden.

Virtuelle Maschinen sind ziemlich einfach zu erstellen, egal, ob von Grund auf neu oder per P2V-Umstellung eines vorhandenen physischen Servers. Tatsächlich ist dieser Prozess so einfach, dass einige IT-Abteilungen heute mit einer ungezügelten

4.4 | Eine virtuelle Maschine erstellen

Verbreitung virtueller Server kämpfen müssen. Dies zwingt viele Administratoren, ihre Bereitstellungsverfahren für Ressourcen zu ändern und Parameter zu bedenken, die die gesamte Betriebsdauer berücksichtigen, wenn den Anwendern Ressourcen zugewiesen werden. Dies sorgt mit dafür, dass kurzlebige Projekte und die ihnen zugeordneten VMs korrekt beendet werden, damit sie nicht noch lange, nachdem sie ausgedient haben, unnötig gemeinsame Ressourcen blockieren.

Übungen

- Auf der Seite CUSTOMIZE HARDWARE haben die Speichereinstellungen jeweils einen minimalen und einen maximalen Wert. Wie werden diese Werte bestimmt?

- Welche Hardware-Geräte könnten in der ersten virtuellen Maschine, die Sie erstellt haben, entfernt werden, ohne die Brauchbarkeit des Systems zu gefährden? Fehlen Geräte, die hinzugefügt werden sollten?

- Untersuchen Sie mit dem Browser des Dateisystems die Dateien, die für die virtuelle Maschine erstellt wurden. Schauen Sie sich die *.vmx*-Datei mit einem Texteditor an. Was können Sie über die VM aussagen? Gibt es abgesehen von VMware Player andere Methoden, um eine VM-Konfiguration anzupassen? Wie können Sie feststellen, welche anderen Optionen verfügbar sein könnten?

Kapitel 5
Windows auf einer virtuellen Maschine installieren

Inhalt
▪ Windows in eine virtuelle Maschine laden
▪ Die Konfigurationsmöglichkeiten verstehen
▪ Eine neue virtuelle Maschine optimieren

Wie physische Server brauchen auch virtuelle Maschinen ein Betriebssystem, um arbeiten und Applikationen ausführen zu können. Es gibt immer noch Dutzende verschiedener Betriebssysteme für die x86-Plattform; doch die meisten Virtualisierungen erfolgen heute auf den neueren Versionen von Windows. Zu verstehen, wie Windows installiert und dann für eine virtuelle Umgebung optimiert wird, zählt zu den entscheidenden Kernkompetenzen.

5.1 Windows in eine virtuelle Maschine laden

Es gibt mehrere Methoden, ein Windows-Betriebssystem in eine virtuelle Maschine zu laden. Im letzten Kapitel haben Sie gesehen, dass VMware Player bei der Erstellung einer virtuellen Maschine auch die Option anbietet, Windows zu installieren. Die meisten virtuellen Maschinen werden mittels eines Templates (Schablone) erstellt. Templates sind virtuelle Maschinen, die bereits ein Betriebssystem und oft sogar auch vorinstallierte Applikations-Software enthalten. Diese vorgefertigten VMs werden in einer nicht-ausführbaren Form gespeichert, die es einem Administrator ermöglicht, schnell Kopien der ausgewählten Konfiguration zu erzeugen. Nachdem eine Kopie erstellt worden ist, sind einige weitere Schritte erforderlich, um sie zu personalisieren und das System für die anstehende Aufgabe zu konfigurieren. Bevor die neue VM eingesetzt werden kann, muss sie etwa einen Systemnamen und eine Netzwerkadresse erhalten. Templates werden in Kapitel 11, »Eine virtuelle Maschine kopieren«, ausführlicher behandelt.

Auch das Windows auf einer virtuellen Maschine muss periodisch aktualisiert werden. Einige Administratoren erstellen nach jedem größeren Versionssprung ein neues Template. Andere wenden einfach die Service Packs auf ein vorhandenes Template an. Einige Administratoren ziehen eine Neuinstallation vor, weil sie dadurch gezwungen sind, die anderen Software-Komponenten in der VM ebenfalls zu prüfen und bei Bedarf zu aktualisieren. Andere glauben, irgendwie sei es besser, eine Version von Windows zu laden, bei der die Service Packs (SPs) bereits in die Distribution integriert sind, als die Service Packs separat zu installieren. Es gibt hier keine »korrekte« Vorgehensweise – die meisten Menschen wählen die Methode, mit der sie zurechtkommen. Die Anweisungen für die Installation von VMware Tools folgen denen der Installation von Windows 7. Diese Schritte sind optional, werden aber nachdrücklich empfohlen.

5.1.1 Windows 7 installieren

Um Windows oder ein anderes Betriebssystem zu installieren, brauchen Sie die originalen ausführbaren Installationsmedien. Dies können CDs, DVDs oder File-Images der Software sein. Windows können Sie im Handel in Form von DVDs erwerben oder Sie können es online kaufen und die Images auf Ihren Computer herunterladen. Dieses Image könnten Sie dann auf eine CD oder DVD brennen, um es zu sichern und/oder die Software auszuführen. Wenn Sie dieses Buch im Unterricht einsetzen, verfügen Sie möglicherweise über eine Studentenversion von Windows. Viele Universitäten haben Vereinbarungen mit Microsoft getroffen, die es Studenten erlauben, Windows für Lehrzwecke preiswert oder kostenlos herunterzuladen.

Die folgenden Schritte beschreiben nicht die einzige Methode, eine Windows-7-VM zu erstellen. In den Beispielen verwende ich eine 64-Bit-Version von Windows 7 SP1 (siehe Abbildung 5.1). Das ISO-Image ist auf dem Desktop abgelegt, damit die VM leicht darauf zugreifen kann. (ISO-Images mit einer kostenlosen 30-tägigen Testversion von Windows 7 finden Sie, wenn Sie nach »ISO Image Windows 7« googeln. Die Version, die in dieser Übersetzung verwendet wurde, stammt von *www.chip.de/downloads/Windows-7-Home-Premium-64-Bit_46355794.html*.)

Windows in eine virtuelle Maschine laden | 5.1

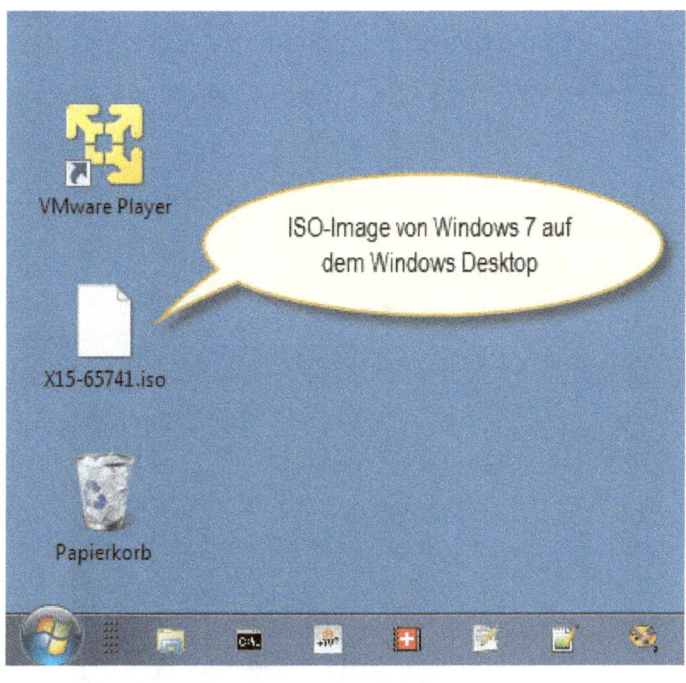

Abbildung 5.1 Das ISO-Image von Windows

1. Öffnen Sie VMware Player.
2. Wählen Sie die virtuelle Maschine WINDOWS 7 X86 aus, die Sie im letzten Kapitel erstellt haben (siehe Abbildung 5.2). Sie können die VM auch auswählen, indem Sie die Option OPEN A VIRTUAL MACHINE auf der rechten Seite anklicken.
3. Die Maschine wird im ausgeschalteten Zustand gestartet. Sie müssen die VM anweisen, von dem ISO-Image zu booten, ähnlich wie ein physischer Server beim Booten ein CD- oder DVD-Laufwerk benötigt, um von den dort eingelegten Windows-Medien zu starten. Wählen Sie EDIT VIRTUAL MACHINE SETTINGS, um das Dialogfeld VIRTUAL MACHINE SETTINGS zu öffnen (siehe Abbildung 5.3).
4. Wählen Sie den Eintrag CD/DVD (IDE) aus (siehe Abbildung 5.4).
5. Für die CD/DVD-Geräte werden mehrere Optionen angeboten. Wählen Sie unter CONNECTION das Optionsfeld USE ISO IMAGE FILE, damit Sie die VM mit dem gespeicherten ISO-Image verbinden können. Gehen Sie mit dem BROWSE-Button zu dem ISO-Image und wählen Sie dieses aus. Klicken Sie auf OK, um fortzufahren.

5.1 | Windows auf einer virtuellen Maschine installieren

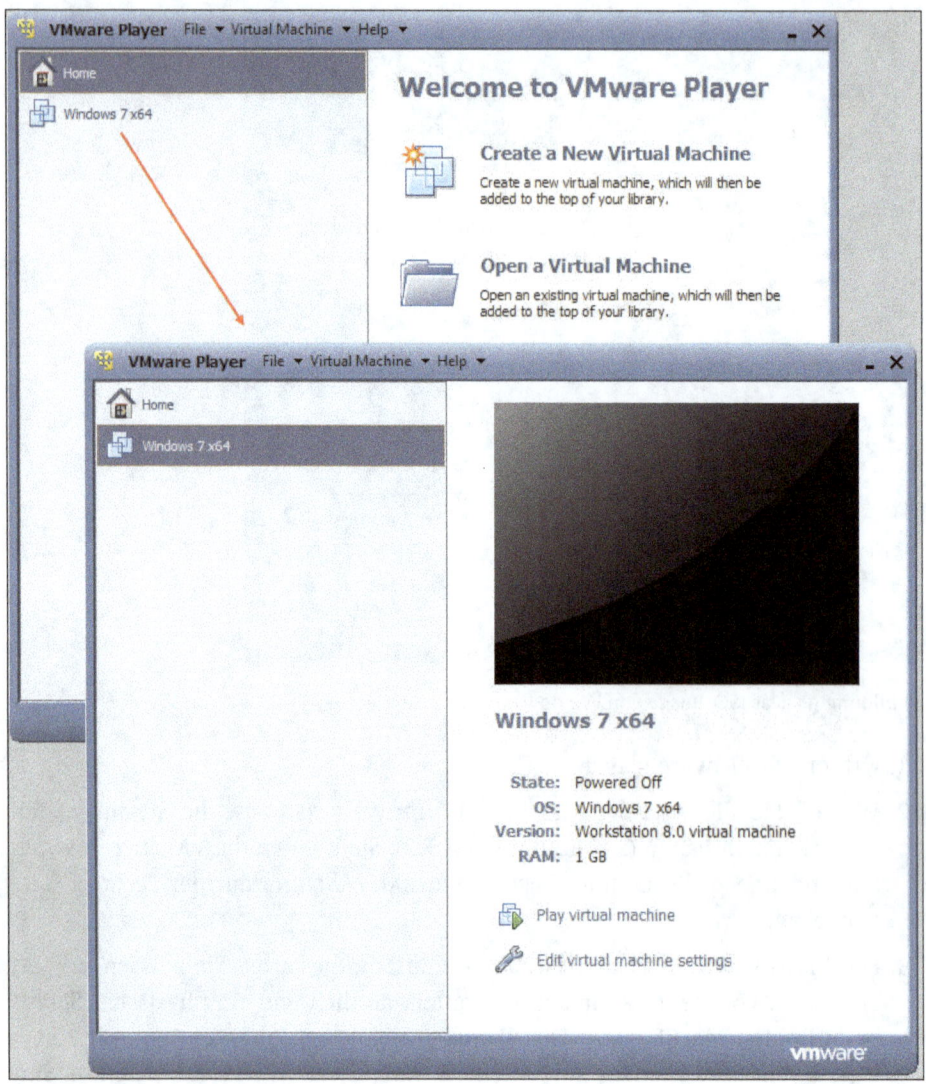

Abbildung 5.2 Die VM auswählen

6. Wählen Sie jetzt PLAY VIRTUAL MACHINE. Möglicherweise wird eine ähnliche Meldung wie in Abbildung 5.5 angezeigt. Sie bedeutet, dass Ihr Computer über zusätzliche Hardware-Geräte verfügt, die Sie zu der virtuellen Maschine hinzufügen könnten. Klicken Sie auf OK, um fortzufahren. Falls Sie in einem zusätzlichen Dialogfeld aufgefordert werden, VMware Tools für Windows 2000 und später herunterzuladen, können Sie die Meldung ignorieren und mit Windows 7 fortfahren.

Windows in eine virtuelle Maschine laden | 5.1

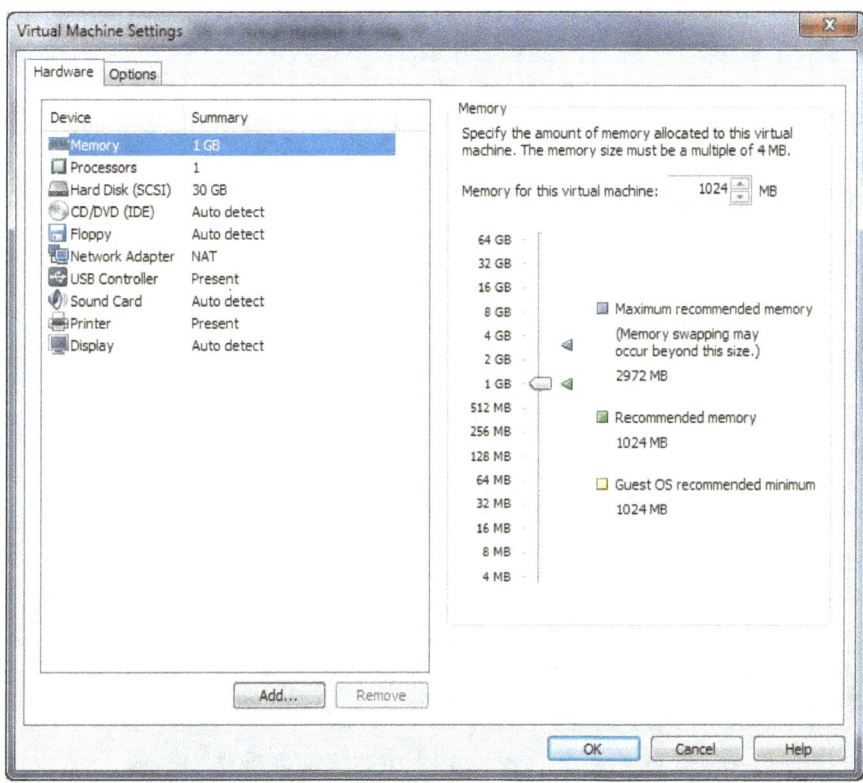

Abbildung 5.3 Das Dialogfeld mit den Einstellungen der virtuellen Maschine

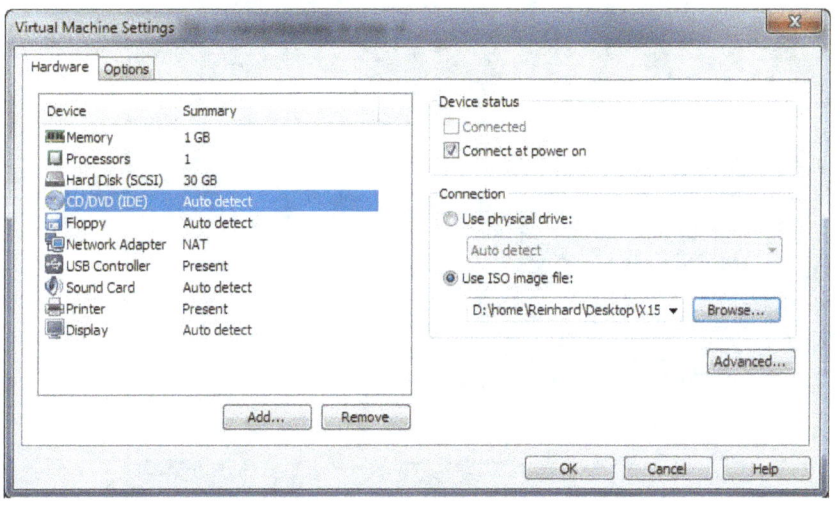

Abbildung 5.4 Die VM mit dem ISO-Image verbinden

5.1 | Windows auf einer virtuellen Maschine installieren

Abbildung 5.5 Zusätzliche Hardware-Geräte

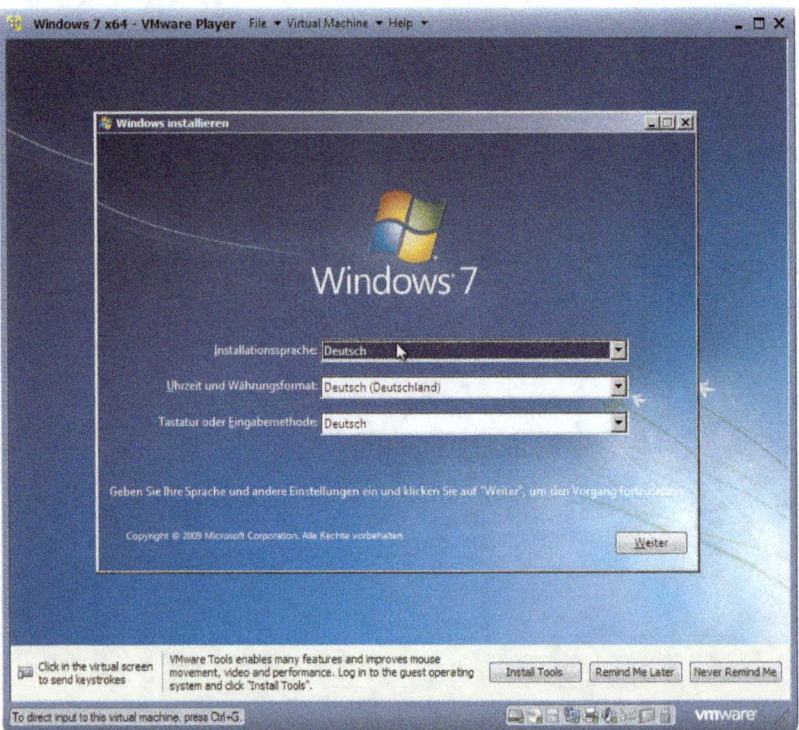

Abbildung 5.6 Windows-Installation

7. Die virtuelle Maschine bootet und verbindet sich mit dem Windows-7-ISO-Image, als wäre dieses eine DVD in einem Plattenlaufwerk. Der Installationsbildschirm von Windows wird angezeigt (siehe Abbildung 5.6). Beachten Sie, dass am unteren Rand dieses Bildschirms, außerhalb der virtuellen Maschine, eine Leiste mit Optionen angezeigt wird, die sich auf die Installation von VMware Tools beziehen. Diese Optionen werden separat nach der Installation behandelt. Klicken Sie auf REMIND ME LATER (Erinnere mich später); dann verschwindet diese Leiste.

8. Wählen Sie in dem Windows-Installationsfenster innerhalb des Fensters der VM die für Sie passenden Einstellungen aus oder übernehmen Sie die vorgeschlagenen Einstellungen. Klicken Sie auf WEITER, um fortzufahren.

9. Auf der nächsten Seite (siehe Abbildung 5.7) können Sie einige Informationen über die Installation abrufen, bevor Sie fortfahren. Klicken Sie auf JETZT INSTALLIEREN, um fortzufahren.

Abbildung 5.7 »Jetzt installieren«

10. Wie bei den meisten Software-Produkten müssen Sie die Lizenzbestimmungen akzeptieren. Aktivieren Sie das Kontrollkästchen (siehe Abbildung 5.8). Klicken Sie dann auf WEITER, um fortzufahren.

5.1 | Windows auf einer virtuellen Maschine installieren

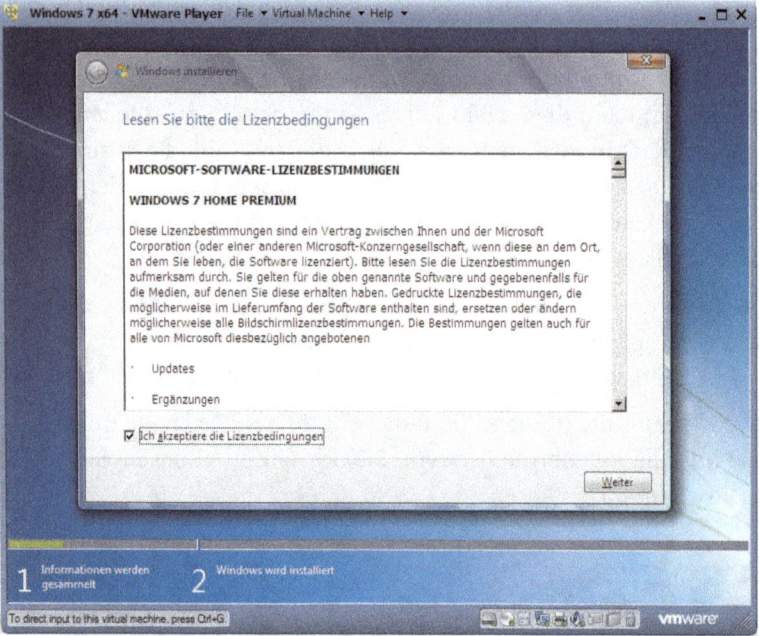

Abbildung 5.8 Lizenzbestimmungen

11. Weil dies eine neue Installation ist, führen Sie eine benutzerdefinierte Installation und kein Upgrade eines vorhandenen Systems durch (siehe Abbildung 5.9). Klicken Sie auf BENUTZERDEFINIERT, um fortzufahren.

12. Beim Erstellen Ihrer VM hatten Sie ihr ein 30-GB-Laufwerk zugewiesen. Wenn Sie auf LAUFWERKOPTIONEN (ERWEITERT) klicken, werden einige Optionen für die Verwaltung des Plattenspeichers angezeigt (siehe Abbildung 5.10). Klicken Sie auf WEITER, um fortzufahren.

13. Die Windows-Installation durchläuft jetzt mehrere Schritte, darunter die Formatierung des Plattenspeichers, die Erstellung eines Dateisystems und das Kopieren der Dateien auf die Platte. Dieser Prozess erfordert normalerweise die meiste Zeit. Die Schritte und der Fortschritt werden in einem Fenster angezeigt (siehe Abbildung 5.11).

14. Windows wird während dieses Prozesses mehrere Male neu gestartet. Dann werden mehrere Schritte durchlaufen, um das System zu initialisieren. Beim ersten Schritt werden Sie aufgefordert, einen Benutzernamen und einen Systemnamen einzugeben (siehe Abbildung 5.12). Geben Sie geeignete Namen Ihrer Wahl ein; klicken Sie dann auf WEITER, um fortzufahren.

Windows in eine virtuelle Maschine laden | 5.1

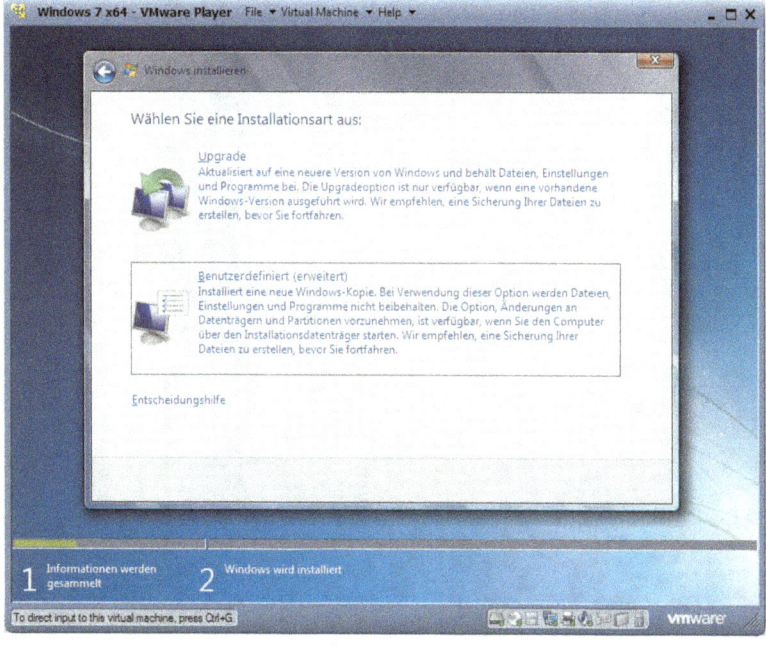

Abbildung 5.9 Installationsart

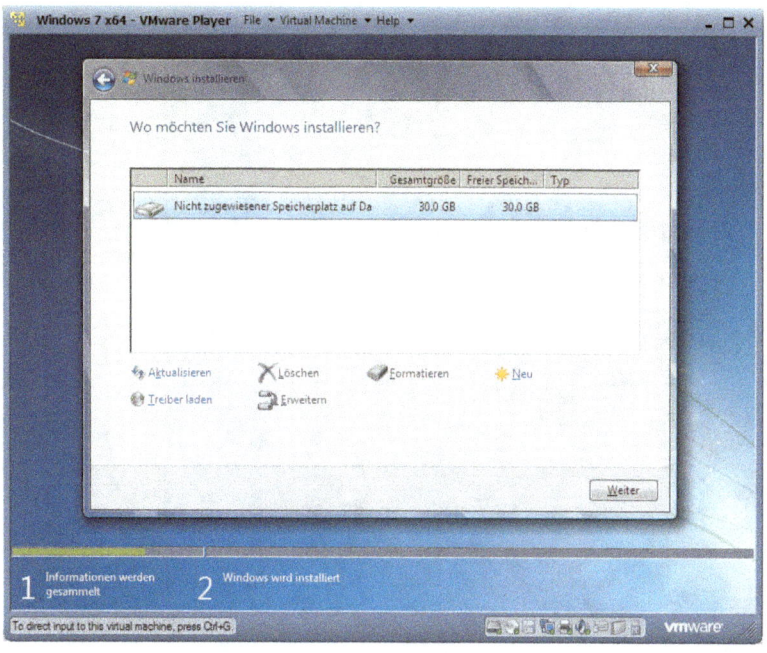

Abbildung 5.10 Optionen für den Speicherplatz auf dem Datenträger

5.1 | Windows auf einer virtuellen Maschine installieren

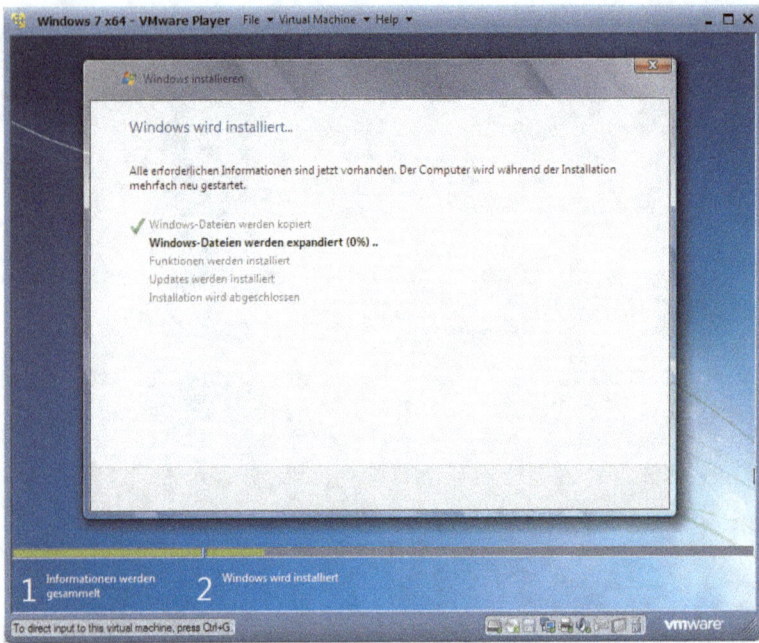

Abbildung 5.11 Installationsfortschritt

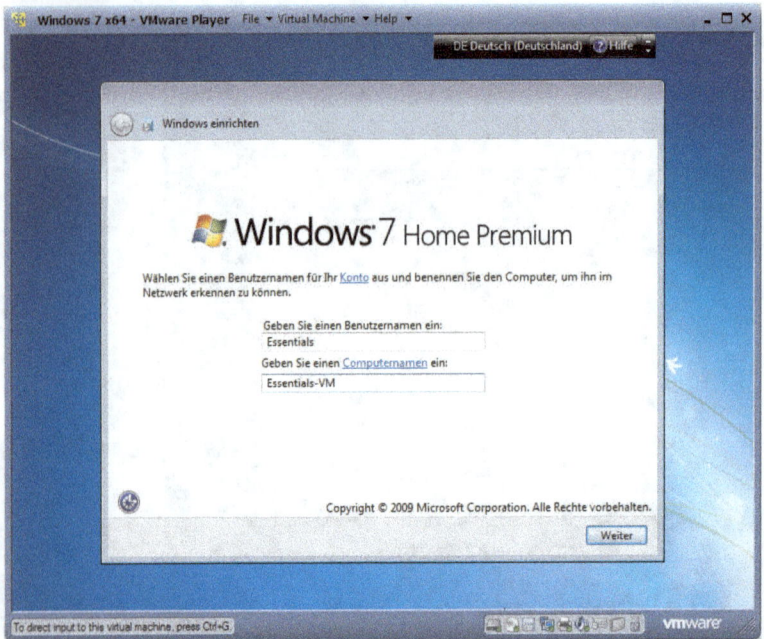

Abbildung 5.12 Anwender- und Systemnamen eingeben

15. Als Nächstes müssen Sie für den gerade erstellten Benutzer ein Passwort und einen Hinweis für dieses Passwort festlegen (siehe Abbildung 5.13). Geben Sie Passwort und Hinweis ein; klicken Sie dann auf WEITER, um fortzufahren.

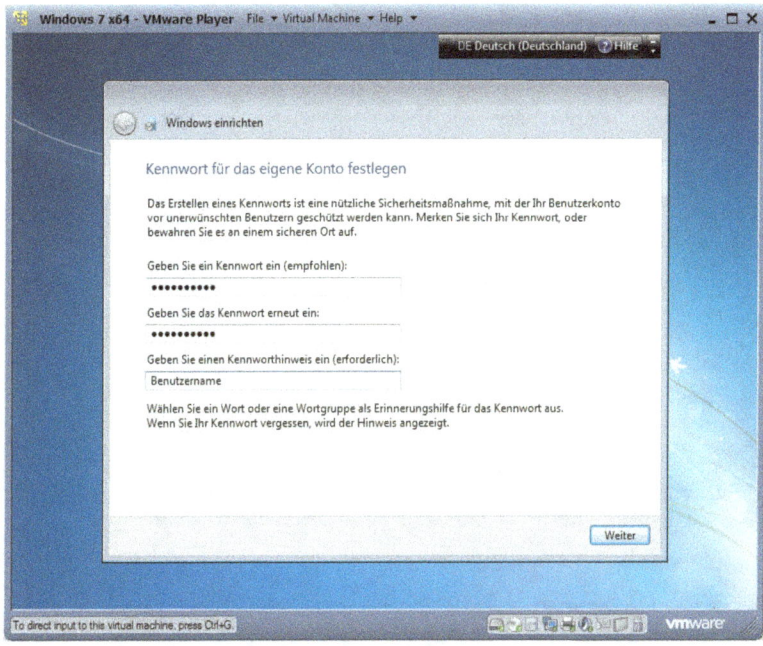

Abbildung 5.13 Anwenderpasswort und Passworthinweis eingeben

16. Auf der nächsten Seite werden Sie aufgefordert, den Windows-Produktschlüssel einzugeben (siehe Abbildung 5.14). Falls Sie über einen Produktschlüssel verfügen, können Sie diesen jetzt eingeben. Ist dies nicht der Fall, können Sie ihn später eingeben, nachdem Sie ihn erworben haben. Windows erinnert Sie, falls Sie dies versäumen. Klicken Sie auf WEITER, um fortzufahren.

17. Auf der nächsten Seite können Sie festlegen, wie Windows-Updates implementiert werden sollen (siehe Abbildung 5.15). Sie können die hier getroffene Festlegung später ändern. Wählen Sie EMPFOHLENE EINSTELLUNGEN VERWENDEN, um fortzufahren.

5.1 | Windows auf einer virtuellen Maschine installieren

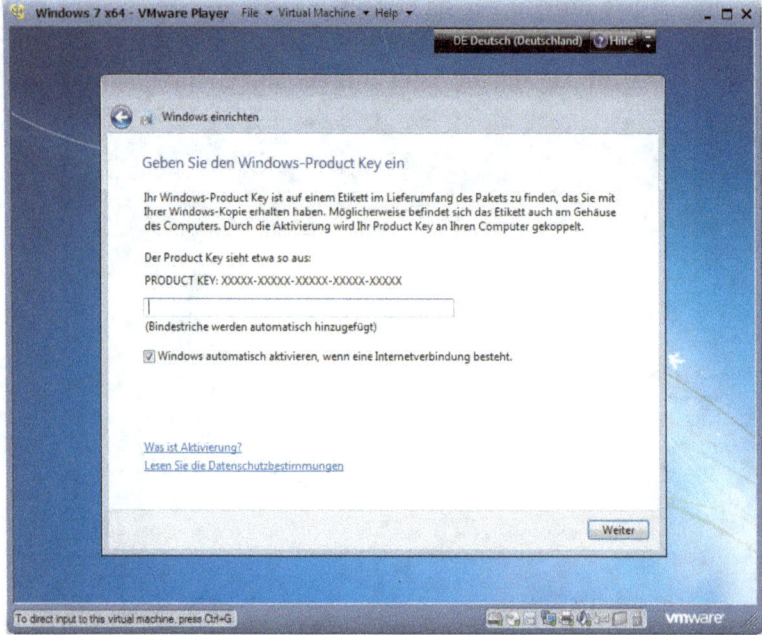

Abbildung 5.14 Aufforderung zur Eingabe des Produktschlüssels

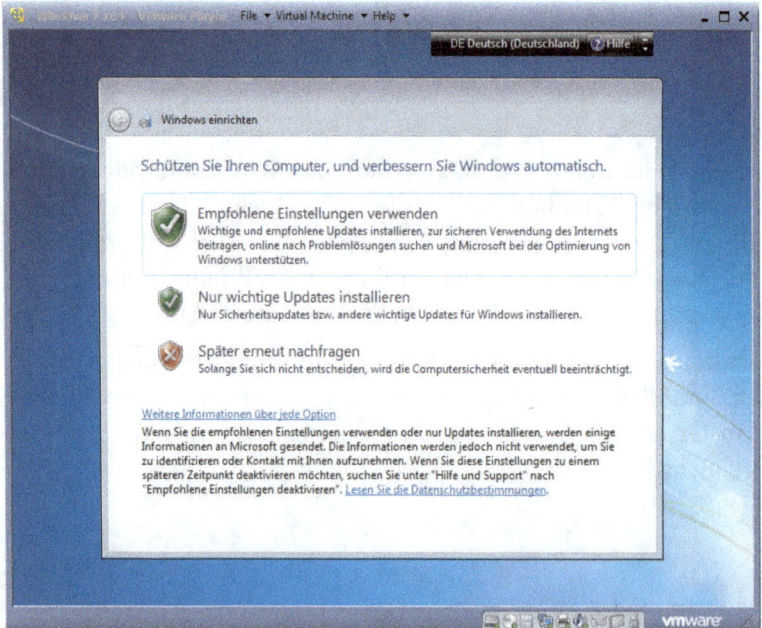

Abbildung 5.15 Die Windows-Updatemethode festlegen

Windows in eine virtuelle Maschine laden | 5.1

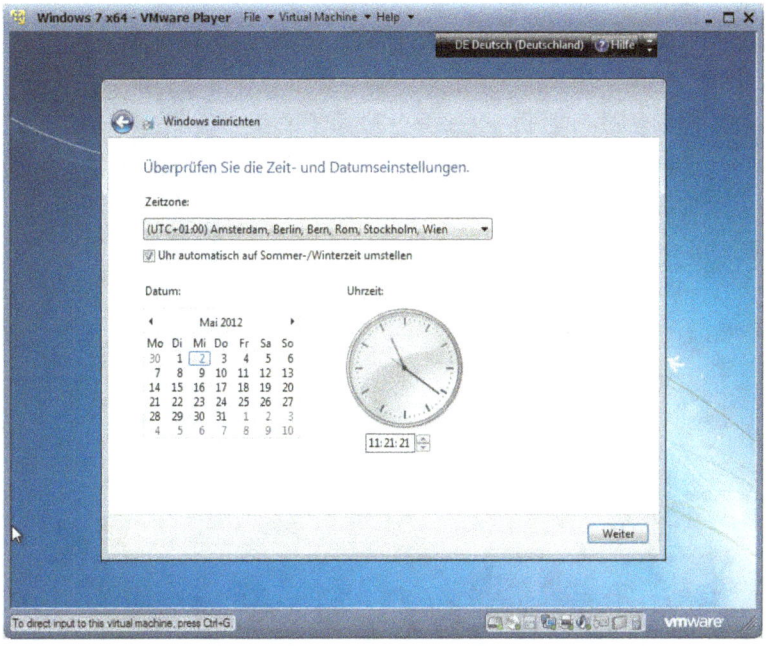

Abbildung 5.16 Die korrekten Werte für Zeit und Datum einstellen

18. Auf der nächsten Seite können Sie die korrekten Werte für Zeit und Datum Ihres Systems einstellen (siehe Abbildung 5.16). Wählen Sie die richtige Zeitzone, das Datum und die Zeit aus. Klicken Sie auf WEITER, um fortzufahren.

19. Auf der nächsten Seite können Sie Ihr Netzwerk einrichten (siehe Abbildung 5.17). Sie werden die erforderlichen Anpassungen später vornehmen, wenn die virtuelle Vernetzung behandelt wird. Wählen Sie HEIMNETZWERK, um fortzufahren. Windows wird versuchen, sich über die virtuelle Maschine und VMware Player mit Ihrem Netzwerk zu verbinden.

20. Windows braucht eine gewisse Zeit, um die Installation abzuschließen, und ist dann einsatzbereit (siehe Abbildung 5.18).

5.1 | Windows auf einer virtuellen Maschine installieren

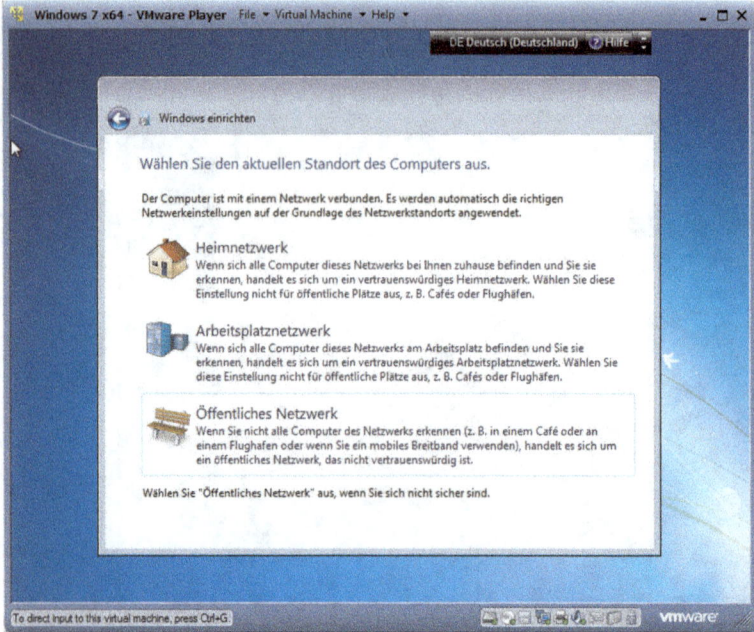

Abbildung 5.17 Netzwerkauswahl

Abbildung 5.18 Fertige Windows-7-Installation

5.1.2 VMware Tools installieren

Wir haben noch einen weiteren Schritt vor uns, bevor Sie mit dieser virtuellen Maschine arbeiten können: die Installation von VMware Tools. VMware Tools ist eine Kombination aus Gerätetreibern und Prozessen, die die Benutzererfahrung mit der VM sowie die Performance der VM verbessern und helfen, die virtuelle Maschine zu verwalten. Obwohl die Installation von VMware Tools nicht erforderlich ist, wird sie in allen VMware-Umgebungen nachdrücklich empfohlen.

1. Wählen Sie am oberen Rand des VMware-Player-Fensters VIRTUAL MACHINE und dann den Menübefehl INSTALL VMWARE TOOLS aus. Wenn das Dialogfeld SOFTWARE UPDATES angezeigt wird (siehe Abbildung 5.19), klicken Sie auf DOWNLOAD AND INSTALL.

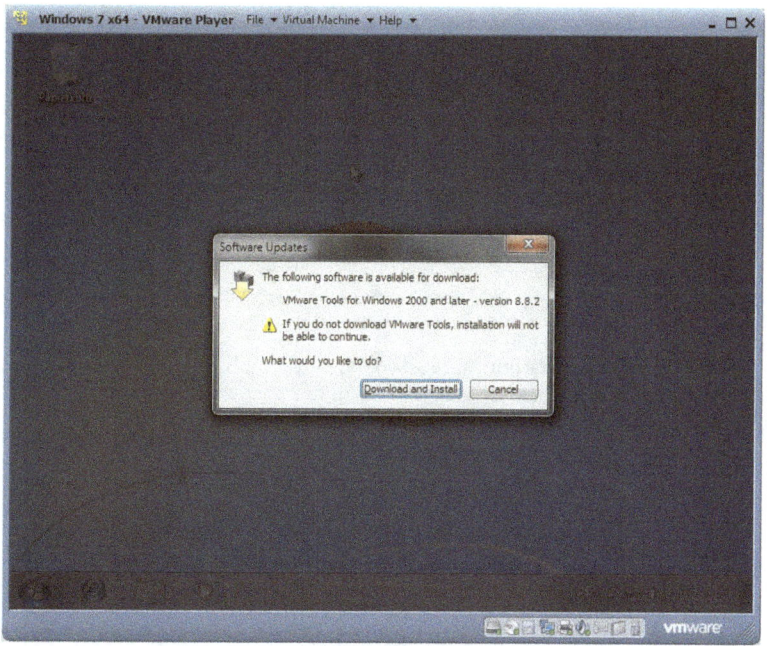

Abbildung 5.19 Die neuesten VMware Tools herunterladen

2. Wenn Sie den Download durchführen müssen (siehe Abbildung 5.20), werden Sie vom Host-Betriebssystem gefragt, ob es in Ordnung ist, die Applikation zu aktualisieren. Wählen Sie YES, um mit dem Update fortzufahren. Wenn das Update abgeschlossen ist, schließen Sie das Fenster, um fortzufahren.

5.1 | Windows auf einer virtuellen Maschine installieren

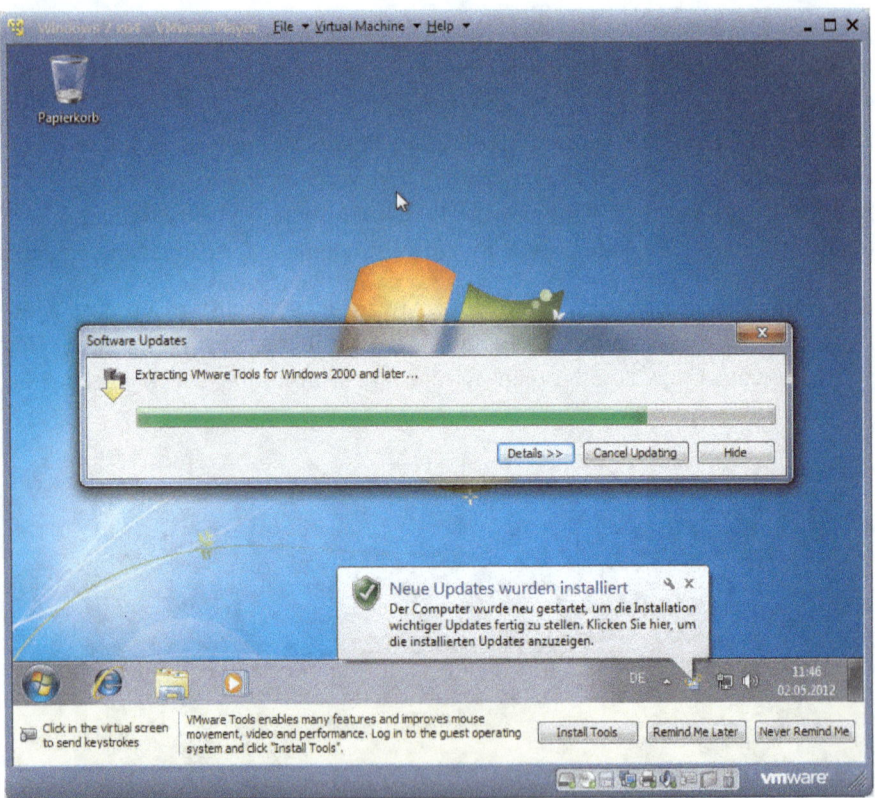

Abbildung 5.20 Download-Fortschrittsanzeige von VMware Tools. Die Meldung »Neue Updates wurden installiert« hat nichts mit VMware Tools zu tun, sondern stammt von einem automatischen Windows-Update.

3. Windows zeigt das Dialogfeld AUTOMATISCHE WIEDERGABE an (siehe Abbildung 5.21). Wählen Sie SETUP64.EXE AUSFÜHREN, um fortzufahren. Antworten Sie auch im Folgenden mit YES, um Änderungen zuzulassen.

4. Die erste Seite des Installations-Assistenten für VMware Tools wird angezeigt (siehe Abbildung 5.22). Am unteren Rand des VMware-Player-Fensters wird gemeldet, dass VMware Tools installiert wird. Sie können diese Meldung schließen. Klicken Sie auf WEITER, um fortzufahren.

5. Die nächste Seite bietet Ihnen drei verschiedene Setup-Typen zur Auswahl an (siehe Abbildung 5.23). Die vorgeschlagene Auswahl STANDARD reicht für Ihre Zwecke aus. Klicken Sie auf WEITER, um fortzufahren.

Windows in eine virtuelle Maschine laden | 5.1

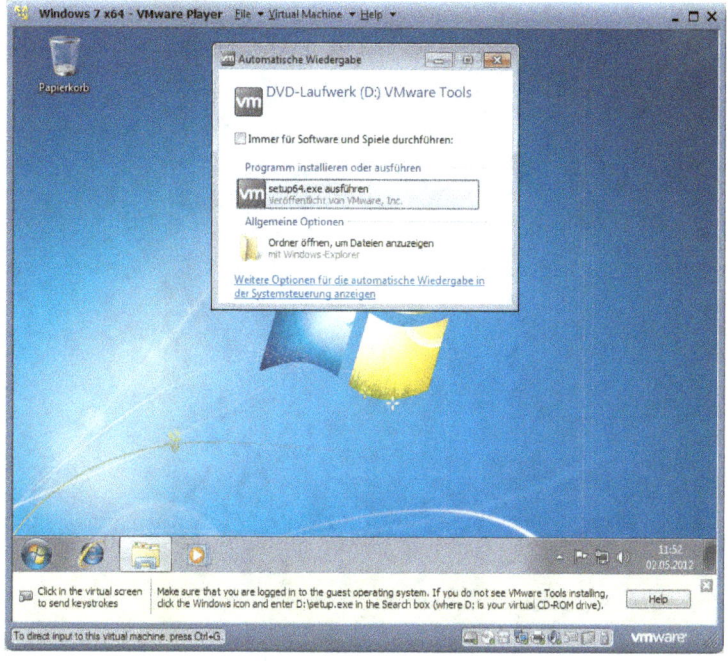

Abbildung 5.21 Das Dialogfeld »Automatische Wiedergabe«

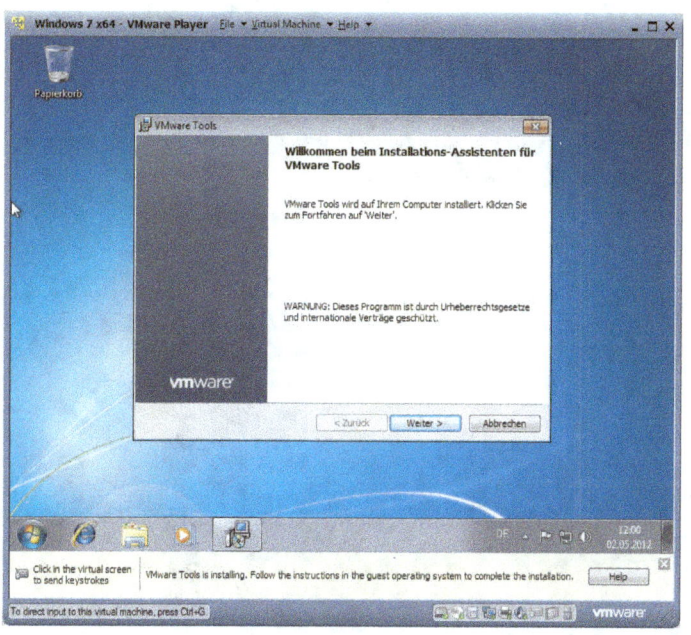

Abbildung 5.22 Die Begrüßungsseite des Installations-Assistenten für VMware Tools

5.1 | Windows auf einer virtuellen Maschine installieren

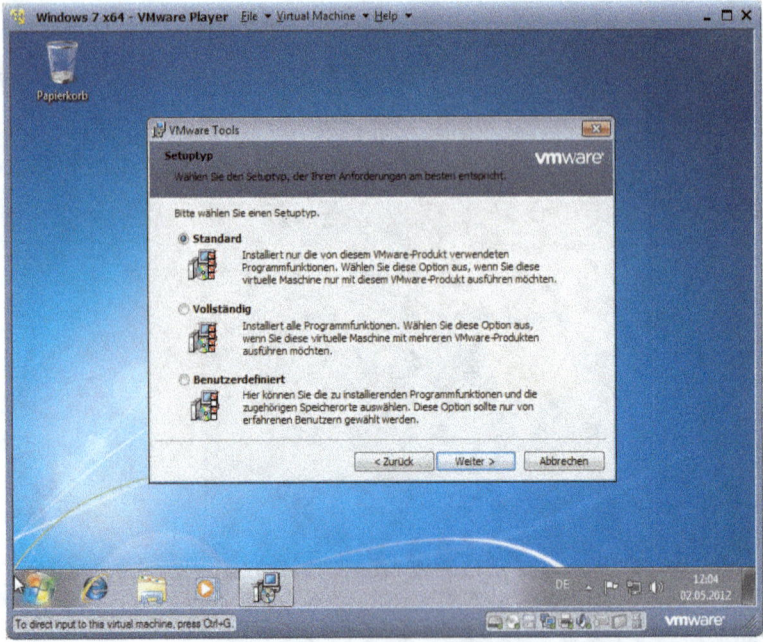

Abbildung 5.23 Setup-Typ

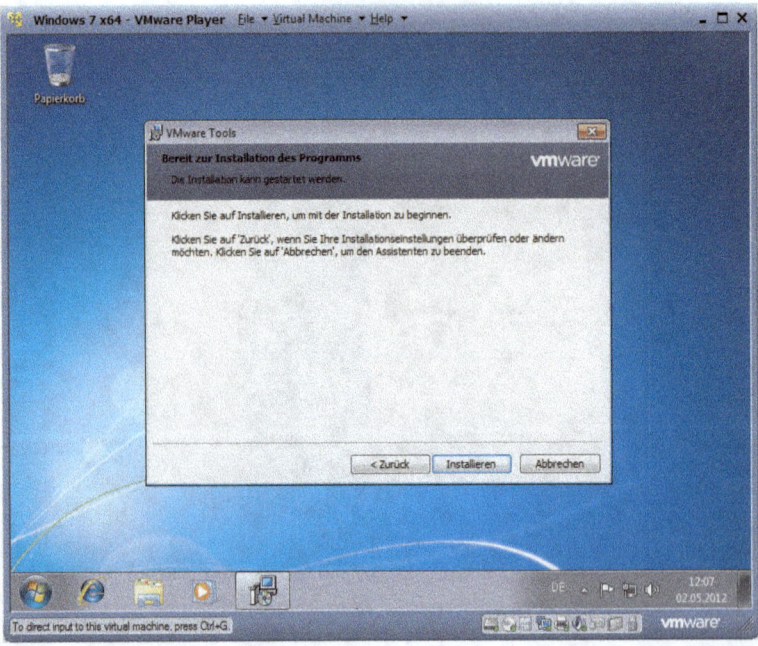

Abbildung 5.24 Bereit zur Installation

6. Als Nächstes wird die Installationsseite angezeigt (siehe Abbildung 5.24). Falls Sie noch Änderungen vornehmen wollen, können Sie mit dem ZURÜCK-Button zu vorhergehenden Seiten zurückblättern, um diese Änderungen vorzunehmen. Wenn Sie bereit sind fortzufahren, klicken Sie auf INSTALLIEREN.

7. VMware Tools wird dann installiert; Sie können den Installationsfortschritt in der Statusanzeige verfolgen. Der Prozess dauert üblicherweise nur einige Minuten. Wenn er abgeschlossen ist, wird die letzte Seite des Installations-Assistenten angezeigt (siehe Abbildung 5.25). Klicken Sie auf BEENDEN.

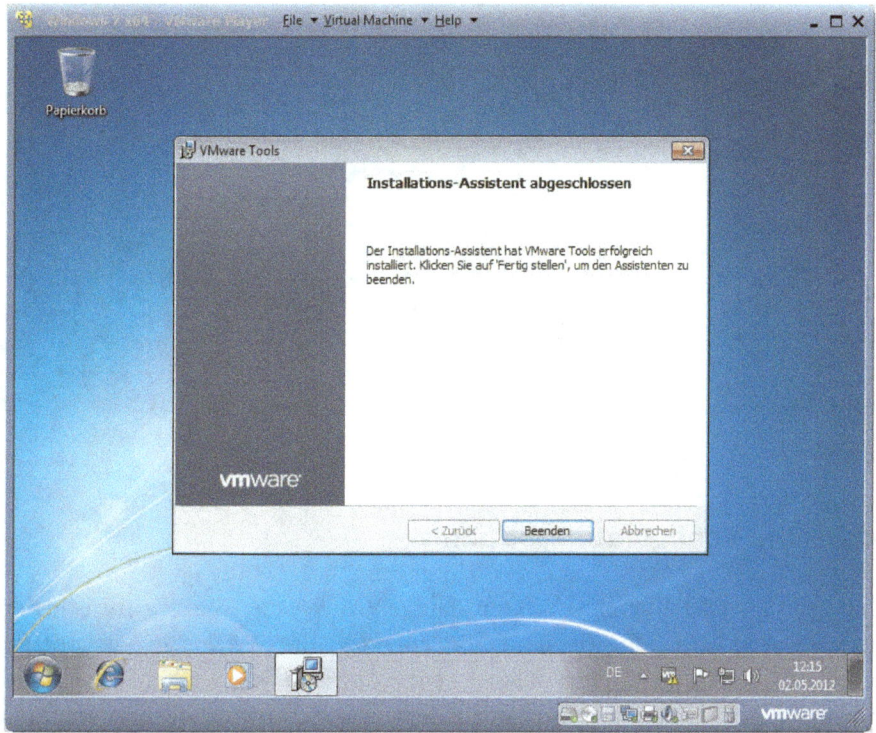

Abbildung 5.25 Installation abgeschlossen

8. Schließlich müssen Sie die VM noch ein weiteres Mal neu starten. Das System fordert Sie zu dieser Aktion auf (siehe Abbildung 5.26). Klicken Sie auf JA, um die VM neu zu starten.

5.2 | Windows auf einer virtuellen Maschine installieren

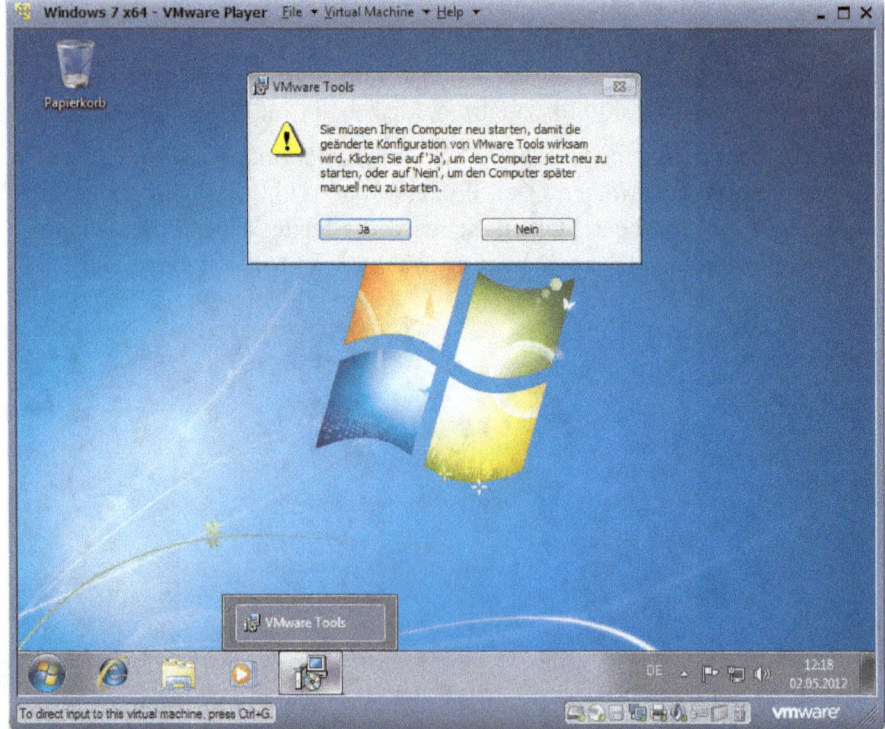

Abbildung 5.26 Das System neu starten

5.2 Die Konfigurationsoptionen

Jetzt verfügen Sie über eine funktionsfähige VM. Schauen Sie sich etwas näher an, was Sie erstellt haben. Zunächst fällt auf, dass die VM genau wie der native Windows Desktop aussieht; dies ist genau das, was wir wollten. Wenn Sie das START-Symbol anklicken, wird genau derselbe Bildschirm wie bei einem frisch installierten Windows 7 SP1 angezeigt (siehe Abbildung 5.27). Durch einen Blick auf die Titelleiste der VMware-Player-Applikation können Sie leicht erkennen, dass Sie sich in einer virtuellen Maschine befinden. Aber die meisten virtuellen Maschinen laufen auf Servern und sind mit Anwendern verbunden, die die physischen oder virtuellen Server nie zu sehen bekommen, mit denen sie arbeiten.

Könnten Sie, wenn Sie sich per Remote Desktop Connection über das Netzwerk mit dieser VM verbänden, erkennen, ob sie ein physischer oder virtueller Server ist? Auf jeden Fall. Sie bekommen mehrere deutliche Hinweise. Erstens wird ein VM-Logo angezeigt, wenn Sie die verborgenen Symbole in der rechten unteren

Die Konfigurationsoptionen | 5.2

Abbildung 5.27 Eine laufende Windows-7-VM

Ecke des Fensters sichtbar machen. Es zeigt an, dass VMware Tools auf dieser VM installiert worden ist. Sie können das Utility öffnen und sich einige Eigenschaften anzeigen lassen (siehe Abbildung 5.28). Auf der Registerkarte OPTIONEN können Sie wählen, ob VMware Tools in der Taskleiste angezeigt werden soll. Denken Sie aber daran, dass die Installation von VMware Tools nicht erforderlich ist, sondern nur empfohlen wird. Dies bedeutet, dass die Abwesenheit dieses Symbols nicht automatisch bedeutet, dass es sich um eine physische Maschine handelt.

Einige Merkmale zeigen Ihnen zweifelsfreier an, wo Sie sich befinden. Wenn Sie das Start-Symbol und dann GERÄTE UND DRUCKER anklicken, können Sie sofort erkennen, dass einige Geräte keiner physischen Komponente Ihrer Hardware entsprechen (siehe Abbildung 5.29). So sehen Sie etwa eine virtuelle Maus und ein virtuelles SCSI-Diskgerät. Doch noch eindeutiger sagt Ihnen das Maschinensymbol ESSENTIALS-VM unter GERÄTE, auf welchem Gerät Sie arbeiten.

Wenn Sie dieses Symbol markieren, werden am unteren Rand des Fensters zusammenfassende Informationen angezeigt, die zweifelsfrei zeigen, dass Ihr Computer

5.2 | Windows auf einer virtuellen Maschine installieren

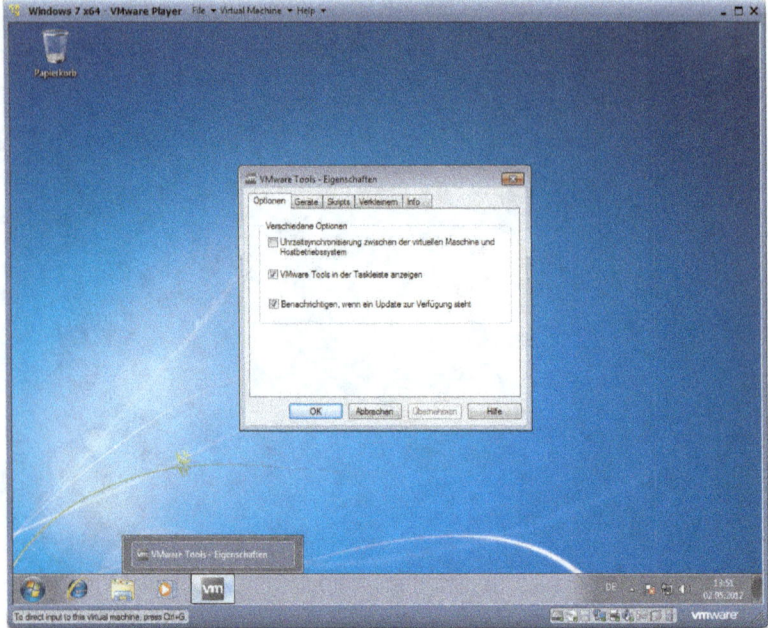

Abbildung 5.28 Das Dialogfeld »VMware Tools – Eigenschaften«

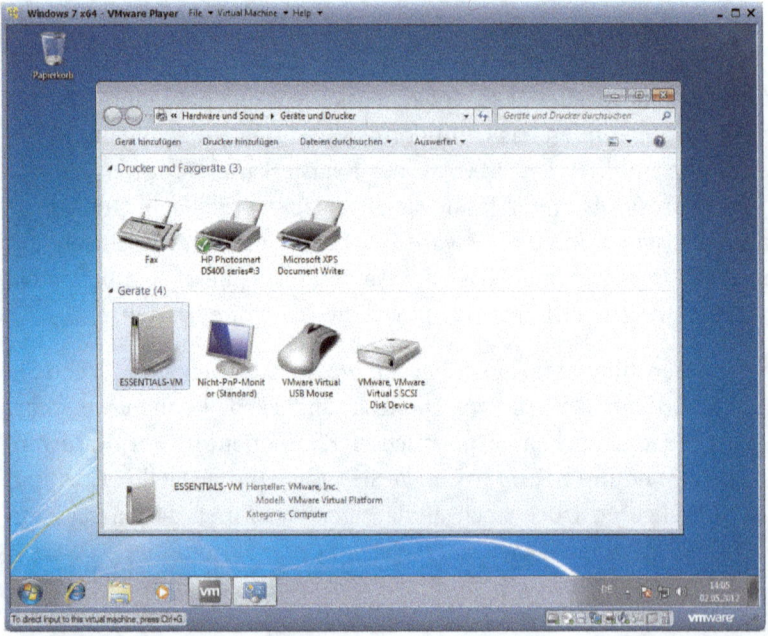

Abbildung 5.29 Windows-7-Geräte

ein virtuelles Gerät ist, das von VMware hergestellt wurde. Wenn Sie auf Ihrem PC das START-Symbol und dann GERÄTE UND DRUCKER anklicken und das COMPUTER-Symbol auswählen, sollten Sie den Unterschied sofort erkennen. Wenn Sie auf das Symbol Ihrer virtuellen Maschine doppelklicken, wird ein Eigenschaften-Fenster geöffnet. Auch dies zeigt, dass Sie mit einer virtuellen Maschine arbeiten. Wenn Sie die Registerkarte HARDWARE auswählen und durch die Geräte scrollen (siehe Abbildung 5.30), erhalten Sie eine weitere Bestätigung, dass Ihr System aus virtuellen Geräten besteht. Schließen Sie die Fenster, um fortzufahren.

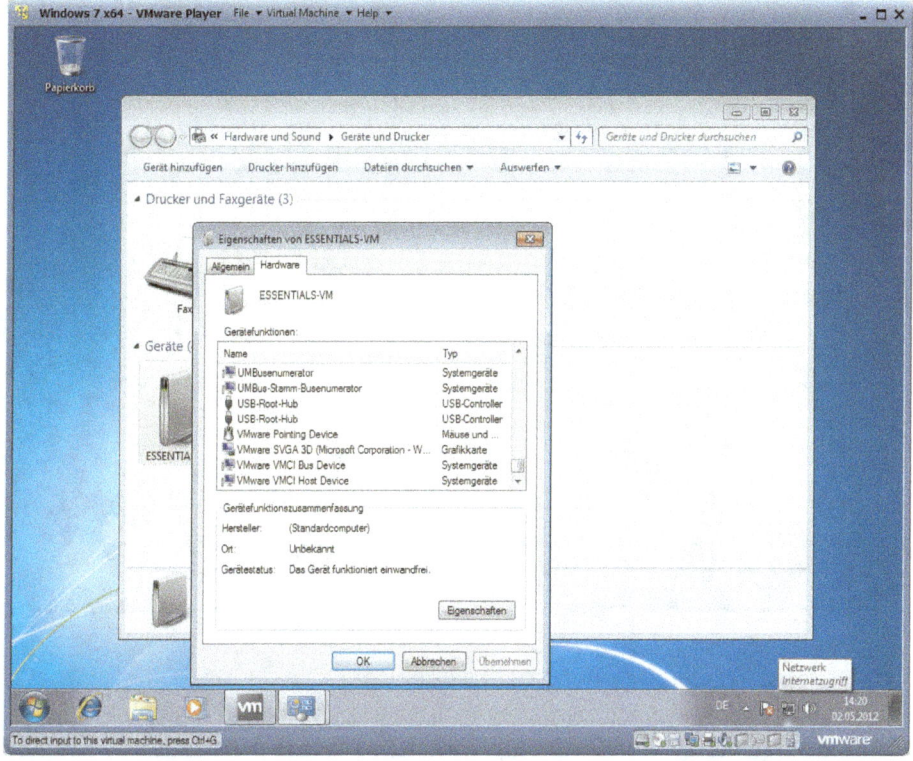

Abbildung 5.30 Systemeigenschaften

Betrachten Sie jetzt zwei weitere Einträge, an denen die Unterschiede zwischen der Ausstattung Ihrer physischen und Ihrer virtuellen Maschine deutlich werden. Wählen Sie erneut das START-Symbol und dann COMPUTER. Hier können Sie sehen, dass eine einzige Festplatte, das Laufwerk C:, erstellt worden ist und dass von den ursprünglich beim Erstellen festgelegten 30 GB immer noch über 20 GB frei sind. Doch wie viel Platz belegt dieser Speicher auf unserem physischen System? Wenn Sie dieselben Schritte auf Ihrem physischen System wiederholen (siehe Abbildung

5.2 | Windows auf einer virtuellen Maschine installieren

5.31), sehen Sie, dass das physische Laufwerk D:, auf dem die virtuelle Maschine bei der Installation gespeichert wurde, beträchtlich größer ist. Die Speicherverwaltung wird in Kapitel 9, »Festplattenspeicher für eine virtuelle Maschine verwalten«, ausführlicher behandelt.

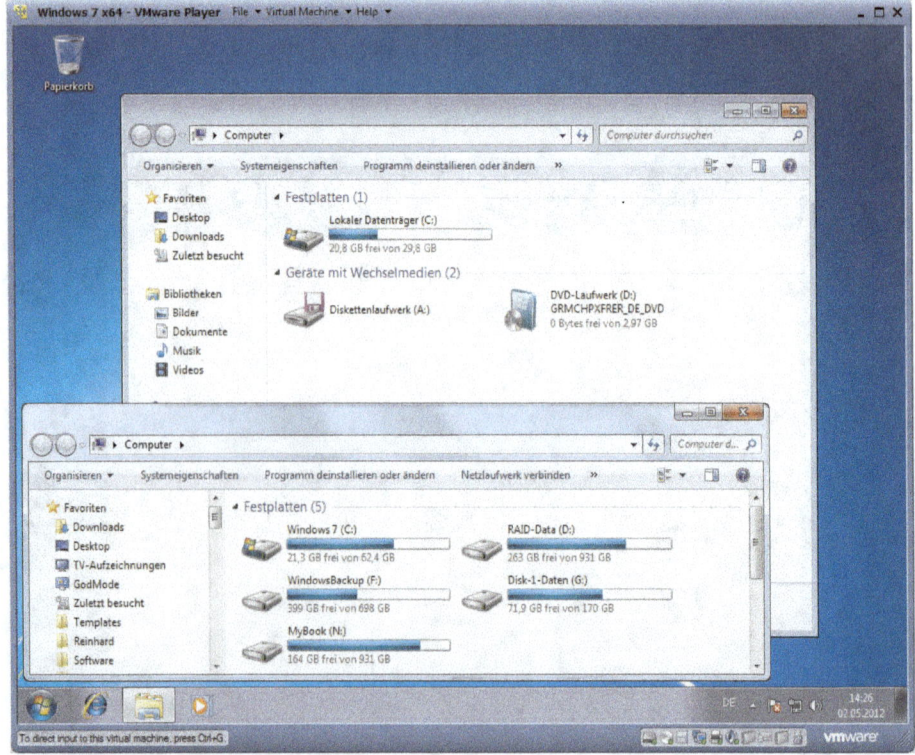

Abbildung 5.31 Festplattengrößen

1. Minimieren Sie das Eigenschaften-Fenster der physischen Maschine und klicken Sie in der Menüleiste des Eigenschaften-Fensters der virtuellen Maschine auf SYSTEMEIGENSCHAFTEN. Die Schlüsselinformationen über das Betriebssystem werden angezeigt: die Windows-Version, der installierte Arbeitsspeicher (RAM) in der von uns konfigurierten Größe und Informationen über den Prozessor.

2. Stellen Sie jetzt das Eigenschaften-Fenster der physischen Maschine wieder her und klicken Sie in seiner Menüleiste ebenfalls auf SYSTEMEIGENSCHAFTEN. Sie können sehen, dass die physische Maschine über 4 GB Speicher verfügt (siehe Abbildung 5.32), mehr als die virtuelle Maschine per Konfiguration hat.

3. Sie können sich noch einige andere Ähnlichkeiten und Unterschiede anschauen; schließen Sie dann diese Fenster.

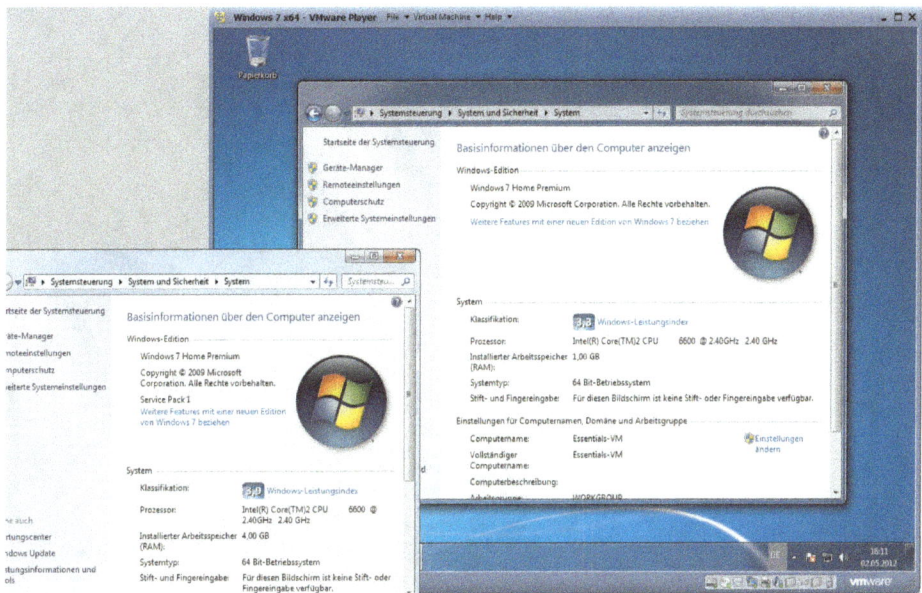

Abbildung 5.32 Speichergrößen

Nehmen Sie jetzt eine kleine Anpassung Ihrer VM vor, um erste Erfahrungen zu sammeln, wie flexibel Sie die Konfiguration ändern können. Sie haben für Ihre VM 1 GB Speicher reserviert; aber laut den Windows-7-Systemanforderungen soll eine 64-Bit-Implementierung über wenigstens 2 GB verfügen können. Bis jetzt haben Sie die Performance Ihrer VM noch keinem Belastungstest unterworfen; deshalb reichte 1 GB für die Ausführung des Betriebssystems aus. (Die Mindestanforderungen für Windows 7 finden Sie unter *http://windows.microsoft.com/de-de/windows7/products/system-requirements*.) Um mehr Speicher zu reservieren, gehen Sie wie folgt vor:

1. Wählen Sie VIRTUAL MACHINE in der VMware-Player-Menüleiste aus.
2. Wählen Sie den Menübefehl VIRTUAL MACHINE SETTINGS… aus.
3. Markieren Sie den Eintrag MEMORY DEVICE auf der Registerkarte HARDWARE (siehe Abbildung 5.33). Der Eintrag zeigt die Steuerelemente an, mit denen Sie den Speicher in der VM anpassen können. Es gibt Werte, die von VMware Player als Minimum ausgewählt worden sind, empfohlene und maximale Werte. Rechts neben diesen Werten können Sie den Speicher anpassen, indem

5.2 | Windows auf einer virtuellen Maschine installieren

Sie die farbigen Kontrollkästchen neben diesen Vorschlägen anklicken. Sie können den Speicher auch manuell anpassen, indem Sie den Schieberegler nach oben oder unten verschieben oder einen bestimmten Wert in das Feld MEMORY FOR THIS VIRTUAL MACHINE eingeben.

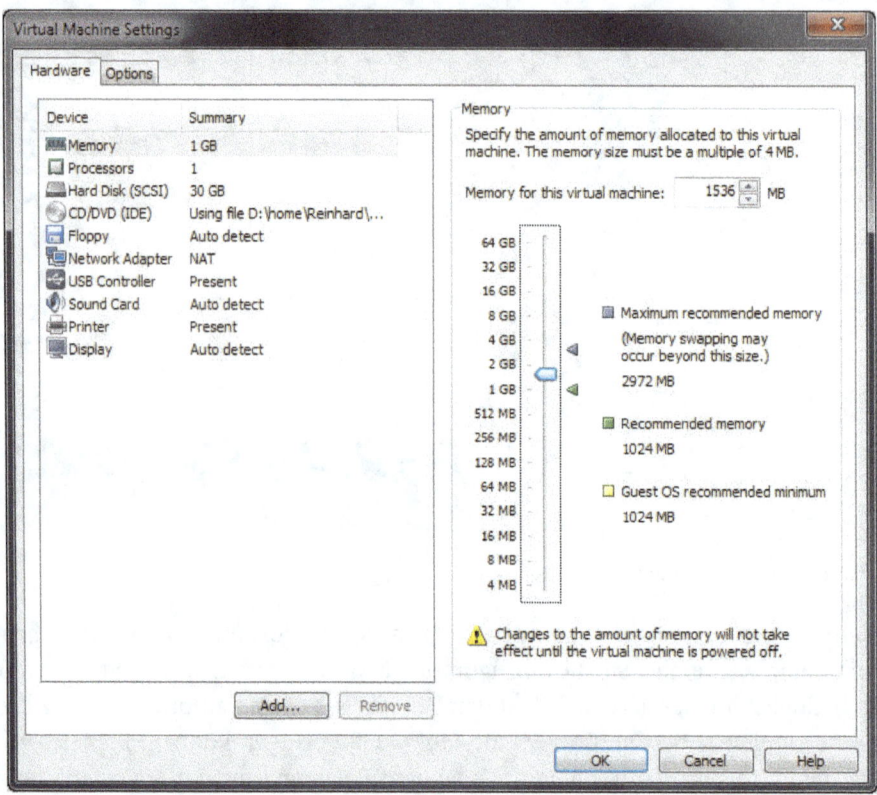

Abbildung 5.33 Anpassung des Speichers in einer VM

4. Setzen Sie die Speichergröße auf 1,5 GB, indem Sie 1536 in das Feld MEMORY FOR THIS VIRTUAL MACHINE eingeben. Beachten Sie die Warnung im unteren Teil des Fensters, die aussagt, dass die Änderung erst wirksam wird, wenn die VM neu gestartet wird. Dies ist eine Anforderung des Betriebssystems, nicht der virtuellen Maschine.

5. Klicken Sie auf OK, um den Status der VM und die neue Konfiguration zu speichern. Starten Sie Windows in der VM neu.

6. Öffnen Sie erneut die Systemeigenschaften. Die VM verfügt jetzt über einen Speicher von 1,5 GB. Wollten Sie einen physischen Server ähnlich rekonfigu-

rierten, müssten Sie nicht nur das System neu starten, sondern die Hardware selbst ändern, indem Sie zusätzlichen Speicher installieren. Dies würde je nach Umgebung von wenigen Minuten bis zu mehreren Stunden dauern. Multiplizieren Sie diesen Zeitaufwand mit der Anzahl der Server; dann verstehen Sie, warum schnelle Rekonfigurationen eine der vielen Stärken der Virtualisierung sind.

5.3 Eine neue virtuelle Maschine optimieren

Der Prozess, den Sie gerade ausgeführt haben, unterscheidet sich nicht wesentlich von der Arbeit vieler Systemadministratoren, die Aufgaben auf eine virtuelle Plattform verlagern. Es gibt Automatisierungsoptionen und andere Methoden, um diese Arbeit zu beschleunigen. Details werden Sie im weiteren Verlauf des Buches kennen lernen; doch die Grundlagen kennen Sie bereits. Dies ist jedoch nur der erste Schritt, um die virtuelle Maschine einer Applikation zu erstellen. Sie haben jetzt eine ziemlich generische Windows-Installation abgeschlossen; aber es gibt noch zwei weitere wichtige Schritte, die Sie ausführen müssen, damit Ihre VM die Applikation bestmöglich ausführt, die hier laufen soll. Der erste Schritt ist nur bei virtuellen Maschinen erforderlich, während der zweite einfach eine Best Practice für physische oder virtuelle Server ist.

In Windows laufen viele Dienste, die seine Ausführung in einer physischen Umgebung optimieren helfen. Einige dieser Dienste sind in einer virtuellen Umgebung wirkungslos; deshalb ist es sinnvoll, sie zu deaktivieren. Dies gilt beispielsweise für diverse WLAN-Dienste, die zwar für Desktops oder einen lokalen Laptop gebraucht werden können, aber für ein Windows-7-VM auf einem Host-Server nutzlos sind, weil diese physische Hardware normalerweise keine Verbindung zu einem drahtlosen Netzwerk hat. Auch zu anderen Funktionen eines PC in der physischen Welt gibt es in der virtuellen Welt keine Entsprechungen. So deaktivieren etwa Administratoren routinemäßig die Funktionen zur Energieverwaltung, da sie in einer VM nicht gebraucht werden. Bei virtualisierten Servern werden oft auch viele Personalisierungsfunktionen entfernt oder deaktiviert. Ein Applikationsserver braucht keine exotischen Schriftarten oder angepasste Sounds, die ebenfalls Plattenspeicher benötigen und CPU- und Speicherressourcen verbrauchen.

Bildschirmhintergründe und Bildschirmschoner werden entfernt. Verschiedene optische Effekte, wie Aero, werden bei virtuellen Applikationsservern oft ebenfalls

5.4 | Windows auf einer virtuellen Maschine installieren

deaktiviert. Alle diese Änderungen haben den Zweck, VMs zur Verfügung zu stellen, die nicht unnötig zusätzliche CPU-Zyklen, Speicherblöcke, IO-Bandbreite oder Festplattenspeicher verbrauchen. Auf einer einzelnen virtuellen Maschine sind alle diese Einsparungen klein, aber wenn Sie viele VMs auf einem physischen Server ausführen, verbessern sie die Effizienz beträchtlich; und Sinn der Virtualisierung ist die Verbesserung der Effizienz. Administratoren wenden diese Optimierungen in ihren Templates an, damit sie automatisch in neu erstellte VMs übernommen werden.

> **Hinweis**
>
> Eine Anleitung für die Anpassung eines Betriebssystems ist der *VMware View Optimization Guide for Windows 7*, den Sie von folgender Adresse herunterladen können: *www.vmware.com/resources/techresources/10157*. Das Dokument wird durch ein Befehlsskript ergänzt, das die Optimierungen automatisiert.

Wie Sie bereits wissen, könnte der zweite Schritt sowohl auf physische als auch virtuelle Maschinen angewendet werden. Eine Best Practice für die Verschiebung von Applikationsaufgaben auf virtuelle Maschinen besteht darin, der virtuellen Maschine hinreichend Ressourcen zuzuordnen, um auf der virtuellen Plattform eine gleiche oder sogar bessere Performance zu erzielen. Um diese Ressourcenanforderungen zu verstehen, müssen Sie die Performance der Applikation in einer physischen Umgebung messen können. Professionelle Dienstleister sowie automatisierte Werkzeuge können Ihnen helfen, diese Informationen zu sammeln und in Empfehlungen für die Konfiguration der Größe der virtuellen Maschine und sogar des Host-Servers zu übersetzen.

Ohne diese Messwerte können Sie die virtuelle Maschine nicht korrekt konfigurieren. Es gibt bestimmte Applikationen, die für die Virtualisierung wie geschaffen zu sein scheinen. Wegen der Speicheroptimierungstechnologien, die in bestimmten Hypervisoren zur Verfügung stehen, können Webserver, die in der physischen Welt üblicherweise jeweils ihren eigenen Server erfordern, sehr oft dicht auf einen einzigen Host gepackt werden. Dieses Thema wird in Kapitel 14, »Wie arbeiten Applikationen in einer virtuellen Maschine?«, eingehender behandelt.

5.4 Die Grundlagen und darüber hinaus

Die Schritte zur Installation eines Windows-Betriebssystems in einer VM sind manchmal langweilig, aber unvermeidbar. Im Vergleich zu früher, als die manuelle

Installation üblich war, reduzieren heute sowohl Werkzeuge als auch Prozesse den Aufwand und die benötigte Zeit für die Erstellung einer funktionsfähigen virtuellen Maschine. Wir haben zwar verschiedene Möglichkeiten untersucht, um eine VM zu identifizieren; dennoch gibt es heute mit Best Practices und einer korrekten Allokation der Ressourcen kaum einen Grund, sich darüber Gedanken zu machen, ob eine Applikation auf einer physischen oder einer virtuellen Plattform installiert wird.

Übungen

- Untersuchen Sie, welche Versionen von Windows von der Virtualisierungsplattform eines bestimmten Anbieters unterstützt werden. Bringt es Vorteile, ältere Versionen verschiedener Betriebssysteme zu unterstützen?
- Vergleichen Sie Ihre Ergebnisse aus Übung 1 mit einem weiteren Anbieter. Unterstützen alle Anbieter dieselben Betriebssysteme? Unterstützen sie dieselben Betriebssystemversionen? Sind diese Unterschiede ein Grund, die Plattform eines Virtualisierungsanbieters der eines anderen vorzuziehen?

Kapitel 6
Linux auf einer virtuellen Maschine installieren

Inhalt
- Linux in eine virtuelle Maschine laden
- Die Konfigurationsmöglichkeiten verstehen
- Eine neue virtuelle Linux-Maschine optimieren

Obwohl zahlreiche virtuelle Maschinen heute mit Microsoft Windows laufen, werden immer mehr auch mit Linux installiert. Datenzentren vieler Unternehmen haben Linux eingeführt, um die Lizenzkosten zu senken und ihre Abhängigkeit von Microsoft als alleinige Quelle für Betriebssysteme zu verringern. Da heute viele moderne Applikationen auf mehreren verschiedenen Betriebssystemen laufen, liegt die Wahl eher beim Kunden als beim Anbieter. Der zunehmende Einsatz von Open-Source-Lösungen hat ebenfalls zu dieser Verschiebung beigetragen.

6.1 Linux in eine virtuelle Maschine laden

Warum Linux? Obwohl Microsoft Windows immer noch das vorherrschende Betriebssystem im Markt für x86-Server und damit auch im x86-Virtualisierungsmarkt ist, nimmt sein Marktanteil ab. Dies liegt auch daran, dass zunehmend Geräte wie Smartphones und Tablets, die nicht unter Windows laufen, größere Marktanteile gewinnen. Während es dennoch auf dem Desktop-Markt keinen Zweifel gibt, wer den Markt beherrscht, ist der Server-Markt dynamischer.

6.1 | Linux auf einer virtuellen Maschine installieren

Der ursprüngliche Impuls auf dem Server-Markt, Windows einzusetzen, wurde ausgelöst, weil es die Unternehmen leid waren, hochpreisige proprietäre Hardware zusammen mit proprietären Betriebssystemen kaufen zu müssen, um ihre Applikationen auszuführen. Auch wenn viele der Betriebssysteme UNIX-Derivate waren, hatten Anbieter sie an ihre spezielle Server-Hardware angepasst. Diese Hardware war sehr viel teurer als generische Windows-Server, die ein Unternehmen von mehreren verschiedenen Anbietern kaufen konnte. Außerdem treibt der Wettbewerb die Hardwarekosten dieser Server nach unten. Dadurch wurde die Wahl von Windows auch finanziell noch attraktiver.

> **Hinweis**
>
> Obwohl die verschiedenen Anbieter spezieller Versionen von UNIX wie HP/UX, IBM AIX oder Oracle/Sun Solaris immer noch einen beträchtlichen Anteil am Server-Markt haben, nimmt dieser Anteil laufend ab.

Heute entwickelt sich ein ähnlicher Trend. Wie bereits in der Vergangenheit geht die Kostenschere zwischen alten UNIX-Plattformen und Windows weiter auseinander. Für Applikationen, die an eines dieser Systeme gebunden waren, gibt es heute mit Linux eine niedrigpreisige Open-Source-Lösung. Und wie zuvor können Sie Linux auf generischen Hardware-Servern von mehreren Anbietern ausführen. In einer virtuellen Umgebung können Linux-Server in virtuelle Maschinen umgewandelt werden und auf denselben Hardware-Hosts parallel zu Windows-Servern laufen. Während sich der Trend, von UNIX auf Linux umzusteigen, weiter fortsetzt, leiden heute zunehmend mehr Windows-Anwender unter demselben Problem, sich an ein Betriebssystem gebunden zu fühlen, wie die Benutzer früherer proprietärer Betriebssysteme. Sie betrachten Linux als kostengünstigere Option zu ihren laufenden Microsoft-Lizenzkosten.

> **Hinweis**
>
> Laut IDC hatte Linux im zweiten Quartal des Jahres 2011 im Server-Betriebssystem-Markt einen Markanteil von 20,5 Prozent erreicht. Es war die siebte Steigerung des Marktanteils in Folge. Microsoft hatte einen Marktanteil von 71 Prozent. Quelle: www.idc.com/getdoc.jsp?containerId=prUS22998411.

6.2 Linux in einer virtuellen Maschine erstellen

Es sind einige Vorbereitungen erforderlich, bevor Sie Linux in eine VM laden können. Zunächst brauchen Sie eine geeignete VM. Erstellen Sie wie in Kapitel 4, »Eine virtuelle Maschine erstellen«, eine weitere VM ohne Betriebssystem, indem Sie die Option I WILL INSTALL AN OPERATING SYSTEM LATER wählen. Die Konfiguration ist ebenfalls ähnlich: 1 CPU, 2 GB Speicher und 20 GB Plattenspeicher. Wegen der Anforderungen von Linux wird die Festplatte etwas anders eingerichtet; die Details lernen Sie während der Installation kennen.

Analog zu der Windows-Prozedur brauchen Sie ein Linux-Installationsimage. Es gibt zahlreiche Anbieter von Open-Source-Linux. Hier werden wir Red Hat Enterprise Linux (RHEL) 6.1 verwenden, das Sie von der Website von Red Hat herunterladen können. Wenn Sie dieses Buch in einer Vorlesung verwenden, sollten Sie prüfen, ob Ihre Universität oder Fachhochschule eine Vereinbarung mit Red Hat hat, die es Studenten erlaubt, RHEL für Lehrzwecke herunterzuladen. Im Gegensatz zu Windows müssen Sie keine Lizenzgebühren, sondern Supportkosten bezahlen, wenn Sie dieses Betriebssystem produktiv einsetzen wollen.

Zum Zweck dieser Demonstration können Sie eine 30-Tage-Testversion von folgender Adresse herunterladen: *www.redhat.com/rhel/details/eval/*. (Andere beliebte Versionen von Linux, die Sie verwenden könnten, sind SuSE, Ubuntu oder CentOS; insgesamt werden aber Dutzende anderer kostenloser Distributionen angeboten.)

In diesem Beispiel werden Sie die 64-Bit-Version von Red Hat Enterprise Linux (RHEL) 6.2, die Workstation-Ausgabe, verwenden. Die folgenden Schritte sind nicht die einzig möglichen, um eine Linux-VM zu erstellen. Das ISO-Image ist auf dem Desktop gespeichert (siehe Abbildung 6.1).

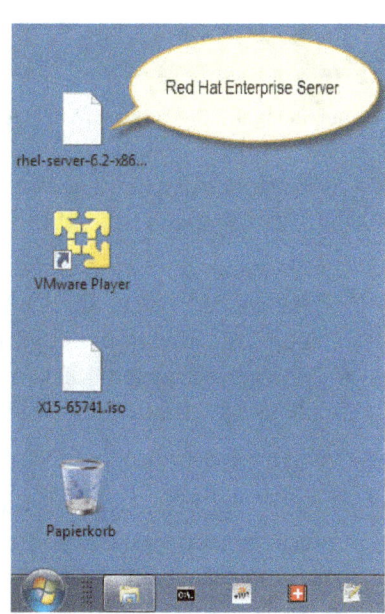

Abbildung 6.1 Das ISO-Image von Red Hat Linux

1. Öffnen Sie VMware Player.
2. Wählen Sie die virtuelle Maschine für Red Hat Linux aus, die Sie erstellt haben (siehe Abbildung 6.2). Sie können die

6.2 | Linux auf einer virtuellen Maschine installieren

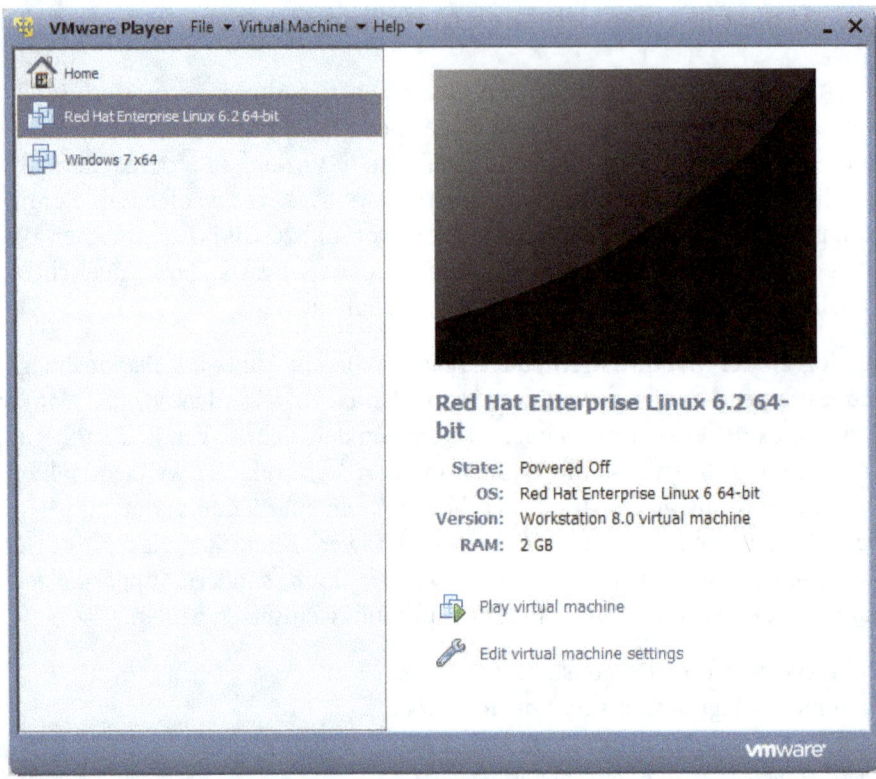

Abbildung 6.2 Die virtuelle Maschine auswählen

VM auch mit der Option OPEN A VIRTUAL MACHINE auf der rechten Seite oder dem Menübefehl OPEN A VIRTUAL MACHINE (CTRL+O) im FILE-Menü öffnen.

3. Die VM ist gegenwärtig ausgeschaltet. Sie müssen die VM anweisen, von dem ISO-Image zu booten, ähnlich wie ein physischer Server beim Booten ein CD- oder DVD-Laufwerk benötigt, um von den dort eingelegten Medien mit den ISO-Images zu starten. Klicken Sie auf EDIT VIRTUAL MACHINE SETTINGS, um das Dialogfeld VIRTUAL MACHINE SETTINGS zu öffnen (siehe Abbildung 6.3).

4. Wählen Sie den Eintrag CD/DVD (IDE) aus (siehe Abbildung 6.4).

5. Für die CD/DVD-Geräte werden mehrere Optionen angeboten. Wählen Sie unter CONNECTION das Optionsfeld USE ISO IMAGE FILE, damit Sie die VM mit dem gespeicherten ISO-Image verbinden können.

6. Gehen Sie mit dem BROWSE-Button zu dem ISO-Image von Red Hat Linux und wählen Sie es aus. Klicken Sie auf OK, um fortzufahren.

Linux in einer virtuellen Maschine erstellen | 6.2

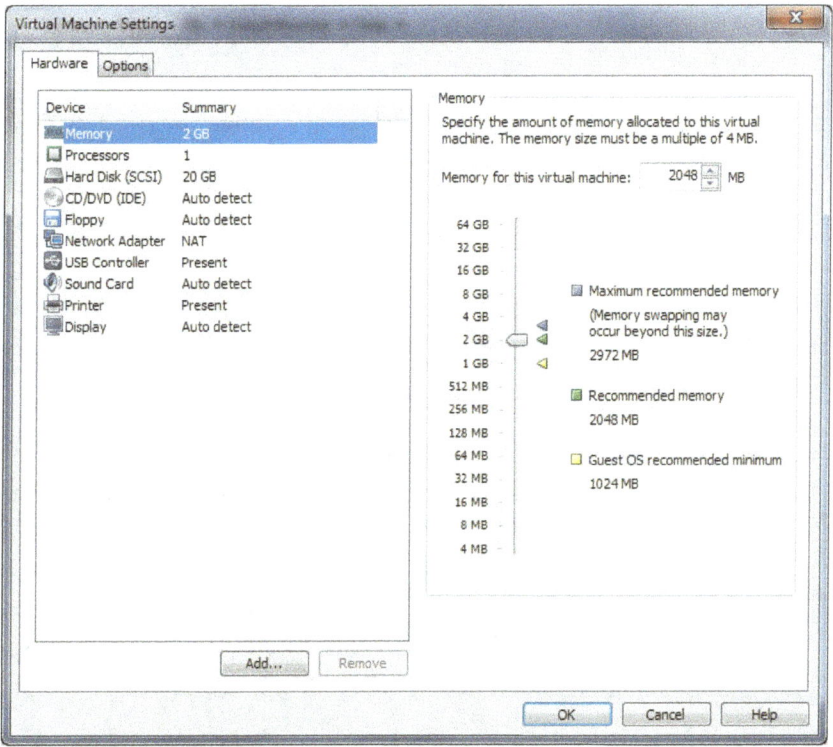

Abbildung 6.3 Das Dialogfeld »Virtual Machine Settings«

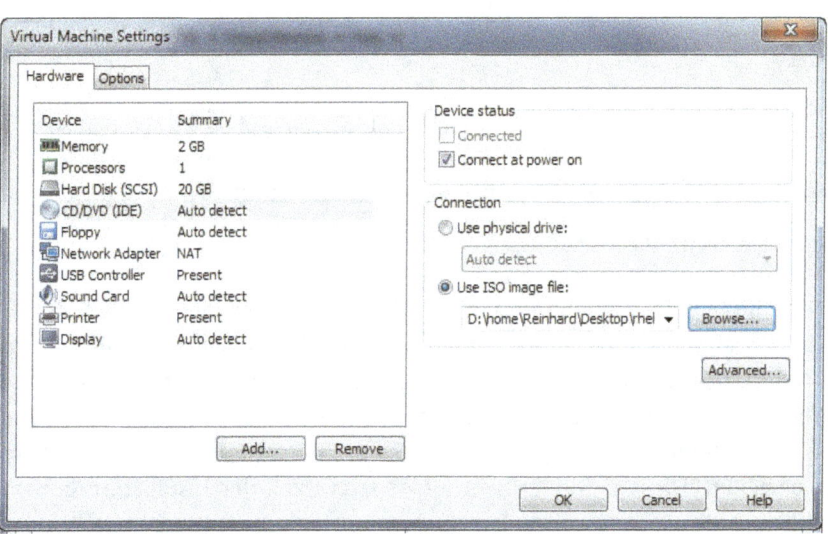

Abbildung 6.4 Die VM mit dem ISO-Image verbinden

6.2 | Linux auf einer virtuellen Maschine installieren

7. Wählen Sie jetzt PLAY VIRTUAL MACHINE. Möglicherweise wird eine ähnliche Meldung wie in Abbildung 6.5 angezeigt. Sie benötigen VMware Tools für Linux, werden sie aber erst später installieren. Klicken Sie auf REMIND ME LATER (Erinnere mich später), um fortzufahren.

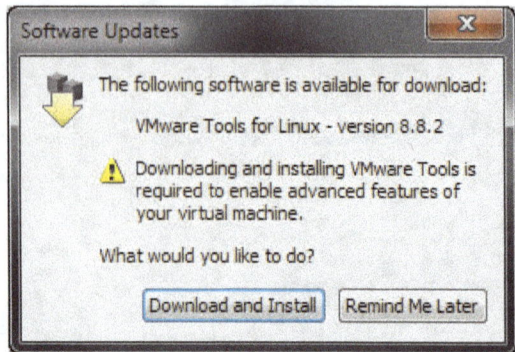

Abbildung 6.5 VMware Tools für Linux

8. Vielleicht wird auch eine Meldung ähnlich wie in Abbildung 6.6 angezeigt. Sie besagt, dass Ihr physischer Computer zusätzliche Hardware-Geräte enthält, die zu der virtuellen Maschine hinzugefügt werden könnten. Klicken Sie auf OK, um fortzufahren.

Abbildung 6.6 Zusätzliche Hardware-Geräte

9. Die virtuelle Maschine bootet und verbindet sich mit dem Red-Hat-ISO-Image, als wäre es eine DVD in einem Plattenlaufwerk. Der Installationsbildschirm von Red Hat wird angezeigt (siehe Abbildung 6.7). Beachten Sie, dass am unteren Rand dieses Bildschirms, außerhalb der virtuellen Maschine, eine Leiste mit Optionen angezeigt wird, die sich auf die Installation von VMware Tools beziehen. Diese Optionen werden separat nach der Installation behandelt. Klicken Sie auf REMIND ME LATER; dann verschwindet diese Leiste.

Linux in einer virtuellen Maschine erstellen | 6.2

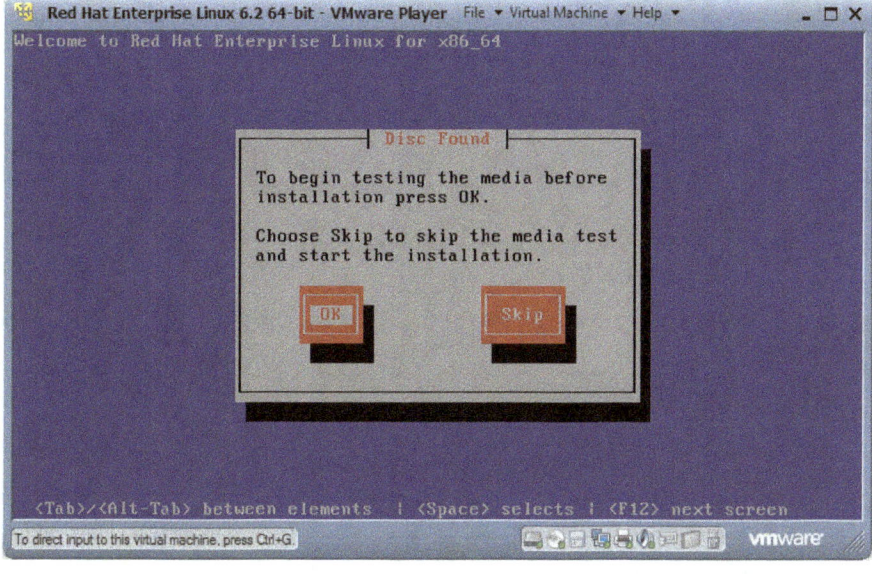

Abbildung 6.7 Das Installationsfenster der Red-Hat-Installation

10. In dem VM-Fenster wird eine Option angezeigt, das Installationsmedium zu testen. Damit soll normalerweise vor der Installation geprüft werden, ob die Daten auf dem physischen Medium mit dem ISO-Image nicht beschädigt sind. Bei einem Download ist dies eher unwahrscheinlich. Wenn Sie den Test ausführen, müssen Sie einige Minuten warten, während der Fortschritt der Prüfung angezeigt wird. Am Ende der Prüfung wird (hoffentlich) der Erfolg angezeigt (siehe Abbildung 6.8).

11. Wählen Sie OK mit der Leertaste, um fortzufahren.

12. Sie kehren zu dem Medientest-Fenster zurück. Benutzen Sie die Tabulatortaste und dann die Leertaste, um fortzufahren.

13. Jetzt sollte der Begrüßungsbildschirm angezeigt werden (siehe Abbildung 6.9). Ist dies nicht der Fall, können Sie die virtuelle Maschine abschalten, indem Sie den Menübefehl VIRTUAL MACHINE | POWER | POWER OFF auswählen und dann erneut PLAY VIRTUAL MACHINE im rechten Teil des Fensters anklicken oder den Menübefehl VIRTUAL MACHINE | POWER | PLAY VIRTUAL MACHINE auswählen. Der Red-Hat-Begrüßungsbildschirm verfügt über einen 60-Sekunden-Timer, so dass Sie möglicherweise die (Test-)Optionen verpasst haben.

14. Wählen Sie INSTALL OR UPGRADE AN EXISTING SYSTEM.

6.2 | Linux auf einer virtuellen Maschine installieren

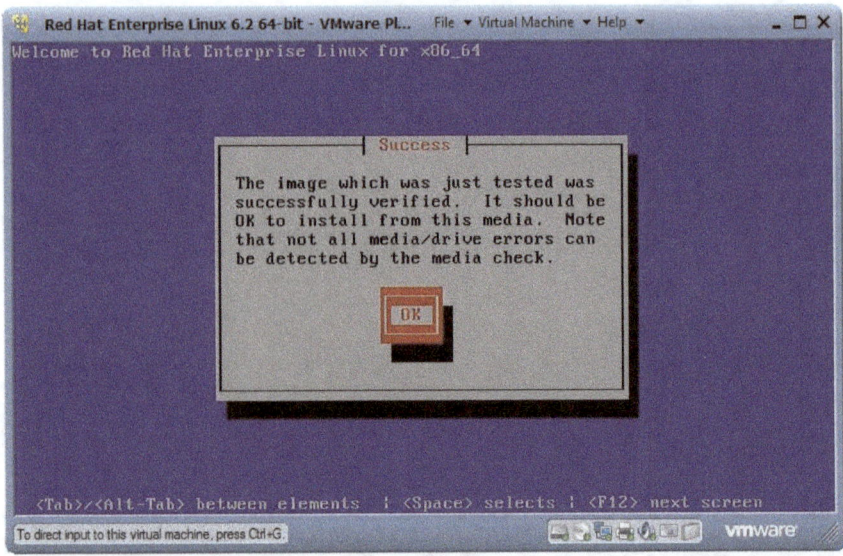

Abbildung 6.8 Abgeschlossener Medientest

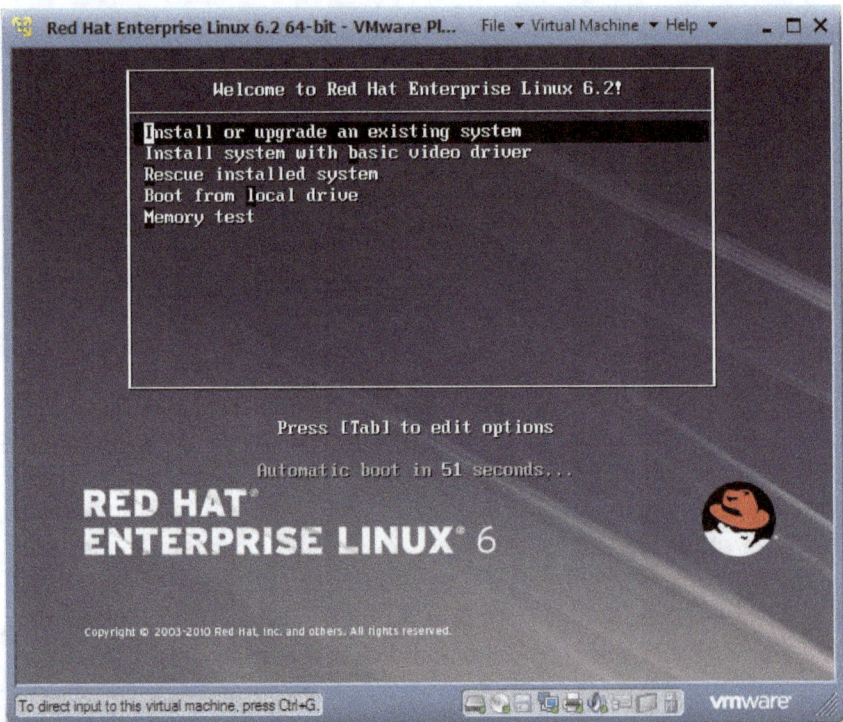

Abbildung 6.9 Der zeitlich begrenzte RHEL-Begrüßungsbildschirm

15. Bei der Installation werden mehrere Komponenten geladen. Dann erscheint der erste Bildschirm. Klicken Sie auf Next, um fortzufahren.

16. Wenn der untere Teil des Bildschirms nicht sichtbar ist, können Sie VMware Player mit den Tasten [STRG]+[ALT] verlassen und dann nach unten scrollen. Alternativ können Sie das Fenster mit dem Maximieren-Symbol in der rechten oberen Ecke von VMware Player maximieren und so ebenfalls den ganzen Bildschirm sichtbar machen.

17. Red Hat zeigt die Liste der Sprachen an. Wählen Sie German (Deutsch) aus. Klicken Sie auf Next, um fortzufahren.

18. Es wird eine zweite Seite mit Sprachen angezeigt; der Eintrag Deutsch (Latin1 ohne 'tote' Tasten/Akzente) ist markiert. Klicken Sie auf Weiter, um fortzufahren.

19. Die Seite zur Auswahl der Speichergeräte wird angezeigt (siehe Abbildung 6.10). Die Option Basic Storage Devices ist bereits auswählt. Klicken Sie auf Weiter, um fortzufahren.

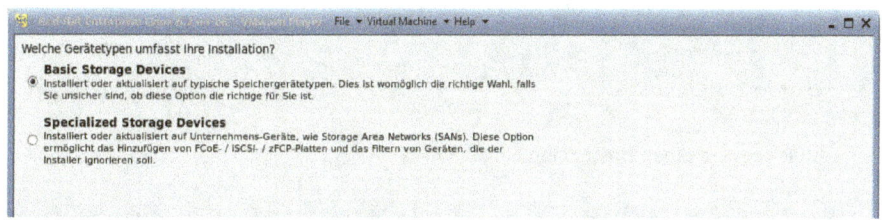

Abbildung 6.10 Die Speichergeräte auswählen

20. Es wird eine Warnung angezeigt (siehe Abbildung 6.11), die besagt, dass das Red-Hat-Installationsprogramm eine 20 GB große virtuelle Disk entdeckt hat, die Sie für diese VM erstellt haben. Wählen Sie Ja, alle Daten verwerfen, um fortzufahren.

21. Der neue virtuelle Server muss einen Hostnamen erhalten (siehe Abbildung 6.12). Geben Sie einen geeigneten Namen ein; klicken Sie dann auf Weiter, um fortzufahren.

22. Auf der nächsten Seite müssen Sie eine Zeitzone auswählen (siehe Abbildung 6.13). Sie können den Vorschlag übernehmen, Ihre Zone aus der Liste auswählen oder einfach eine Stadt auf der Karte anklicken. Ein weiteres Feld bezieht sich auf die Systemuhr. Sie können seine Standardeinstellung übernehmen. Klicken Sie dann auf Weiter, um fortzufahren.

6.2 | Linux auf einer virtuellen Maschine installieren

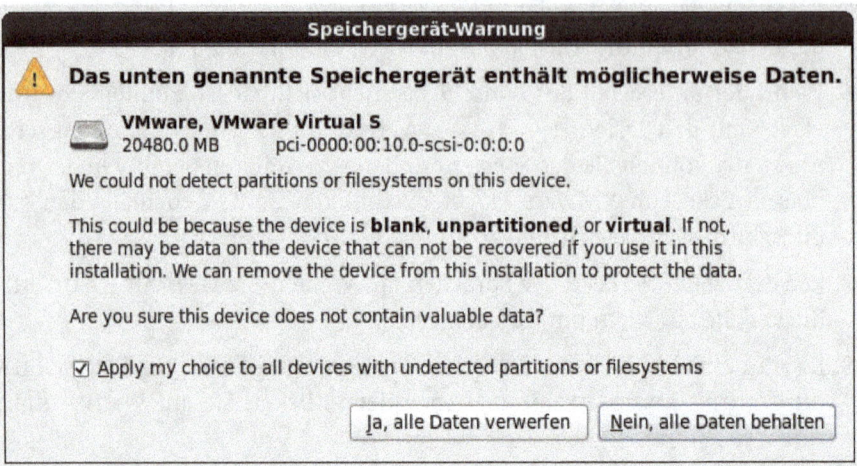

Abbildung 6.11 Den angebotenen Speicher verwenden

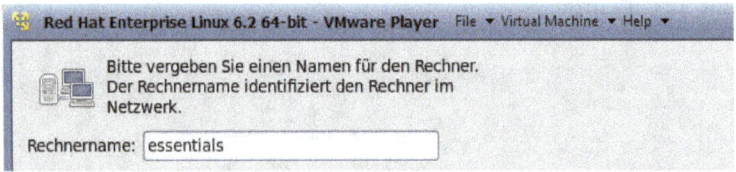

Abbildung 6.12 Einen Hostnamen eingeben

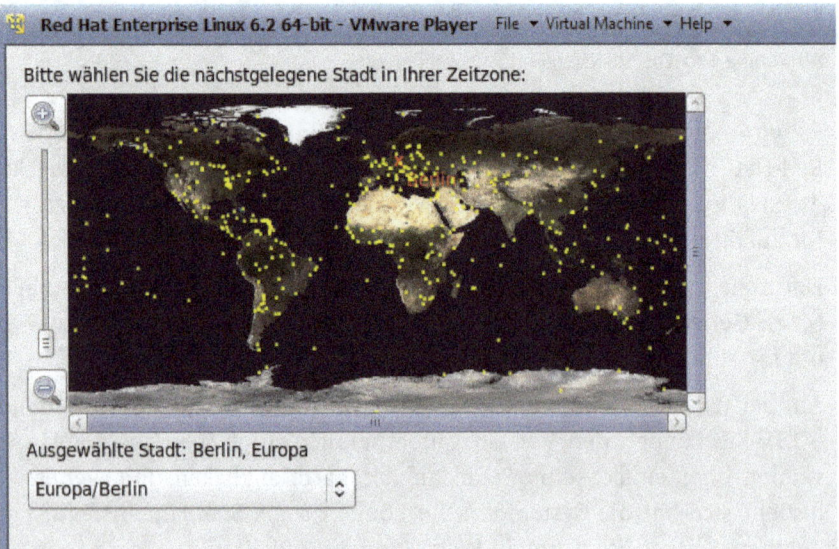

Abbildung 6.13 Die korrekte Zeitzone auswählen

Linux in einer virtuellen Maschine erstellen | 6.2

23. Als Nächstes müssen Sie ein Root-Passwort eingeben (siehe Abbildung 6.14). *Root* ist das Hauptadministratorkonto eines Linux-Systems. Geben Sie ein geeignetes Passwort ein und bestätigen Sie es. Klicken Sie auf WEITER, um fortzufahren. Je nach Stärke Ihres Passworts könnte eine Warnung angezeigt werden. Wenn Sie auf ABBRECHEN klicken, können Sie ein anderes Passwort eingeben; wenn Sie auf DENNOCH VERWENDEN klicken, wird das eingegebene Passwort übernommen.

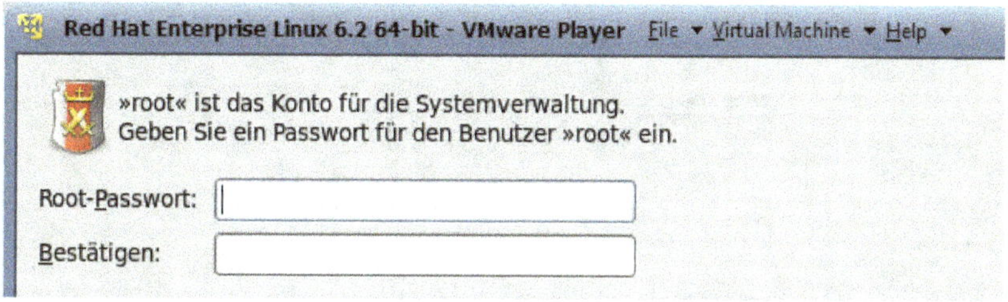

Abbildung 6.14 Das Root-Passwort eingeben

24. Auf der nächsten Seite müssen Sie den Installationstyp auswählen (siehe Abbildung 6.15). Wählen Sie USE ALL SPACE, um die gesamte virtuelle Festplatte zu nutzen. Unten links stehen zwei weitere Parameter: SYSTEM VERSCHLÜSSELN und PARTITIONS-LAYOUT ÜBERPRÜFEN UND BEARBEITEN. Aktivieren Sie den zweiten Parameter, um zu kontrollieren, wie das Installationsprogramm die Partitionen erstellen. Klicken Sie auf WEITER, um fortzufahren.

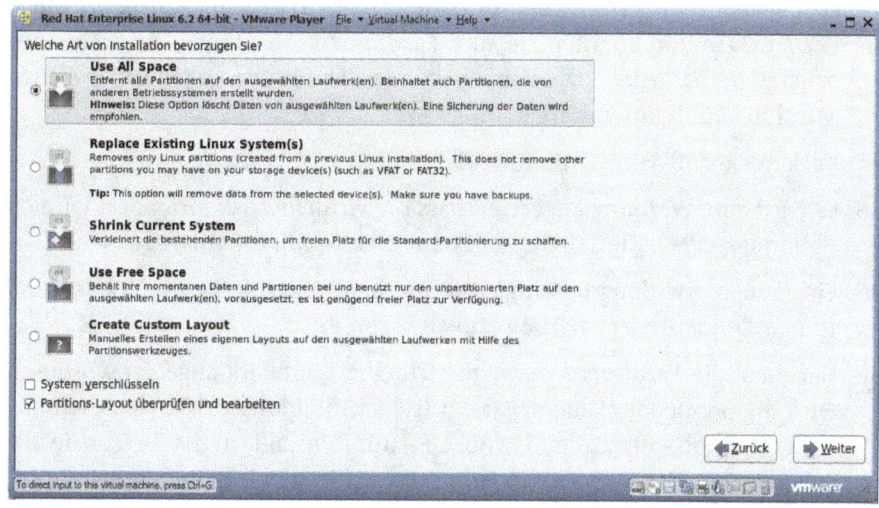

Abbildung 6.15 Den Installationstyp auswählen

6.2 | Linux auf einer virtuellen Maschine installieren

25. Auf der nächsten Seite wird die Partitionierung der virtuellen Festplatte angezeigt (siehe Abbildung 6.16). Auf dem Gerät werden zwei Partitionen erstellt, eine kleine 500 MB große Boot-Partition, sda1, und der Rest des Geräts für die Dateisysteme. Auf der zweiten Partition werden zwei Dateisysteme installiert: ein 4 GB großer Swap-Bereich für die Systemarbeit und der restliche Speicher für Betriebssystems-, Applikations- und Anwender-Dateien.

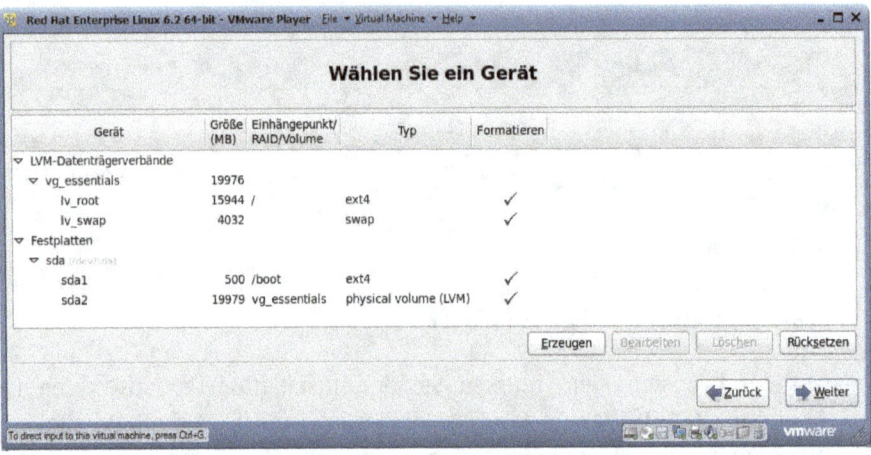

Abbildung 6.16 Eine Darstellung der Festplattenpartitionen

26. Wenn Sie die hier dargestellte Standardkonfiguration ändern möchten, können Sie die einzelnen Partitionen auswählen und mit den BEARBEITEN- und LÖSCHEN-Buttons (die in der Abbildung deaktiviert sind) ändern. Mit dem ERZEUGEN-Button könnten Sie auch Partitionen hinzufügen; doch Sie müssten dabei innerhalb der 20 GB bleiben, die Sie für die gegenwärtige virtuelle Maschine konfiguriert haben.

27. Klicken Sie auf WEITER, um fortzufahren.

28. Es wird eine Warnung angezeigt, dass die virtuelle Disk formatiert wird (siehe Abbildung 6.17). Klicken Sie auf FORMATIEREN, um fortzufahren.

29. Eine zweite Meldung bestätigt Ihre Auswahl. Klicken Sie auf WRITE CHANGES TO DISK (Änderungen auf die Festplatte schreiben).

30. Nachdem die Partitionen auf dem virtuellen Laufwerk angelegt worden sind, wird die Bootloader-Seite angezeigt (siehe Abbildung 6.18). In diesem Schritt wird die Boot-Software in der Boot-Partition installiert, die Sie gerade erstellt haben. Wenn Sie Ihre VM starten, wird RHEL durch diese Software geladen. Klicken Sie auf WEITER, um fortzufahren.

Linux in einer virtuellen Maschine erstellen | 6.2

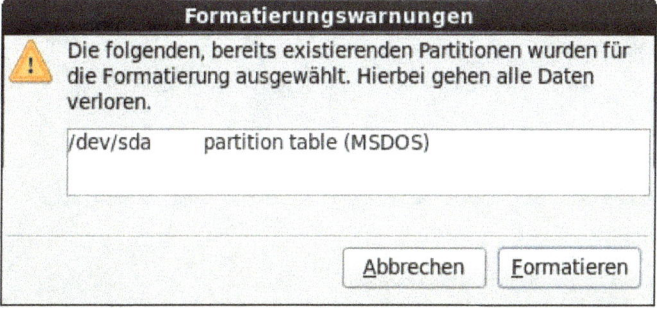

Abbildung 6.17 Warnung vor der Formatierung der virtuellen Festplatte

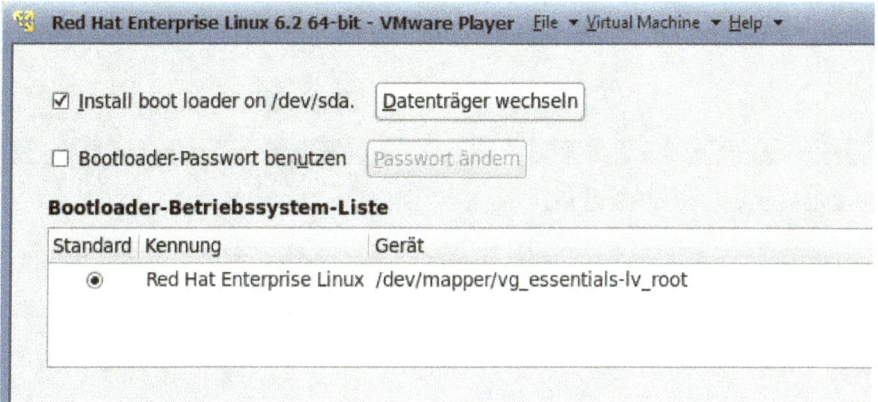

Abbildung 6.18 Bootloader

31. Als Nächstes wird die Group-Selection-Seite angezeigt (siehe Abbildung 6.19). Mit den Packages können Sie zusätzlich zum Red-Hat-Linux-Betriebssystem verschiedene Applikations-Software-Suites installieren. Wählen Sie hier das DESKTOP-Package. Andere Optionen erfordern möglicherweise Anpassungen der Suites, die zum jeweiligen Package gehören.

32. Klicken Sie auf WEITER, um fortzufahren.

33. Das Installationsprogramm verifiziert, dass das ausgewählte Package keine unerfüllbaren Abhängigkeiten hat; dann beginnt die Installation. Die Statusleiste zeigt den Installationsfortschritt, während die verschiedenen Software-Packages installiert werden. Dies ist normalerweise eine gute Gelegenheit, Ihren Kaffee nachzufüllen oder schnell etwas zu essen.

6.2 | Linux auf einer virtuellen Maschine installieren

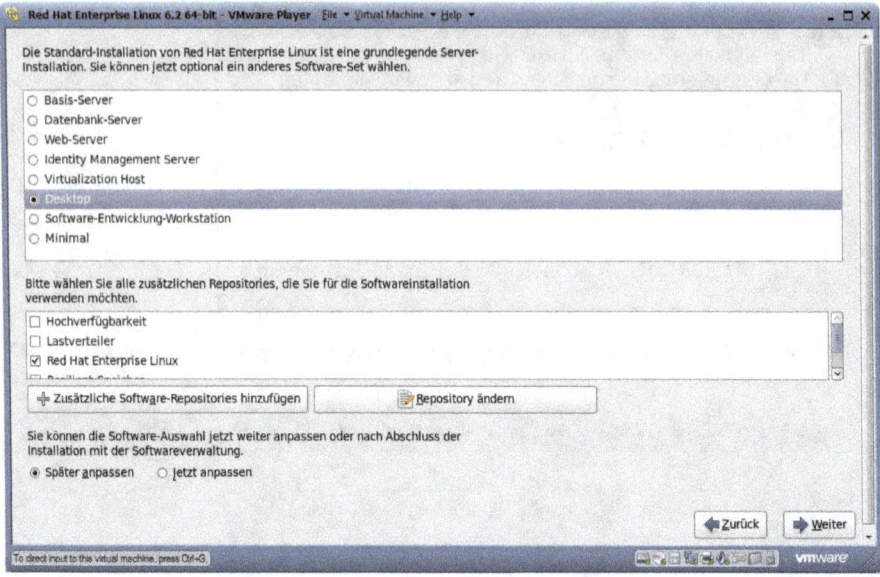

Abbildung 6.19 Auswahl der Package-Group

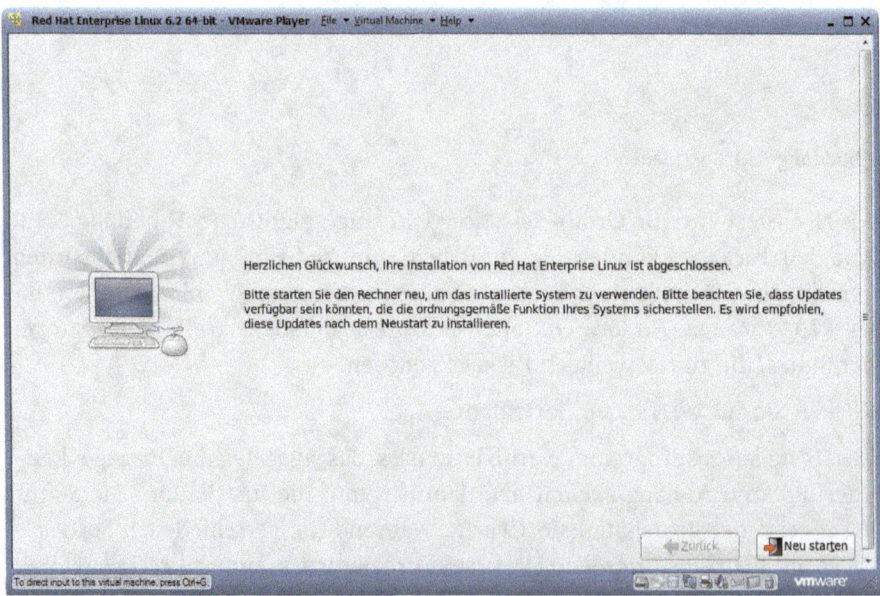

Abbildung 6.20 Abgeschlossene Installation

Linux in einer virtuellen Maschine erstellen | 6.2

34. Die Installation dauerte bei mir etwa 25 Minuten. Je nach Hardware-Konfiguration kann sie auch länger oder kürzer sein. Nach der Installation werden mehrere Konfigurationsschritte ausgeführt. Am Ende wird angezeigt, dass die Installation abgeschlossen ist (siehe Abbildung 6.20).
35. Klicken Sie auf Neu starten.
36. Nach dem Neustart durchläuft Linux ähnlich wie Windows einen Einrichtungsprozess. Der Begrüßungsbildschirm (siehe Abbildung 6.21) zeigt die entsprechenden Schritte an. Klicken Sie auf Vor, um fortzufahren.

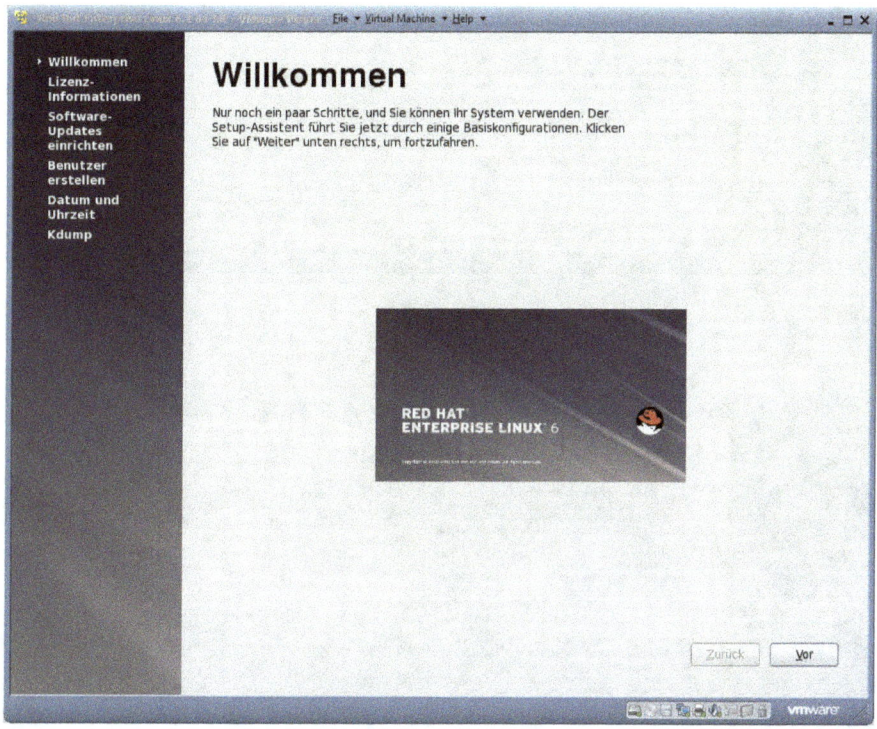

Abbildung 6.21 Begrüßungsbildschirm

37. Zunächst werden die Lizenz-Informationen angezeigt (siehe Abbildung 6.22). Stimmen Sie zu und klicken Sie auf Vor, um fortzufahren.
38. Die nächste Seite zeigt, dass die Netzwerkverbindung noch nicht aktiviert worden ist (siehe Abbildung 6.23). Deshalb können Sie noch keine Software-Updates konfigurieren. Klicken Sie auf Vor, um fortzufahren.

6.2 | Linux auf einer virtuellen Maschine installieren

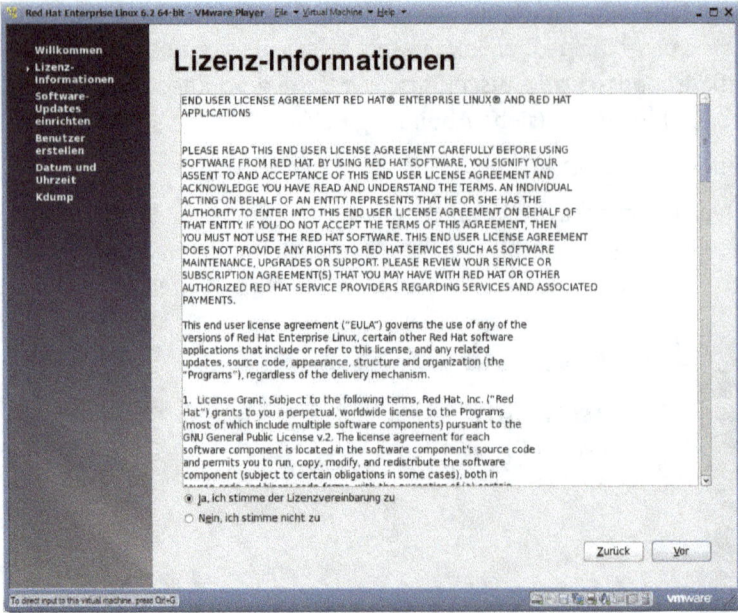

Abbildung 6.22 Endanwender-Lizenzvereinbarung

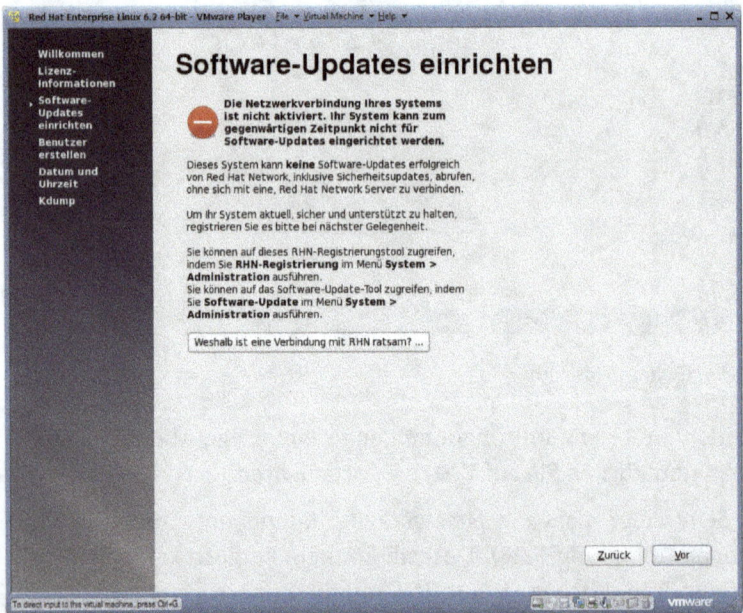

Abbildung 6.23 Software-Updates

39. Neben dem administrativen Root-Anwender müssen Sie wenigstens einen weiteren Anwender erstellen (siehe Abbildung 6.24). Geben Sie einen passenden Anwendernamen, den vollen Namen des Anwenders, ein Passwort und seine Bestätigung ein. Klicken Sie auf VOR, um fortzufahren.

Auch hier kann, wie beim Root-Passwort, eine Warnung erscheinen, wenn Sie ein schwaches Passwort gewählt haben. Sie können es dann erneut mit einem stärkeren Passwort versuchen oder einfach auf JA klicken, um das gewählte Passwort zu behalten.

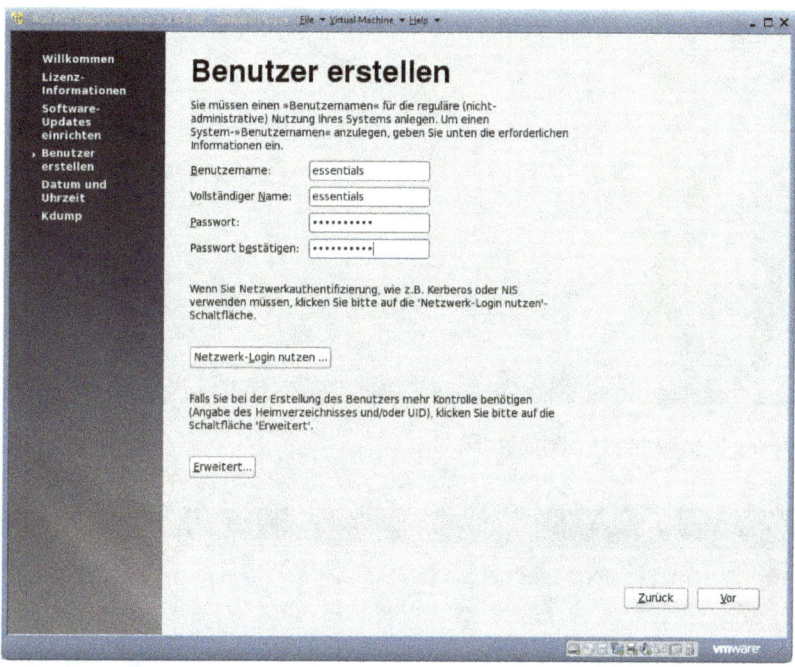

Abbildung 6.24 Einen Anwender erstellen

40. Auf der nächsten Seite können Sie die Werte für Datum und Zeit des Systems setzen (siehe Abbildung 6.25). Klicken Sie auf VOR, um fortzufahren.
41. Es erscheint eine Fehlermeldung, die bemängelt, dass nicht genügend Speicher zur Konfiguration von kdump zur Verfügung steht (siehe Abbildung 6.26). Der kdump-Prozess wird bei einem Systemabsturz aufgerufen. Diese Meldung ist ein bekannter Bug, der bei einigen Systemen mit weniger als 4 GB Speicher auftritt. In einem künftigen Update soll er beseitigt werden. Dann wird diese Meldung nicht mehr erscheinen. Für unsere Zwecke ist sie irrelevant; deshalb können Sie auf OK klicken, um fortzufahren.

6.2 | Linux auf einer virtuellen Maschine installieren

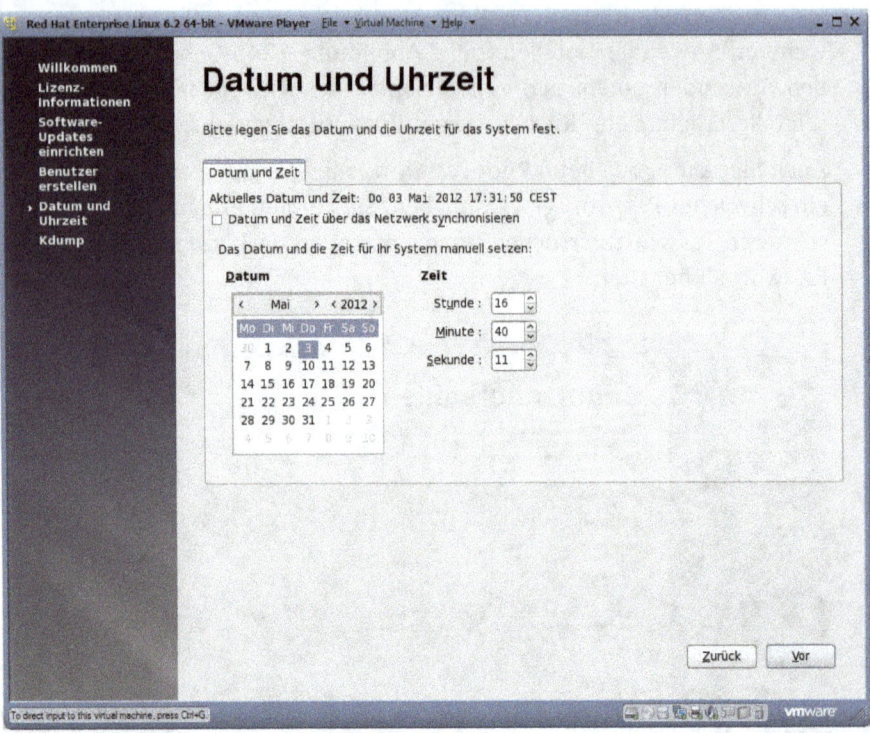

Abbildung 6.25 Datum und Zeit einstellen

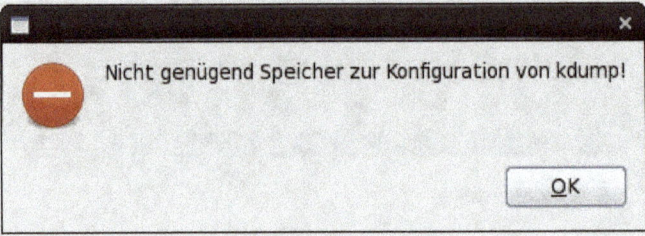

Abbildung 6.26 »kdump«-Speicherwarnung

42. Die kdump-Seite wird angezeigt; die Einstellungen sind aber alle deaktiviert und werden grau dargestellt. Klicken Sie auf FERTIGSTELLEN, um fortzufahren.

43. Die virtuelle Maschine startet neu und das Login-Fenster wird angezeigt (siehe Abbildung 6.27). Weil die Installation von VMware Tools von Root durchgeführt werden muss, wählen Sie ANDERE... aus.

VMware Tools installieren | 6.3

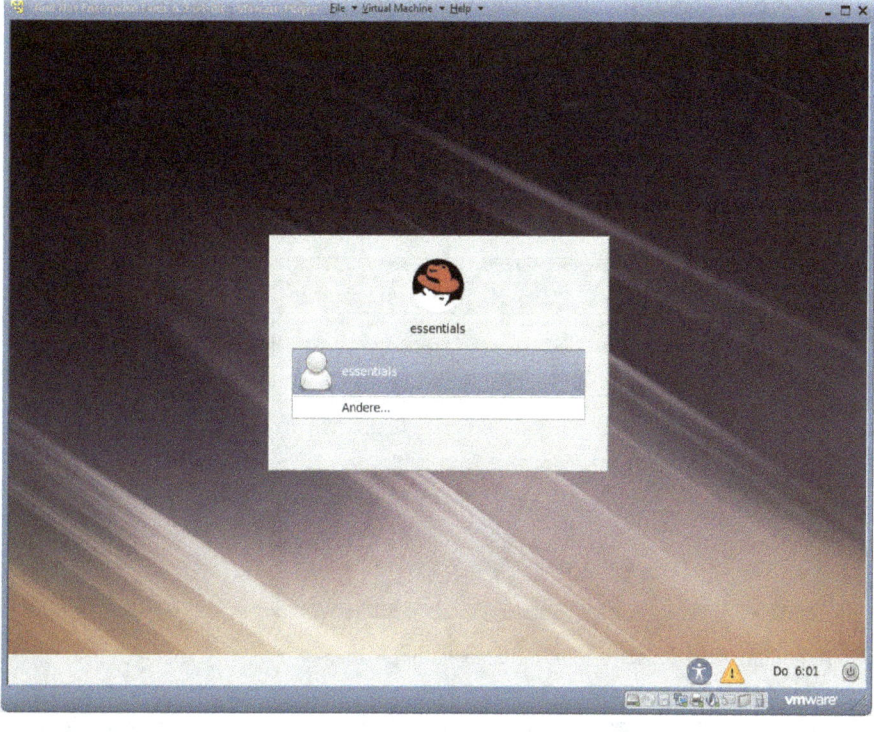

Abbildung 6.27 Anmeldung

44. Geben Sie root in das Feld BENUTZERNAME ein und klicken Sie dann auf ANMELDEN, um fortzufahren.

45. Geben Sie das Passwort ein, das Sie für Root festgelegt haben, und klicken Sie auf ANMELDEN, um fortzufahren.

46. Es erscheint eine Warnung, die aussagt, dass die meiste Arbeit als normaler Anwender ausgeführt werden soll. Klicken Sie auf SCHLIESSEN, um fortzufahren.

6.3 VMware Tools installieren

Wie bei den Schritten, die Sie bei der Installation von Windows ausgeführt haben, verbessert VMware Tools auch hier die Benutzererfahrung mit der VM und die Performance und erleichtert ihre Verwaltung. Obwohl die Installation von VMware Tools nicht erforderlich ist, wird sie doch für VMs in allen VMware-

6.3 | Linux auf einer virtuellen Maschine installieren

Umgebungen nachdrücklich empfohlen. Auch für die XEN-Plattform gibt es ähnliche Utilities (siehe Kapitel 12).

1. Wählen Sie in dem VMware-Player-Fenster den Menübefehl VIRTUAL MACHINE | INSTALL VMWARE TOOLS. Es wird ein Fenster geöffnet, das Sie auffordert, VMware Tools für Linux herunterzuladen (siehe Abbildung 6.28). Klicken Sie auf DOWNLOAD AND INSTALL, um fortzufahren.

Abbildung 6.28 VMware Tools für Linux herunterladen

2. Ein Statusfenster zeigt den Fortschritt des Downloads an. Möglicherweise werden Sie von Ihrem Windows-7-System aufgefordert, das Software-Update für VMware Player zu verifizieren. Es fährt dann aber fort und schließt den Download ab. Danach zeigt VMware Player unter dem VM-Fenster die Schritte an, um die Installation abzuschließen (siehe Abbildung 6.29):

   - Make sure you logged in to guest operating system. (Prüfen Sie, ob Sie bei dem Gast-Betriebssystem angemeldet sind.)
   - Mount the virtual CD drive in the guest. (Mounten Sie die virtuelle CD in dem Gast.)
   - Launch a Terminal. (Öffnen Sie ein Terminal.)
   - ... and use tar to uncompress the installer. (... und entkomprimieren Sie den Installer mit tar.)
   - Execute vmware-install.pl to install VMware Tools. (Führen Sie vmware-install.pl aus, um VMware Tools zu installieren.)

3. Sie haben sich bereits bei Ihrer VM angemeldet; und die virtuelle CD von VMware Tools ist automatisch angemeldet (»gemountet«) worden. Sie können die Archivdatei (tar.gz-Datei) auf den Desktop ziehen (siehe Abbildung 6.30).

VMware Tools installieren | 6.3

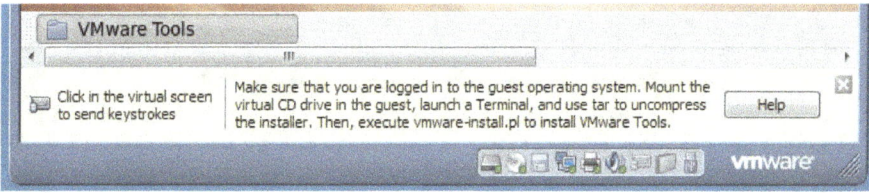

Abbildung 6.29 Anweisungen für VMware Tools

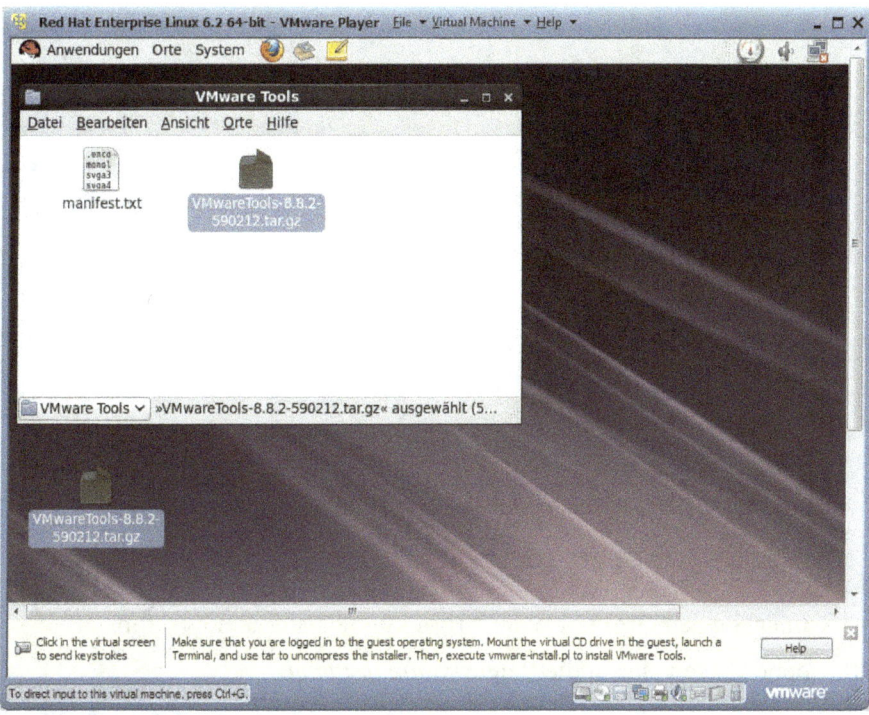

Abbildung 6.30 Das Archiv kopieren

4. Doppelklicken Sie auf das Archiv; der Linux Archive Manager wird geöffnet.
5. Klicken Sie auf den ENTPACKEN-Button in der Symbolleiste.
6. Wählen Sie unter ORTE den Eintrag DESKTOP aus, damit der Ordner dort erstellt wird (siehe Abbildung 6.31).
7. Scrollen Sie nach unten und klicken Sie auf ENTPACKEN, um fortzufahren.
8. Wenn das Entpacken abgeschlossen ist, klicken Sie auf BEENDEN, und schließen Sie den Archiv-Manager.

6.3 | Linux auf einer virtuellen Maschine installieren

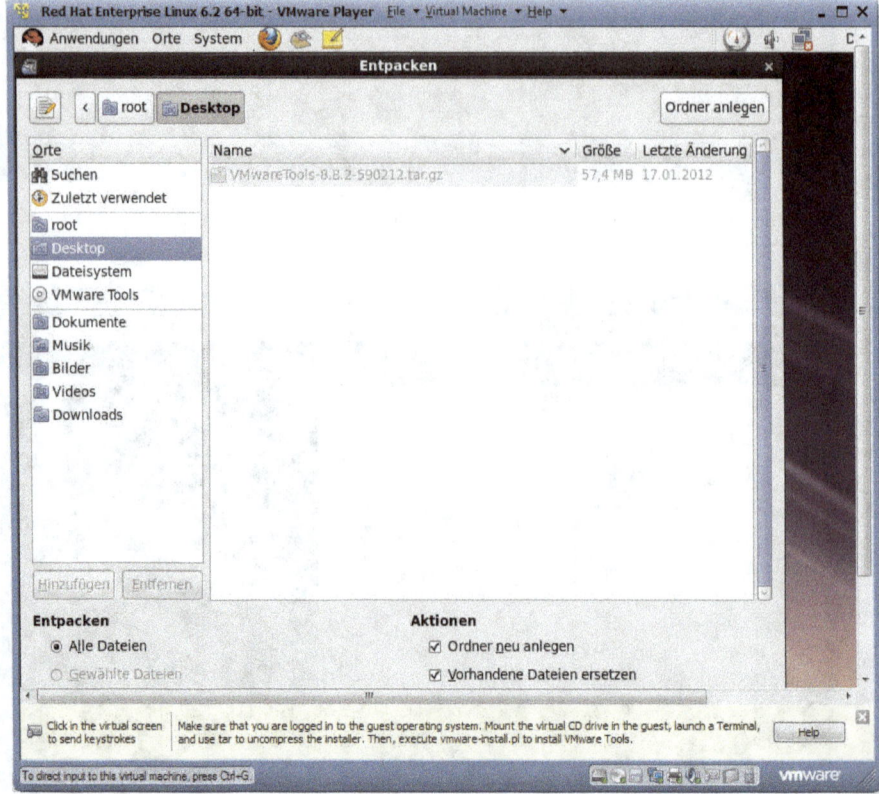

Abbildung 6.31 Die Dateien entpacken

9. Öffnen Sie den Ordner VMWARE-TOOLS-DISTRIB auf dem Desktop.

10. Doppelklicken Sie auf die Datei *vmware-install.pl*.

11. Mit einem Meldungsfenster werden Sie gefragt, ob Sie die Datei ausführen oder anzeigen wollen (siehe Abbildung 6.32). Klicken Sie auf IM TERMINAL AUSFÜHREN.

12. In dem Terminal-Fenster werden Sie von dem Skript aufgefordert, die Standardoptionen zu übernehmen oder zu ändern. Bestätigen Sie alle Standardoptionen mit der Eingabetaste (siehe Abbildung 6.33).

13. Die Installation wird erfolgreich abgeschlossen, und das Skript fordert Sie zum Start der VMware-Tools-Konfiguration auf (siehe Abbildung 6.34). Drücken Sie auf die Eingabetaste, um das Konfigurationsskript zu starten. Wenn während der Ausführung dieses Skripts weitere Fragen gestellt werden, bestätigen Sie dabei vorgeschlagenen Standardantworten durch Drücken der Eingabetaste.

VMware Tools installieren | 6.3

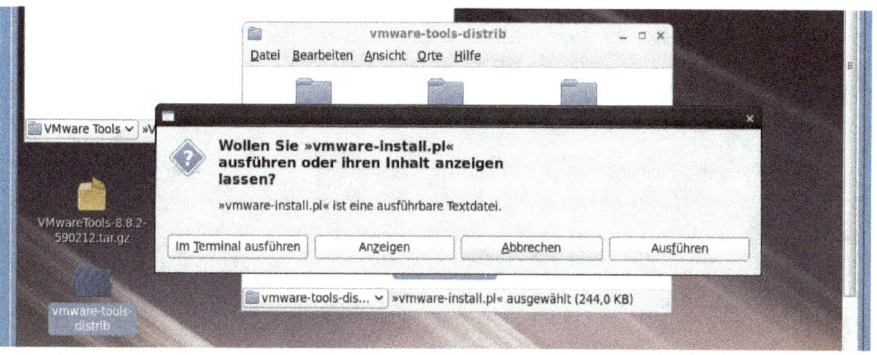

Abbildung 6.32 Das Installationsskript ausführen

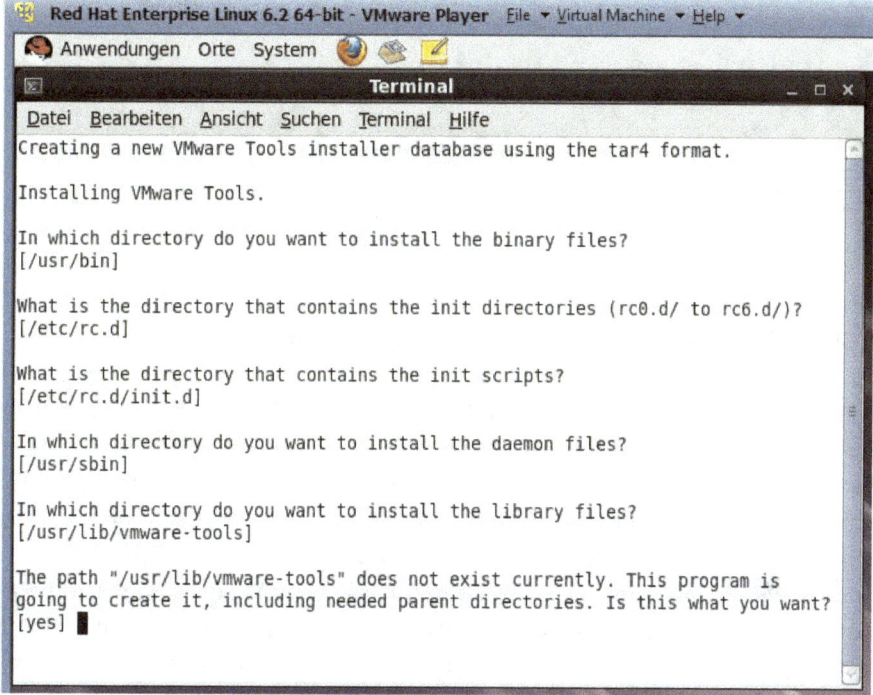

Abbildung 6.33 Die Installationsoptionen wählen

14. Wenn die Konfiguration abgeschlossen ist, wird das Terminal-Fenster automatisch geschlossen. Die VMware Tools sind jetzt installiert.

15. Sie können sowohl das Tools-Archiv als auch das Verzeichnis der entpackten Dateien löschen.

6.4 | Linux auf einer virtuellen Maschine installieren

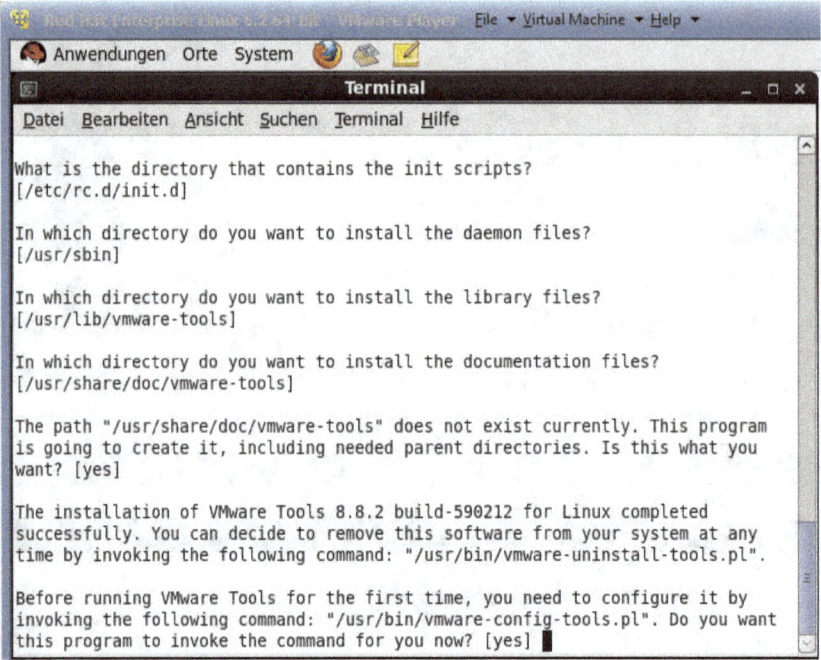

Abbildung 6.34 Das anfängliche Konfigurationsskript

6.4 Die Konfigurationsoptionen verstehen

Jetzt verfügen Sie über eine funktionsfähige Linux-VM und sollten sich etwas näher anschauen, was Sie erstellt haben. Zunächst ist anzumerken, dass die virtuelle Maschine genau so wie ein physischer Server aussieht. Dies ist exakt das, was wir erreichen wollten. In diesem Fall können Sie leicht erkennen, dass Sie mit einer virtuellen Maschine arbeiten. Werfen Sie einfach einen Blick auf die VMware-Player-Applikationsleiste am oberen Rand des VM-Fensters. Doch die meisten virtuellen Maschinen laufen auf Servern und sind mit Anwendern verbunden, die die physischen Server niemals sehen, auf denen die VMs gehostet werden.

1. Es gibt einige schnelle Anpassungen, die Sie vornehmen sollten, bevor Sie die VM-Konfiguration untersuchen. Die erste ist die Bildschirmauflösung. Mein Bildschirm zeigte in beiden Richtungen Scrollbars, die den unteren Rand des Bildschirms verdeckten. Der Bildschirm kann in wenigen Schritten angepasst werden. Wählen Sie in der Menüleiste den Menübefehl SYSTEM | EINSTELLUNGEN | ANZEIGE. Wählen Sie in dem Dialogfeld ANZEIGE-EINSTELLUNGEN eine kleinere Auflösung (siehe Abbildung 6.35). Klicken Sie auf ANWENDEN.

Die Konfigurationsoptionen verstehen | 6.4

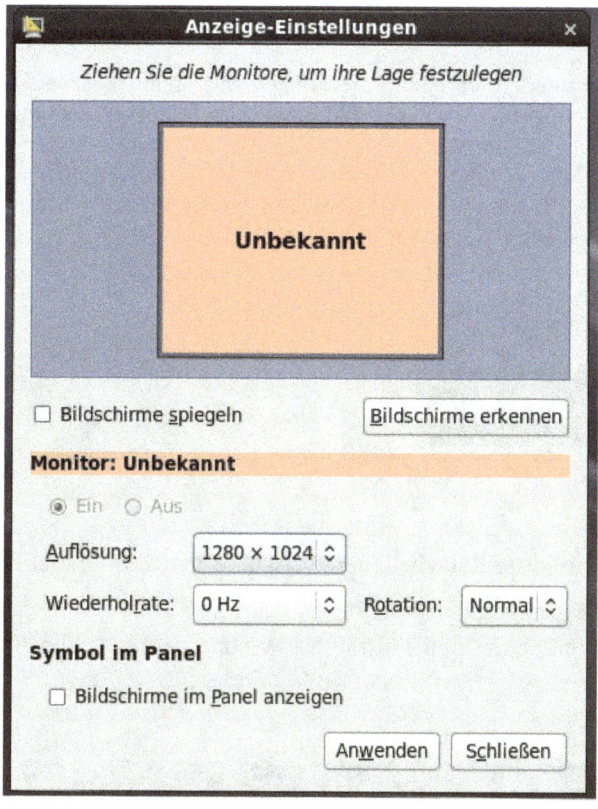

Abbildung 6.35 Die Anzeige-Einstellungen

2. Wenn die Auflösung gut aussieht, klicken Sie auf DIESE EINSTELLUNGEN BEIBEHALTEN. Das VMware-Player-Fenster sollte jetzt kleiner als der Desktop sein.

3. Wenn Sie jetzt das VMware-Player-Fenster maximieren, indem Sie das Maximieren-Symbol in der rechten oberen Ecke des VMware-Player-Fensters anklicken oder indem Sie die Ecken des Fensters auf Bildschirmgröße ziehen, können Sie den gesamten Linux-Desktop sehen, einschließlich des Mülleimers und der Workspace-Symbole am unteren Rand.

4. Beachten Sie auch, dass sich die Auflösungswerte im Dialogfeld ANZEIGE-EINSTELLUNGEN geändert haben, als Sie die Größe des Fensters änderten. Schließen Sie das Dialogfeld, um fortzufahren.

Wenn Ihre Netzwerkverbindung noch nicht funktioniert, müssen Sie einige weitere Schritte ausführen.

6.4 | Linux auf einer virtuellen Maschine installieren

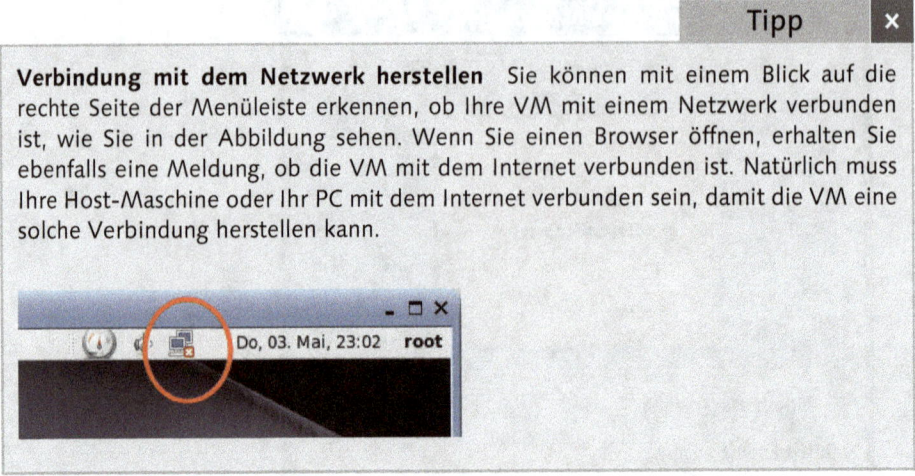

Tipp

Verbindung mit dem Netzwerk herstellen Sie können mit einem Blick auf die rechte Seite der Menüleiste erkennen, ob Ihre VM mit einem Netzwerk verbunden ist, wie Sie in der Abbildung sehen. Wenn Sie einen Browser öffnen, erhalten Sie ebenfalls eine Meldung, ob die VM mit dem Internet verbunden ist. Natürlich muss Ihre Host-Maschine oder Ihr PC mit dem Internet verbunden sein, damit die VM eine solche Verbindung herstellen kann.

1. Wählen Sie in der Menüleiste der virtuellen Maschine den Menübefehl VIRTUAL MACHINE | VIRTUAL MACHINE SETTINGS.
2. Wählen Sie in der linken Spalte den Eintrag NETWORK ADAPTER (siehe Abbildung 6.36).

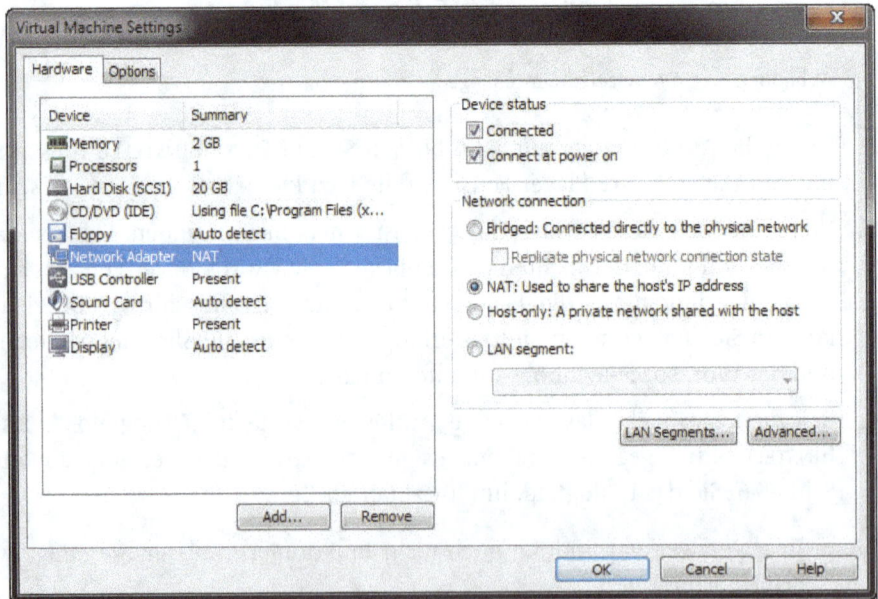

Abbildung 6.36 Die Netzwerkverbindung einrichten

Die Konfigurationsoptionen verstehen | 6.4

3. Aktivieren Sie unter NETWORK CONNECTION die Option NAT: USED TO SHARE THE HOST'S IP ADDRESS. Die Vernetzung wird ausführlicher in Kapitel 10, »Networking für eine virtuelle Maschine verwalten«, erläutert.

4. Klicken Sie auf OK, um fortzufahren.

5. Klicken Sie auf das Netzwerksymbol in der oberen rechten Ecke. Es öffnet sich ein Submenü.

6. Wählen Sie den Eintrag SYSTEM ETH0 aus.

7. Die VM sollte jetzt mit dem Netzwerk verbunden sein.

Wenn Sie mit dem Terminal Services Client oder dem VNC-Client über das Netzwerk eine Verbindung zu dieser VM herstellen würden, wie könnten Sie dann erkennen, dass es sich nicht um einen physischen Server, sondern um eine VM handelt?

1. Wählen Sie in der Linux-Menüleiste den Menübefehl ANWENDUNGEN | SYSTEMWERKZEUGE | SYSTEMÜBERWACHUNG aus.

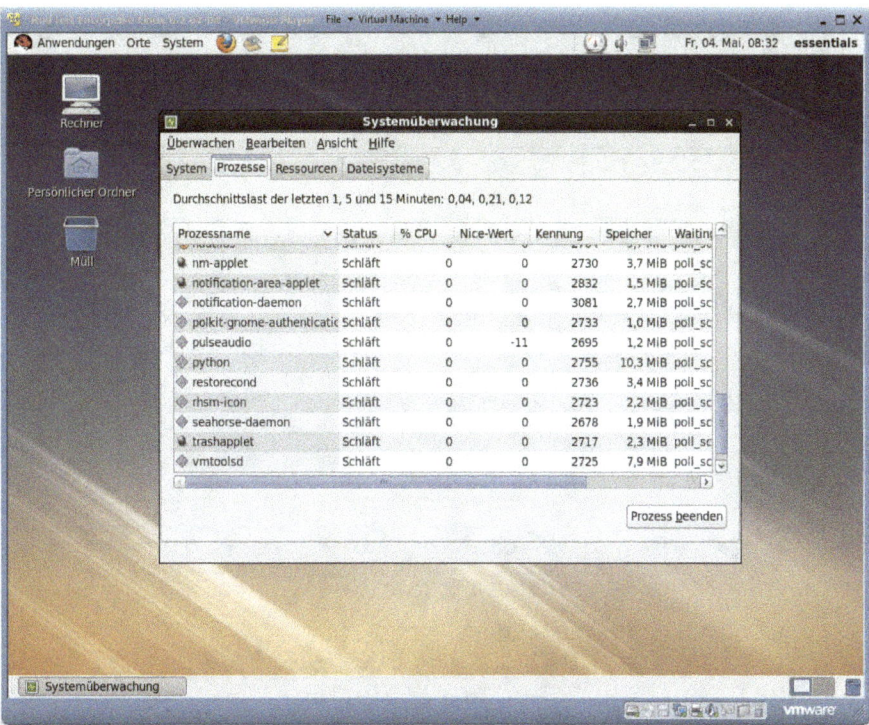

Abbildung 6.37 Der Linux-VMTools-Daemon

6.4 | Linux auf einer virtuellen Maschine installieren

2. Wählen Sie im Dialogfeld SYSTEMÜBERWACHUNG die Registerkarte PROZESSE aus und scrollen Sie zum Ende der Liste (siehe Abbildung 6.37). Hier können Sie sehen, dass der VMTools-Daemon (VMTOOLSD) läuft.

3. Minimieren Sie das Fenster, um fortzufahren.

Auch wenn VMTools nicht installiert wäre, könnten Sie immer feststellen, dass Sie mit einer VM und nicht mit einem physischen Server arbeiten.

1. Wählen Sie in der Linux-Menüleiste den Menübefehl ANWENDUNGEN | SYSTEM-WERKZEUGE | LAUFWERKSVERWALTUNG aus. Markieren Sie in der Spalte SPEI-CHERGERÄTE den Eintrag 21 GB FESTPLATTE (siehe Abbildung 6.38). Unter diesem Eintrag wird angezeigt, dass es sich um ein virtuelles Laufwerk von VMware handelt. Beachten Sie, dass die Kapazität im Abschnitt DATENTRÄGER auf der rechten Seite mit 524 MB angegeben wird. Dies sind die 0,5 GB, die Sie für die Boot-Partition des Laufwerks reserviert haben.

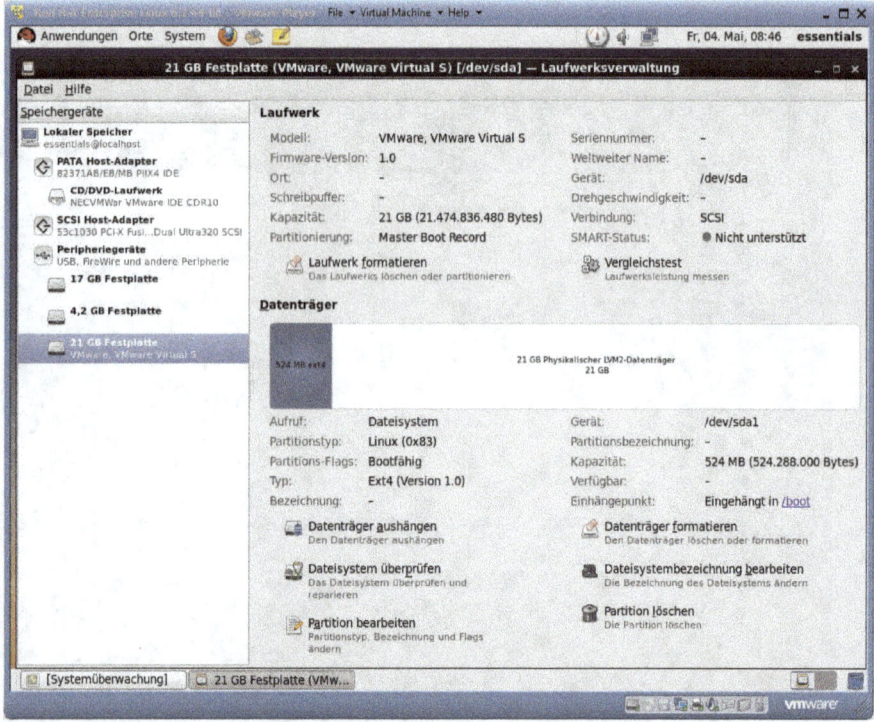

Abbildung 6.38 Virtuelle Festplatten in Linux

2. Wenn Sie den Eintrag 4,2 GB FESTPLATTE in der Spalte SPEICHERGERÄTE markieren, können Sie sehen, dass die 4,2 GB als Swap-Bereich für das System reserviert worden sind.
3. Wenn Sie den Eintrag 17 GB FESTPLATTE in der Spalte SPEICHERGERÄTE markieren, können Sie sehen, dass dieser Bereich für Anwendungsdaten zur Verfügung steht.
4. Wie für Windows-VM wurden auch für diese VM 20 GB Festplattenspeicher reserviert und stehen dem Linux-Betriebssystem in Form einer Boot-Partition, eines Swap-Bereiches und eines Anwenderbereichs zur Verfügung. Und Sie wissen, dass Ihre physische Festplatte über mehr Speicherplatz verfügt als diese virtuelle Festplatte.
5. Schließen Sie die Laufwerksverwaltung, um fortzufahren.

Werfen Sie zum Schluss noch einen Blick auf den Arbeitsspeicher:

1. Öffnen Sie erneut das Dialogfeld SYSTEMÜBERWACHUNG und wählen Sie die Registerkarte SYSTEM aus (siehe Abbildung 6.39).

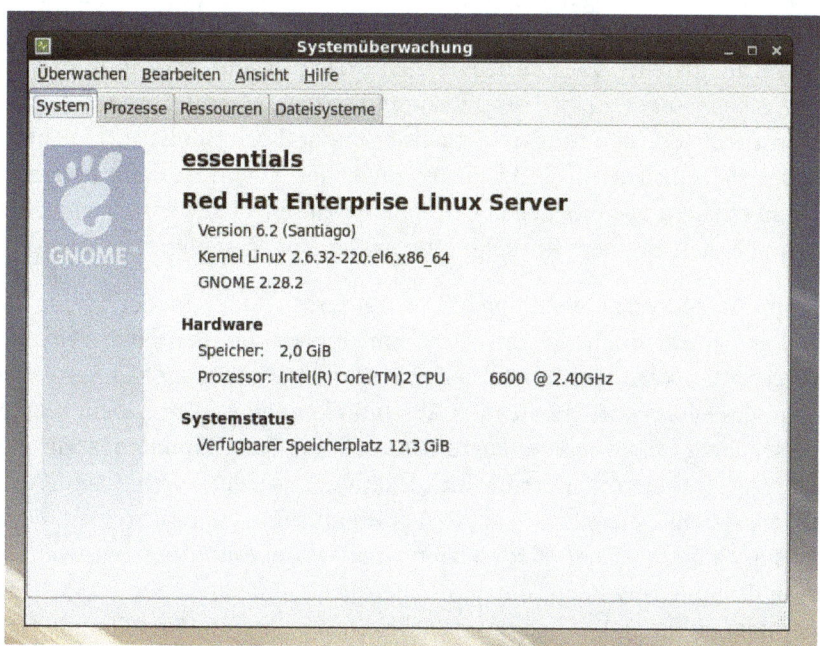

Abbildung 6.39 Die Systemkonfiguration von Red Hat Enterprise Linux

2. Die Registerkarte zeigt, dass die VM über 2,0 GB Speicher, also die zugewiesene Kapazität, verfügt. Auch hier wissen Sie, dass die Speicherkapazität Ihrer physischen Hardware größer ist.

Jetzt verfügen Sie über eine vollständige, funktionsfähige virtuelle Linux-Maschine. Innerhalb der virtuellen Maschinen kann Linux die Prozessor- und Speicherressourcen sehen, die wir der Maschine zugewiesen haben. Der Umfang dieser Ressourcen bildet nur eine Teilmenge der Ressourcen, die auf der physischen Maschine zur Verfügung stehen. Die VM hat Zugriff auf eine virtuelle Festplatte, die durch eine Abstraktionsschicht von der tatsächlichen physischen Festplatte getrennt ist. Und die VM hat über den Netzwerkport der physischen Maschinen Zugang zum Netzwerk.

6.5 Eine neue virtuelle Linux-Maschine optimieren

Während eine generische Installation von Linux, wie Sie sie gerade durchgeführt haben, für Lehr- oder sogar für Test- und Entwicklungszwecke ausreichend ist, sollten Produktionssysteme so modifiziert werden, dass sie so effizient wie möglich laufen. Ineffiziente VMs verschwenden Systemressourcen. Multipliziert mit vielen VMs bedeutet dies eine Verschwendung von Datenzentrumsressourcen. Die Kosteneinsparungen, die mit der Virtualisierung und Konsolidierung verbunden sind, lassen sich auch auf die Performance anwenden. Wenn Sie dafür sorgen, dass die VMs so effizient wie möglich laufen, multiplizieren Sie die Performancesteigerungen und erzielen höhere Konsolidierungsraten und Kosteneinsparungen.

Linux wird standardmäßig mit mehreren Prozessen (oder in der Linux/UNIX-Terminologie *Daemons*) installiert, die beim Booten des Betriebssystems automatisch gestartet werden. Die Registerkarte PROZESSE im Dialogfeld SYSTEMÜBERWACHUNG, das Sie im vorhergehenden Abschnitt kennen gelernt haben, zeigt eine Liste dieser Prozesse sowie eine kurze Beschreibung ihrer Funktionen an. Einige dieser Prozesse sollten standardmäßig deaktiviert werden, wenn Sie VMs für Produktionssysteme erstellen. Andere Veröffentlichungen beschreiben, welche Daemons abhängig von den eingesetzten Applikationen und der Hardware-Konfiguration deaktiviert werden sollten. Ein Beispiel könnte etwa der NOOP Scheduler sein, der den gesamten I/O nach dem FIFO-Prinzip (First In, First Out) durch das System leitet und annimmt, die Optimierung erfolge an anderer Stelle. Ein weiteres Beispiel wäre etwa die Deaktivierung der NFS-Daemons, wenn Sie mit einer anderen Methode auf die Festplatte zugreifen.

Linux-Distributionen bestehen aus Packages. Jedes Package enthält eine Applikations-Suite, mit der eine bestimmte Funktionalität installiert wird. Wenn Sie nur die Packages installieren, die für den Betrieb einer bestimmten virtuellen Maschine erforderlich sind, sparen Sie Speicherplatz auf der Festplatte. Außerdem müssen dann normalerweise weniger Daemons gestartet werden, wodurch CPU und Speicher ebenfalls entlastet werden. Alles, was in der VM läuft, verbraucht Ressourcen; das Betriebssystem zu verschlanken, ist auf vielen Ebenen sinnvoll.

Ein Parameter, der bei virtuellen Linux-Maschinen von besonderem Interesse ist, ist die Synchronisation der Zeit. Computer arbeiten schon immer mit der Zeit, um viele Operationen zu überwachen und zu kontrollieren, die in Sekundenbruchteilen ablaufen. Auch Applikationen arbeiten mit der Zeit, etwa um Geschäftstransaktionen mit einem Zeitstempel zu versehen oder die Ausführung nebenläufiger Aufgaben zu synchronisieren. Wenn die Uhr eines Computers nicht zuverlässig läuft, arbeitet er insgesamt unzuverlässig. Damit Computer synchron laufen, stehen im Internet so genannte Time-Server zur Verfügung, deren Dienste mit dem NTP (Network Time Protocol) abgerufen werden können. Auch wenn die CPU Ihres Computers ein wenig von der echten Zeit abweicht und aus dem Gleichklang zu laufen droht, stellt der NTP-Server eine solide Quelle zuverlässiger Zeitwerte zur Verfügung, mit denen Sie Ihre Computer wieder synchronisieren können.

Virtuelle Maschinen haben keine physischen Prozessoren; deshalb brauchen die Gast-Betriebssysteme eine Methode, auf eine Zeitquelle zuzugreifen. Sie greifen zu diesem Zweck auf die Host-Maschine zurück, die mit einem NTP-Server synchronisiert werden kann. So arbeiten alle virtuellen Maschinen auf einem Host mit derselben Zeit. Gruppen von Maschinen, die mit demselben NTP-Server verbunden sind, laufen ebenfalls garantiert synchron. Wegen der Art und Weise, wie Zeit im Linux-Kernel gehandhabt wird, war es immer etwas schwierig, Linux-Systeme in einer virtuellen Umgebung einzusetzen. Auf der Website des Network-Time-Protocol-Projekts, *www.ntp.org*, werden zahlreiche Best Practices für die NTP-Konfiguration beschrieben; doch die Websites der verschiedenen Hypervisor-Anbieter und Knowledge Bases bieten aktuellere Informationen an. Mit der Ausreifung der Linux-Kernels sind diese Probleme zum größten Teil gelöst worden; dennoch sollten Sie darüber Bescheid wissen.

Schließlich gibt es wie in der physischen Welt ohne geeignete Messwerte keine Methode, die Performance einer virtuellen Maschine wirksam zu beurteilen. Bevor eine Applikation auf eine virtuelle Maschine übertragen wird, sollte ihre Performance gemessen werden, damit Vergleichswerte für ihre Performance auf der virtuellen Maschine zur Verfügung stehen. Nachdem geeignete Messwerte etabliert worden sind, sollten diese Messungen periodisch wiederholt werden, um das Verhalten einer Applikation in der virtuellen Umgebung zu beurteilen. Wenn eine Applikation aktualisiert wird, wenn sich ihre Aufgaben ändern oder wenn die physische oder virtuelle Hardware modifiziert wird, sind die Messwerte ein wertvolles Werkzeug, um weiter eine gute Performance zu erzielen und Anwender zufriedenzustellen.

6.6 Die Grundlagen und darüber hinaus

Das Linux-Betriebssystem gewinnt auf dem Markt für Datenzentrums-Server einen immer größeren Marktanteil. Der Erfolg basiert auf mehreren Faktoren, darunter Kosten, Performance und Open-Source-Herkunft. Applikationen, die früher an proprietäre UNIX-Versionen gebunden waren, werden heute für verschiedene Linux-Varianten angeboten. Anbieter greifen ebenfalls auf eine Open-Source-Version von Linux zurück und passen sie an ihre Plattformen an. So laufen etwa das Red-Hat-basierte Oracle Linux und das z/Linux von IBM auf Mainframe-Systemen. Da sich dieser Trend wahrscheinlich fortsetzen wird, ist zu erwarten, dass der Einsatz von Linux als Plattform für geschäftskritische Unternehmensanwendungen in Datenzentren weiter erheblich zunehmen wird. Die Virtualisierung dieser Aufgaben wird ebenfalls weiterwachsen.

Übungen

- Ändern Sie den VM-Speicher in den Einstellungen der virtuellen Maschine auf 2,5 GB (2560 KB). Wird die Speicheränderung übernommen?
- Wählen Sie in der Linux-Menüleiste den Menübefehl ANWENDUNGEN | SYSTEMWERKZEUGE | SYSTEMÜBERWACHUNG. Aktivieren Sie die Registerkarte PROZESSE und studieren Sie die verschiedenen angezeigten Prozesse. Per Konvention haben die Namen von Daemon-Prozessen am Ende den Buchstaben »d«. Wie viele Daemons sehen Sie? Schließen Sie das Dialogfeld. Melden Sie sich jetzt als Root-Anwender an. Wählen Sie zu diesem Zweck in der Linux-Menüleiste den Menübefehl SYSTEM | *BENUTZERNAME* | ABMELDEN. Klicken Sie auf BENUTZER WECHSELN und melden Sie sich als root an. Öffnen Sie erneut die SYSTEMÜBERWACHUNG und prüfen Sie die Daemons. Sind dies mehr oder weniger? Warum ist dies Ihrer Meinung nach der Fall?

Kapitel 7
CPUs für eine virtuelle Maschine verwalten

> **Inhalt**
> - Die Virtualisierung der CPU verstehen
> - Die VM-CPU-Optionen konfigurieren
> - Optimierungsverfahren für VM-CPUs

Die CPU ist das Herz eines Computers, egal, ob es sich um einen Server, einen Laptop, einen Tabletcomputer oder ein Mobilgerät handelt. Deshalb ist die Virtualisierung des Prozessors ein wichtiger Aspekt, um eine gute Performance der virtuellen Maschine zu erzielen sowie die physischen Ressourcen insgesamt gut zu nutzen. Dabei ist nicht nur die Virtualisierungsoperation selbst wichtig, sondern auch die korrekte Zuweisung und Konfiguration der CPU der VMs; andernfalls werden Performanceprobleme auftreten und die Virtualisierungsanstrengungen unterlaufen.

7.1 Die Virtualisierung der CPU verstehen

CPUs zählen neben dem Arbeitsspeicher, dem Netzwerk-I/O und dem Festplatten-I/O zu den Hauptressourcen, um das Verhalten von Servern abzuschätzen oder festzulegen. Laut Popek und Goldberg soll sich die *Performance* virtueller Maschinen nicht nennenswert von der ihres physischen Gegenstücks unterscheiden. Treten Ressourcenkonflikte oder -engpässe auf, kann die gesamte Performance des virtuellen Servers einschränkt sein, auch wenn nur eine dieser Ressourcen unter einem Engpass leidet. Die CPU ist die erste Ressource, die wir untersuchen.

7.1 | CPUs für eine virtuelle Maschine verwalten

Die ersten elektronischen Computer waren sehr groß. Sie nahmen ganze Räume ein und wogen fast 30 Tonnen. Die meisten Komponenten eines solchen Computers unterstützten direkt die Verarbeitung. Die Computer wurden buchstäblich von Hand programmiert, indem Computer-Wissenschaftler Kabel auf Stecktafeln umkonfigurierten, um bestimmte Berechnungen durchzuführen. Wurde das Programm geändert, wurden die Kabel entfernt und in einer anderen Anordnung wieder eingesteckt. Die heutigen Mikroprozessoren sind um Größenordnungen leistungsstärker und schneller als diese raumfüllenden Ungetüme.

Die CPU, oder *Central Processing Unit*, ist der Computer im Computer; seine Funktion besteht darin, die verschiedenen Programme auf der Maschine auszuführen. Programme, die auf der CPU laufen, bestehen aus einem relativ kleinen Satz von Instruktionen. Diese Instruktionen bearbeiten die Daten, die zusammen mit diesen Instruktionen an die CPU übergeben werden. Die Geschwindigkeit, mit der diese Instruktionen ausgeführt werden, hängt direkt von der Performance der CPU ab. Genauer ausgedrückt wird diese Performance durch die Anzahl der Instruktionen gemessen, die in einer bestimmten Zeitspanne ausgeführt werden können. Kann eine Applikation ihre Aufgabe nicht innerhalb einer bestimmten Zeitspanne ausführen, scheint sie langsam zu sein. Dabei spielt es keine Rolle, ob dies an einer älteren CPU liegt oder ob die Applikation mehr Verarbeitungszeit erfordert, als verfügbar ist. Eine traditionelle Lösung für dieses Problem besteht darin, die Hardware aufzurüsten, etwa mit einer zweiten CPU. Andere Lösungen für dieses Problem sind etwa das Hyper-Threading, das etwas später behandelt wird, und das Ressourcen-Pooling, das in Kapitel 14, »Wie arbeiten Applikationen in einer virtuellen Maschine?«, behandelt wird.

> **Hinweis**
>
> 1946 konnte der 30 Tonnen schwere und raumgroße ENIAC 5.000 Additionen pro Sekunde ausführen. Heutige Mikroprozessoren führen Milliarden Instruktionen auf beträchtlich kleinerem Raum aus.

Bei der Virtualisierung stellt sich die Frage: »Wie wird eine CPU virtualisiert?« Die kurze Antwort lautet: »Gar nicht!« Es gibt Virtualisierungslösungen, die versuchen, die CPU selbst zu emulieren. Aber Emulationen bekommen oft Probleme mit der Performance und der Skalierbarkeit, weil die Emulation selbst einen erheblichen Aufwand erfordert. Stattdessen teilt der Hypervisor den im physischen Host-Server verfügbaren Prozessoren Zeitscheiben zu, um die virtuellen Instruktionen auszuführen. Abbildung 7.1 zeigt ein einfaches Beispiel.

Die Virtualisierung der CPU verstehen | 7.1

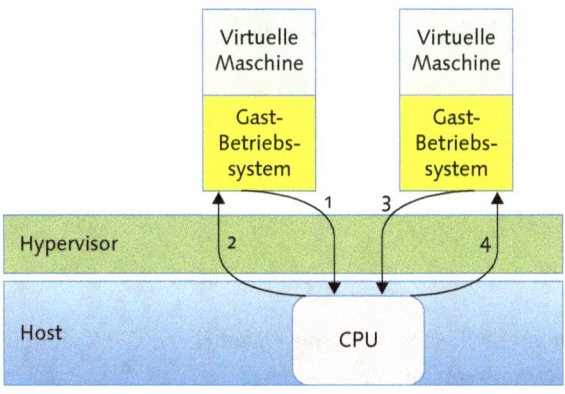

Abbildung 7.1 VMs, die eine Host-CPU nutzen

Wenn die erste virtuelle Maschine auf der virtuellen Hardware einen Satz von Anweisungen ausführen muss, wird eine entsprechende Anforderung an den Hypervisor gerichtet. Der Hypervisor weist dann dieser virtuellen Maschine Zeit für die Ausführung dieser Anforderung zu. Die physische CPU führt die Anweisungen aus, indem sie die zugeordneten Daten den Instruktionen entsprechend bearbeitet, und gibt die Ergebnisse an den Hypervisor zurück, der sie an die erste virtuelle Maschine weiterleitet. Wenn die physische CPU wieder frei ist, weist der Hypervisor ihr den nächsten Satz von Instruktionen, diesmal der zweiten virtuellen Maschine zu. So werden die virtuellen Maschinen zeitnah und effizient bedient, während die physische Ressource, die CPU, ebenfalls effizient genutzt wird. Außerdem werden virtuelle CPUs nicht physischen CPUs zugeordnet. Ein Hypervisor verteilt die Arbeit für eine virtuelle Maschine auf eine jeweils verfügbare physische CPU. So kann die Arbeit einer bestimmten virtuellen Maschine im Laufe der Zeit tatsächlich auf jedem und auf allen Host-Prozessoren erledigt werden.

Wenn jede virtuelle Maschine nur über eine virtuelle CPU und jeder physische Server nur über einen physischen Prozessor verfügte, wäre dieses Modell so einfach. Natürlich ist die Realität viel komplexer. Erstens enthalten heute die meisten Server mehr als einen Prozessor. Dies hat keinen großen Einfluss auf dieses Modell, außer dass zusätzliche Ressourcen in Form von CPU-Zeit zur Verfügung stehen, die von dem Hypervisor zugeteilt werden können. Zweitens enthalten jedoch die meisten heutigen CPUs mehrere so genannte *Kerne*. Selbst die heutigen PCs verfügen über Mehrkern-CPUs. Tabelle 7.1 zeigt die Anzahl der Kerne, die bei verschiedenen Prozessor-Konfigurationen zur Verfügung stehen. Frühe Versionen hatten zwei (Dual-Core) oder vier (Quad-Core) Prozessoren; heute

Anzahl der Prozessoren	Einkern	Zweikern	Vierkern
1	1	2	4
2	2	4	8
4	4	8	16
8	8	16	32

Tabelle 7.1 Anzahl der verfügbaren Kerne bei verschiedenen Prozessor-Konfigurationen

enthalten Server acht, zwölf oder mehr Kerne. Auch diese Mehrkern-CPUs stellen den virtuellen Maschinen mehr Ressourcen zur Verfügung.

> **Hinweis**
>
> 2009 stellte Intel ein Experimentalmodell einer 48-Kern-CPU vor, der als »Single-Chip-Cloud-Computer« bezeichnet wurde. Der briefmarkengroße Chip verbraucht nur so viel Energie wie ein heutiger Quad-Core-Chip.

Um CPUs physischer Server von denen virtueller Maschinen zu unterscheiden, werden Letztere als *vCPUs* bezeichnet. Was passiert, wenn man vCPUs zu virtuellen Maschinen hinzufügt? Hat eine virtuelle Maschine zwei vCPUs, muss der Hypervisor die Arbeit von zwei physischen CPUs steuern. Das bedeutet, dass zwei physische CPUs zur gleichen Zeit zur Verfügung stehen müssten, um die Arbeit auszuführen. Vergessen Sie nicht, dass es bei der Virtualisierung einer CPU eigentlich darum geht, Zeitscheiben auf der physischen CPU zuzuweisen. Bei einer VM mit mehr als einer vCPU muss mehr als eine physische CPU zur Verfügung stehen, um die Arbeit auszuführen. Je nachdem, mit welchem Algorithmus die Zeitscheiben zugewiesen werden, kann es bei vielbeschäftigten Systemen oder Systemen mit einer begrenzten Anzahl von CPUs das Problem geben, dass ein Multi-vCPU-System längere Zeit warten muss, bis es an die Reihe kommt. Wenn etwa eine virtuelle Maschine mit vier vCPUs konfiguriert worden ist und auf einem Host läuft, der über vier physische CPUs verfügt, müssen alle diese physischen CPUs frei sein, damit diese virtuelle Maschine arbeiten kann.

Auf einem System mit anderen virtuellen Maschinen werden den VMs mit einer einzigen vCPU schneller Ressourcen zugewiesen, weil für diese VMs nur eine CPU frei sein muss. Sogar VMs, die für zwei vCPUs konfiguriert worden sind, können leichter bedient werden als die Vier-vCPU-VMs. Weniger restriktive Zuweisungsmodelle haben diese Herausforderung entschärft; danach können CPUs nacheinander alloziert werden und müssen nicht mehr alle gleichzeitig zur Verfügung stehen, wodurch virtuelle Maschinen benachteiligt wären, die für mehrere vCPUs konfiguriert worden sind.

Bis jetzt haben wir auch bei Multi-vCPU-Systemen die Dinge bei der Zeitzuteilung auf den physischen CPUs ziemlich einfach gehalten, aber wir haben nur Einkern-Prozessoren behandelt. Mit Mehrkern-Prozessoren wird es komplexer. Chip-Hersteller können heute mehr Prozessorleistung in kompakten Paketen liefern. Ein »Prozessor« besteht heute normalerweise aus mehreren CPUs oder »Kernen«. Aus der Zuordnung einer vCPU zu einer physischen CPU wird heute die Zuordnung einer vCPU zu einem Kern einer physischen CPU. Hätte der Vier-CPU-Server aus dem vorhergehenden Beispiel vier Kerne pro CPU (Quad-Core), könnte der Hypervisor insgesamt sechzehn Ressourcen zuweisen. Offensichtlich sind die Chancen, dass vier von sechzehn Prozessoren gleichzeitig verfügbar sind, viel größer als vier von vier. Vom Standpunkt der Performance aus ist die Virtualisierung von CPUs nur ein Problem der Zeitzuteilung. Deshalb: Je effizienter die Zuteilung erfolgt, desto besser ist der erreichbare Durchsatz. Mehrere physische und virtuelle Kerne machen das Problem komplizierter, aber selbst dann sind mehr Ressourcen besser.

Deshalb ist die Anzahl der vCPUs und der physischen CPUs ein wichtiges Kriterium, um zu entscheiden, wie viele virtuelle Maschinen auf einen Host passen. Wenn der Host über vier physische Einkern-CPUs verfügt, können Sie in diesem einfachen Modell tatsächlich mehr als vier vCPUs für die Gäste konfigurieren, weil einzelne Gäste eine physische CPU nicht ausschließlich für sich beanspruchen. Täten sie dies, müssten Sie ihnen zusätzliche vCPUs zuweisen. Stattdessen verwendet jeder Gast einen Teil einer physischen CPU; und Sie können jeder physischen CPU auf Ihrem Server mehr als eine vCPU zuweisen. Dann stellt sich die Frage: Wie viele zusätzliche vCPUs?

Jeder Anbieter empfiehlt andere Werte und nennt andere Grenzen. Anbieter haben eine Gesamtzahl von vCPUs, die auf einem einzelnen Host konfiguriert werden, obwohl dieses theoretische Limit selten erreicht wird. Häufiger deckt sich dieses Limit mit der Anzahl der vCPUs, die Sie laut Empfehlung des Anbieters pro physischer CPU allozieren können. Als dies geschrieben wurde, unterstützte Microsoft Hyper-V acht vCPUs pro physische CPU, das heißt, ein Vier-CPU-Unicore-Server kann bis zu 32 Ein-vCPU-VMs unterstützen. Die neueste VMware-Version unterstützt bis zu 25 vCPUs pro CPU oder 100 Ein-vCPUs auf diesem Vier-CPU-Unicore-Server. Bei Mehrkern-Maschinen, etwa vier CPUs mit vier Kernen, stünden Ihnen sechzehn physische CPU-Ressourcen für die Zeitzuweisung zur Verfügung; und die Zahlen würden entsprechend wachsen. Auch hier hingen diese Zahlen vom Umfang der Aufgaben ab, die die virtuellen Maschinen leisten müssen.

Der letzte Faktor ist das Hyper-Threading, eine Intel-Technologie, die parallele Operationen auf jedem Kern verbessert, indem sie diesen Kern als zwei logische Kerne präsentiert, wodurch der Durchsatz nahezu verdoppelt wird. Zu diesem Zweck muss das Betriebssystem mehrere Prozessoren sowie die Hyper-Threading-Technologie unterstützen. Die meisten Hypervisoren erfüllen diese beiden Anforderungen.

Die genannten Beispiele sind Richtlinien, aber die eigentliche Performance hängt von der Konfiguration der Host-Server-Hardware sowie den Aufgaben der Gast-VMs ab. Ein unterkonfigurierter Host unterstützt weniger VMs als ein korrekt ausgelegter Host. Und je weniger CPU-Ressourcen die virtuellen Maschinen erfordern, desto mehr kann der Host unterstützen. Die CPU ist eine Schlüsselressource. Falsche Planung führt zu Ressourcenkonflikten, die Engpässe verursachen und die Performance insgesamt beeinträchtigen.

7.2 VM-CPU-Optionen konfigurieren

Bei virtuellen CPUs gibt es eigentlich nur einen Parameter, den Sie justieren können, um die Performance der virtuellen Maschine anzupassen: die Anzahl der vCPUs. Bis vor Kurzem konnten Sie die Anzahl der Prozessoren in einer virtuellen Maschine nur anpassen, wenn die virtuelle Maschine heruntergefahren war, weil die Betriebssysteme zusätzliche Prozessoren nicht erkennen konnten, wenn diese hinzugefügt wurden. Bei einigen modernen Betriebssystemen, wie etwa Linux und Windows Server 2008 R2, können Sie Ressourcen wie etwa zusätzliche Prozessoren im laufenden Betrieb hinzufügen. Sie müssen also die Applikationen oder Anwender nicht unterbrechen, um Maschinen aufzurüsten. Umgekehrt ist es gegenwärtig nicht möglich, die Anzahl der CPU-Ressourcen in einer laufenden virtuellen Maschine zu reduzieren. Dafür müssten Sie die VM herunterfahren, die Anzahl der CPUs verringern, und dann das System neu starten, weil die Betriebssysteme diese Operation im laufenden Betrieb nicht unterstützen.

1. Um die Anzahl der Prozessoren in Ihrer virtuellen Maschine abzufragen oder zu ändern, wählen Sie in der VMware-Player-Menüleiste den Menübefehl VIRTUAL MACHINE | VIRTUAL MACHINE SETTINGS.

2. Wenn Sie den Eintrag PROCESSORS auf der linken Seite des Dialogfelds markieren, werden die Prozessor-Optionen angezeigt (siehe Abbildung 7.2).

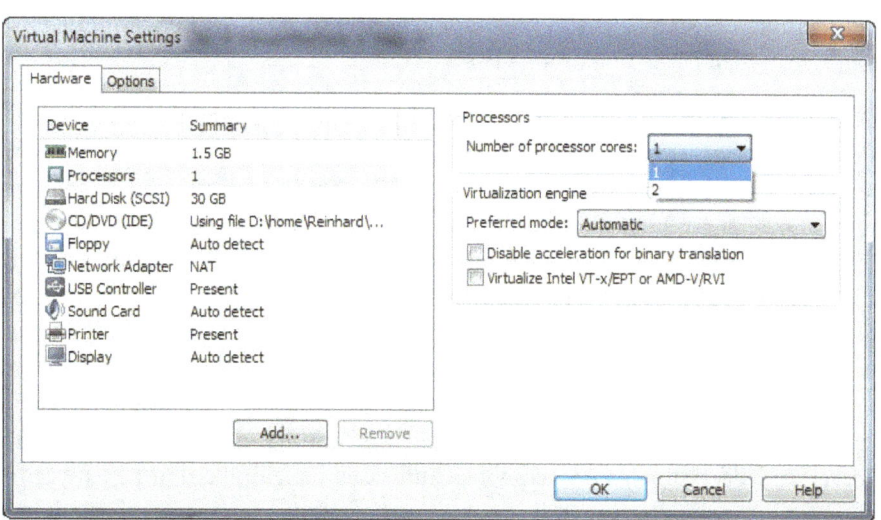

Abbildung 7.2 Prozessoren in einer virtuellen Maschine

3. In dem Drop-down-Menü NUMBER OF PROCESSOR CORES können Sie festlegen, wie viele vCPUs für Ihre virtuelle Maschine zur Verfügung stehen sollen, etwa wenn eine Applikation mehr als eine vCPU braucht.

7.3 Optimierungsverfahren für VM-CPUs

Die CPU ist zwar eine Schlüsselressource für die richtige Auslegung und Verwaltung einer virtuellen Maschine; doch Sie können die Performance der VM nur mit wenigen Parametern optimieren: der Anzahl der vCPUs sowie der Art und Weise, wie diese vCPUs von der virtuellen Maschine gesehen werden. Daneben können Sie die Performance der virtuellen Maschine mit einigen weiteren Faktoren auf dem physischen Server beeinflussen.

7.3.1 Eine oder mehrere vCPUs?

Wenn Sie eine virtuelle Maschine erstellen, müssen Sie am Anfang auch die Anzahl der virtuellen CPUs festlegen, die der VM zugewiesen werden sollen. Die Wahl ist nicht so einfach, wie es scheint, da sie die Performance der VM erheblich beeinflusst. Zwar kann eine VM mehr CPU-Ressourcen nutzen, wenn sie über mehr vCPUs verfügt; aber faktisch kann dies die Performance beeinträchtigen, weil die zusätzlichen vCPUs gleichzeitig zugewiesen werden müssen, was bei einem viel beschäftigten System nicht immer möglich ist. Dennoch weisen Administratoren einer virtuellen Maschine oft zu viele vCPUs zu.

Dies liegt hauptsächlich an den Anforderungen der Applikationsbesitzer oder der Unkenntnis der Applikationsanbieter, die zu wenig über die Performance virtueller Maschinen wissen. Für Applikationen in der physischen Welt hieß es normalerweise: »Mehr ist besser.« Wie Sie wissen, werden Prozessor-Ressourcen nicht immer besser genutzt, auch wenn die Geschwindigkeit und Effizienz von Prozessoren laufend zunimmt. Verstärkend wirkt, dass die Hardware-Anbieter ihre Server mit immer mehr Prozessoren und mehr Kernen pro Prozessor ausstatten, weshalb Applikationen oft nur einen Bruchteil der verfügbaren CPU-Leistung nutzen. Oft übertragen Applikationsbesitzer in Unternehmen, die ein Virtualisierungsprojekt in Angriff nehmen, einfach die Konfigurationen ihrer physischen Server auf die virtuellen Maschinen. Läuft etwa die Applikation gegenwärtig auf einem physischen Server mit zwei Dual-Core-Prozessoren, muss die virtuelle Maschine ebenfalls über insgesamt vier vCPUs verfügen, auch wenn der physische Server möglicherweise weniger als fünf Prozent seiner Prozessoren nutzt.

Natürlich erfordern einige Applikationen mehrere vCPUs und sollten deshalb entsprechend konfiguriert werden. Doch die meisten virtuellen Maschinen können und sollten mit einer vCPU konfiguriert werden. Vor der Virtualisierung sollte die erwartete CPU-Performance mit einschlägigen Werkzeugen gemessen werden. Wie bereits gezeigt wurde, kann eine virtuelle Maschine schnell und leicht umkonfiguriert werden, wenn sich die Kapazitätsanforderungen ändern. Deshalb muss sie nicht wie ein physischer Server für eine erst in drei Jahren zu erwartende Belastung ausgelegt werden, sondern kann nach Bedarf angepasst werden. Möglicherweise können zusätzliche vCPUs sogar im laufenden Betrieb hinzugefügt werden, ohne die Applikation zu unterbrechen. Auch hier beginnen Sie am besten mit einer einzigen vCPU und rüsten die VM nach Bedarf auf, anstatt mit vielen vCPUs anzufangen und deren Anzahl danach zu reduzieren.

Schließlich funktionieren einige Betriebssysteme nur mit einer begrenzten Anzahl von CPUs. So unterstützt etwa Windows XP Professional maximal zwei physische Prozessoren. Laden Sie dieses Betriebssystem auf einen Server mit vier Prozessoren, nutzt es nur zwei. Ähnlich nutzt es nur zwei vCPUs, wenn Sie es in einer virtuellen Maschine mit vier vCPUs installieren. Dagegen kann Windows XP Professional Mehrkern-Prozessoren nutzen. Wenn Sie ein VM mit Mehrkern-vCPUs erstellen können, können Sie mehr Ressourcen nutzen. Glücklicherweise können Sie mit einigen Hypervisoren etwa eine Dual-Core-vCPU erstellen. Wenn Sie eine virtuelle Maschine mit zwei Dual-Core-vCPUs erstellen, könnte Windows

XP Professional Edition so wie auf einem physischen Server mit zwei Dual-Core-CPUs vier vCPUs nutzen.

> **Hinweis**
>
> Eine Mehrkern-vCPU zu erstellen, gehört nicht zum Thema dieses Buches und übersteigt die Fähigkeit von VMware Player. Näheres finden Sie unter *http://kb.vmware.com/kb/1010184*.

7.3.2 Hyper-Threading

Hyper-Threading ist eine Mikroprozessor-Technologie von Intel, mit der die Performance durch eine effizientere Nutzung des Prozessors verbessert wird. Vorher konnte ein Prozessor nur einen Satz von Instruktionen gleichzeitig ausführen. Hyper-Threading präsentiert jeden physischen Prozessor in Form zweier logischer Prozessoren, die jeweils einen einzelnen *Thread* (Englisch für *Faden*) ausführen können. Deshalb können jedem physischen Kern zwei Threads zur Ausführung zugewiesen werden. Hyper-Threading verdoppelt die Fähigkeit eines Prozessors nicht, kann aber die Effizienz unter den richtigen Umständen um etwa 30 Prozent steigern.

Damit Sie mit Hyper-Threading arbeiten können, müssen einige Vorbedingungen erfüllt sein. Erstens brauchen Sie einen Hyper-Threading-fähigen Intel-Mikroprozessor. Das Betriebssystem muss mehrere Prozessoren und Hyper-Threading unterstützen. Dies ist bei Windows und Linux sowie den meisten Hypervisoren der Fall. Dies bedeutet, dass ein Hypervisor jedem physischen Prozessor oder Kern auf dem physischen Server zwei Threads zuweisen kann. Prüfen Sie, ob Ihr System Hyper-Threading-fähig ist.

1. Öffnen Sie vom START-Menü aus die SYSTEMSTEUERUNG.
2. Wählen Sie in der SYSTEMSTEUERUNG den Eintrag SYSTEM UND SICHERHEIT aus.
3. Wählen Sie SYSTEM aus.
4. Wählen Sie im linken Menü den Eintrag LEISTUNGSINFORMATIONEN UND -TOOLS aus (siehe Abbildung 7.3).
5. Wählen Sie im linken Menü den Eintrag WEITERE TOOLS aus (siehe Abbildung 7.4).

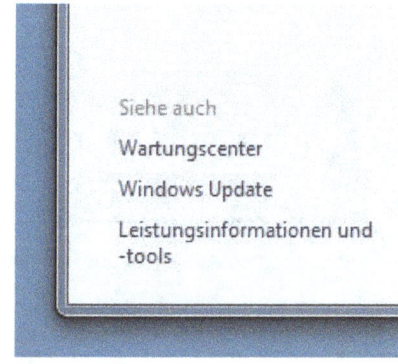

Abbildung 7.3 Teil der »System«-Seite in der Systemsteuerung

7.3 | CPUs für eine virtuelle Maschine verwalten

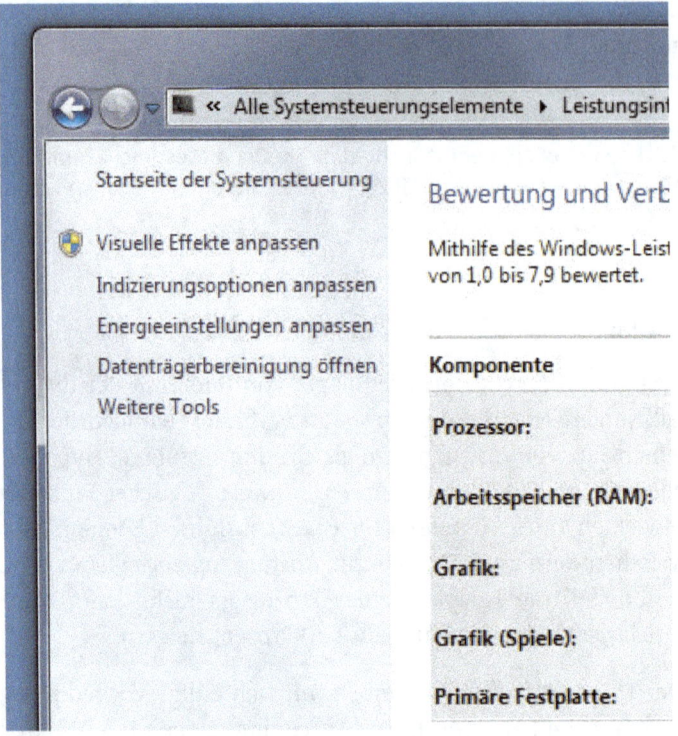

Abbildung 7.4 Menü der Leistungsinformationen

6. Wählen Sie den Eintrag ERWEITERTE SYSTEMDETAILS IN DEN SYSTEMINFORMATIONEN ANZEIGEN aus (siehe Abbildung 7.5).

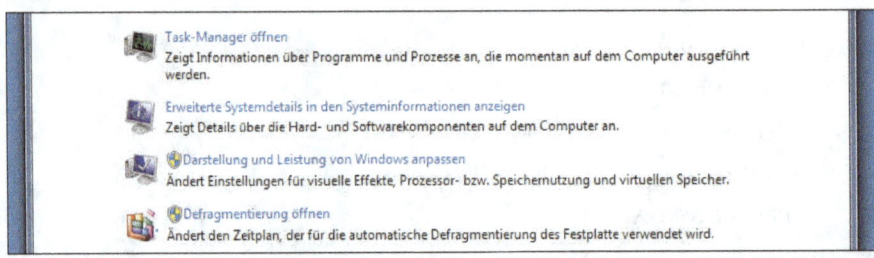

Abbildung 7.5 Ausschnitt aus »Erweiterte Systemdetails«

In Abbildung 7.6 wird neben dem Eintrag PROZESSOR angezeigt, dass das System zwei Prozessorkerne und zwei logische Prozessoren enthält. Auf diesem System ist Hyper-Threading also nicht aktiviert. Wäre die Anzahl der logischen Prozessoren größer als die der Kerne, wäre Hyper-Threading aktiviert.

Element	Wert
Betriebssystemname	Microsoft Windows 7 Home Premium
Version	6.1.7601 Service Pack 1 Build 7601
Zusätzliche Betriebssystembesc...	Nicht verfügbar
Betriebssystemhersteller	Microsoft Corporation
Systemname	WIN-7-RE
Systemhersteller	ASUSTEK COMPUTER INC
Systemmodell	P5W DH Deluxe
Systemtyp	x64-basierter PC
Prozessor	Intel(R) Core(TM)2 CPU 6600 @ 2.40GHz, 2404 MHz, 2 Kern(e), 2 logische(r) Prozessor(en)
BIOS-Version/-Datum	American Megatrends Inc. 0701, 08.07.2006
SMBIOS-Version	2.3
Windows-Verzeichnis	C:\Windows
Systemverzeichnis	C:\Windows\system32
Startgerät	\Device\HarddiskVolume4
Gebietsschema	Deutschland
Hardwareabstraktionsebene	Version = "6.1.7601.17514"
Benutzername	WIN-7-RE\Reinhard
Zeitzone	Mitteleuropäische Sommerzeit
Installierter physikalischer Speic...	4,00 GB
Gesamter realer Speicher	4,00 GB
Verfügbarer realer Speicher	2,66 GB
Gesamter virtueller Speicher	8,00 GB
Verfügbarer virtueller Speicher	5,62 GB
Größe der Auslagerungsdatei	4,00 GB
Auslagerungsdatei	C:\pagefile.sys

Abbildung 7.6 Zusammenfassung der Systeminformationen

7.3.3 Mit Intel- und AMD-Servern arbeiten

Oft wird gefragt, welcher Chipsatz, AMD oder Intel, bei der Virtualisierung die bessere Performance liefert. Im Moment ist kein x86-Chipsatz nennenswert besser als der andere. Man kann dies daran ablesen, dass Unternehmen ihre Hardware-Entscheidungen nicht vom Chipsatz des Servers abhängig machen. Wenn Unternehmen ihre Server-Hardware aktualisieren und die Plattformen verbessern, auf denen sie ihre Hardware in virtualisierten Umgebungen konsolidieren, wechseln sie manchmal auch zu einem Anbieter, der andere x86-Mikroprozessoren einsetzt. Die CPU-Performance von Intel und AMD unterscheidet sich nicht wesentlich; mögliche Performanceunterschiede gibt es aber im Betrieb.

Hypervisoren laufen gleich gut auf AMD- und Intel-Plattformen; von einem operationalen Standpunkt kann nicht festgestellt werden, auf welchem Chip sie laufen. In gemischten Umgebungen mit Intel- und AMD-basierten Servern können jedoch Probleme auftreten. Später erfahren Sie mehr über das *Clustering* von Hosts, um die Performance und Verfügbarkeit zu verbessern. Im Moment müssen Sie nur wissen, dass Clustering ein Verfahren ist, um eine virtuelle Maschine von einem physischen Server auf einen anderen zu übertragen, während die virtuelle Ma-

7.4 | CPUs für eine virtuelle Maschine verwalten

schine noch läuft, ohne die Applikation dort zu unterbrechen. Diese Fähigkeit wird für den dynamischen Lastenausgleich (Load Balancing) virtueller Maschinen über mehrere physische Hosts hinweg und für die Evakuierung eines physischen Hosts zu Wartungszwecken genutzt. Dies funktioniert in Clustern, die auf physischen Servern mit Mikroprozessoren desselben Anbieters arbeiten. In einer gemischten Umgebung haben die verschiedenen Mikroprozessoren unterschiedliche Instruktionssätze. Deshalb ist es nicht möglich, virtuelle Maschinen live von einem AMD-Host auf einen Intel-Host oder umgekehrt zu übertragen. Um das zu erreichen, müssen Sie diese virtuellen Maschinen herunterfahren; danach können Sie sie auf dem zweiten Host mit dem anderen Chipsatz neu starten.

7.4 Die Grundlagen und darüber hinaus

CPUs sind die Motoren, die Computer in all ihren verschiedenen Formen antreiben. Virtuelle Maschinen hängen noch stärker von ihren CPUs ab als ihre physischen Gegenstücke, weil sie von vielen VMs gemeinsam genutzt werden. Schlechte Konfigurationen auf physischen und/oder virtuellen Servern können Performancemängel verstärken und Applikationen und Anwendern Probleme bereiten. Moderne physische Server enthalten CPUs mit mehreren Prozessoren oder Kernen. Jedem Kern kann die Arbeit einer einzelnen vCPU zugewiesen werden. Zusätzliche Kapazität und Flexibilität können aus Performancegründen eingebaut werden. Funktionen, wie etwa Hyper-Threading, können sowohl von physischen CPUs als auch von virtuellen Maschinen und ihren vCPUs genutzt werden.

Übungen

- Sie verfügen über einen Virtualisierungs-Host mit vier Prozessoren mit jeweils vier Kernen. Ihre Virtualisierungslösung kann bis zu 18 vCPUs pro physischer CPU unterstützen. Wenn Sie etwa zwanzig Prozent Ihrer CPU-Kapazität für Wachstum und Performancespitzen reservieren wollen, wie viele virtuelle Maschinen mit einer vCPU können Sie dann auf diesem Host einsetzen?

- Ihre Beschaffungsabteilung konnte zusätzliches Geld für den Host beschaffen; deshalb können Sie anstelle eines Vierkern-Servers eine Virtualisierung mit vier Achtkern-CPUs realisieren. Dafür müssen Sie eine zusätzliche Applikation unterstützen, die aus 17 virtuellen Maschinen besteht, die jeweils mit vier vCPUs konfiguriert werden sollen. Wenn Sie zusätzlich zu den 17 weiteren VMs dieselben zwanzig Prozent in Reserve halten wollen, wie viele virtuelle Maschinen mit einer vCPU können Sie auf diesem Host einsetzen?

Kapitel 8
Speicher für eine virtuelle Maschine verwalten

> **Inhalt**
> - Was ist Speichervirtualisierung?
> - VM-Speicheroptionen konfigurieren
> - Optimierungsverfahren für VM-Speicher

Ähnlich wie die CPU ist der Speicher eine wichtige Komponente der virtuellen Maschine. Doch im Gegensatz zu einer CPU ist der Speicher normalerweise die Ressource, die am schnellsten verbraucht wird. Hypervisoren trennen den Speicher durch eine Abstraktionsschicht, indem sie die Zuordnung der Datenblöcke zwischen dem Speicher des physischen Servers und dem, der den virtuellen Maschinen zugewiesen wurde, verwalten. Die Verwaltung der Speicherressourcen durch den Hypervisor und den Administrator hat einen erheblichen Einfluss auf die wirksame Nutzung der physischen Ressourcen.

8.1 Was ist Speichervirtualisierung?

Vor fünfzehn Jahren interessierte sich nur eine kleine Gruppe von Informatikern für den Speicher in Computern. Damals sprach man nicht einmal vom *Speicher*, sondern vom *RAM* (Random Access Memory, Speicher mit wahlfreiem Zugriff). Das RAM war einfach ein weiteres Speichergerät, das ähnlich wie eine unglaublich schnelle Festplatte funktionierte, mit dem man aber Daten flexibler als von Plattenspeichern abrufen konnte. Außerdem waren Systemspeicher viel kleiner; ihre Kapazität wurde nicht in Megabyte, sondern in Kilobyte gemessen. Dagegen

8.1 | Speicher für eine virtuelle Maschine verwalten

verfügen heutige Geräte, egal ob PCs, Smartphones, Tablets, iPads, Digitalkameras, MP3-Player, Spielkonsolen oder andere Geräte der Konsumelektronik, routinemäßig über Speicher mit Gigabyte-Kapazitäten. Mit der Verbreitung dieser kommerziellen Geräte ist auch das Konzept des Speichers Allgemeingut geworden. Heute wissen sowohl 12-Jährige als auch ihre 70-jährigen Großeltern, was Speicher ist und welche Bedeutung er hat.

> **Hinweis**
>
> **Speicherwachstum in Geräten der Konsumelektronik** Die ersten kommerziellen PCs Ende der 1970er (Tandy TRS 80, Apple II, Commodore PET) verfügten über 4 bis 48 KB Speicher. Spätere Modelle wiesen oft in ihrem Namen noch ihre RAM-Speicherkapazität aus, wie etwa der *Commodore 64*, der über 64 KB RAM verfügte. Wie heute wurde die Speicherkapazität beschränkt durch die Kosten der Speicherchips sowie die (mangelnde) Fähigkeit der CPU und der Betriebssysteme, große Speicherkapazitäten zu verwalten bzw. zu adressieren. Heute kann ein Apple iPad 3 mit maximal 64 GB Speicher ausgerüstet werden, also eine Million Mal mehr, als der Commodore 64 anbot.

Der Speicher ist der »Arbeitsbereich« eines Computers. Beim Start eines Betriebssystems werden bestimmte, häufig verwendete Routinen in den Speicher geladen, wo sie bis zum Herunterfahren bleiben. Wenn Programme ausgeführt werden, werden ihre Routinen ebenfalls in den Speicher kopiert, damit sie schnell abgerufen und ausgeführt werden können. Die von ihnen bearbeiteten Daten werden ebenfalls in den Speicher kopiert, damit alle Komponenten zwecks Verarbeitung schnell an die CPU weitergegeben werden können. Nach der Verarbeitung werden sie zurück in den Speicher geschrieben. Ist der Speicher größer, kann der Computer größere Datenmengen schneller abrufen und verarbeiten. In Spielesystemen, DVD-Playern und digitalen Videorekordern werden Daten im Speicher gepuffert, damit sie reibungslos auf einem Bildschirm angezeigt werden können. Je weiter sich Echtzeit-Multimedia-Geräte im Konsumentenmarkt verbreiten, desto wichtiger wird der Speicher.

Dies gilt auch für die Virtualisierung. Mehr als jede andere Ressource beeinflusst der Speicher die Performance der virtuellen Umgebung. Ähnlich wie bei der CPU-Virtualisierung isoliert der Hypervisor den Speicher der virtuellen Maschinen durch eine Abstraktionsschicht vom Speicher des physischen Servers. Um zu beschreiben, wie der Speicher in einer virtuellen Umgebung funktioniert, greifen wir auf die virtuelle Windows-Maschine aus Kapitel 5 zurück. Wir begannen mit 1 GB Speicher, den wir später auf 1,5 GB hochsetzten (siehe Abbildung 8.1). Das physische System, auf dem die virtuelle Maschine gehostet wird, verfügt, je nach

Was ist Speichervirtualisierung? | 8.1

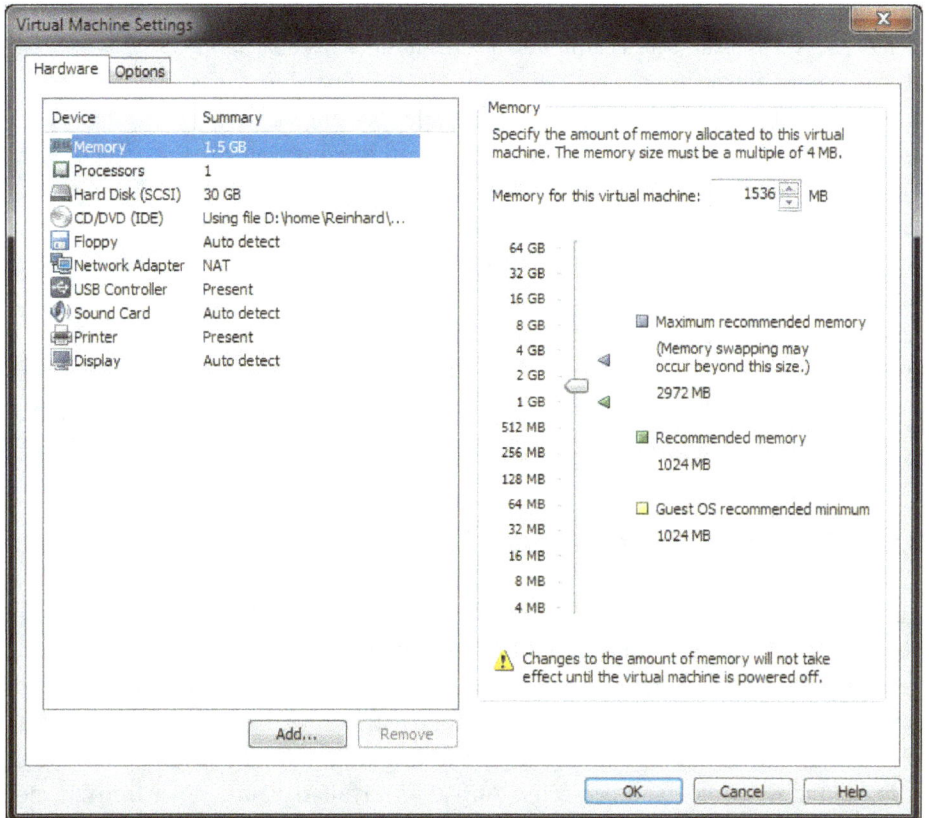

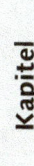

Abbildung 8.1 Speicher in einer virtuellen Maschine

Ausstattung, über einen größeren Speicher. Wichtig ist, dass die virtuelle Maschine und damit auch das in ihr installierte Betriebssystem nur über die zugewiesenen 1,5 GB verfügen kann.

Aber diese 1,5 GB reichen bei Weitem nicht aus, um ein Betriebssystem, einige Applikationen (etwa Microsoft Word, Adobe Acrobat Reader und Mozilla Firefox) und die von diesen Applikationen bearbeiteten Daten aufzunehmen. Deshalb verfügen Betriebssysteme über eine Funktion, die laufend Programmteile und Daten auf den physischen Plattenspeicher auslagert und bei Bedarf wieder einliest. Der Speicher wird in Blöcke mit einer normalerweise einheitlichen Größe unterteilt, die als *Pages* (Seiten) bezeichnet werden. Bei den heutigen Architekturen hat eine typische Speicher-Page eine Größe von 4 KB. Speicher wird in Form von Speicher-Pages verschoben. Wenn freie Speicherblöcke benötigt werden, um neue Daten zu laden, werden ältere, weniger aktuelle Blöcke auf die Festplatte geschrie-

8.2 | Speicher für eine virtuelle Maschine verwalten

ben, die damit als Erweiterung des physischen Speichers dient. Der Prozess, Pages auf die Festplatte zu schreiben, wird als *Paging* (*Auslagerung*) bezeichnet. Die Datei, in die die Speicher-Pages kopiert werden, wird normalerweise als *page file* (englisch auch *swap file*, deutsch *Auslagerungsdatei*) bezeichnet. Prozessoren verfügen über einen physischen Speicher, den so genannten *Cache* (Zwischenspeicher), in dem anstehende Aufgaben zwischengespeichert werden, bevor sie an die CPU weitergegeben werden. Abbildung 8.2 zeigt eine sehr vereinfachte Illustration des Prozesses. Da ein Festplattenspeicher viel langsamer arbeitet als der (System-)Speicher, ist das Paging vom Performance-Standpunkt aus ein teurer Prozess.

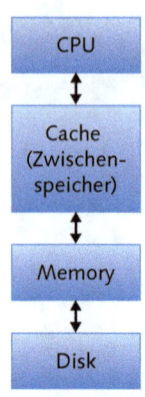

Abbildung 8.2
Speicher-Pages verschieben

8.2 VM-Speicheroptionen konfigurieren

Auch wenn der Speicher für eine virtuelle Maschine so wichtig ist, verfügt er nur über einen einzigen konfigurierbaren Parameter: seine Größe. Der Hypervisor verfügt über weitere Elemente, mit denen Sie die Speichernutzung im Host insgesamt steuern können (siehe den nächsten Abschnitt). So wie ein physischer Server muss auch ein virtueller Server per Konfiguration mit genügend Ressourcen ausgestattet werden, damit er seine Aufgaben erfüllen kann. Wird ihm zu viel Speicher zugewiesen, könnte Speicher verschwendet werden, der dann für andere virtuelle Maschinen nicht mehr zur Verfügung steht. Wird ihm zu wenig Speicher zugewiesen, werden laufend Seiten auf die Festplatte ausgelagert, was die Performance der Applikationen beeinträchtigt. Der Trick besteht darin, das richtige Maß zwischen zu viel und zu wenig Speicher zu finden. Glücklicherweise gibt es Best Practices und Performance-Werkzeuge, die Ihnen dabei helfen können.

1. Auch wenn Sie den Speicher bereits bei der Erstellung Ihrer virtuellen Maschine konfiguriert haben, betrachten wir hier noch einmal die Speichereinstellungen einer virtuellen Maschine. Wählen Sie im VMware Player die virtuelle Windows-7-Maschine aus.

2. Klicken Sie unten rechts auf EDIT VIRTUAL MACHINE SETTINGS. (Alternativ könnten Sie auch den Menübefehl VIRTUAL MACHINE | VIRTUAL MACHINE SETTINGS auswählen.)

3. In dem Dialogfeld VIRTUAL MACHINE SETTINGS ist als erstes Hardware-Gerät MEMORY hervorgehoben (siehe Abbildung 8.3). Rechts wird die zugehörige

VM-Speicheroptionen konfigurieren | 8.2

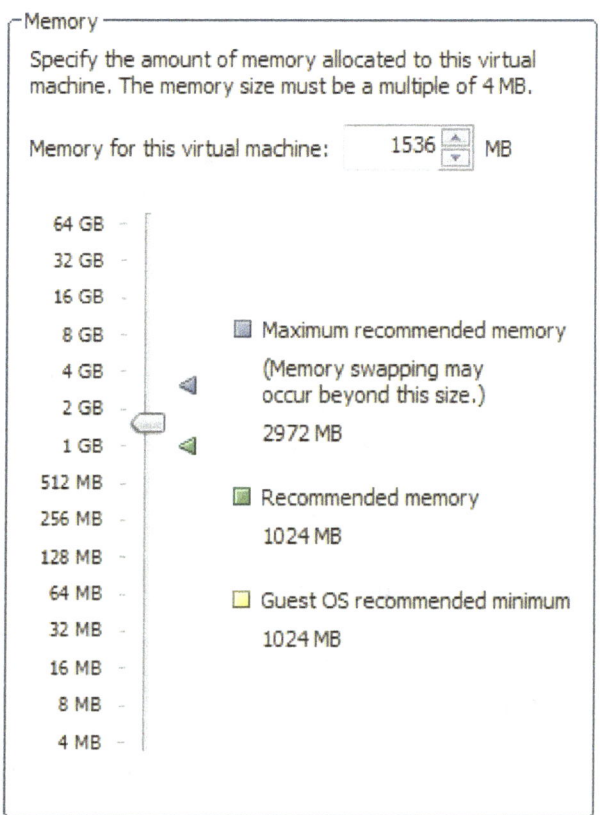

Abbildung 8.3 Speicherverwaltung in einer virtuellen Maschine

Speicherkonfiguration Ihrer virtuellen Windows-7-Maschine angezeigt. Wie bereits gezeigt wurde, können Sie die Speichergröße mit dem Schieberegler ändern oder sie direkt in das Feld MEMORY FOR THIS VIRTUAL MACHINE eingeben.

4. VMware Player bietet drei Standardwerte an: einen minimalen empfohlenen Speicherwert, einen empfohlenen Speicherwert und einen maximalen empfohlenen Speicherwert. Der minimale und der empfohlene Wert basieren jeweils auf dem Gast-Betriebssystem, während der maximale von der Speicherkapazität des Host-Servers abhängt.

5. Klicken Sie auf CANCEL, um das Dialogfeld VIRTUAL MACHINE SETTINGS zu schließen.

Es wurde bereits erwähnt, dass Speicheranpassungen von dem Betriebssystem abhängen, das in der virtuellen Maschine installiert ist. Bei manchen Betriebssystemen kann der Speicher sogar dynamisch angepasst werden. Windows Server

8.3 | Speicher für eine virtuelle Maschine verwalten

2003, 2008 und 2008 R2 sowie neuere Linux-Distributionen unterstützen die Speichererweiterung im laufenden Betrieb. Windows-Versionen erkennen den zusätzlichen Speicher ohne Eingriffe. Bei den gegenwärtigen Linux-Versionen müssen Sie normalerweise einen Befehl ausführen, um den Speicherstatus auf »online« zu setzen, bevor er dem (physischen oder virtuellen) System zur Verfügung steht. Wollen Sie umgekehrt den Speicher einer virtuellen Maschine verkleinern, müssen Sie alle heutigen Betriebssysteme neu starten, damit die Änderung wirksam wird.

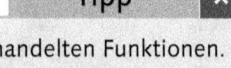

Tipp
Auf YouTube demonstrieren Tausende Videos viele der hier behandelten Funktionen. Folgendes Video zeigt etwa, wie Sie Speicher in einer laufenden Produktionsumgebung vergrößern können: *www.youtube.com/watch?v=NdpWjAljgoA*.

8.3 Optimierungsverfahren für VM-Speicher

Wenn Sie mit Speicher in einer virtuellen Umgebung arbeiten, ist der Kontext wichtig. Bis jetzt wurde Speicher nur von dem Standpunkt der virtuellen Maschine aus behandelt. Mehr Speicher, als der virtuellen Maschine zugewiesen wurde, kann sie nicht nutzen. Der physische Host, auf dem die VM gehostet wird, kann über Hunderte Gigabyte verfügen; aber jede einzelne virtuelle Maschine weiß nichts von den größeren Ressourcen. Abbildung 8.4 zeigt eine einfache Illustration dieses Modells. Die beiden virtuellen Maschinen verfügen über 4 GB bzw. 2 GB

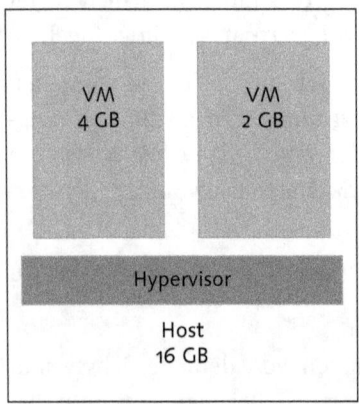

Abbildung 8.4 Speicher in virtuellen Maschinen und ihrem Host

Speicher; mehr Speicher steht für die Gast-Betriebssysteme in diesen virtuellen Maschinen nicht zur Verfügung. Der physische Host selbst verfügt über einen physischen Speicher von 16 GB. Da 6 GB davon für die beiden virtuellen Maschinen reserviert sind, hat der Host immer noch über 10 GB frei verfügbaren Speicher – allerdings ist dies nicht ganz korrekt.

8.3.1 Den Speicherverwaltungsaufwand berechnen

Ähnlich wie ein Betriebssystem muss auch der Hypervisor selbst einen Teil des Speichers für seine eigenen Prozesse reservieren. Früher wäre dies ein beträchtlicher Teil (in einigen Fällen bis zu 20 Prozent) des physischen Speichers gewesen, aber neuere Hypervisor-Technologien haben diesen Bedarf erheblich reduziert. Für jede virtuelle Maschine, die auf dem Host läuft, wird zusätzlich zu dem Speicher, der der VM bereits zur Nutzung zugewiesen wurde, ebenfalls ein kleiner Teil des Speichers reserviert.

Dieser zusätzliche Speicher wird im laufenden Betrieb für Funktionen wie etwa Memory-Mapping-Tabellen verwendet, die die Adressen des Speichers der virtuellen Maschine den Adressen des physischen Speichers zuordnen. Die Größe dieses Verwaltungsspeichers hängt von der Hypervisor-Implementierung und den Speicherkonfigurationen der einzelnen virtuellen Maschinen ab. Für unsere Zwecke können wir mit der runden Zahl von 1 GB Speicher für den Verwaltungsspeicher des Hypervisor sowie der virtuellen Maschinen arbeiten. Diese Kapazität reicht für alle geplanten Parameteränderungen aus. Damit reduzieren wir den verfügbaren Speicher auf 9 GB.

Jetzt wollen wir einige weitere virtuelle Maschinen hinzufügen: Zwei zusätzliche virtuelle Maschinen mit jeweils 4 GB und eine virtuelle Maschine mit 1 GB. Damit ist der restliche verfügbare physische Speicher aufgebraucht. In der Praxis werden die meisten Systeme aus mehreren Gründen nie auf diese Weise voll ausgelastet. Erstens halten Administratoren Ressourcen für außergewöhnliche Belastungen in Reserve, um ein etwaiges Wachstum der virtuellen Maschinen oder unerwartete Ansprüche an die Performance abfangen zu können. Dieses Modell enthält jetzt fünf Gäste, die insgesamt 15 GB des physischen Speichers nutzen, aber nicht sehr effizient arbeiten.

Von einem strikten Virtualisierungsstandpunkt aus haben wir die Nutzung der geteilten Ressource Speicher nicht verbessert, da der Speicher von den VMs nicht gemeinsam genutzt wird. Jede virtuelle Maschine verhält sich aus der Sicht des Speichers immer noch wie ein physischer Server, dem ein spezieller Speicher einer bestimmten Kapazität zugewiesen worden ist. Wenn Sie die CPU-Virtualisierung und die Speicher-Virtualisierung vergleichen, sind beide sehr ähnlich. Beide Ressourcen sind davon abhängig, dass der Hypervisor die Allokation des größeren physischen Geräts verwaltet, während er vorgibt, Dienste für das virtuelle Gerät zu leisten.

Der Hypervisor bestimmt, welche Speicher-Pages auf den physischen Speicher ausgelagert werden, und hält nach, wie der Speicher, der jeder virtuellen Maschine zugewiesen worden ist, mittels der bereits erwähnten Tabellen dem Speicher des physischen Servers zugeordnet wird. Wegen seiner holistischen Sicht des Speichers sowohl in physischen als auch in virtuellen Umgebungen kann der Hypervisor einige interessante Funktionen zur Verfügung stellen. Was wäre, wenn die Speicherkapazität nicht festgelegt wäre, sondern an die jeweilige Belastung angepasst werden könnte? Dann müsste es eine Methode geben, nicht mehr benötigte Speicher-Pages wieder freizugeben. Die heutigen Speichertechnologien verwenden routinemäßig Deduplikation und Komprimierung, um die Performance zu verbessern und Kosten zu sparen. Könnte man dies auch mit dem Speicher tun? Beide Fragen lassen sich bejahen.

8.3.2 Speicheroptimierungen

Die fünf virtuellen Maschinen verfügen insgesamt über 15 GB Speicher, aber in der Realität verwenden sie wahrscheinlich viel weniger. Applikationsbesitzer fordern routinemäßig mehr Speicher an, als normalerweise für das weitere Wachstum und Performancespitzen benötigt wird. Physische Server haben von Natur aus eine statische Konfiguration; deshalb werden sie von vornherein mit zusätzlichem Speicher für künftige Kapazitäten und Anforderungen ausgestattet. Diese eingefleischten Verfahren werden oft auch in die virtuelle Welt übernommen. Folglich wird auch virtuellen Maschinen oft ohne Not zu viel Speicher zugewiesen. Der Hypervisor kann dieses Problem umgehen. Weil er alle physischen Speicheroperationen und die Sicht der virtuellen Maschinen auf diese Operationen kontrolliert, kann er der virtuellen Maschine einfach mitteilen, dass sie über eine bestimmte Speicherkapazität verfügt, aber die Kapazität dann im Hintergrund flexibler gestalten.

Auch wenn einer virtuellen Maschine eine bestimmte Speicherkapazität, zum Beispiel 2 GB, zugewiesen worden ist, wird der Speicher nicht ausschließlich für die VM reserviert. Der Hypervisor kann jeden dieser Speicher für andere virtuelle Maschinen verwenden. Die Speicherzuordnung ist mit einer Hochwassermarke vergleichbar, und der Hypervisor passt die tatsächliche Speicherkapazität an den jeweiligen Bedarf an. Aus der Sicht des Gast-Betriebssystems verfügt die virtuelle Maschine über 2 GB; deshalb verhält es sich entsprechend. Eine Technik, um

Speicher von der virtuellen Maschine zurückzugewinnen, wird als *Ballooning* bezeichnet (siehe Abbildung 8.5).

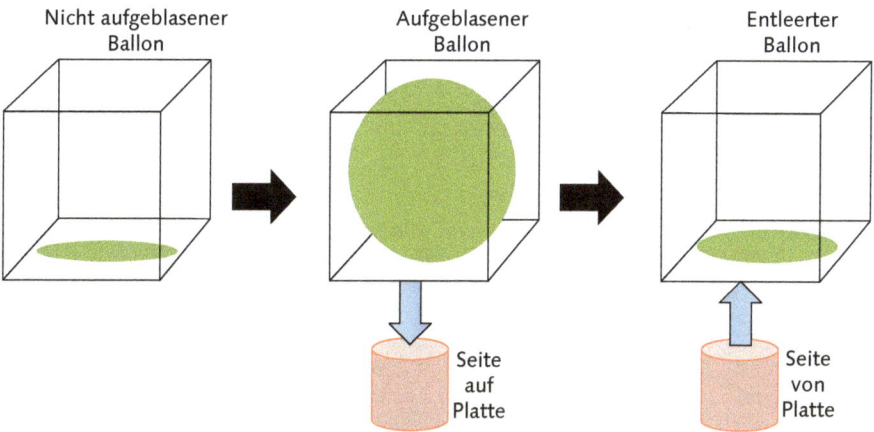

Abbildung 8.5 Speicher-Ballooning

Um einer virtuellen Maschine physischen Speicher wegzunehmen, müssen die Seiten, die sich im Speicher befinden, auf ein anderes Speichergerät ausgelagert werden, in diesem Fall auf den Paging-Bereich der Festplatte. Der Balloon-Treiber wird aktiviert und bläst sich (virtuell) auf. Dies zwingt das Betriebssystem, Seiten aus dem Speicher auszulagern. Das Betriebssystem wählt die auszulagernden Seiten aus, weil es die ältesten Seiten und damit geeignetsten Auslagerungskandidaten am besten kennt. Nachdem die Seiten ausgelagert worden sind, lässt der Balloon-Treiber »die Luft raus«, und der Hypervisor übernimmt die Kontrolle über den physischen Speicher, um ihn weiterzuverwenden. Normalerweise tritt dieser Prozess nur bei Speicherkonflikten auf.

Wegen dieser flexiblen Speichernutzung wird viel weniger physischer Speicher verwendet, als den virtuellen Maschinen zugewiesen worden ist. Würden die fünf virtuellen Maschinen durchschnittlich die Hälfte ihres Speichers verwenden, stünden Ihnen praktisch 7,5 GB zusätzlicher Speicher zur Verfügung. Sie sollten diesen Speicher nicht zu 100 Prozent nutzen – denn dann gäbe es keinen Spielraum für Performancespitzen. Wenn Sie konservativ zehn Prozent des physischen Speichers als Puffer reservieren würden, könnten Sie immer noch über 6 GB zusätzlichen Speicher verfügen. Weil jede virtuelle Maschine die Hälfte der ihr zugeordneten Kapazität nutzt, können Sie tatsächlich mehr virtuelle Maschinen mit zusammen 12 GB Speicher auf dem Host installieren.

8.3 | Speicher für eine virtuelle Maschine verwalten

In unserem Modell könnten wir etwa eine weitere VM mit 4 GB und vier weitere VMs mit jeweils 2 GB unterbringen und damit die fünf vorhandenen VMs auf zehn verdoppeln. Diese Möglichkeit, mehr virtuellen Speicher zu allozieren, als physischer Speicher auf dem Host vorhanden ist, wird als *Memory Overcommitment* bezeichnet. Abbildung 8.6 zeigt ein einfacheres Beispiel. Jeder der dünnen Blöcke repräsentiert Speicherblöcke, die einer bestimmten VM zugeordnet sind. Hier verfügt der Host über 16 GB Speicher, aber den drei virtuellen Maschinen sind insgesamt 24 GB zugeordnet.

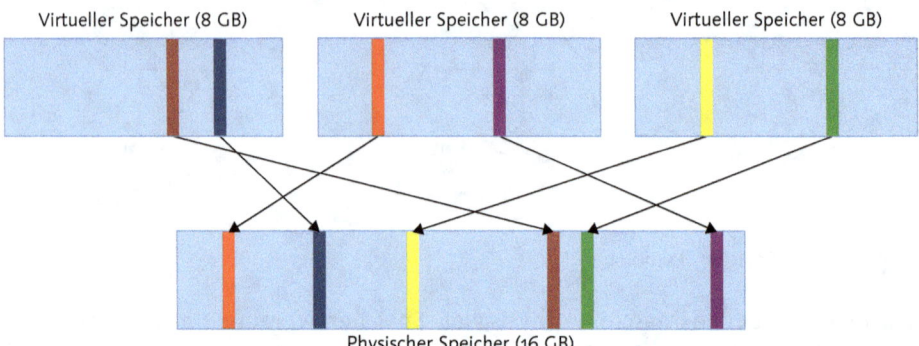

Abbildung 8.6 Memory Overcommitment

Memory Overcommitment ist eine leistungsstarke Virtualisierungstechnik; doch um sie wirksam einzusetzen, müssen Sie wissen, wie Ihre virtuellen Maschinen ihren Speicher nutzen. Wenn VMs leer laufen oder über mehr Speicher verfügen, als sie nutzen, kann der Hypervisor die Speicherressourcen über mehrere virtuelle Maschinen hinweg verwalten, um wie in dem Beispiel eine bessere Konsolidierungsrate zu erzielen. Nutzen die VMs wie in dem Beispiel nur die Hälfte ihres Speichers, beträgt die Overcommitment-Rate 2:1. Viele ausgereifte virtuelle Umgebungen arbeiten mit Memory Overcommitment und erzielen dabei Raten zwischen 1,15:1 und 2:1. In Applikationsumgebungen, deren Verhalten genau bekannt ist, sind beträchtlich höhere Raten, 10:1 oder sogar 20:1, erzielbar, obwohl dies eher Ausnahmen sind.

Neben dem Overcommitment kann die effiziente Speichernutzung in einer virtuellen Umgebung auch noch mit anderen Methoden verbessert werden. Eine Methode ist das Page Sharing. *Page Sharing* funktioniert analog zur Daten-Deduplikation, einer Technik, mit der Speicheranbieter die Anzahl der Datenblöcke reduzieren und Speicherplatz auf der Festplatte einsparen, indem sie nur eine Kopie doppelter Datenblöcke speichern. Bei zehn virtuellen Maschinen ist es nicht ungewöhnlich, dass mehrere dieselbe Version ihres Gast-Betriebssystems oder sogar dieselben Applikationen ausführen. Große Internet-Provider führen oft Dutzende oder sogar Hunderte oder Tausende Applikations-Webserver aus, die alle von der Hardware über das Betriebssystem bis zu den Applikationen identisch konfiguriert sind.

Wenn die virtuelle Maschine Seiten des Betriebssystems oder einer Applikation in den Speicher lädt, existieren in vielen virtuellen Maschinen identische Kopien dieser Seiten. Da der Hypervisor die Seitenübertragungen zwischen den virtuellen Maschinen und dem physischen Speicher steuert, kann er feststellen, ob sich eine Seite bereits im physischen Speicher befindet, und gegebenenfalls auf diese Seite zugreifen, anstatt noch eine weitere Kopie in den physischen Speicher zu schreiben. Abbildung 8.7 illustriert diese gemeinsame Nutzung. Wenn eine virtuelle Maschine in eine gemeinsam genutzte Seite im Speicher schreiben muss, erstellt der Hypervisor eine neue Kopie dieser Seite, die dann ausschließlich von dieser virtuellen Maschine genutzt wird. Dieser Prozess heißt *Copy-on-Write* (Kopieren-beim-Schreiben).

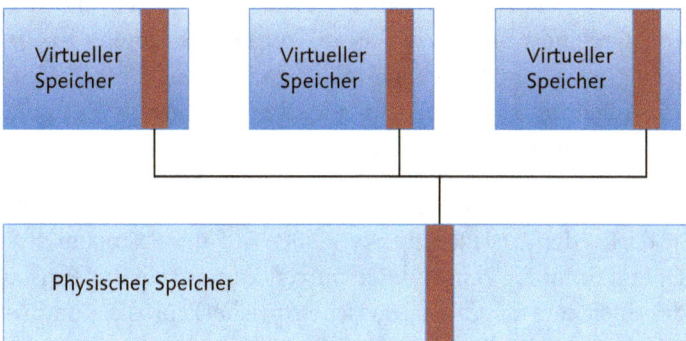

Abbildung 8.7 Gemeinsam genutzte Seiten

Dieses Page Sharing funktioniert nicht nur zwischen verschiedenen virtuellen Maschinen, sondern auch innerhalb derselben virtuellen Maschine. Weil der Hypervisor diese gemeinsam genutzten Seiten nicht duplizieren muss, steht ihm noch mehr Speicher für virtuelle Maschinen zur Verfügung. In der Praxis kann man mit Page Sharing zusätzliche 10 bis mehr als 40 Prozent des verfügbaren physischen Speichers einsparen. Die Virtualisierung ermöglichte es den weiter vorne erwähnten Internet-Providern, Hunderte von Applikations-Webservern in einer viel kleineren und kostengünstigeren physischen Umgebung zu konsolidieren, die aber durch den Einsatz von Overcommitment und Page Sharing viel effizienter arbeitet. Außerdem kann auch eine so genannte VDI (Virtual Desktop Infrastructure) vom Page Sharing profitieren.

VDI ist die Virtualisierung der Desktop-Computer von Unternehmen, im Gegensatz zu der bisher beschriebenen Server-Virtualisierung. Mit VDI werden virtuelle Maschinen erstellt, die ein Windows-Betriebssystem und einen zugelassenen Satz von Windows-Applikationen enthalten. Wenn alle virtuellen Desktop-Maschinen im Wesentlichen identisch ausgestattet werden, ist das VDI ein ausgezeichneter Fall für das Page Sharing.

Wenn eine virtuelle Maschine zum ersten Mal gestartet wird, reserviert der Hypervisor auf der Festplatte einen bestimmten Speicherbereich, den so genannten *Swap Space* (Auslagerungsbereich). Er dient zur Speicherung von ausgelagerten Seiten des Systemspeichers, falls Paging erforderlich wird. Wenn der Hypervisor (System-)Speicher braucht, nutzt er den Balloon-Treiber, um Speicher-Pages freizusetzen. Wenn die Aktivierung des Balloon-Treibers nicht genügend Speicher freigesetzt hat, kann der Hypervisor alle Speicher-Pages der virtuellen Maschine auf den physischen Speicher auslagern und sie auf die physische Festplatte schreiben. Da Schreib- und Lesezugriffe auf Festplatten viel länger dauern als der Speicher-I/O, leidet die Performance der virtuellen Maschine während des Swap-Vorgangs. Swapping ist die letzte Maßnahme in einem System, um Speicherkonflikte zu beheben. Deshalb sind eine geeignete Speicherkonfiguration und eine laufende Überwachung für eine gute Performance einer virtuellen Umgebung entscheidend.

Die Speicherkomprimierung zählt zu den neueren Speichertechniken. Das Ziel der *Komprimierung* besteht darin, die Auslagerung von Seiten auf die Festplatte aufzuschieben, da diese Operation mehr Zeit und Ressourcen kostet. Der Hypervisor reserviert einen Teil des Speichers als Cache (Zwischenspeicher) für die Komprimierung. Wenn er feststellt, dass ein Paging erforderlich wird, untersucht er die Seiten mit Algorithmen, um zu prüfen, ob sie komprimiert werden können. Ist dies der Fall, werden die Seiten komprimiert und dann in den Cache verschoben, anstatt auf die Festplatte ausgelagert zu werden. Bei der Wiederherstellung wird der Prozess umgekehrt. Komprimierung und Dekomprimierung können viel schneller erfolgen als eine Auslagerung.

Durch den Einsatz aller dieser Techniken zur Speicherverwaltung ermöglicht die Virtualisierung eine viel effizientere Speichernutzung als physische Server. Ohne diese Mechanismen müssten Server mit mehr Speicher ausgerichtet werden, um den Speicher zu handhaben, der den virtuellen Maschinen zugewiesen worden ist. Der Beispiel-Server verfügte über 12 GB freien Speicher, nachdem wir einen Teil für Performancespitzen und die Verwaltung des Hypervisors reserviert hatten.

	Vmware vSphere (vSphere 5.0)	Microsoft Hyper-V (Server 2008 R2)	Xen-Varianten (XenServer 6.0)
Overcommit	ja	ja	ja
Ballooning	ja	ja	ja
Page Sharing	ja	nein	nein
Komprimierung	ja	nein	nein

Tabelle 8.1 Techniken zur Speicheroptimierung

Durch Page Sharing und Ballooning konnten wir die Nutzung dieses Speichers praktisch verdoppeln.

Hätten wir diesen zusätzlichen Speicher kaufen müssen, wären selbst bei einem schwach ausgerüsteten Host Kosten in Höhe einiger Tausend Euro entstanden. Systeme der Unternehmensklasse werden routinemäßig mit 128 GB, 256 GB und sogar noch größeren Speichern ausgerüstet. Ohne diese Methoden der Speicheroptimierung für Server dieser Größe müssten nicht nur weitere Speicherkapazitäten, sondern komplette zusätzliche Server gekauft werden. Dies würde das Budget jedes einzelnen Servers mit Zehntausenden zusätzlicher Euro belasten. In einer großen Umgebung ermöglichen diese Techniken erhebliche Kosteneinsparungen.

> **Tipp**
>
> **Anbietertechniken der Speicheroptimierung** Bei der Beschreibung der verschiedenen Techniken zur Speicheroptimierung, die bei der Virtualisierung zur Verfügung stehen, wurde nicht erwähnt, welcher Hypervisor welche Techniken anbietet. Ein Grund dafür ist, dass die Anbieter die Fähigkeiten mit jeder neuen Version erweitern. Außerdem stellen sie ähnliche Funktionen zur Verfügung, die aber unterschiedlich implementiert sind. Drei verbreitete Lösungen (siehe Tabelle 8.1) verfügen über die Memory-Overcommit-Funktion, aber alle sind unterschiedlich aufgebaut. Auch wenn heute nicht jeder Anbieter alle Funktionen anbietet, könnte sich dies in Zukunft ändern. Ähnlich sind durch Innovationen der Anbieter neue Techniken zu erwarten.

8.4 Die Grundlagen und darüber hinaus

Der Speicher ist eine Schlüsselressource der Virtualisierung. In einer virtuellen Umgebung können zu wenig Speicher oder eine schlechte Konfiguration Performanceprobleme verursachen oder verstärken. In den letzten Jahren haben die

8.4 | Speicher für eine virtuelle Maschine verwalten

Auswirkungen von Moores Gesetz virtuelle Umgebungen mit größeren Speicherkapazitäten hervorgebracht. Dadurch konnten Unternehmen auf jedem physischen Host mehr virtuelle Maschinen hosten und sogar Server virtualisieren, die einige Jahre vorher für die Virtualisierung noch zu groß waren. Zusätzlich zu den grundlegenden Funktionen der Speichervirtualisierung haben Anbieter mehrere Techniken zur Speicheroptimierung entwickelt, um die Speichernutzung und damit die Performance und die Konsolidierungsraten noch weiter zu verbessern.

Übungen

Sie verfügen über einen 32-GB-Server, der als Virtualisierungs-Host genutzt werden soll. Außerdem haben Sie 32 Applikationsserver, die auf diesem Host virtualisiert werden sollen. Jeder Applikationsserver befindet sich gegenwärtig auf einem physischen Server mit jeweils 4 GB Speicher. Die Applikationsserver laufen alle unter Windows Server 2008.

- Wie viele virtuelle Maschinen können Sie maximal auf Ihrem Server hosten, wenn Sie keine Techniken zur Speicheroptimierung nutzen?
- Mit Page Sharing und Ballooning können Sie Memory Overcommit nutzen. Wie viele virtuelle Maschinen können Sie bei einer Overcommit-Rate von 1,25:1 jetzt hosten?
- Als Sie die Performance der Server vor der Umstellung auf die virtuelle Umgebung messen, stellen Sie fest, dass jedes System tatsächlich nur 1 GB Speicher benutzt. Wie viele virtuelle Maschinen können Sie bei derselben Overcommit-Rate hosten?
- Sie beschließen, einen Teil des Speichers für künftiges Wachstum oder Notfälle zu reservieren. Wenn die Nutzungsgrenze bei 90 Prozent liegt, wie viele virtuelle Maschinen können Sie einrichten?

Kapitel 9
Festplattenspeicher für eine virtuelle Maschine verwalten

> **Inhalt**
>
> - Was ist Plattenspeichervirtualisierung?
> - VM-Plattenspeicheroptionen konfigurieren
> - Optimierungsverfahren für VM-Festplattenspeicher

Datenspeicher werden heute überall verwendet. Unsere vielfältigen elektronischen Geräte, vor allem Computer und Smartphones, aber auch digitale Videorekorder und Navigationsgeräte, müssen die Daten speichern, die wir für unsere Arbeit routinemäßig benötigen. Die Virtualisierung von Speicherressourcen ist nicht einfach und deshalb ein Bereich, in dem viele Angebote suboptimal sind. Allerdings können die meisten gegenwärtigen Speichertechnologien und -verfahren recht gut in Virtualisierungsumgebungen übertragen werden.

9.1 Was ist Plattenspeichervirtualisierung?

Die Kapazität der Datenspeicher wird immer größer. Wenn Sie sich Ihre persönliche Umgebung vor etwa fünf oder zehn Jahre in Erinnerung rufen, verstehen Sie, wie notwendig und allgegenwärtig die Datenspeicherung geworden ist. Fast alle elektrischen oder elektronischen Geräte, ob Kühlschränke, Elektroherde oder Autos, verfügen jetzt über Datenspeicher. Heute nutzen wir Navigationsgeräte oder digitale Videorekorder, die es vor wenigen Jahren noch nicht gab, die einen erheblichen Speicherbedarf haben. Computer in verschiedenen Formen, ob PCs, Smartphones, MP3-Player oder Tablets, verfügen in jeder neuen Generation über mehr Speicher. Dasselbe gilt für traditionelle IT-Datenzentren, die heute sehr viel größere Datenmengen speichern als noch vor wenigen Jahren.

Ein Grund für dieses Wachstum liegt darin, dass heute grundsätzlich andere Arten von Daten gespeichert werden als früher. Ursprünglich wurden nur Textdaten, Wörter und Zahlen gespeichert und verarbeitet. Heute dominieren audiovisuelle Daten: statische Grafiken, Bilder, Videoclips, Animationen, Musik oder Aufnahmen von Vorträgen; und alphanumerische Daten werden in vielen Farben, Größen und Schriftarten präsentiert. Alle diese Elemente brauchen viel mehr Platz als reine Textdaten. Außerdem haben Social Media wie Facebook oder Twitter oder Daten-intensive Websites wie Wikipedia, eBay, Amazon, Google oder die iCloud von Apple zur heutigen Datenexplosion beigetragen.

Hinweis
Welchen Umfang haben die digitalen Daten? 2008 veröffentlichte die University of California in Berkeley eine Studie, in der festgestellt wurde, dass im Jahr 2008 digitale Daten im Umfang von etwa 8 Exabyte (8 Trillionen Bytes) produziert worden waren. Ein Exabyte sind 10^{18} Byte = 1.000.000.000.000.000.000 Byte oder eine Million Terabyte. Laut dieser Studie sollte sich diese Menge in jeweils sechs Monaten verdoppeln. Die Wachstumsrate hat seit damals zugenommen. 2010 überstieg die Datenmenge 1 Zettabyte = 10^{21} Byte (1 Trilliarde Bytes), das heißt, sie hat sich in dieser kurzen Zeitspanne vertausendfacht. 2011 berichtete die IDC in ihrem Digital Universe Report, dass sich die erzeugten digitalen Daten der Menge 2 Zettabyte annäherten.

Alle Computer rufen gespeicherte Daten ähnlich ab. Das Betriebssystem kontrolliert den Zugriff auf die verschiedenen I/O-Geräte. Eine Applikation wird in den Speicher geladen und kommuniziert mit dem Betriebssystem, um die Daten abzurufen, die sie für ihre Aufgaben benötigt. Das Betriebssystem gibt Datenanforderungen an das Speichersubsystem weiter, das normalerweise aus einer Festplatte (oder einer Gruppe von Plattenlaufwerken) und einem Mikroprozessor besteht, der hilft, die Anforderungen zu optimieren. Das Subsystem lokalisiert die Daten und gibt sie dann in Form von Datenblöcken gleicher Größe an das Betriebssystem zurück. Dieses reicht sie an die Applikation weiter. Das Programm arbeitet mit den Daten; braucht es mehr Daten, wird der Prozess wiederholt. Werden die Daten in den Datenblöcken geändert, können die Blöcke über das Betriebssystem an das Speichersubsystem zurückgegeben werden, das die geänderten Daten dann dauerhaft auf ein physisches Speichergerät schreibt. Der Prozess läuft immer ähnlich ab, egal, ob Sie E-Mails auf einem PC lesen oder einen Film abspielen, der auf einem digitalen Videorekorder gespeichert worden ist.

Wie ist der Ablauf in einer virtuellen Umgebung, etwa wenn Daten von einer Festplatte abgerufen werden? Abbildung 9.1 illustriert den Weg einer Datenanforderung von einer Applikation zu dem Storage Controller. Die Anforderung wird an das Betriebssystem übergeben, das das I/O-Gerät ermittelt, an das die Anforderung geleitet werden muss. Direct Attached Storage (DAS), also Festplattenspeicher, der in das Host-System eingebaut ist, wird von einem Storage Controller verwaltet, einer physischen Prozessorkarte, die zur Hardware des Computers gehört. SAN (Storage Area Network) oder NAS (Network Attached Storage) sind Plattenspeicher, die durch ein Dedicated Storage Network (spezielles Speichernetzwerk) oder eine NIC (Network Interface Controller) mit einem Computer verbunden sind. Eine NIC ist eine physische Karte (Platine), die den Computer mit dem Netzwerk verbindet. Ein SAN ist normalerweise über einen speziellen Controller, manchmal auch Fibre-Channel Controller (FCC) oder Host-Bus Adapter (HBA) genannt, mit dem Computer verbunden.

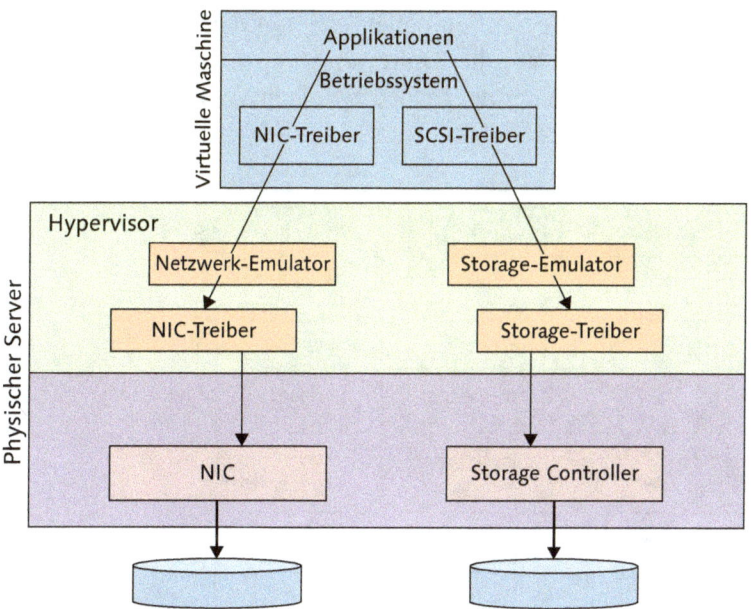

Abbildung 9.1 Weg einer Datenanforderung bei virtuellen Festplatten

Jede dieser physischen I/O-Karten, der Storage Controller und die Netzwerk-Controller, nutzen die Gerätetreiber, mit denen das Betriebssystem mit ihnen

9.1 Festplattenspeicher für eine virtuelle Maschine verwalten

kommuniziert. Werden Daten auf einer lokalen Festplatte oder im Computer angefordert, wird die Anforderung an den SCSI-Treiber gerichtet. Diese Anforderung, die bei einem physischen Server direkt an den physischen Storage Controller gerichtet wird, wird in einer virtualisierten Umgebung von dem Hypervisor übernommen. Die virtuelle Maschine sieht einen SCSI-Controller, der von der Hardware präsentiert wird. Doch tatsächlich handelt es sich nur um eine Abstraktion, die der Hypervisor nutzt, um I/O-Anforderungen zu senden und zu empfangen. Der SCSI-Emulator registriert die Anforderung und fügt sie in eine Warteschlange ein, in der alle Storage-I/O-Anforderungen aller virtuellen Maschinen auf dem Host verwaltet werden. Die Anforderungen werden dann an den Speichergerätetreiber des Hypervisors übergeben, der mit dem Storage Controller des physischen Hosts verbunden ist. Der Storage Controller führt die Anforderung aus und empfängt die angeforderten Datenblöcke. Der Hypervisor sendet diese dann auf demselben Weg in umgekehrter Richtung an die richtige anfordernde VM. Das Betriebssystem der virtuellen Maschine empfängt die Daten von dem virtuellen Storage Controller und gibt sie an die Applikation weiter, womit die Anforderung erfüllt ist.

Das zuvor beschriebene Modell gehört zu denen, die von dem VMware Hypervisor verwendet werden; doch wie in Kapitel 2, »Was sind Hypervisoren?«, angedeutet wurde, besteht ein Hauptunterschied zwischen VMware und anderen Hypervisor-Technologien in der Architektur des I/O-Durchsatzes. Abbildung 9.2

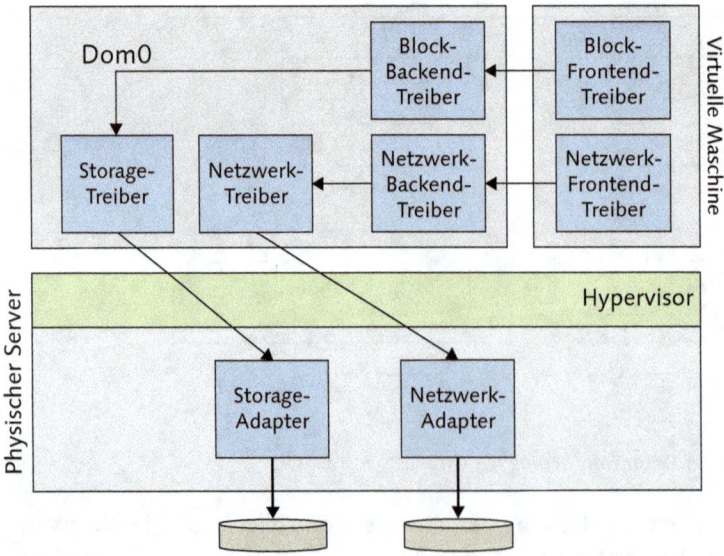

Abbildung 9.2 Weg einer Datenanforderung bei virtuellen Festplatten

zeigt den Datenpfad für eine Anforderung in dem Xen-Modell; doch dieses unterscheidet sich nicht grundsätzlich von anderen Xen-Varianten oder Microsoft Hyper-V. Hier wird die Anforderung von der Applikation in der virtuellen Maschine generiert, die in diesem Modell als *User Domain* (Anwenderdomäne) bezeichnet wird. Die Anforderung wird über das Gast-Betriebssystem an einen Frontend-Gerätetreiber weitergeleitet.

Analog zu den Storage- und Netzwerk-Treibern aus dem letzten Beispiel verfügt dieses Modell sowohl über einen Netzwerk-Treiber als auch über einen Block von Frontend-Treibern. Diese Frontend-Treiber sind mit entsprechenden Backend-Treibern verbunden, die in dem Dom0-Gast angesiedelt sind, dem singulären Gast, der über Verwaltungsrechte verfügt und direkt auf die Hardware zugreifen kann. Der Backend-Gerätetreiber nimmt alle Anforderungen aller Anwender-Gäste (Anwenderdomänen) entgegen und gibt sie an den Dom0-Gerätetreiber weiter. Der Gerätetreiber ist direkt mit dem entsprechenden Hardware-Gerät verbunden, das dann die Datenanforderung an die Speichergeräte weiterleitet. In diesem Modell wird der Hypervisor umgangen, weil Dom0 die Entität ist, die mit den Speichergeräten verbunden ist. Wie im vorhergehenden Beispiel werden die Datenblöcke auf demselben Weg in umgekehrter Richtung an die anfordernde Gast-Applikation zurückgegeben.

Ähnlich wie bei der weiter vorne beschriebenen Prozessor- und Speicher-Virtualisierung ist die Festplatten-Virtualisierung eine Abstraktion der physischen Ressourcen, die der virtuellen Maschine so präsentiert wird, als würde sie tatsächlich die physischen Geräte kontrollieren. Wenn Sie virtuelle Platten konfigurieren, ist das Windows-Laufwerk D:, mit dem die virtuelle Maschine interagiert, eine logische Repräsentation eines physischen Windows-Laufwerks, wie es sich dem Gast-Betriebssystem darstellt. Physisch können die Datenblöcke auf einem beliebigen Speichergerät gespeichert sein, das mit dem von dem Hypervisor kontrollierten Host verbunden ist. Doch für das Betriebssystem und die Applikationen der virtuellen Maschine erscheinen sie als Windows-D:-Laufwerk und verhalten sich entsprechend.

Schlüsselaspekte der Architektur virtueller externer Speicher sind Clustering und Shared Storage. SAN- oder NAS-Lösungen ermöglichen es einem Server, auf Plattenspeicher zuzugreifen, der nicht zur Hardware-Konfiguration gehört. Sie ermöglichen es auch mehreren Computern, auf dieselben physische Laufwerke zuzugreifen. Sowohl physische als auch virtuelle Infrastrukturen können gleichzeitig SAN- oder NAS-Geräte nutzen, was oft den Übergang in eine virtuelle Umgebung erleichtert. So kann etwa ein physischer Server, dessen Daten auf einer

9.1 | Festplattenspeicher für eine virtuelle Maschine verwalten

internen Festplatte gespeichert sind, auf eine virtuelle Maschine übertragen werden. Die Datenplatten müssten ebenfalls in die neue Umgebung übertragen werden. Sie könnten in die virtuelle Maschine integriert oder auf das gemeinsam genutzte Storage-System übertragen werden. Ein physischer Server, dessen Daten bereits im SAN gespeichert sind, müsste ebenfalls in die virtuelle Umgebung übertragen werden. Anstatt alle Festplatten zu kopieren, müssen sie von der virtuellen Maschine nur remountet werden, damit ein Zugriff möglich ist. So können Administratoren eine virtuelle Umgebung leicht testen und bei Problemen zum ursprünglichen Server zurückkehren. Manche Unternehmen übertragen periodisch physische Hosts in virtuelle Umgebungen, um ihre Systeme bei einem Ausfall der Hardware schnell wiederherstellen zu können. Näheres über Clustering erfahren Sie in Kapitel 13, »Was bedeutet Verfügbarkeit?«

> **Hinweis**
>
> **Dateisystem-Optionen** Jeder Hypervisor bietet seinen virtuellen Maschinen ein Dateisystem an, das diese durch eine Abstraktionsschicht von dem physischen Plattensystem isoliert. So kann es die VMs leichter verwalten, als wenn diese direkt auf das Storage-Array zugreifen könnten. VMware verwendet *VMFS (Virtual Machine File System)*, Hyper-V arbeitet mit *CSV (Cluster Shared Volumes)* und Xen hat *XFS*. Jedes dieser Dateisysteme dient dazu, die virtuellen Festplattenlaufwerke der Gäste zu speichern. Es gibt Methoden, Festplatten direkt für eine virtuelle Maschine zugänglich zu machen und den Hypervisor zu umgehen: RDM (Raw Device Mapping) oder eine Pass-Through-Festplatte. RDMs werden nur ausnahmsweise eingesetzt, etwa wenn Festplattenspeicher per Remounting sowohl von einer physischen als auch einer virtuellen Maschine benutzt werden soll. In früheren Versionen dieser Dateisysteme wurde manchmal das Raw Device Mapping bevorzugt, wenn die I/O-Performance der Festplatten wegen des zusätzlichen Verwaltungsaufwands der virtuellen Lösungen unzulänglich war. Bei den heutigen Versionen gibt es praktisch keine Performance-Unterschiede zwischen physischen und virtuellen Lösungen.

Zusätzlich zu den bereits behandelten Konfigurationen gibt es einige neuere Lösungen für virtuelle Umgebungen, die unter einem besonderen Kostendruck stehen. Kleinere Unternehmen können sich oft nicht leisten, Shared-Storage-Lösungen zu kaufen, und müssen sich auf die Virtualisierung innerhalb eines einzelnen Hosts beschränken. Eine solche Lösung spart zwar Kosten, doch sie beeinträchtigt die Verfügbarkeit der Applikationen insgesamt: Sollte dieser Server ausfallen, fallen alle Aufgaben aus.

Diese Gefahr ist eine Einstiegshürde in die Virtualisierung. Unternehmen verzögern den Umstieg, bis sie sich traditionelle Shared-Storage-Lösungen leisten können. Bei diesen neuen Lösungen können mehrere separate Festplatten, ähnlich wie die internen Server-Festplatten, zu einer gemeinsam genutzten Ressource zusammengefasst werden, die mehreren Systemen zur Nutzung zur Verfügung stehen. Abbildung 9.3 illustriert diese Lösung. Beispiele dafür sind HP P4000 LeftHand SAN und VMware Virtual Storage Appliance. Beide Beispiele nutzen den vorhandenen Plattenspeicher, um einen gemeinsam genutzten Pool zu erstellen. Dadurch wird der Kauf eines teureren Storage-Arrays überflüssig.

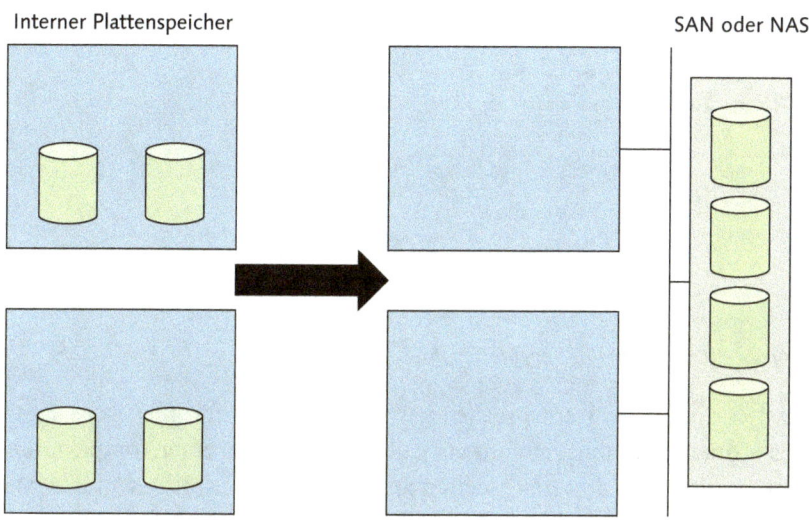

Abbildung 9.3 Storage-Pool ohne ein Storage-Array

9.2 VM-Storage-Optionen konfigurieren

Ähnlich wie beim Speicher und der CPU gibt es mehrere Optionen, den Plattenspeicher einer virtuellen Maschine zu ändern. Faktisch gibt es zahlreiche Möglichkeiten, Festplatten mit virtuellen Maschinen zu verbinden und zu konfigurieren; doch diese Methoden stehen auch in einer physischen Umgebung zur Verfügung. Einige werden im nächsten Abschnitt behandelt. Hier konzentrieren wir uns darauf, wie Sie den virtuellen Plattenspeicher von der Verwaltungsschnittstelle aus ändern können.

1. Falls Ihre virtuelle Maschine noch läuft, fahren Sie sie herunter. Wählen Sie dann den Menübefehl VIRTUAL MACHINE | VIRTUAL MACHINE SETTING und markieren Sie den Eintrag HARD DISK (SCSI) (siehe Abbildung 9.4). Es werden einige grundlegende Informationen über das Laufwerk C: angezeigt: einige Kapazitätsinformationen, der Name der Datei, die diese Festplatte im Dateisystem des physischen Systems repräsentiert, und einige wenige Utilities. Das UTILITIES-Menü zeigt einige Werkzeuge an.

9.2 | Festplattenspeicher für eine virtuelle Maschine verwalten

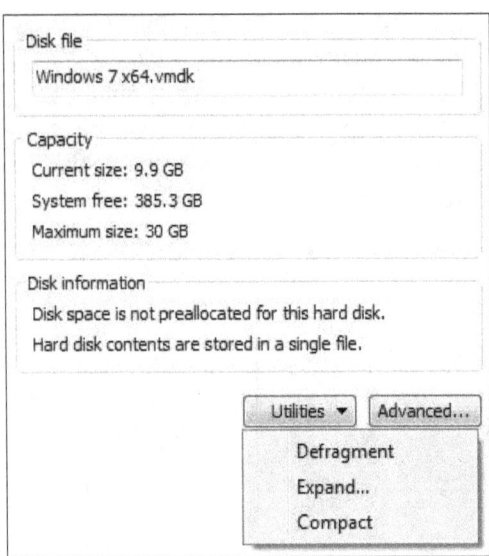

Abbildung 9.4 Storage-Pool ohne ein Storage-Array

2. DEFRAGMENT ähnelt dem entsprechenden Werkzeug für die physische Festplatte. Es ordnet die Dateien auf der virtuellen Festplatte in einer kompakteren Form um, beansprucht den freigesetzten Speicherplatz aber nicht. Mit EXPAND können Sie die Kapazität einer virtuellen Festplatte vergrößern. Mit COMPACT können Sie die Größe einer virtuellen Festplatte reduzieren, indem Sie leeren Speicherplatz wiedergewinnen, aber die virtuelle Maschine muss heruntergefahren sein, um diese Funktion zu nutzen.

3. Fügen Sie jetzt eine zweite Festplatte zu dem System hinzu. Klicken Sie zu diesem Zweck unten auf der linken Seite auf den ADD-Button. Falls Ihr Host-System um Erlaubnis fragt, ob VMware Player Änderungen auf dem Computer vornehmen darf, während er eine neue Festplattendatei erstellt, geben Sie Ihre Erlaubnis, indem Sie auf JA klicken.

4. Abbildung 9.5 zeigt die ADD HARDWARE WIZARD-Anfangsseite. Der Eintrag HARD DISK ist bereits markiert. Klicken Sie auf NEXT, um fortzufahren.

5. Der Wizard zeigt die Seite SELECT A DISK (siehe Abbildung 9.6). Das erste Optionsfeld, CREATE A NEW VIRTUAL DISK, ist bereits markiert. Diese Option erstellt eine virtuelle Disk in Form einer einzigen Datei auf dem Host-Betriebssystem. Beachten Sie auch die anderen Optionen. Mit USE AN EXISTING VIRTUAL DISK könnten Sie eine bereits erstellte Disk wieder nutzen. Mit USE A PHYSICAL DISK könnten Sie der virtuellen Maschine einen direkten Zugriff auf eine lokale physische Festplatte einräumen. Klicken Sie auf NEXT, um fortzufahren.

VM-Storage-Optionen konfigurieren | 9.2

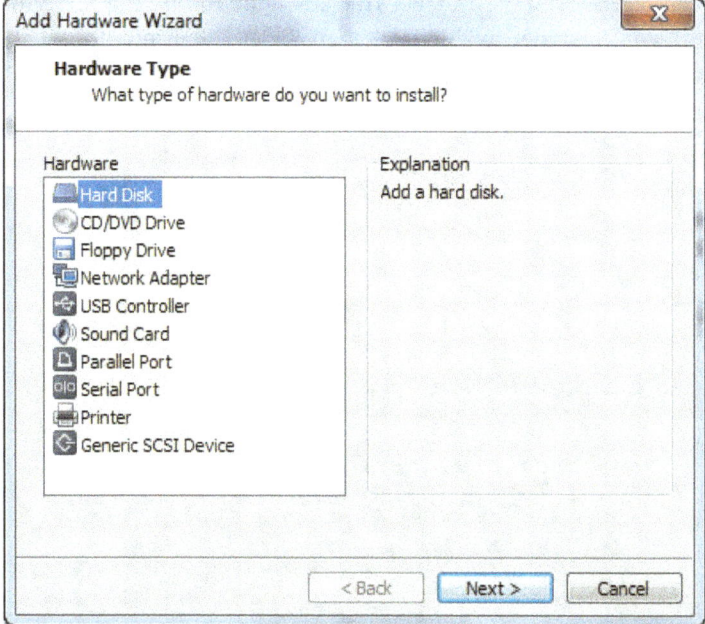

Abbildung 9.5 Der »Add Hardware Wizard«

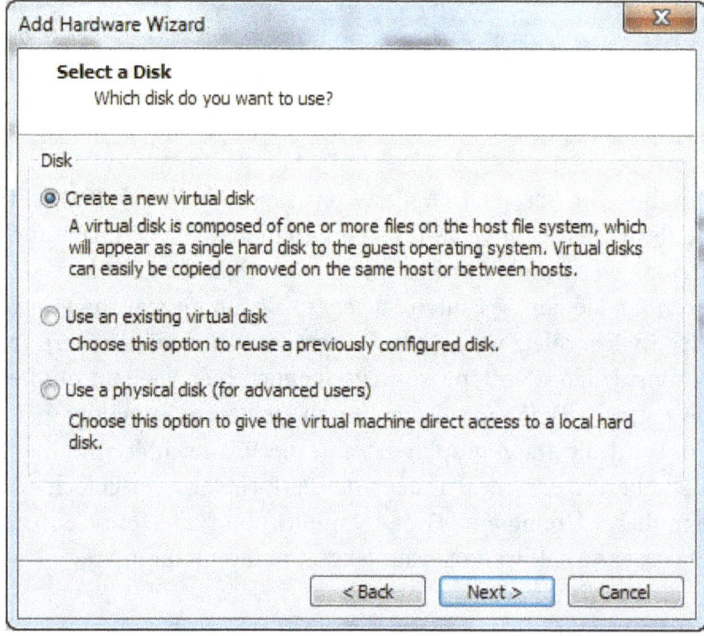

Abbildung 9.6 Eine Festplatte auswählen

197

9.2 | Festplattenspeicher für eine virtuelle Maschine verwalten

6. Der Wizard zeigt das Fenster SELECT A DISK TYPE an (siehe Abbildung 9.7). Sie können zwischen zwei Bustypen wählen; bleiben Sie bei dem empfohlenen Typ SCSI. Klicken Sie auf NEXT, um fortzufahren.

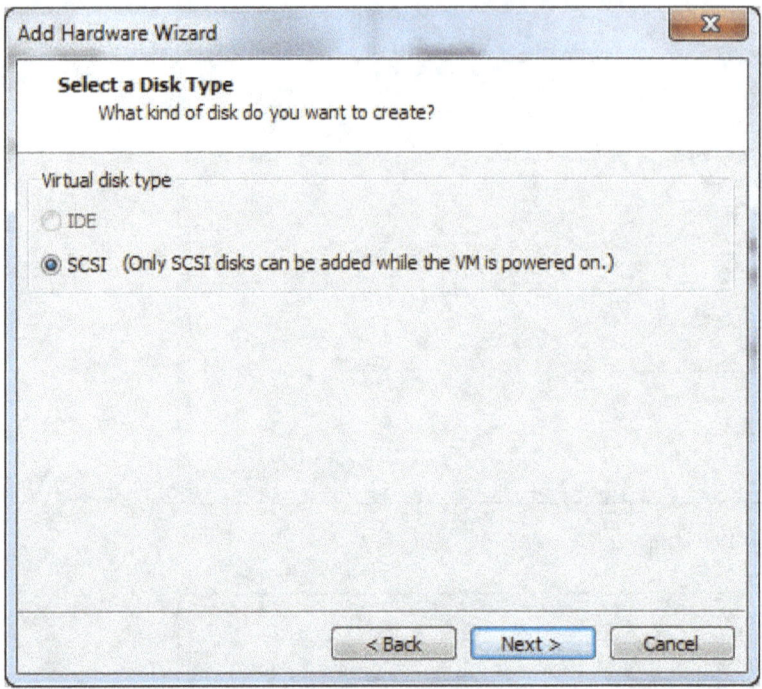

Abbildung 9.7 Den Festplattentyp wählen

7. Der Wizard öffnet die Seite SPECIFY DISK CAPACITY (siehe Abbildung 9.8), auf der Sie die Größe des neuen Laufwerks festlegen können. Die maximale und die empfohlene Größe werden als Anhaltspunkte angezeigt. Mit ALLOCATE ALL DISK SPACE NOW können Sie den gesamten Speicherplatz auf einmal zuweisen. Alternativ wird der Speicherplatz nach Bedarf vergrößert. Wie bei Laufwerk C: beim Anlegen der virtuellen Maschine können Sie auch hier wählen, ob die Festplatte in einer einzigen Datei oder in mehreren kleineren Dateien gespeichert werden soll. Wird die Datei gesplittet, kann die VM leichter auf einen anderen Computer übertragen werden, aber die Performance verschlechtert sich. Wählen Sie in dieser Übung eine Größe von 5 GB und die Option STORE VIRTUAL DISK AS A SINGLE FILE. Klicken Sie auf NEXT, um fortzufahren.

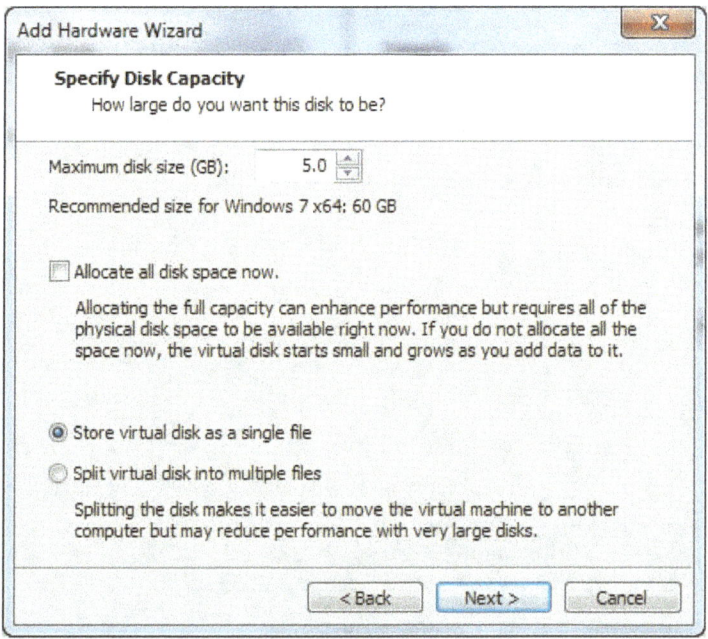

Abbildung 9.8 Die Festplattenkapazität festlegen

8. Der Wizard zeigt seine letzte Seite, SPECIFY DISK FILE, an (siehe Abbildung 9.9), auf der Sie den Namen und den Speicherort der virtuellen Festplatte festlegen können. Er übernimmt den Namen der vorhandenen virtuellen Festplatte und hängt standardmäßig einen Zähler an den Namen. Außerdem wird die Festplatte standardmäßig im Ordner der vorhandenen virtuellen Maschine gespeichert. Mit dem BROWSE-Button können Sie sich den Ordner und die dort vorhandenen Dateien anzeigen lassen und den Ordner wechseln. Wenn Sie fertig sind, schließen Sie das BROWSE-Fenster; klicken Sie dann auf FINISH, um den Prozess abzuschließen.

9. Im Fenster VIRTUAL MACHINE SETTINGS wird jetzt die neue Festplatte angezeigt (siehe Abbildung 9.10). Unter CAPACITY sehen Sie, dass sich ihre MAXIMUM SIZE (maximale Größe) und ihre CURRENT SIZE (tatsächliche Größe) unterscheiden, da Sie den Platz nicht voralloziert haben. Wenn Sie auf UTILITIES klicken, ist nur die Option EXPAND (Erweitern) aktiviert, mit der Sie die Größe der Festplatte erweitern können. Das liegt unter anderem daran, dass die Erstellung der neuen Festplatte noch nicht abgeschlossen ist. Die Festplatte ist jetzt konfiguriert und mit der virtuellen Maschine verbunden, aber Sie haben sie noch nicht formatiert und für Windows initialisiert.

9.2 | Festplattenspeicher für eine virtuelle Maschine verwalten

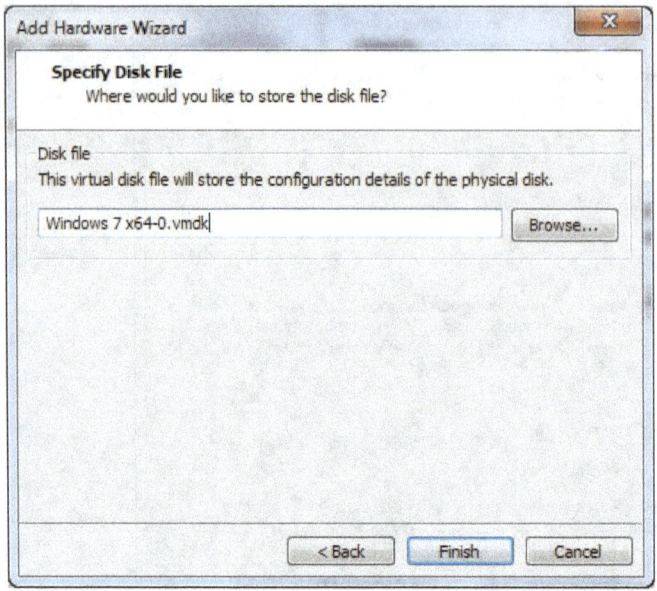

Abbildung 9.9 Namen und Speicherort der Festplatte festlegen

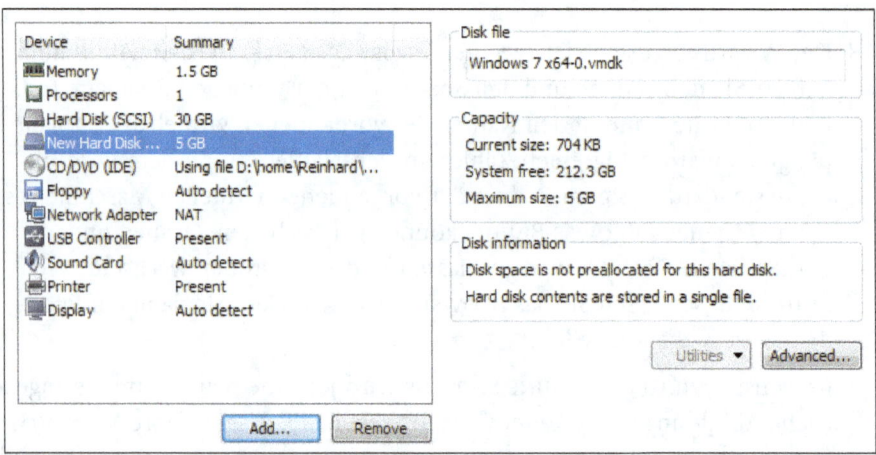

Abbildung 9.10 Eine neue Festplatte

VM-Storage-Optionen konfigurieren | **9.2**

10. Klicken Sie auf OK, um das Fenster Virtual Machine Settings zu schließen, und starten Sie die virtuelle Maschine, indem Sie auf Play virtual machine klicken. Am unteren Rand des VMware-Player-Fensters werden jetzt zwei Festplattensymbole angezeigt. Wenn Sie mit dem Mauszeiger auf diese Symbole fahren, zeigt das eine die ursprüngliche 30-GB-Festplatte und das andere die neue 5-GB-Festplatte.

11. Nachdem die virtuelle Maschine hochgefahren ist, klicken Sie auf Start | Systemsteuerung | System und Sicherheit und dann auf Verwaltung. Doppelklicken Sie auf Computerverwaltung. Falls erforderlich, erweitern Sie im linken Fensterbereich den Eintrag Datenspeicher und klicken Sie dann auf Datenträgerverwaltung.

12. Das Utility erkennt, dass das neue Speichergerät, Datenträger 1, noch nicht initialisiert worden ist (siehe Abbildung 9.11) und bietet Ihnen die Initialisierung an. Sie können dieses Fenster verschieben, um die vorhandenen Geräte anzuzeigen und zu prüfen, ob die zu initialisierende Festplatte die korrekte ist. Klicken Sie auf OK, um fortzufahren.

Abbildung 9.11 Die neue Festplatte initialisieren

13. Jetzt wird das neue Laufwerk von dem System erkannt und ist online, aber es kann immer noch nicht von Windows verwendet werden. Klicken Sie mit der rechten Maustaste auf den nicht zugeordneten Bereich von Datenträger 1.

9.2 | Festplattenspeicher für eine virtuelle Maschine verwalten

Wählen Sie in dem Kontextmenü den Befehl NEUES EINFACHES VOLUME (siehe Abbildung 9.12). Der Assistent zum Erstellen neuer einfacher Volumes wird angezeigt. Klicken Sie auf WEITER, um fortzufahren.

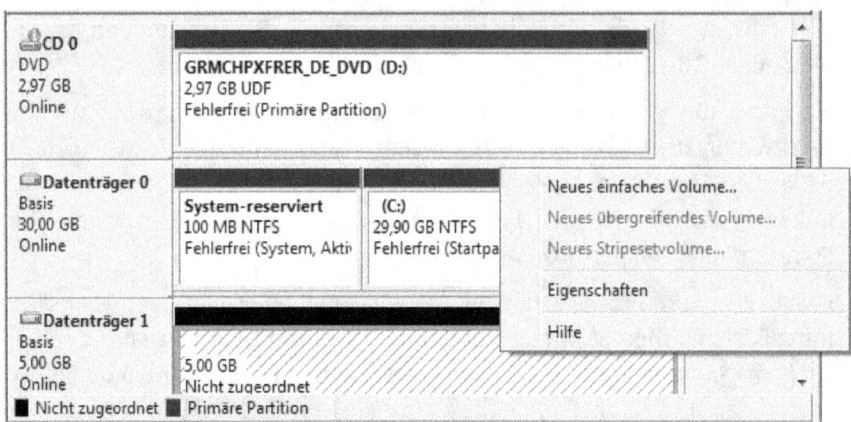

Abbildung 9.12 Die Option »Neues einfaches Volume«

14. Auf der Seite VOLUMENGRÖSSE FESTLEGEN werden MAXIMALER SPEICHERPLATZ IN MB und MIMIMALER SPEICHERPLATZ IN MB angezeigt. Sie können einen MB-Wert zwischen diesen Grenzwerten auswählen. Übernehmen Sie den vorgeschlagenen Maximalwert. Klicken Sie auf WEITER, um fortzufahren.

15. Der Titel der nächsten Seite, LAUFWERKBUCHSTABEN ODER -PFAD ZUORDNEN, spricht für sich selbst. Sie können den vorgeschlagenen Laufwerksbuchstaben E: ändern, indem Sie einen anderen Buchstaben aus dem Drop-down-Menü auswählen. Klicken Sie auf WEITER, um fortzufahren.

16. Auf der nächsten Seite, PARTITION FORMATIEREN, werden diverse Formatierungsoptionen angeboten. Ändern Sie die VOLUMENBEZEICHNUNG in *Zweites Laufwerk*. Die anderen Vorschläge reichen für unsere Zwecke aus. Klicken Sie auf WEITER, um fortzufahren.

17. Auf der letzten Seite, FERTIGSTELLEN DES ASSISTENTEN, können Sie Ihre Einstellungen noch einmal prüfen und gegebenenfalls mit ZURÜCK ändern. Klicken Sie dann auf FERTIG STELLEN. Nach einigen Momenten wird die neue virtuelle Festplatte als ZWEITES LAUFWERK (E:) angezeigt. Sie ist in das Dateisystem eingebunden und einsatzbereit.

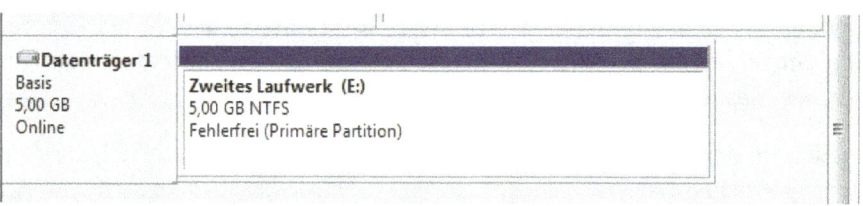

Abbildung 9.13 Das neue Laufwerk ist einsatzbereit.

18. Wenn das Laufwerk gemountet wird, wird es von Windows 7 automatisch erkannt. Wenn Sie das Speicherverwaltungs-Utility schließen, wird das Dialogfeld AUTOMATISCHE WIEDERGABE angezeigt. (Schließen Sie dieses Dialogfeld.) Das Laufwerk wird ebenfalls angezeigt, wenn Sie auf den START-Button und dann auf COMPUTER klicken (siehe Abbildung 9.14). Abgesehen von den Dateien, die Windows zur Verwaltung des Laufwerks benötigt, ist dieses komplett leer.

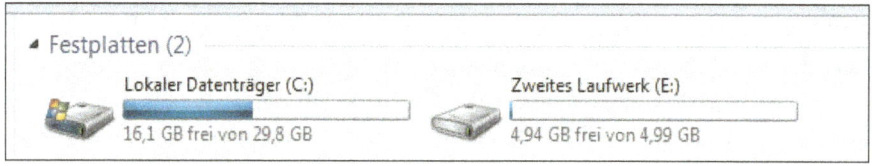

Abbildung 9.14 Beide Festplattenlaufwerke

9.3 Optimierung von VM-Festplatten

Wie bereits erwähnt, sind virtuelle Festplatten oft für Performanceprobleme verantwortlich. Es gibt viele Gründe dafür, aber normalerweise verstehen die Betreiber nicht, wie die Virtualisierung den Gesamtdurchsatz der Speicherumgebung beeinflusst. Diese Probleme sind nicht auf ein bestimmtes Speichermedium oder Verbindungsprotokoll beschränkt.

Der Hauptgrund für Performanceprobleme in virtuellen Umgebungen ist die Konsolidierung. Sie bietet Datenzentren nicht nur den Vorteil, Hunderte von physischen Servern einzusparen, sondern verursacht auch die meisten Probleme. Werden mehrere Aufgaben in Form virtueller Maschinen auf einem einzigen physischen Host-Server angesiedelt, werden nicht nur die Systemspeicher- und Verarbeitungsanforderungen dieser Aufgaben, sondern auch ihre Festplatten-I/O-Anforderungen gebündelt. Virtualisierungsanfänger verstehen zwar, dass Host-Server mit vielen Prozessoren und Kernen sowie größeren Speicherkapazitäten

9.3 | Festplattenspeicher für eine virtuelle Maschine verwalten

benötigt werden, ignorieren aber oft die Anforderungen, die in einer konsolidierten Umgebung an externe Plattenspeicher und den Netzwerkdurchsatz gestellt werden, der im nächsten Kapitel behandelt wird.

Stellen Sie sich vor, die Feuerwehr wollte einen Großbrand löschen, hätte aber nur einen normalen Gartenschlauch. Das Wasser würde bei Weitem nicht ausreichen, um das Feuer zu bekämpfen. Ähnlich kann ein Virtualisierungs-Server ohne ausreichenden Festplattendurchsatz nicht die Anforderungen seiner vielen gehosteten virtuellen Maschinen erfüllen. Die Konsolidierung reduziert die Anzahl der physischen Server, aber nicht den I/O-Umfang. Das Problem wird dadurch verschärft, dass oft auch weniger I/O-Kanäle zur Verfügung stehen. Hinzu kommt, dass die I/O-Anforderungen mit der Virtualisierung üblicherweise wachsen, weil die Betreiber virtuelle Maschinen normalerweise so schnell und leicht erstellen können, dass es in der virtuellen Umgebung mehr virtuelle Maschinen gibt als in der ursprünglichen physischen Umgebung.

Glücklicherweise weiß man sehr gut, wie man genügend *Pipe* (Durchsatzkapazitäten) bei diversen Speicherkonfigurationen zur Verfügung stellen kann. Bewährte Verfahren aus der physischen Umgebung lassen sich direkt in eine virtuelle Umgebung übertragen. Einige heute anwendbare Grundsätze sind schon sehr lange bekannt. So leisten etwa mehr physische Laufwerke normalerweise mehr. Können Sie zwischen viele kleineren und wenigen größeren Festplatten wählen, sind viele kleinere normalerweise selbst dann die bessere Wahl, wenn die größeren über bessere Performanceeigenschaften verfügen. Denn Storage Arrays verfügen über zahlreiche Strategien, um schnell und effizient auf die Datenblöcke auf ihren Festplatten zuzugreifen, und zwar auch parallel. Dies bedeutet, dass sie mehr Zugriffe gleichzeitig ausführen können, wenn sie über mehr Festplatten verfügen.

Auch die Verfügbarkeitstechniken, die Anbieter entwickelt haben, um Datenverluste beim Ausfall einer Festplatte zu verhindern, können in virtuellen Umgebungen genutzt werden. Ich kann hier nicht im Detail auf diese Techniken eingehen, sondern Ihnen nur bewusst machen, dass viele solcher Speicheroptimierungen existieren. So ist etwa das *Disk Mirroring* (Festplattenspiegelung) eine Optimierungstechnik, bei der eine zweite Festplatte dazu benutzt wird, die Datenblöcke einer Festplatte perfekt zu spiegeln. Fällt eine Festplatte aus, enthält die Spiegelkopie immer noch alle Daten.

Gespiegelte Laufwerke bieten außerdem den Vorteil, dass Daten von zwei Kopien eingelesen werden können. So können Zugriffskonflikte beim Kopieren von einer einzigen Festplatte halbiert werden. Das *Disk Striping* ist eine weitere verbreitete Optimierungstechnik. Hier wird ein einzelnes Dateisystem über mehrere Festplatten verteilt. Die Daten können parallel auf mehrere Laufwerke geschrieben oder von ihnen gelesen werden, was den Durchsatz erheblich beschleunigt. Mit einer Kombination dieser beiden Techniken können die Verfügbarkeit der Daten und die Performance erheblich verbessert werden, obwohl sich die Festplattenkosten natürlich verdoppeln.

> **Hinweis**
>
> **Verfügbarkeit und Performance durch RAID verbessern** Viele Festplattenspeichertechnologien, mit denen Verfügbarkeit und Durchsatz verbessert werden sollen, werden unter dem Begriff *RAID* zusammengefasst. Die Abkürzung *RAID* stand ursprünglich für *Redundant Array of Inexpensive Disks* (Redundantes Array preiswerter Festplatten). RAID ist der Oberbegriff für die Techniken, mit denen Daten über mehrere Festplatten verteilt werden. Im Laufe der Zeit wurden verschiedene RAID-Level entwickelt und definiert. Jeder Level beschreibt eine Art der Datenverteilung, des Schutzes und der möglichen Performance. So wird etwa das oben erwähnte Striping als *RAID Level 0* bezeichnet. Mirroring wird als *RAID Level 1* definiert. Die Kombination beider Techniken wird manchmal als *RAID 1 + 0* oder *RAID 10* bezeichnet. Andere, ausgefeiltere RAID-Techniken schreiben einzelne Teile (Bits, Bytes oder Blocks) auf separate Festplatten und gewährleisten die Datenintegrität durch eine separate Festplatte, die Daten enthält, mit denen verlorene Daten bei einem Ausfall einer einzelnen Festplatte wiederhergestellt werden können.

Eine weitere Strategie für die effiziente Speichernutzung ist die Daten-Deduplikation. *Deduplikation* ähnelt dem Page Sharing im Systemspeicher aus dem letzten Kapitel. Betrachten Sie etwa einen E-Mail-Server in einem Unternehmen. Der Personalchef sendet ein zwölf Seiten langes und 2 MB großes Dokument mit Änderungen der Geschäftspolitik an die fünftausend Mitarbeiter des Unternehmens. Alle fünftausend Mitarbeiter wissen, dass dieses Dokument wichtig ist, und speichern es ab. Das Dokument belegt nun 10 GB auf den Festplatten des Unternehmens. Zehn Gigabyte scheinen heute nicht mehr sehr viel zu sein; aber wenn man dieses eine Beispiel mit den Tausenden von Dokumenten multipliziert, die über Jahre hinweg täglich versendet und gespeichert werden, kommen schnell viel größere Zahlen zustande.

Bei der Deduplikation werden identische Daten im Speichersystem gesucht, die Ursprungsdaten markiert und die Duplikate durch Zeiger (Pointer, Verweise) auf das ursprüngliche Dokument ersetzt. Die identischen Daten können aus Strings in der Größe einiger Bytes, aus größeren Datenblöcken oder aus kompletten Dateien bestehen. In jedem Fall wird nur eine Kopie der Daten gespeichert. Der Speicherbedarf für das Beispieldokument beträgt danach nicht mehr 10 GB, sondern nur 2 MB (die ursprüngliche Größe) plus die fünftausend Verweise, was fast vernach-

9.3 | Festplattenspeicher für eine virtuelle Maschine verwalten

lässigbar ist. Abbildung 9.15 zeigt drei einfache Vorher-nachher-Szenarien. Praktische Erfahrungen haben gezeigt, dass per Daten-Deduplikation, abhängig von der Zusammensetzung und Redundanz der Daten, zwischen 30 bis 90 Prozent Speicherplatz wiedergewonnen werden kann.

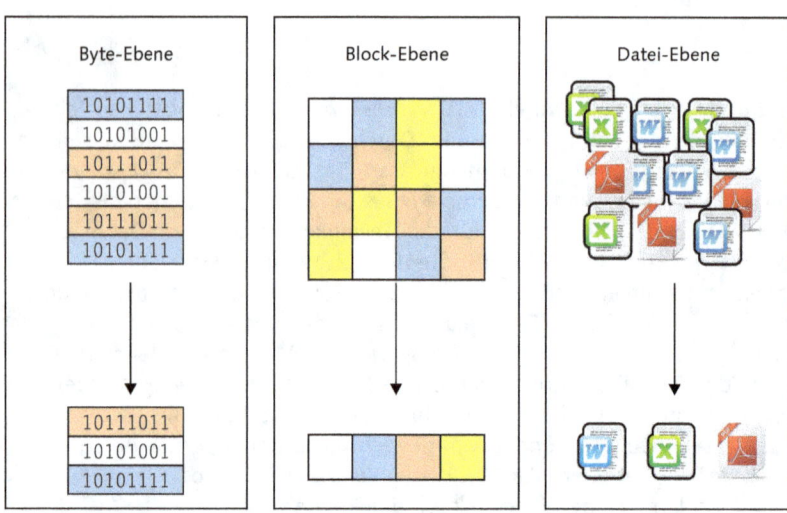

Abbildung 9.15 Deduplikation

Bei der Erstkonfiguration von Dateisystemen muss der Administrator, wie bei der Definition einer zweiten Festplatte weiter vorne, festlegen, wie viel Festplattenspeicher alloziert werden soll. Nach dieser Allokation steht dieser Speicherplatz nicht mehr für den gemeinsam nutzbaren Storage Pool zur Verfügung. Wenn Sie etwa über eine Festplatte mit 300 GB verfügen und drei 100-GB-Dateisysteme erstellen, verbrauchen Sie die gesamte Festplattenkapazität. Man spricht in diesem Fall von *Thick Provisioning* (wörtlich *Dicke Bereitstellung*). Thick Provisioning hat den Nachteil, dass jedem Dateisystem schon bei der Erstellung der maximal mögliche Speicherplatz auf der Festplatte zugewiesen wird und dass dieser Speicherplatz ausschließlich diesem Dateisystem zur Verfügung steht. Wenn Sie letztlich nur die Hälfte jedes Dateisystems verwenden, sind 150 GB oder die Hälfte des Speicherplatzes verschwendet.

Abbildung 9.16 zeigt eine mögliche Lösung für dieses Problem: *Thin Provisioning* (wörtlich *Dünne Bereitstellung*). Wenn Sie denselben drei Dateisystemen jeweils 100 GB zuweisen und nur jeweils 50 GB nutzen, werden beim Thin Provisioning auch nur 150 GB der Festplatte genutzt. Ähnlich wie bei der weiter vorne beschriebenen Storage-Overcommit-Technologie können Sie per Thin Provisioning mehr Festplattenspeicher zur Verfügung stellen (Over-provisioning), als Sie physisch besitzen. Bei derselben Verteilung wie bei den vorhergehenden Dateisystemen könnten Sie zwei zusätzliche 100-GB-Dateisysteme allozieren und verfügten immer noch über eine Reserve an physischem Festplattenspeicher.

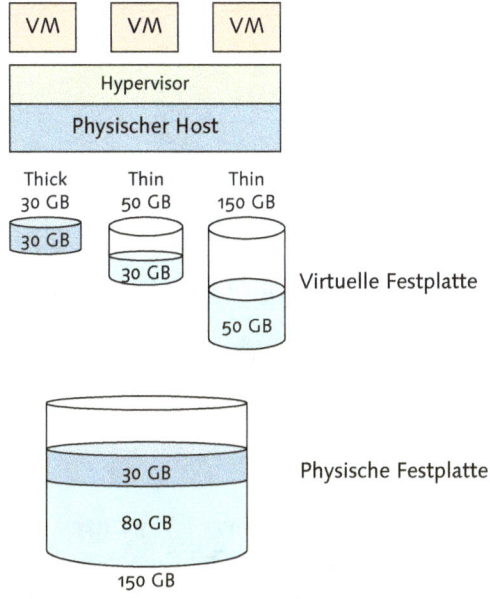

Abbildung 9.16 Thin Provisioning

Thin Provisioning hat normalerweise nur einen geringen Einfluss auf die Performance. Doch es hat einen viel gravierenderen Nachteil: Jedes Dateisystem glaubt, es habe mehr Speicherplatz zur Verfügung, als dies tatsächlich der Fall ist. Wenn Sie den gesamten zugewiesenen Speicherplatz nutzen, gibt es Probleme. Offensichtlich müssen Sie den Speicherbedarf genau kennen, wenn Sie erfolgreich mit Thin Provisioning arbeiten wollen. Doch bei gründlicher Vorbereitung können Sie damit die Verschwendung von Speicherplatz vermeiden.

Bei der Virtualisierung stellt sich nicht nur das Problem, viele Aufgaben auf weniger Server zu verteilen, sondern diesen Aufgaben auch den Zugriff auf die gemeinsam genutzten Speicherressourcen zu ermöglichen. Die Anforderungen und Datenblöcke fließen ohne größere Kontrolle der Prioritäten durch dieselben Kanäle (siehe Abbildung 9.17). Wenn eine Applikation den größten Teil der Speicherbandbreite für sich beansprucht, könnte dies andere Applikationen negativ beeinflussen, obwohl diese vielleicht wichtiger für das Unternehmen sind.

9.3 | Festplattenspeicher für eine virtuelle Maschine verwalten

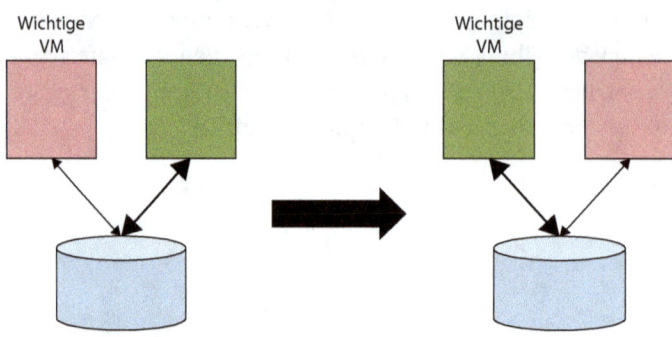

Abbildung 9.17 Storage-I/O-Kontrolle

Es gibt Lösungen für dieses Problem. Je nach Storage-Lösung können Storage- oder Netzwerk-Anbieter manchmal QoS-Grundsätze (QoS = Quality of Service) festlegen, die bei Zugriffskonflikten bestimmten Verkehrstypen eine größere Bandbreite einräumen. Unter den Hypervisoren hat der Hypervisor VMware die Fähigkeit, die Storage-I/O-Priorität für einzelne VMs festzulegen und damit wichtigeren Applikationen einen bevorzugten Zugriff auf knappe Ressourcen einzuräumen. Im Moment ist dies die einzige Lösung mit dieser Fähigkeit.

Die Virtualisierung kann auch die neueren Hardware-Speichergeräte nutzen. So sind etwa SSDs (Solid-State Disks; Festspeicher-Festplatten) Speichergeräte, die Daten nicht auf rotierenden Festplatten, sondern in einem Festspeicher speichern. In gewisser Weise sind auch sie ein Produkt von Moores Gesetz: Der technische Fortschritt ermöglichte es, Speicher-Chips immer dichter zu packen und damit deren Kapazitäten zu erhöhen. Deshalb sind sie heute so kostengünstig geworden, dass sie auch für größere Datenmengen verwendet werden können. SSDs haben noch nicht dieselben großen Speicherkapazitäten wie traditionelle Festplatten, bieten dafür aber erheblich bessere Zugriffszeiten. Heutige Festplatten können Daten in etwa 5 ms liefern; eine SSD kann dieselben Daten in etwa 0,1 ms, also etwa 50-mal schneller liefern.

Beim Entwurf virtueller Umgebungen werden zunehmend SSDs an taktischen Positionen eingesetzt, um kritische Funktionen schneller mit Daten zu bedienen. Virtual-Desktop-Implementierungen benutzen oft eine kleine Anzahl von Betriebssystem-Images, die bei Bedarf kopiert werden. Die Kopie stellt jedem Anwender ein frisches Template (Schablone) zur Verfügung, das vor dem produktiven Einsatz nur geringfügig angepasst werden muss. Wird ein solches Desktop-Template auf einer SSD gespeichert, kann die Zeitspanne bis zur Einsatzbereitschaft eines neuen Desktops erheblich reduziert werden. Auch die Hypervisoren können auf SSDs gespeichert werden, damit sie beim Booten des Hosts oder bei einem Reboot viel schneller zur Verfügung stehen als beim Booten von einer Festplatte.

Schließlich haben Storage-Anbieter das Konzept des *Tiered Storage* (wörtlich *Geschichtete Speicherung*) entwickelt, das mit verschiedenen Speichertypen mit unterschiedlichen Performance- und Verfügbarkeitseigenschaften arbeitet, um die Anforderungen einer Applikation zu bedienen. Eine Applikation mit höchsten Ansprüchen an Performance und Verfügbarkeit sollte auf einem schnelleren Speicher mit RAID-Funktionen implementiert werden. Applikationen mit weniger stringenten Anforderungen können auch auf langsameren Festplatten mit geringerer Verfügbarkeit eingesetzt werden. Oft sind in einem Storage Array alle diese Speichertypen kombiniert. Die Daten bestimmter Applikationen können je nach Anforderung von einer Speicherschicht in eine andere verlagert werden. Manche Lösungen können die Daten sogar dynamisch verlagern, wenn die bestmöglichen Antwortzeiten gefordert werden oder wenn eine geringe Nutzung über längere Zeit hinweg eine Herabstufung eines Dienstes rechtfertigt. Virtuelle Maschinen können die Quality-of-Service-Flexibilität auf der physischen Schicht selbst nutzen. Neuere Versionen der Hypervisoren kommunizieren mit dem Storage Array und übergeben ihm Anforderungen für Operationen, die früher von dem Hypervisor selbst ausgeführt wurden. So sollen nicht mehr nur Datenblöcke gelesen oder geschrieben werden, sondern unter anderem auch Daten kopiert, Dateisysteme initialisiert oder Datenblöcke gesperrt werden. Wenn dem Storage Array Funktionen übertragen werden, für die es konzipiert wurde, wird der Hypervisor entlastet und viele Funktionen werden schneller ausgeführt, als es der Hypervisor könnte.

Die bis jetzt beschriebenen Technologien sind zwar nicht auf die Virtualisierung beschränkt, sie sind aber alle wichtig, um eine hoch verfügbare, ressourceneffiziente und performante Umgebung zu erstellen und zu erhalten. Die Grundprinzipien einer performanten physischen Speicherumgebung gelten auch in der virtuellen Umgebung. In einer virtuellen Infrastruktur müssen zusätzliche Aufgaben auf weniger Hosts zusammengefasst werden. Damit sie den erforderlichen Durchsatz bewältigen kann, ist deshalb wie bei einer physischen Infrastruktur eine ausreichende I/O-Bandbreite erfolgsentscheidend.

9.4 Die Grundlagen und darüber hinaus

Die Mengen der produzierten Daten sind seit Beginn des Informationszeitalters exponentiell gewachsen. Ein Ende ist nicht abzusehen. Parallel dazu sind weltweit

9.4 | Festplattenspeicher für eine virtuelle Maschine verwalten

die Datenspeicher gewachsen – von Kilobytes über Megabytes zu Terabytes und Petabytes. Eine Virtualisierung ist nur erfolgreich, wenn nicht nur genügend externer Speicher, sondern auch genügend Bandbreite für den Zugriff auf diesen Speicher zur Verfügung gestellt wird. Glücklicherweise können viele Best Practices für den Einsatz und die Wartung von Speichermedien in einer physischen Umgebung in eine virtuelle Infrastruktur übertragen werden. Fortgeschrittene Funktionen, wie etwa Thin Provisioning und Daten-Deduplikation, nutzen Plattenspeicher effizienter; mit Bandbreiten-Policies können Administratoren Verkehrsarten und/oder einzelne virtuelle Maschinen priorisieren, um einen bestimmten Quality-of-Service-Level zu garantieren. Wie bei den anderen Hauptressourcen kann eine unzulängliche oder schlecht implementierte Speicherarchitektur die übergreifende Performance einer virtuellen Umgebung erheblich beeinträchtigen.

Übungen

- Als Administrator verfügen Sie über einen einzelnen Host-Server mit vier Sechskern-Prozessoren, 256 GB Speicher und 1 TB Plattenspeicher, um mehrere virtuelle Webserver einzusetzen. Jede dieser virtuellen Maschine soll über 8 GB Speicher, einen Prozessor und 100 GB Festplattenspeicher verfügen können. Wie viele virtuelle Maschinen können Sie einsetzen? Welcher Faktor wirkt beschränkend?

- Nachdem Sie die zehn Webserver als virtuelle Maschinen eingesetzt haben, fordern Sie mehr Speicher mit der Begründung an, so könnten Sie die Anzahl der Webserver möglicherweise verdoppeln. Ihre Anforderung wird aus Budgetgründen abgelehnt. Nachdem Sie Ihre Installation einige Wochen beobachtet, Nutzungsdaten gesammelt und mit dem Applikationsteam gesprochen haben, stellen Sie fest, dass die Webserver tatsächlich nur 25 GB Speicher brauchen. Die 100-GB-Anforderung ist nur ein großzügiger Schätzwert, der auf den allgemeinen Empfehlungen des Anbieters basiert. In der physischen Umgebung verfügten die Webserver tatsächlich über jeweils 50 GB Festplattenspeicher, nutzten aber nicht einmal 30 GB. Nach einigen weiteren Untersuchungen sind Sie sicher, dass eine Umstellung dieser Thick-Provisioning-Festplatten in Thin-Provisioning-Festplatten nicht allzu schwierig sein würde. Wie viele virtuelle Maschinen könnten Sie zusätzlich auf dem Host installieren, wenn Sie die vorhandenen Festplatten auf ein Thin-Provisioning-Modell umstellen und 30 GB plus einer Notreserve als Speicherkapazität verwenden würden? Welcher Faktor wirkt beschränkend? Gibt es andere Methoden, die Anzahl der virtuellen Maschinen zu erhöhen? Sollten Sie dies tun?

Kapitel 10
Networking für eine virtuelle Maschine verwalten

Inhalt

- Was ist Netzwerk-Virtualisierung?
- VM-Netzwerkoptionen konfigurieren
- Optimierungsverfahren für virtuelle Netzwerke

Ähnlich wie das Kreislaufsystem ist das Networking ein Transportmechanismus, um wichtige Versorgungsmittel zu transportieren. Während Blut die Organe mit Nährstoffen versorgt, transportieren Computernetzwerke Daten, die für das Wohlergehen der Applikationen in einem Datenzentrum ähnlich wichtig sind. In einer virtuellen Umgebung ist das Networking eine wesentliche Komponente der Architektur, die dafür sorgt, dass Daten rechtzeitig alle virtuellen Maschinen auf einem Host erreichen. Ähnlich wie beim Festplatten-I/O treten auch beim Netzwerk-I/O ähnliche Bandbreitenprobleme und Einschränkungen wie in einer physischen Netzwerkumgebung auf. Weil Netzwerke auch Daten der externen Speichersysteme transportieren, spielt ihre Auslegung und Verwaltung auch für die Performance der Festplattenspeicher eine wesentliche Rolle.

10.1 Was ist Netzwerk-Virtualisierung?

Netzwerke sind heute im Alltag noch weiter verbreitet als die Datenspeicherung. Wir aktualisieren unsere Facebook-Seiten, versenden E-Mails und Textbotschaften

10.1 | Networking für eine virtuelle Maschine verwalten

und twittern mit Smartphones, die durch ein Netzwerk mit einem Server verbunden sein müssen, der die einschlägigen Funktionen zur Verfügung stellt. Telekommunikationsanbieter bieten verschiedene Tarife für ihre Datentransportdienste an – wer mehr Daten nutzt, muss, ähnlich wie für Wasser oder Elektrizität, auch mehr bezahlen. Unsere Autos sind heute mit Navis ausgerüstet, die per GPS über Netzwerke mit Satelliten kommunizieren, die uns in Echtzeit Verkehrsinformationen liefern. Zu Hause können unsere Computer per Kabel mit einer DSL- oder einer Einwählverbindung mit dem Internet verbunden sein. Neuere Fernseh- und Multimediageräte können Filme streamen oder liefern On-demand-Inhalte, Musik und sogar YouTube-Videos über eine immer komplexer werdende Infrastruktur, die Satellitenbetreiber oder Kabelanbieter wie Maxdome, Videoload, Hulu.com oder Amazon.de umfasst. Immer dichter werdende Netzwerke ermöglichen uns den Zugang zu immer mehr Daten, und die Bandbreite kontrolliert die Geschwindigkeit, mit der diese bei uns ankommen.

IT-Abteilungen und Datenzentren beschäftigen sich bereits seit Jahrzehnten mit diesen Technologien und Problemen, und obwohl das Networking ein kompliziertes Thema ist, wurden geeignete Modelle und Verfahren entwickelt, um eine gute Performance zu erzielen. Ähnlich wie die Speicherverfahren aus dem letzten Kapitel lassen sich auch die Netzwerkverfahren sehr gut in eine virtuelle Umgebung übertragen. Diese Erklärung des Networkings ist recht elementar und keinesfalls umfassend, aber gut genug, um zu verstehen, wie Netzwerkverkehr durch eine virtuelle Umgebung fließt.

Im Kern ermöglicht das Networking Applikationen auf einer virtuellen Maschine, auf Dienste und Daten außerhalb des Hosts zuzugreifen, auf dem sie angesiedelt ist. Ähnlich wie andere Ressourcen verwaltet der Hypervisor den Netzwerkverkehr zwischen den virtuellen Maschinen und dem Host. Die Applikation sendet eine Netzwerk-Anforderung an das Gast-Betriebssystem, das sie über den virtuellen NIC-Treiber weitergibt. Der Hypervisor nimmt die Anforderung von dem Netzwerk-Emulator entgegen und sendet sie über eine physische NIC (Network Interface Card, Netzwerkkarte) an das Netzwerk. Antworten werden auf demselben Weg in umgekehrter Richtung an die Applikation zurückgegeben. Abbildung 10.1 zeigt eine vereinfachte Sicht auf diese Transaktion.

Die Virtualisierung verursacht in einer Netzwerkumgebung einige zusätzliche Probleme. So muss etwa ein virtuelles Netzwerk eine Möglichkeit zur Verfügung stellen, eine Verbindung zu anderen virtuellen Maschinen auf demselben Host herzustellen. Zu diesem Zweck muss der Hypervisor interne Netzwerke erstellen können. So wie ein physisches Netzwerk mit einem Hardware-Switch ein Netz-

Was ist Netzwerk-Virtualisierung? | 10.1

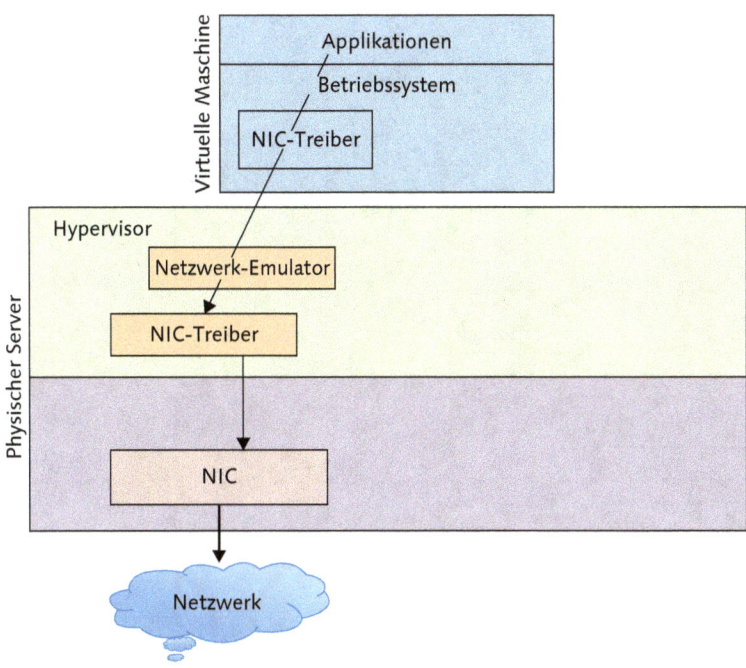

Abbildung 10.1 Transaktion in einem einfachen virtuellen Netzwerkpfad

werk erstellen kann, um den Verkehr innerhalb einer Gruppe von Computern zu isolieren, kann ein virtueller Switch ein Netzwerk von virtuellen Maschinen auf einem Host erstellen. Der Hypervisor verwaltet die virtuellen Switches zusammen mit den virtuellen Netzwerken.

Abbildung 10.2 zeigt ein Diagramm eines einfachen virtuellen Netzwerks in einem VMware vSphere Host. Der Hypervisor verfügt über zwei virtuelle Switches. Der eine Switch ist mit einer physischen NIC verbunden, die eine Verbindung zur Außenwelt des physischen Netzwerks herstellt. Der andere virtuelle Switch ist nicht mit einer NIC oder einem anderen physischen Kommunikationsport verbunden.

Die linke virtuelle Maschine verfügt über zwei virtuelle NICs, die jeweils mit einem virtuellen Switch und damit mit jedem der virtuellen Netzwerke verbunden sind. Anforderungen, die durch die virtuelle NIC weitergegeben werden, die mit dem externen virtuellen Switch verbunden ist, werden über die physische NIC des physischen Hosts aus dem physischen Netzwerk hinaus an die Außenwelt weitergeleitet. Antworten auf diese Anforderung laufen in umgekehrter Richtung durch die physische NIC, den externen virtuellen Switch zurück an die virtuelle NIC der VM.

10.1 | Networking für eine virtuelle Maschine verwalten

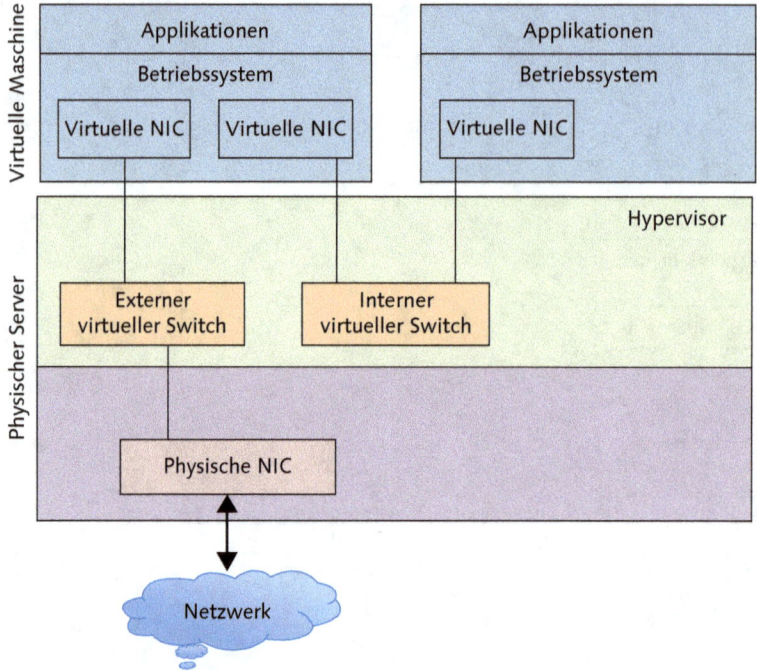

Abbildung 10.2 Netzwerk in einem VMware Host

Bei Anforderungen an den internen virtuellen Switch gibt es keinen Pfad in die Außenwelt. Sie können nur an andere virtuelle Maschinen gerichtet werden, die mit dem internen virtuellen Switch verbunden sind. Die virtuelle Maschine auf der rechten Seite kann nur Anforderungen über den internen virtuellen Switch stellen und (in diesem einfachen Diagramm) nur mit der anderen virtuelle Maschine kommunizieren. Dies ist in einer virtuellen Umgebung eine verbreitete Strategie, um Applikationen und Server vor unerwünschten Angriffen zu schützen. Ohne Verbindung mit einer physischen NIC ist die rechte virtuelle Maschine für die Außenwelt unsichtbar und von außen viel weniger gefährdet. Die linke virtuelle Maschine agiert als Firewall und schützt, entsprechende Vorsichtsmaßnahmen vorausgesetzt, die Daten in der anderen VM.

Eine solche Kommunikation zwischen virtuellen Maschinen über einen internen Switch hat auch den Vorteil, dass der Verkehr den physischen Host nicht verlässt und komplett im Speicher erfolgt. Deshalb ist er sehr schnell, viel schneller, als wenn die Daten den Host verlassen und über das physische Netzwerk transportiert werden würden, selbst wenn beide Hosts direkt nebeneinander stünden. Sehr oft werden virtuelle Maschinen, wenn ihre Applikationen einen regen Datenaustausch erfordern, in einer virtuellen Umgebung auf demselben Host eingesetzt, um Verzögerungen durch das Netzwerk zu minimieren.

Dieser auf interne Switches beschränkte Verkehr hat einen weiteren Nebeneffekt: Er ist für Standard-Netzwerkwerkzeuge unsichtbar. In einer physischen Umgebung kann der Verkehr bei Performanceproblemen der Applikationen mit einschlägigen Netzwerkwerkzeugen überwacht werden, um das Problem zu lokalisieren. In diesem Fall verlässt der Verkehr jedoch niemals den Host, und die Standardwerkzeuge zur Netzwerküberwachung sind nutzlos, weil die Daten nicht über das physische Netzwerk laufen. Es gibt andere Werkzeuge, die speziell in virtuellen Umgebungen diese Probleme lösen. Sie werden in Kapitel 14, »Wie arbeiten Applikationen in einer virtuellen Maschine?«, im Kontext der Performanceüberwachung eingehender behandelt.

In physischen Netzwerken dienen Switches nicht dazu, Netzwerke zu erstellen, sondern auch Netzwerksegmente voneinander zu isolieren. Oft erfordern verschiedene Sparten eines Unternehmens separate Netzwerke. So ist etwa die Produktion von der Forschung und Entwicklung getrennt; Finanzapplikationen laufen in einem anderen Netzwerk als Kundendienstanwendungen. Eine solche Architektur verbessert die Performance, indem sie den Verkehr in jedem Segment reduziert, und erhöht die Sicherheit, indem sie den Zugang zu einzelnen Bereichen einschränkt. Diese Technik lässt sich auch für virtuelle Netzwerke gut einsetzen. In Abbildung 10.3 wurde eine zweite physische NIC zu dem Host hinzugefügt. Es wurde ein zweiter externer virtueller Switch erstellt, der direkt mit der zweiten NIC verbunden ist. Es wurde eine dritte virtuelle Maschine zu dem Host hinzugefügt, die nur mit dem neuen externen virtuellen Switch kommunizieren kann. Auch wenn sie auf demselben physischen Host wie die anderen virtuellen Maschinen angesiedelt ist, kann sie mit ihnen nicht über eine interne Verbindung kommunizieren. Und wenn kein entsprechender Pfad durch das physische Netzwerk geschaffen wird, kann sie auch nicht extern mit ihnen kommunizieren.

Aus dem vorhergehenden Kapitel wissen Sie, dass sich dieses Netzwerk-Modell von den Modellen von Xen oder Microsoft Hyper-V unterscheidet. Abbildung 10.4 betont die Tatsache, dass der gesamte Netzwerkverkehr von dem Anwender (DomU) oder Child-Partitionen, durch Dom0 oder die Parent-Partition fließt. In diesem Modell befindet sich der virtuelle Switch in der Parent-Partition. Eine Netzwerk-Anforderung von einer Applikation in einer Child-Partition wird über den virtuellen Adapter an den virtuellen Switch in der Parent-Partition geleitet. Der virtuelle Switch ist mit der physischen NIC verbunden, und die Anforderung wird an das physische Netzwerk weitergegeben. Der zweite Switch ist nicht mit

10.1 | Networking für eine virtuelle Maschine verwalten

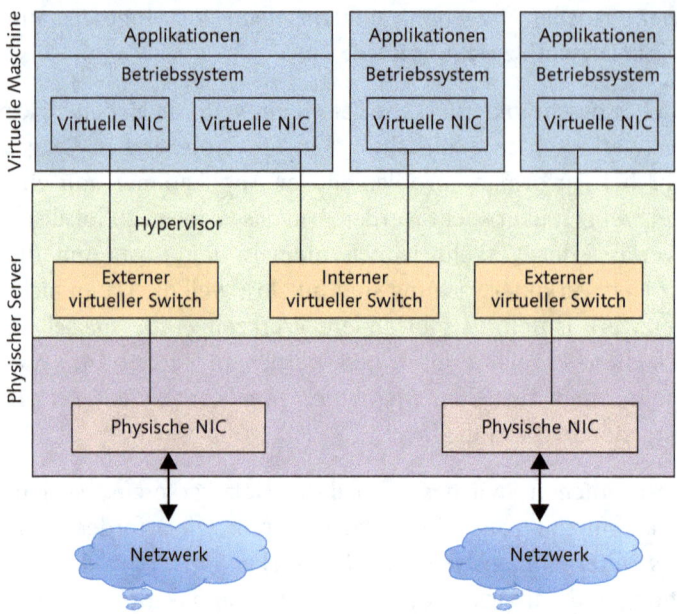

Abbildung 10.3 Mehrere externe Switches

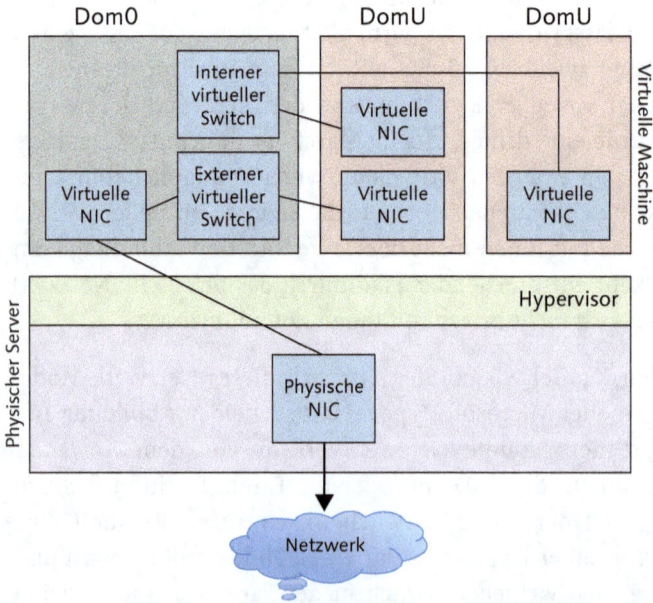

Abbildung 10.4 Vernetzung in einem Xen- oder Hyper-V-Host

einer physischen NIC verbunden; er unterstützt ein rein internes Netzwerk. Virtuelle Maschinen, die nur mit diesem virtuellen Switch verbunden sind, können nicht direkt auf das externe Netzwerk zugreifen. Umgekehrt kann eine externe Quelle nicht direkt, sondern nur über den Umweg über eine weitere virtuelle Maschine, die mit diesem virtuellen Switch verbunden ist, auf diese virtuelle Maschine zugreifen. Weil die Parent-Partition in diesem Modell die physische NIC nicht direkt kontrolliert, verwaltet der Hypervisor nicht den Netzwerk-I/O.

Abgesehen vom Transport von Applikationsdaten muss das Netzwerk meist auch den Verkehr zu den externen Speichersystemen handhaben. Aus Kapitel 9, »Festplattenspeicher für eine virtuelle Maschine verwalten«, wissen Sie, dass diese Systeme mit TCP/IP-basierten Protokollen wie etwa NFS oder iSCSI verbunden werden können. Sowohl in physischen als auch in virtuellen Netzwerken werden die Daten über dieselben Pfade übertragen, die auch der Netzwerkverkehr verwendet. Wenn Sie virtuelle Netzwerke konzipieren und diese Protokolle zum Zugriff auf Speichersysteme nutzen, müssen Sie für geeignete Bandbreiten sorgen und vielleicht sogar spezielle Netzwerkpfade für diese Geräte einplanen. Abbildung 10.5 zeigt einen virtuellen Switch, der speziell für Festplatten-I/O eingerichtet wurde.

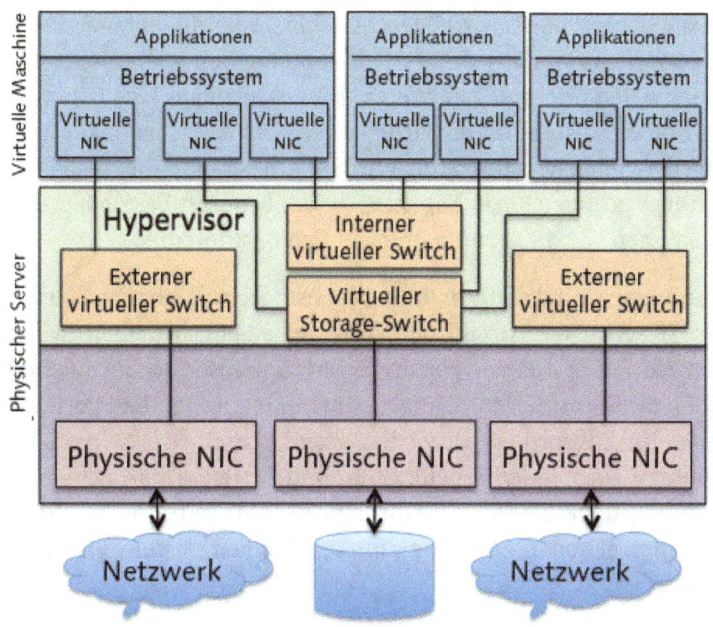

Abbildung 10.5 Ein virtueller Storage-Switch

Jede virtuelle Maschine verfügt über eine virtuelle NIC speziell für diesen Festplattenverkehr. Die virtuellen NICs sind mit dem virtuellen Storage-Switch verbunden. Interne, externe und Storage-Switches haben identische Strukturen und Funktionen und werden nur anders bezeichnet, um ihre Funktionen zu unterscheiden. Von dem Storage-Switch läuft eine Verbindung zu der physischen NIC und dann nach außen in ein Netzwerk-Speichergerät. In diesem einfachen Modell ist ein Storage-Switch mit einer einzelnen Speicherressource verbunden. Doch bei der weiter vorne erwähnten Netzwerkisolation können mehrere virtuelle Switches eingesetzt werden, die jeweils mit einer anderen physischen NIC verbunden sind, die ihrerseits dann zu einer anderen Speicherressource führt. So können Sie die Speicherressourcen von den virtuellen Maschinen sowie vom Netzwerkzugriff trennen. Egal, ob die virtuellen NICs Anwenderdaten für das Netzwerk oder Daten der Speichergeräte handhaben, vom Standpunkt der virtuellen Maschine sieht alles immer noch wie vom Standpunkt einer physischen Maschine aus.

Eine weitere Facette von Netzwerken in einer virtuellen Umgebung ist das Konzept von VMotion. *VMotion* ist der VMware-Terminus für die Fähigkeit, eine virtuelle Maschine ohne Unterbrechung des Anwenders im laufenden Betrieb von einem physischen Host auf einen anderen zu verschieben. Dabei wird im Wesentlichen ein Speicherabbild der virtuellen Maschine so schnell auf den zweiten Host kopiert, dass die Netzwerkverbindungen auf die neue virtuelle Maschine umgeschaltet werden können, ohne die Datenintegrität der virtuellen Maschine oder die Benutzererfahrung zu gefährden. Natürlich erfordert diese Operation eine hohe Bandbreite und einen separaten Pfad, um den Erfolg zu garantieren. Dies ist ebenfalls eine Funktion, die von dem Hypervisor transparent für die virtuellen Maschinen gehandhabt wird. Andere Anbieter bieten ähnliche Funktionen für eine Migration im laufenden Betrieb an. Mehr darüber erfahren Sie in Kapitel 13, »Was bedeutet Verfügbarkeit?« Mit VMware Player können wir diese Funktion nicht demonstrieren.

Virtuelle Switches können wie ihre physischen Gegenstücke selektiv konfiguriert werden. So können Sie etwa die Anzahl der Ports auf einem virtuellen Switch anpassen, ohne dass Sie ihn wie einen physischen Switch austauschen müssten. Andere Eigenschaften, die Sie anpassen können, können der breiten Kategorie der Policies (Geschäftsregeln) zugeordnet werden. Policies schreiben vor, wie der Switch unter bestimmten Umständen arbeiten soll, und betreffen normalerweise Fragen der Sicherheit, Verfügbarkeit oder Performance. Da Sie mit VMware Player keine virtuellen Switches erstellen und manipulieren können, lassen wir dieses Thema auf sich beruhen.

Ein weiterer Netzwerkbereich, der kurz gestreift werden soll, sind die Systemadressen. Jedes Gerät, das mit einem Netzwerk verbunden ist, hat eine eindeutige Adresse, die es ermöglicht, die Antworten auf seine Anforderungen von Netzwerkressourcen an die richtige Stelle zurückzugeben. Virtuelle Maschinen brauchen wie jedes andere Gerät Adressen; und wenn eine Konfiguration mehrere NICs umfasst, braucht die virtuelle Maschine für jede NIC eine Adresse.

Eine Systemadresse kann auf mehreren Wegen festgelegt werden. Ein Netzwerkadministrator kann einem physischen oder virtuellen Server eine Adresse zuweisen, die für dessen Lebensdauer gültig bleibt. Es gibt auch Geräte, die Geräten zeitlich begrenzt eine Adresse zuweisen. So ist etwa DHCP ein Prozess, mit dem ein Server einem Computer oder anderen Geräten mit einem entsprechenden Bedarf eine IP-Adresse zuweisen kann. Wenn Sie ein WLAN-Netzwerk eingerichtet haben oder nutzen, erhalten Ihre Geräte ihre Netzwerkadressen wahrscheinlich per DHCP. Wichtig ist, dass virtuelle Maschinen Adressen brauchen. Wenn Sie Ihre virtuelle Windows-7-Maschine aktivieren, können Sie sehen, welche Adressen der virtuellen Maschine zugewiesen wurden.

1. Klicken Sie in der virtuellen Maschine auf den START-Button. Geben Sie cmd in das Feld PROGRAMME/DATEIEN DURCHSUCHEN ein. Klicken Sie auf das CMD-Symbol, um ein Befehlszeilenfenster zu öffnen. Geben Sie in dieses Fenster ipconfig ein und drücken Sie auf die Eingabetaste. Neben IPv4 ADDRESS wird die IP-Adresse Ihres Systems in der traditionellen Punktform mit vier Oktetten im Dezimalformat angezeigt (siehe Abbildung 10.6). Enthielte diese virtuelle

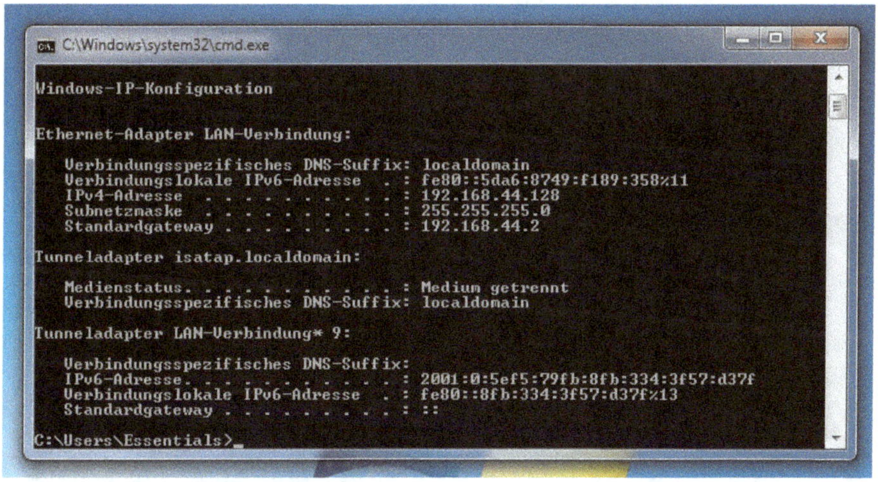

Abbildung 10.6 Eine IP-Adresse feststellen

10.1 | Networking für eine virtuelle Maschine verwalten

Maschine mehrere NICs, würden dort zusätzliche Einträge mit weiteren IP-Adressen stehen.

2. Schließen Sie das Befehlszeilenfenster.

Betrachten wir jetzt die virtuelle NIC aus mehreren Perspektiven.

1. Klicken Sie in der virtuellen Maschine erneut auf den START-Button. Geben Sie Geräte in das Feld PROGRAMME/DATEIEN DURCHSUCHEN ein. Klicken Sie auf das GERÄTE-MANAGER-Symbol. Klicken Sie im GERÄTE-MANAGER-Fenster auf das Dreieck links neben dem Eintrag NETZWERKADAPTER, um die Adapter anzuzeigen.

2. Klicken Sie mit der rechten Maustaste auf den angezeigten Netzwerkadapter und wählen Sie EIGENSCHAFTEN. Klicken Sie auf die Registerkarte TREIBER (siehe Abbildung 10.7). Es wird ein Standard-Netzwerkadapter von Intel mit einem Standardtreiber von Microsoft angezeigt. Aus der Sicht der virtuellen Ma-

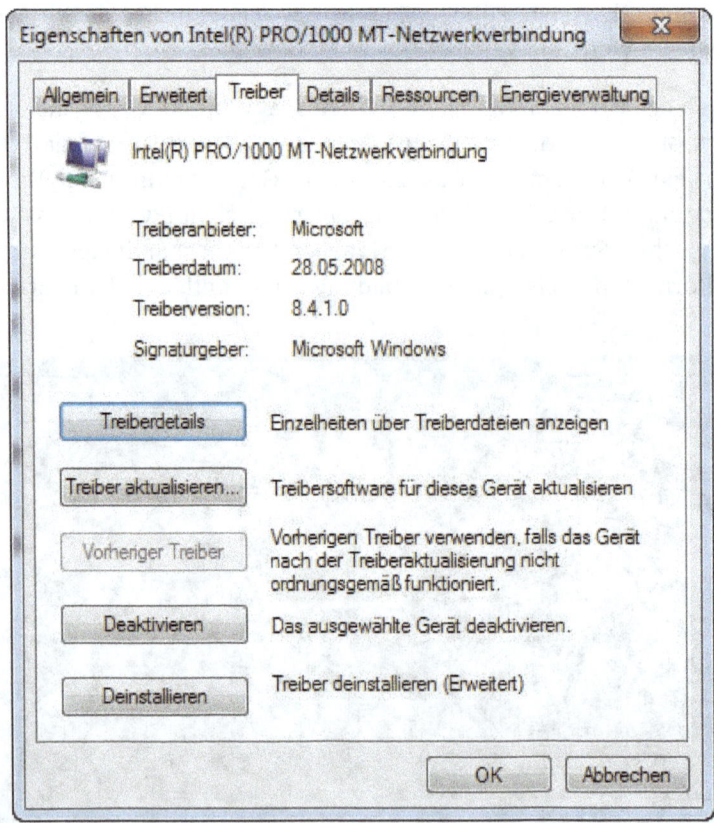

Abbildung 10.7 Eigenschaften des Netzwerkadapters in einer VM

schine ist der virtuelle Netzwerkadapter identisch mit einem physischen Netzwerkadapter.

3. Klicken Sie auf ABBRECHEN, um das EIGENSCHAFTEN-Fenster zu schließen. Verlassen Sie den Geräte-Manager.

Betrachten wir jetzt die Netzwerkadapter aus der Sicht des Host-Systems.

1. Klicken Sie nicht in der virtuellen Maschine, sondern im Windows-Host-Betriebssystem auf den START-Button. Geben Sie Geräte in das Feld PROGRAMME/DATEIEN DURCHSUCHEN ein. Klicken Sie auf das GERÄTE-MANAGER-Symbol. Klicken Sie im GERÄTE-MANAGER-Fenster auf das Dreieck links neben dem Eintrag NETZWERKADAPTER, um die Adapter anzuzeigen. Zusätzlich zu den physischen Netzwerkadaptern für kabelgebundene und drahtlose Verbindungen werden zwei weitere virtuelle VMware-Adapter angezeigt.

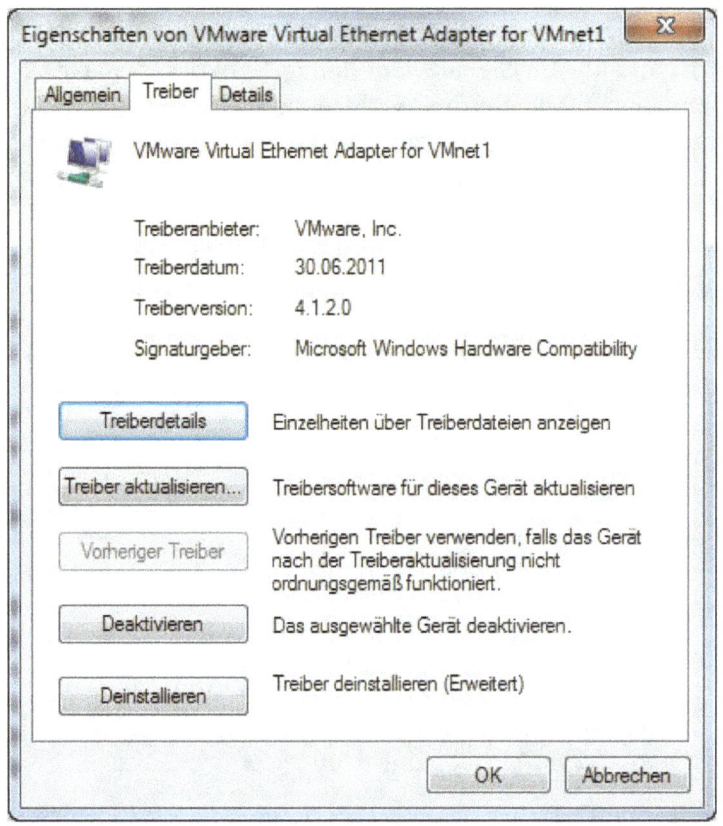

Abbildung 10.8 Eigenschaften des virtuellen Netzwerkadapters in einer VM

10.1 | Networking für eine virtuelle Maschine verwalten

2. Klicken Sie mit der rechten Maustaste auf einen der beiden angezeigten virtuellen Netzwerkadapter und wählen Sie EIGENSCHAFTEN. Klicken Sie auf die Registerkarte TREIBER (siehe Abbildung 10.8). Dieser Adapter ist ein virtueller VMware-Adapter. Anders ausgedrückt: Es handelt sich um ein Software-Konstrukt, das einen Adapter repräsentiert, mit dem sich die virtuellen Maschinen verbinden können. Beim VMware Player ist dieser virtuelle Adapter das Gegenstück zu den virtuellen Switches, die von Typ-1-Hypervisoren genutzt werden. Hier gibt es zwei verschiedene Adapter jeweils mit einer anderen Funktion, zusätzlich zu einer dritten, die Sie etwas später kennen lernen werden.

3. Klicken Sie auf ABBRECHEN, um das EIGENSCHAFTEN-Fenster zu schließen. Verlassen Sie den Geräte-Manager.

Jetzt betrachten wir die verschiedenen Verbindungstypen, die Sie auswählen können, wenn Sie eine Netzwerkverbindung erstellen.

1. Wählen Sie im VMware Player den Menübefehl VIRTUAL MACHINE | VIRTUAL MACHINE SETTINGS. Klicken Sie auf den Eintrag NETWORK ADAPTER. Rechts werden die Optionen für die Netzwerkverbindung angezeigt (siehe Abbildung 10.9). Die drei Verbindungstypen BRIDGED, NAT und HOST-ONLY werden im nächsten Abschnitt behandelt. Die Optionen LAN SEGMENTS und ADVANCED gehen über den Rahmen dieses Buches hinaus. Mit LAN-SEGMENTS können Sie ein privates Netzwerk erstellen, das von virtuellen Maschinen gemeinsam genutzt wird. Mehr darüber finden Sie in der Anwenderdokumentation.

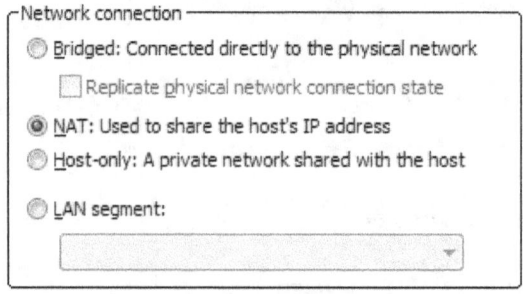

Abbildung 10.9 Verbindungstypen eines Netzwerkadapters der virtuellen Maschine

2. Klicken Sie auf OK, um das Dialogfeld VIRTUAL MACHINE SETTINGS zu schließen

10.2 VM-Netzwerkoptionen konfigurieren

Jeder der drei Verbindungstypen gehört zu einem der virtuellen Standardadapter auf dem Host-System. Virtuelle Maschinen, die konfiguriert sind mit dem Netzwerkverbindungstyp ...

- Host-only, sind gebunden an den VMnet1-Adapter.
- NAT, sind gebunden an den VMnet8-Adapter.
- Bridged, sind gebunden an VMnet0-Adapter.

Sie haben bis jetzt VMnet1- und VMnet8-, aber keine VMnet0-Adapter kennen gelernt, weil VMware Player in seiner Benutzerschnittstelle standardmäßig nur eine Teilmenge seiner Funktionen anzeigt. Wenn Sie das virtuelle Networking näher untersuchen wollen, brauchen Sie ein weiteres Utility, das zwar zu VMware Player gehört, aber standardmäßig nicht installiert wird.

1. Klicken Sie im Host-Windows-Betriebssystem auf den START-Button. Geben Sie cmd in das Feld PROGRAMME/DATEIEN DURCHSUCHEN ein. Klicken Sie auf das CMD-Symbol, um ein Befehlszeilenfenster zu öffnen. Navigieren Sie in diesem Fenster zu dem Verzeichnis mit dem VMware-Player-Installationspaket, das Sie in Kapitel 4, »Eine virtuelle Maschine erstellen«, heruntergeladen und installiert haben.

2. Führen Sie den Installer erneut mit der Option /e aus, mit der Sie die archivierten Dateien in einem Verzeichnis Ihrer Wahl installieren können. In dem Beispiel werden sie in das Verzeichnis *unpacked*, einem Unterverzeichnis der Installationsdatei, entpackt (siehe Abbildung 10.10). Falls Windows um Erlaubnis fragt, den Befehl auszuführen, geben Sie Ihre Erlaubnis. Werden Sie nach dem Extrahieren gefragt, ob Sie das Produkt erneut mit den Standardeinstellungen installieren wollen, klicken Sie auf ABBRECHEN, um das Fenster zu schließen.

3. Schließen Sie das Befehlszeilenfenster.

Nachdem das Archiv in dem Verzeichnis gespeichert worden ist, müssen Sie die Dateien extrahieren.

1. Navigieren Sie mit dem Windows-Explorer zum Verzeichnis *unpacked*. Lokalisieren Sie die Archivdatei *network.cab* (beziehungsweise nur *network*, wenn Sie die Endungen ausgeblendet haben; siehe Abbildung 10.11).

10.2 | Networking für eine virtuelle Maschine verwalten

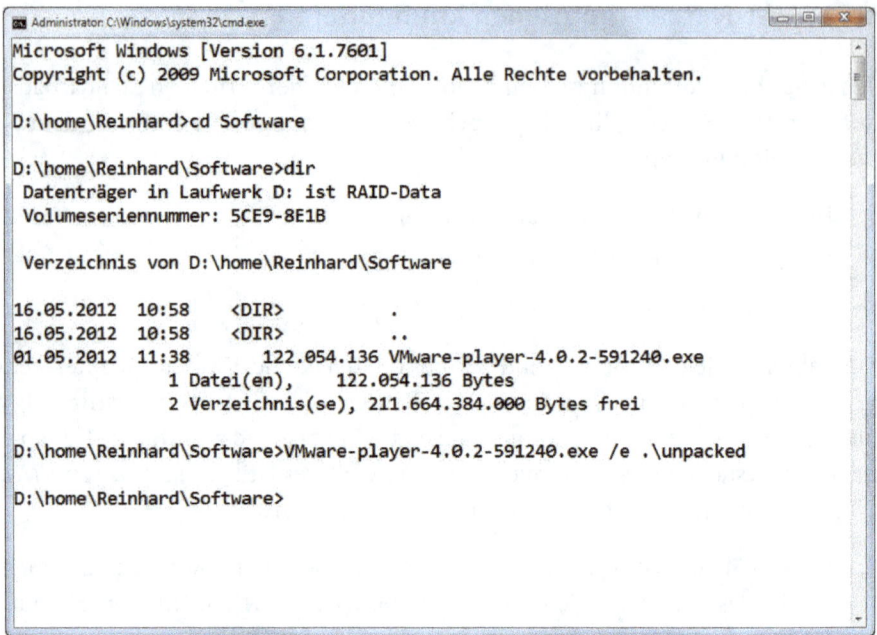

Abbildung 10.10 Archivdateien extrahieren

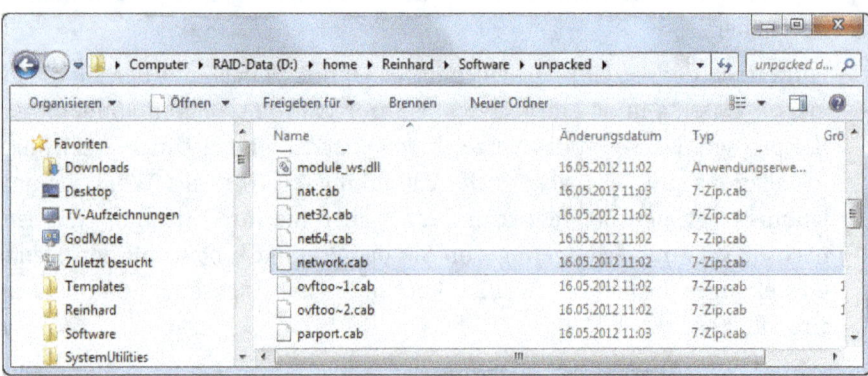

Abbildung 10.11 Archivdatei »network.cab«

2. Markieren Sie die Archivdatei *network.cab* und öffnen Sie sie mit dem Windows-Explorer (siehe Abbildung 10.12). Klicken Sie zu diesem Zweck mit der rechten Maustaste auf die Datei und wählen Sie im Kontextmenü den Menübefehl ÖFFNEN MIT und dann WINDOWS-EXPLORER, oder verwenden Sie den Menübefehl ÖFFNEN am oberen Rand des Explorer-Fensters.

VM-Netzwerkoptionen konfigurieren | 10.2

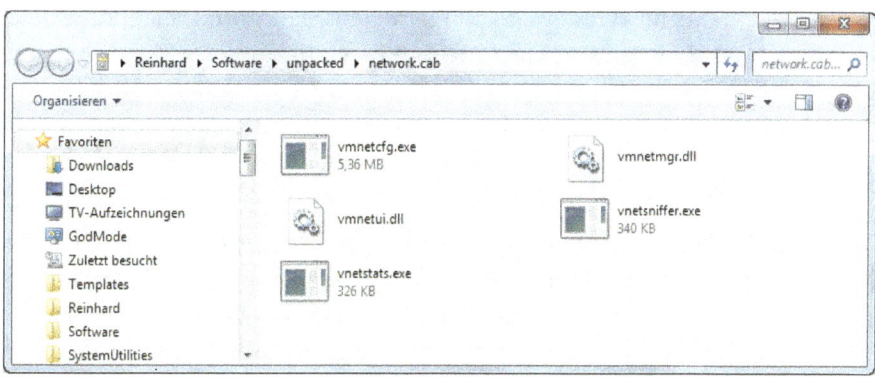

Abbildung 10.12 Die Archivdatei öffnen

3. Klicken Sie mit der rechten Maustaste auf die Datei *vmnetcfg.exe* und wählen Sie in dem Kontextmenü den Menübefehl EXTRAHIEREN. Navigieren Sie in dem Dialogfeld ZIEL AUSWÄHLEN zu DESKTOP (siehe Abbildung 10.13).

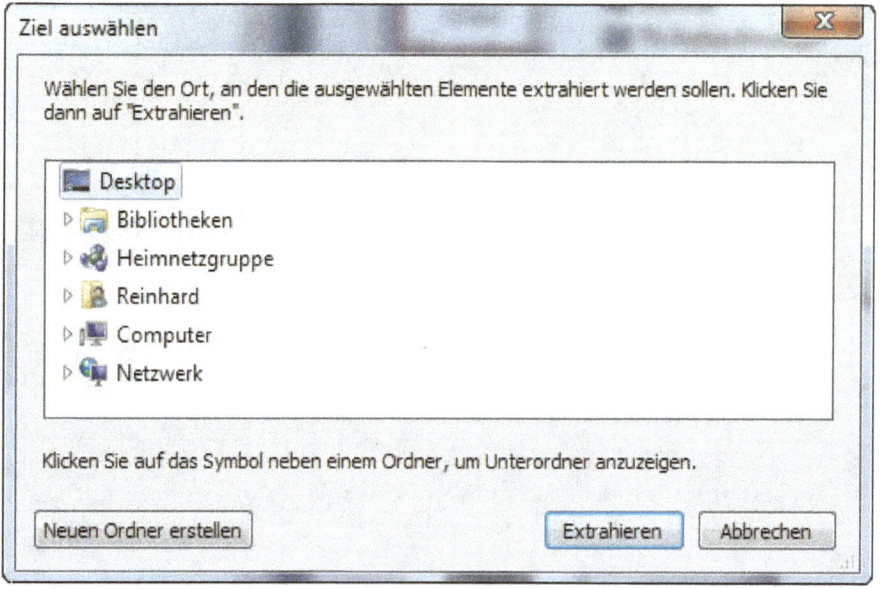

Abbildung 10.13 Die Datei »vmnetcfg.exe« aus »network.cab« extrahieren

4. Klicken Sie auf EXTRAHIEREN, um das Utility auf den Desktop zu extrahieren.
5. Schließen Sie das *network.cab*-Fenster.

10.2 | Networking für eine virtuelle Maschine verwalten

6. Navigieren Sie im Windows-Explorer zu dem Standardinstallationsverzeichnis von VMware Player. Auf einem 64-Bit-System ist dies das Verzeichnis *C:\Program Files (x86)\VMware\VMware Player*, auf einem 32-Bit-System das Verzeichnis *C:\Program Files\VMware\VMware Player*. Ziehen Sie die Datei *vmnetcfg.exe* in dieses Verzeichnis. Falls Windows nach der Administratorerlaubnis fragt, um fortzufahren, stimmen Sie zu.

7. Doppelklicken Sie auf die extrahierte Datei *vmnetcfg.exe*, um den Virtual Network Editor zu öffnen. Falls Windows nach der Erlaubnis fragt, das Programm auszuführen, stimmen Sie zu. Im Dialogfeld VIRTUAL NETWORK EDITOR werden alle drei virtuellen Adapter angezeigt (siehe Abbildung 10.14), darunter auch VMnet0, der in anderen Werkzeugen nicht angezeigt wird. (Warum nicht? Weil er nicht mit einer NIC verbunden war.)

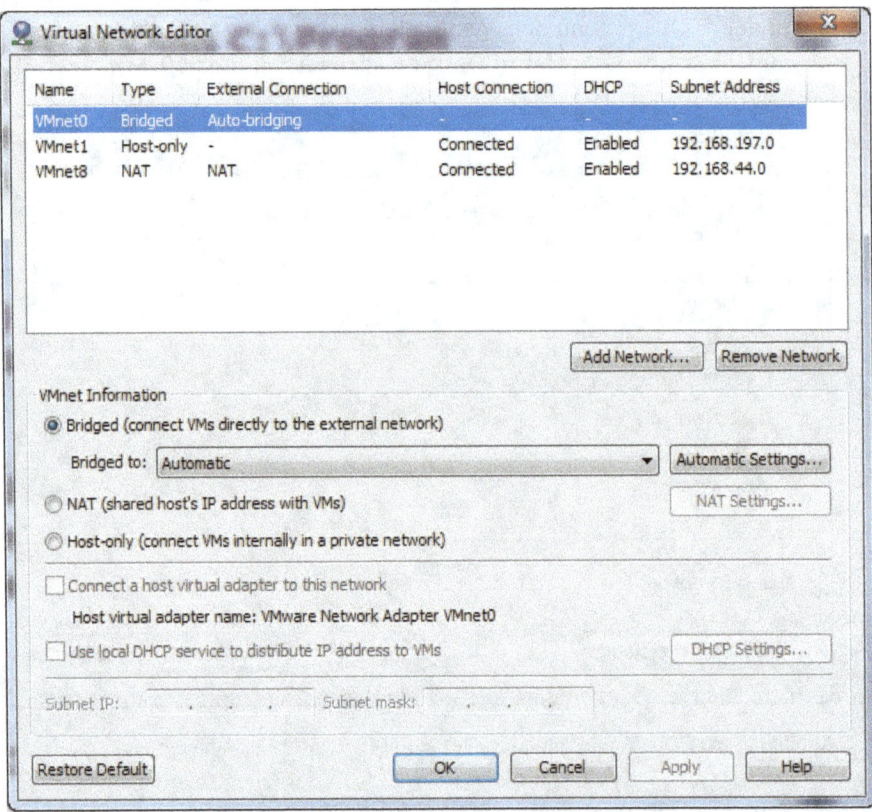

Abbildung 10.14 Der »Virtual Network Editor«

VM-Netzwerkoptionen konfigurieren | 10.2

In einem Bridged-Netzwerk kann jede virtuelle Maschine eine IP-Adresse haben, die von außerhalb des Hosts sichtbar und erreichbar ist. Der virtuelle Adapter, in diesem Fall VMnet0, verhält sich als virtueller Switch und leitet den ausgehenden Verkehr einfach an seine zugeordnete physische NIC und an das physische Netzwerk weiter. Wenn eingehender Verkehr über die NIC eingeht, agiert VMnet0 wieder als Switch und leitet den Verkehr an die richtige virtuelle Maschine weiter. Abbildung 10.15 zeigt ein einfaches Beispiel für zwei virtuelle Maschinen, die mit einem Bridged-Netzwerk verbunden sind. Wegen ihrer IP-Adressen können sie von anderen Systemen im lokalen Netzwerk gesehen werden. Weil VMware Player ein Typ-2-Hypervisor ist, agiert das Konstrukt des virtuellen Adapters auch hier als der virtuelle Switch, mit dem Typ-1-Hypervisoren arbeiten.

Erinnerung	x
In einem Bridged-Netzwerk wird ein VMnet0-Adapter nicht wie die VMnet1- oder VMnet8-Adapter erstellt. Er ist ein Protokoll-Stack, der an den physischen Adapter gebunden ist.	

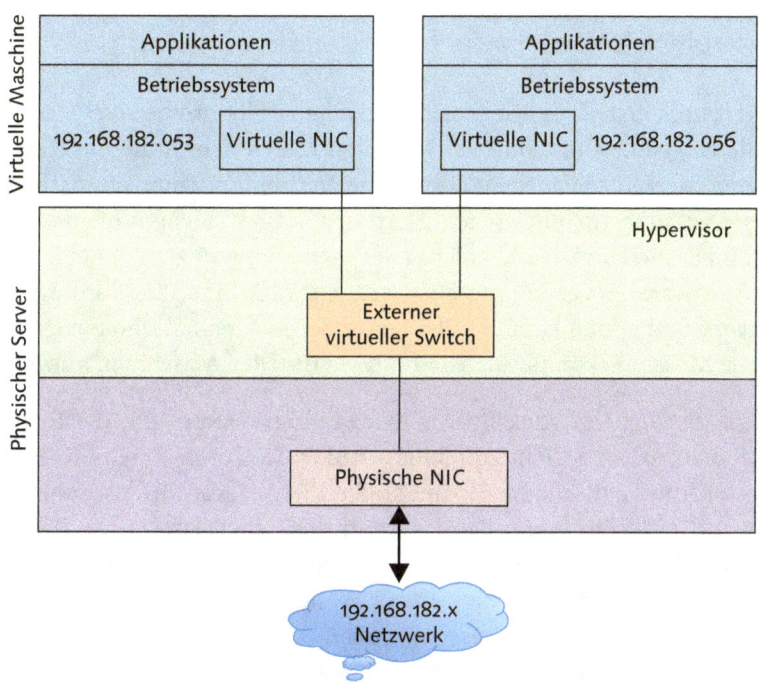

Abbildung 10.15 Ein einfaches Bridged-Netzwerk

10.2 | Networking für eine virtuelle Maschine verwalten

Markieren Sie im VIRTUAL NETWORK EDITOR den Eintrag VMNET0, um die Bridged-Konfiguration anzuzeigen. Standardmäßig ist EXTERNAL CONNECTION (externe Verbindung) auf AUTO-BRIDGING gesetzt, was bedeutet, dass er mit einem Adapter verbunden wird, der über eine physische Netzwerkverbindung verfügt. Über das Drop-down-Feld neben dem Label BRIDGED TO können Sie festlegen, ob die Bridged-Verbindung automatisch hergestellt oder über einen bestimmten physischen Netzwerkadapter erfolgen soll. Mit AUTOMATIC SETTINGS können Sie die für diese Funktion zur Verfügung stehenden Netzwerkadapter festlegen oder abwählen (siehe Abbildung 10.16).

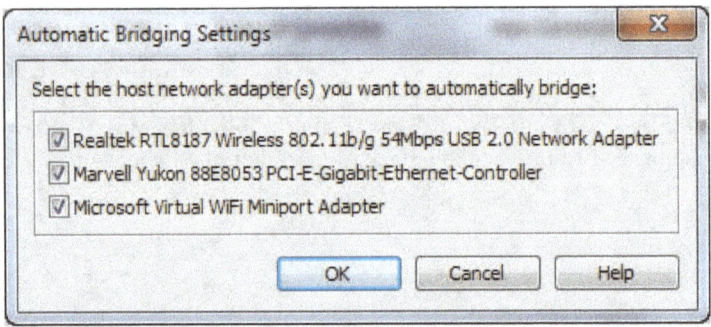

Abbildung 10.16 Automatic-Bridging-Einstellungen

Ein Host-only-Netzwerk erstellt das Gegenstück zu einem rein internen Netzwerk, mit dem virtuelle Maschinen mit anderen virtuellen Maschinen in diesem Netzwerk kommunizieren können, aber keine externe Verbindung zum physischen Netzwerk haben. Systeme im physischen Netzwerk wissen nichts von diesen virtuellen Maschinen und können auch nicht mit ihnen kommunizieren. Bei Ihrer Installation von VMware Player könnte eine virtuelle Maschine, die mit einem Host-only-Netzwerk verbunden ist, nur auf Dienste der lokalen Maschine zugreifen, und die lokale Maschine könnte Dienste auf den virtuellen Maschinen nutzen.

Markieren Sie im VIRTUAL NETWORK EDITOR den Eintrag VMNET1, um die Host-only-Konfiguration anzuzeigen (siehe Abbildung 10.17). Sie können mehrere Einstellungen anpassen. Im Feld SUBNET IP können Sie die Adresse für das isolierte Host-only-Netzwerk festlegen. Wenn Sie das Kontrollkästchen USE LOCAL DHCP aktivieren, weist der lokale Host den virtuellen Maschinen, die mit diesem Netzwerk verbunden sind, automatisch Adressen zu. Wenn Sie die standardmäßigen DHCP-Einstellungen anzeigen oder anpassen wollen, klicken Sie auf den DHCP SETTINGS-Button; dann wird das gleichnamige Dialogfeld angezeigt, in dem Sie diverse Adress- und Lease-Parameter studieren und ändern können.

VM-Netzwerkoptionen konfigurieren | 10.2

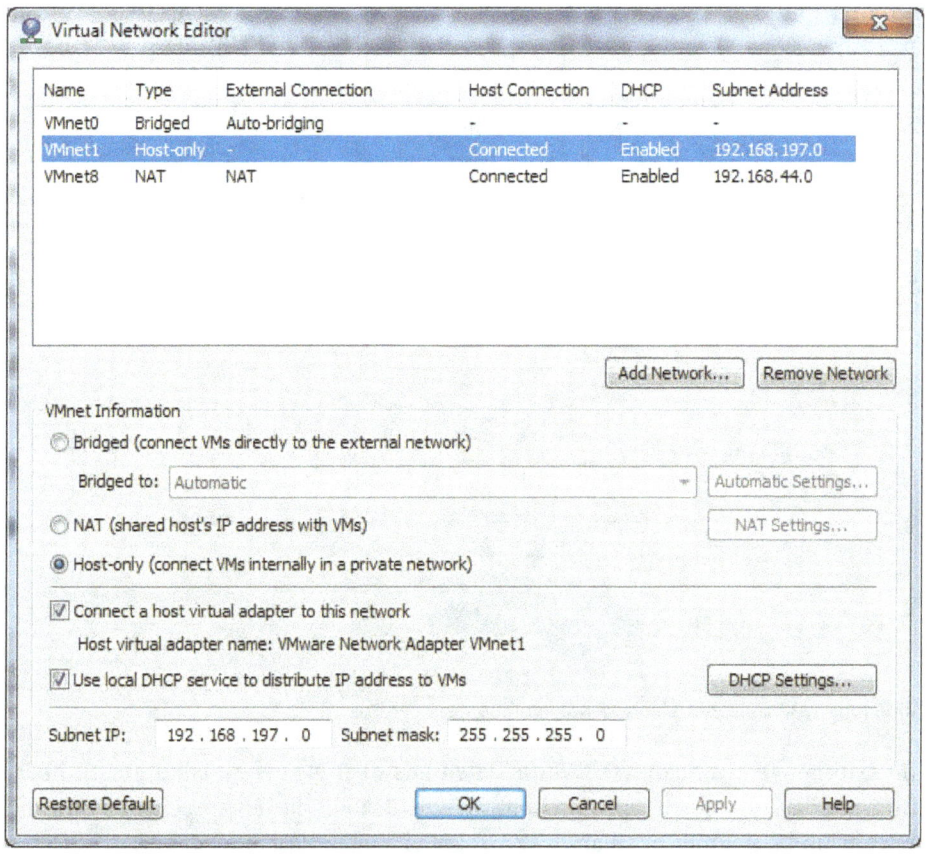

Abbildung 10.17 Einstellungen des Host-only-Netzwerks

NAT ist die Abkürzung für *Network Address Translation*. Ein NAT-Netzwerk ist in gewisser Weise eine Kombination aus einem Host-only- und einem Bridged-Netzwerk. Virtuelle Maschinen, die mit dem NAT-Netzwerk verbunden sind, verfügen über IP-Adressen, die von dem physischen Netzwerk isoliert sind, haben aber Zugang zu dem Netzwerk außerhalb ihres Hosts.

Abbildung 10.18 zeigt ein einfaches Beispiel für eine virtuelle Maschine mit einer NAT-Verbindung. Jede virtuelle Maschine verfügt über eine IP-Adresse, die von anderen virtuellen Maschinen im internen Netzwerk erkannt wird, aber außerhalb des Hosts nicht sichtbar ist. Außerdem nutzen alle virtuellen Maschinen die IP-Adresse des physischen Hosts für das externe Netzwerk. Wenn die virtuelle Maschine eine Netzwerkanforderung an Komponenten außerhalb des Hosts sendet, übersetzt der Hypervisor die interne Adresse mittels einer speziellen Tabelle in

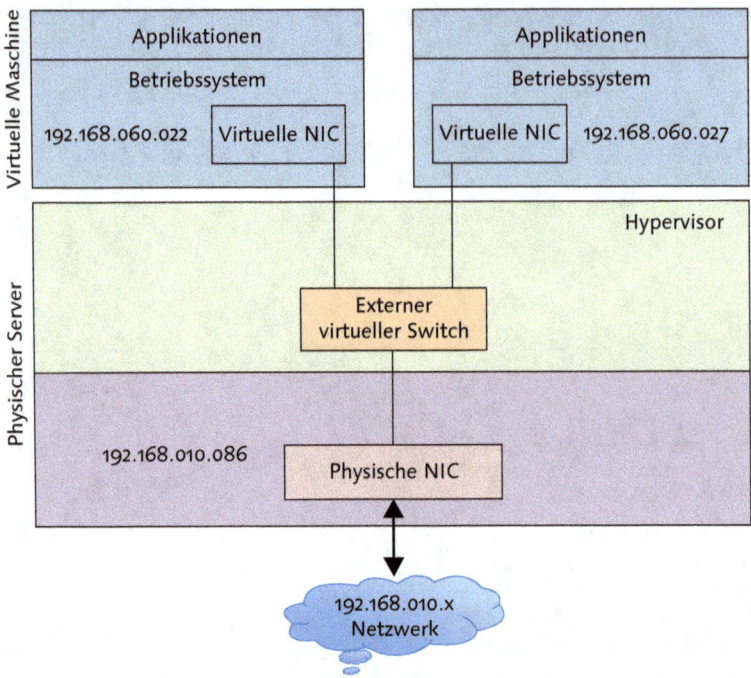

Abbildung 10.18 Eine einfache NAT-Konfiguration

die externe Netzwerkadresse. Wenn Daten aus dem Netzwerk ankommen, übersetzt er die Adresse der physischen NIC zurück in die entsprechende interne Adresse und leitet die Daten an die korrekte virtuelle Maschine weiter.

Markieren Sie im VIRTUAL NETWORK EDITOR den Eintrag VMNET8, um die NAT-Konfiguration anzuzeigen (siehe Abbildung 10.19). Wie bei dem Host-only-Netzwerk können Sie ein privates Subnet erstellen. Und genauso wie bei einem Host-only-Netzwerk können Sie auch hier mit dem DHCP-Service den virtuellen Maschinen, die mit dem NAT-Netzwerk verbunden sind, automatisch IP-Adressen zuweisen. In VMware Player ist NAT die Standardeinstellung, wenn Sie eine virtuelle Maschine erstellen. Erst einmal schützt sie das neu erstellte Betriebssystem vor der Außenwelt, bis Sie Zeit haben, Sicherheits- und Antivirus-Software zu installieren und zu konfigurieren. NAT-Netzwerke können Ihre Netzwerk-Topologie ebenfalls schützen. Da dem externen Netzwerk nur eine IP-Adresse präsentiert wird, sind Anzahl und Funktionen der virtuellen Maschinen vor unerwünschten Blicken geschützt.

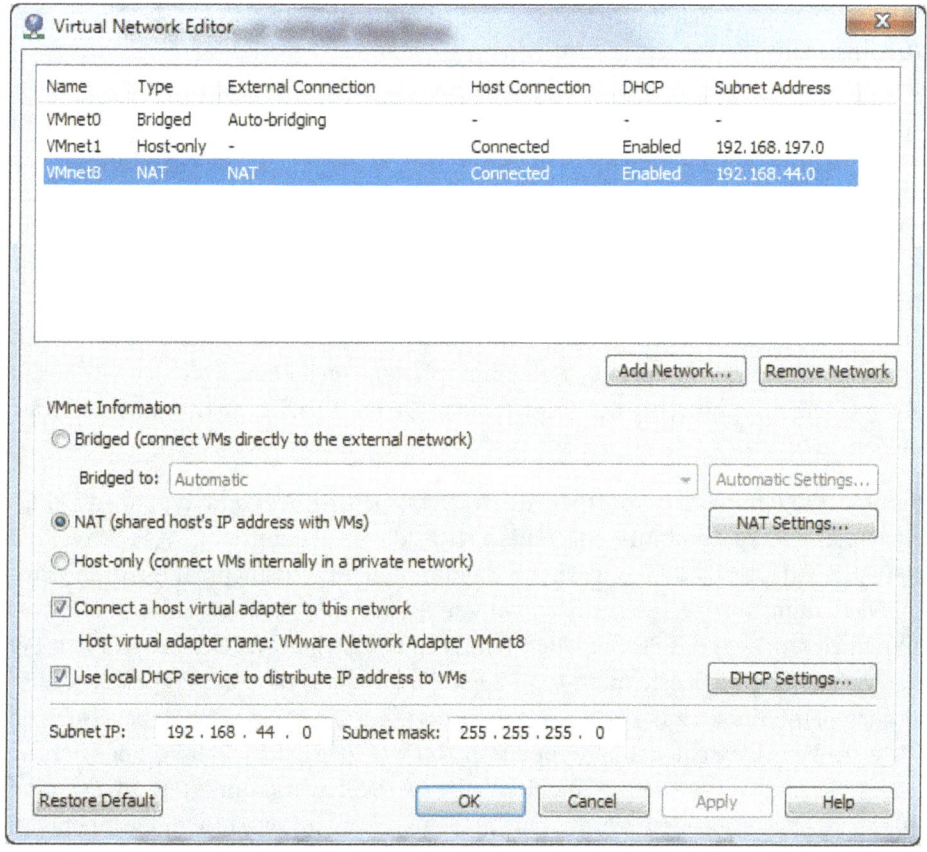

Abbildung 10.19 Einstellungen der NAT-Netzwerkkonfiguration

10.3 Optimierungsverfahren für virtuelle Netzwerke

Bei der Speicher-Virtualisierung haben Sie gesehen, dass bewährte Verfahren in einer physischen Netzwerkarchitektur genauso gut auch in einer virtuellen Netzwerkumgebung funktionieren. Physische Netzwerke isolieren den Verkehr mit Switches, um die Performance und Sicherheit zu verbessern. Ähnliches gilt für Verfahren in virtuellen Netzwerken. Mit virtuellen Switches, die an physische NICs gebunden sind, können Sie die physische Segmentierung in virtuelle Netzwerke übertragen. Ein virtuelles Netzwerk kann genauso komplex und anspruchsvoll wie ein physisches Netzwerk aufgebaut werden. Dabei haben virtuelle Netzwerke einen großen Vorteil: Kosten und Wartung sind erheblich geringer, weil keine oder nur wenige Kabel benötigt werden.

10.3 | Networking für eine virtuelle Maschine verwalten

Ähnlich wie die Speicher- und CPU-Virtualisierung spielen auch bei der Netzwerk-Virtualisierung Performance und Durchsatz eine zentrale Rolle. Wenn Sie zehn einzelne Server auf einem einzigen Virtualisierungs-Host konsolidieren, muss dieser Host den aggregierten Durchsatz bewältigen können. In den Anfangstagen der Virtualisierung hatten Hosts vielleicht acht, zehn oder mehr NICs, um die für den Durchsatz und die Performance benötigte Bandbreite zur Verfügung zu stellen. Zusätzliche Prozessoren für diese NICs erhöhten die Kapazitäten für die Netzwerkverarbeitung und stellten physische separate Übertragungskanäle für die Daten zur Verfügung, anstatt sich darauf zu verlassen, dass die Software die Datenflüsse sauber trennte. Aus der Erfahrung lernte man ebenfalls, bestimmte Verkehrstypen nicht auf Kosten der Performance zu kombinieren. Doch heute befinden wir uns in einer Übergangsphase, in der immer mehr Daten durch immer weniger Geräte fließen.

Bis vor Kurzem war es problematisch, verschiedene Verkehrstypen auf einer einzelnen NIC zu kombinieren. Neuere NICs, die so genannten CNAs (Converged Network Adapter) können größere Bandbreiten und manchmal mehrere Protokolle handhaben. Dies trägt dazu bei, die Anzahl der Netzwerkkarten im Server zu reduzieren, aber das Problem der Bandbreitenkonflikte besteht noch immer. Bei der Verwaltung des Festplatten-I/O haben Sie gesehen, dass der Hypervisor über ähnliche Funktionen zur Kontrolle des Netzwerk-I/O verfügt. Der Hypervisor von VMware kann verschiedenen Typen von Netzwerkverkehr – Daten, Speicherung und so weiter – Prioritäten zuweisen, die bei Netzwerkkonflikten angewendet werden. Diese Prioritäten können für einzelne virtuelle Maschinen, Gruppen von virtuellen Maschinen, die zusammen eine wichtige Applikation bedienen, oder den Verkehr von bestimmten Adressen vergeben werden. Im Moment ist dies der einzige Hypervisor, der diese Lösung anbietet. Ähnliche Fähigkeiten bieten die CNAs bestimmter Anbieter. Bei diesen Technologien können mehrere Netzwerkverkehrstypen dieselbe Bandbreite gemeinsam nutzen.

Schließlich besteht ein Nachteil der Konsolidierung darin, dass sich mehrere virtuelle Maschinen auf einem einzigen Host befinden. Sie kommunizieren über ein virtuelles Netzwerk auf diesem Host mittels virtueller Switches, die sich ebenfalls in dem Host befinden. Wenn eine virtuelle Maschine Daten an eine andere virtuelle Maschine auf demselben Host sendet, bleibt die Transaktion für das externe Netzwerk unsichtbar. Das ist gut für die Performance, aber schlecht für die Gesamtverwaltung des Netzwerks und das Debugging. Wenn ein Applikationsanwender über eine schlechte Performance klagt, können die traditionellen Netzwerkwerkzeuge nicht in den Host hineinblicken. Oft überließen die Netzwerkteams die Konfiguration und Verwaltung des virtuellen Netzwerks den Virtualisierungsteams.

Die Netzwerkteams hatten keine Erfahrung in der Nutzung der Verwaltungswerkzeuge der virtuellen Umgebung, während die Virtualisierungsteams das Netzwerkteam im Virtualisierungs-Host misstrauisch beäugten.

Heute stehen jedoch Werkzeuge zur Verfügung, mit denen Netzwerkteams in einen Host hineinblicken und das virtuelle Netzwerk überwachen können. Cisco hat virtuelle Switches in Form von Plug-ins für den Hypervisor entwickelt, die die virtuellen Switches des Anbieters ersetzen. Der virtuelle Switch von Cisco basiert auf einem Cisco-Switch-Betriebssystem und verwendet alle Schnittstellen und Werkzeuge der physischen Cisco-Switches. Dies bedeutet, dass das Netzwerkteam keine neue Technologie lernen muss und dass das Virtualisierungsteam die Verantwortung für das Netzwerk ohne Sorgen wieder abgeben kann.

10.4 Die Grundlagen und darüber hinaus

Netzwerke sind die »Verdrahtung« in einer virtuellen Infrastruktur, die Applikationen mit Daten versorgen. Viele bewährte Verfahren der Arbeit mit traditionellen Netzwerken lassen sich in virtuelle Umgebungen übertragen. Per Konsolidierung werden viele virtuelle Maschinen auf einem einzigen Host zusammengefasst. Deshalb müssen Sie Einschränkungen der Bandbreite sorgfältig bedenken, wenn Sie die Netzwerkarchitektur für eine virtuelle Umgebung entwickeln. Weil ein großer Teil des Speicherverkehrs ebenfalls durch ein gemeinsames oder zweckgebundenes Netzwerk fließt, müssten Sie auch dafür eine ausreichende Bandbreite zur Verfügung stellen, um Performanceprobleme zu vermeiden. Mit virtuellen Switches können Sie den Netzwerkverkehr in einem Host-Server segmentieren und isolieren und so für Sicherheit und Datenintegrität sorgen. Hypervisoren verfügen ebenfalls über verschiedene Funktionen, den Netzwerkverkehr zu kontrollieren, um Performance oder Sicherheit zu verbessern.

Übungen

- Fügen Sie einen zweiten Netzwerkadapter mit einer Bridged-Verbindung hinzu. Sorgen Sie dafür, dass der zweite virtuelle Adapter nach einem Neustart Ihrer virtuellen Maschine verfügbar ist und eine IP-Adresse hat. Welches Ergebnis erhalten Sie, wenn Sie beide Adapter vom Host aus per Ping ansprechen?

Kapitel 11
Eine virtuelle Maschine kopieren

Inhalt
- Eine virtuelle Maschine klonen
- Mit Templates arbeiten
- Den Status einer virtuellen Maschine speichern

Virtuelle Maschinen bestehen aus Festplattendateien. Deshalb können sie leichter als ihre physischen Gegenstücke gewartet werden. Um eine neue virtuelle Maschine zu erstellen, müssen Sie nur eine Datei kopieren und einige Einstellungen ändern. Um eine neue virtuelle Maschine einzusetzen, brauchen Sie nur noch Minuten und nicht mehr Tage oder Wochen wie für physische Server, die bestellt, installiert, eingerichtet, getestet und freigegeben werden müssen.

Mit Templates können Systemadministratoren Standard-Images von virtuellen Maschinen erstellen und damit nach Bedarf neue VMs kreieren. Selbst eine lästige Hauptaufgabe von Systemadministratoren, Backup und Wiederherstellung, kann in einer virtuellen Umgebung vereinfacht werden. Sie können nicht nur dieselben Backup-Lösungen und -Strategien wie für physische Server einsetzen, sondern auch ganze Server-Konfigurationen samt Daten einfach durch das Kopieren von Dateien sichern. Bei einem Problem können Sie die virtuelle Maschine auf demselben Weg wiederherstellen. Entwickler können mit Schnappschüssen Software- oder Betriebssystem-Updates in einer vorhandenen Umgebung testen und dann das gesamte System sofort auf einen bestimmten Zeitpunkt zurücksetzen, anstatt den Server zwecks Tests zu rekonstruieren.

11.1 Eine virtuelle Maschine klonen

Daten mussten bereits vor der Einführung von Computern gesichert werden. Heute müssen riesige und stetig noch wachsende Datenmengen verarbeitet werden. Der Schutz dieser Daten muss einfach, effizient und zuverlässig sein. Es wurden viele Lösungen entwickelt, um die Daten auf einem System zu sichern. So wurde etwa früher der Inhalt von Computer-Festplatten auf Magnetbändern gespeichert. Wenn Sie Ihren PC regelmäßig sichern, verwenden Sie wahrscheinlich eine ähnliche Methode; Sie benutzen ein einschlägiges Utility oder kopieren einfach Dateien auf andere Medien wie etwa CDs, DVDs oder USB-Festplatten. Mit neueren Lösungen wie Mozy, Dropbox oder Carbonite können Sie Änderungen Ihres lokalen Systems überwachen und »in der Cloud«, einem Speichersystem im Internet, sichern. Smartphones, Tablets und andere Geräte werden heute ebenfalls mit einem vertrauenswürdigen Computer oder einem Cloud Repository synchronisiert. Dies alles dient dem Ziel, Datenverluste bei einem Systemausfall zu vermeiden.

Da eine virtuelle Maschine physisch aus einem Satz von Dateien besteht, kann sie leicht gesichert werden, indem diese Dateien periodisch an eine andere kopiert werden. Weil diese Dateien nicht nur Applikationsprogramme, Anwenderdaten und das Betriebssystem, sondern auch die Konfiguration der virtuellen Maschine selbst enthalten, ist das Backup eine voll funktionsfähige virtuelle Maschine, die auf einem Hypervisor instanziiert werden kann. Weil eine virtuelle Maschine so einfach kopiert werden kann, erstellen Administratoren manchmal schnell neue virtuelle Maschinen. Sie kopieren einen Satz von Dateien, passen einige Einstellungen an, um der neuen VM einen eindeutigen Systemnamen und eine eindeutige Netzwerkadresse zu geben. Damit sind sie fertig. Es geht schneller, als die virtuelle Maschine neu zu erstellen, und natürlich viel schneller, als einen physischen Server bereitzustellen.

Dieser Prozess hat noch einen weiteren Vorteil, der dazu beiträgt, die virtuelle Bereitstellung zu beschleunigen: Die virtuelle Hardware wird von VM zu VM und von Host zu Host konsistent präsentiert. Dadurch werden viele mögliche Bereiche ausgeschlossen, in denen sonst physische Unterschiede wie etwa Firmware-Inkompatibilitäten Probleme verursachen könnten. Die folgenden Absätze sollen Ihnen zeigen, wie einfach und schnell Sie eine neue virtuelle Maschine von einer vorhandenen Kopie ableiten können.

Eine virtuelle Maschine klonen | 11.1

> **Warnung**
>
> **Dies ist nicht das empfohlene Verfahren, um eine neue virtuelle Maschine zu erstellen** Aus Kapitel 4, »Eine virtuelle Maschine erstellen«, wissen Sie, dass Sie die virtuelle Hardware normalerweise nicht durch eine Bearbeitung der Konfigurationsdatei anpassen sollten. In diesem Beispiel werden wir diese Empfehlung aus mehreren Gründen ignorieren. Erstens soll diese VM nicht produktiv eingesetzt werden. Deshalb können Sie die Dateien bei einem Missgeschick einfach löschen und neu anfangen. Zweitens könnte dieses Vorgehen in bestimmten Situationen erforderlich sein. Dann wissen Sie, wie Sie mit der Konfigurationsdatei arbeiten können. Drittens kann VMware Player eine virtuelle Maschine nicht klonen; doch diese eingeschränkte Funktionalität sollte unsere Arbeit nicht behindern.

1. Navigieren Sie im Windows-Explorer zum Verzeichnis Ihrer vorhandenen virtuellen Maschinen. Wenn Sie nicht wissen, wo es sich befindet, starten Sie VMware Player, wählen Sie eine beliebige virtuelle Maschine aus, wählen Sie den Menübefehl VIRTUAL MACHINE | VIRTUAL MACHINE SETTINGS und klicken Sie dann auf die Registerkarte OPTIONS. Das WORKING DIRECTORY (Arbeitsverzeichnis) wird auf der rechten Seite des Dialogfelds angezeigt. Das Standardverzeichnis ist *C:\Users\username\Documents\Virtual Machines*. Dieses Arbeitsverzeichnis enthält für jede bereits erstellte virtuelle Maschine ein Unterverzeichnis. Erstellen Sie dort ein neues Verzeichnis namens *VM copy* (siehe Abbildung 11.1).

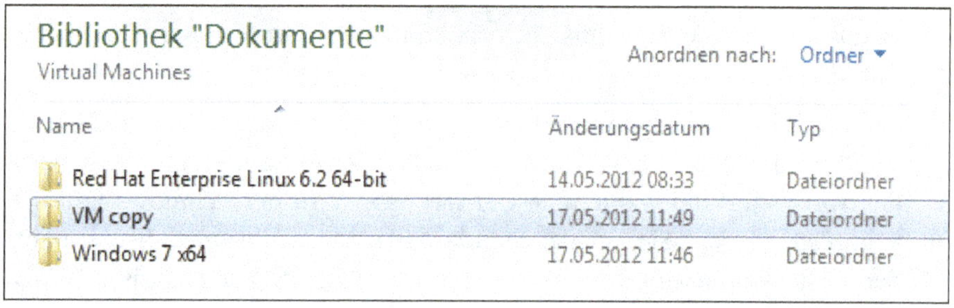

Name	Änderungsdatum	Typ
Red Hat Enterprise Linux 6.2 64-bit	14.05.2012 08:33	Dateiordner
VM copy	17.05.2012 11:49	Dateiordner
Windows 7 x64	17.05.2012 11:46	Dateiordner

Abbildung 11.1 »VM copy«-Verzeichnis

2. Navigieren Sie in das Verzeichnis Ihrer virtuellen Windows-Maschine (siehe Abbildung 11.2). Es enthält mehrere Dateien und ein *cache*-Verzeichnis. Zusammen repräsentieren sie die virtuelle Maschine. Um eine virtuelle Maschine zu kopieren, brauchen wir nur einige dieser Dateien. Die anderen werden neu erstellt, wenn die virtuelle Maschine zum ersten Mal gebootet wird. Die

11.1 | Eine virtuelle Maschine kopieren

kritischen Dateien für diese Aufgabe sind die Konfigurationsdatei (.vmx) und die Dateien der virtuellen Festplatten (.vmdk).

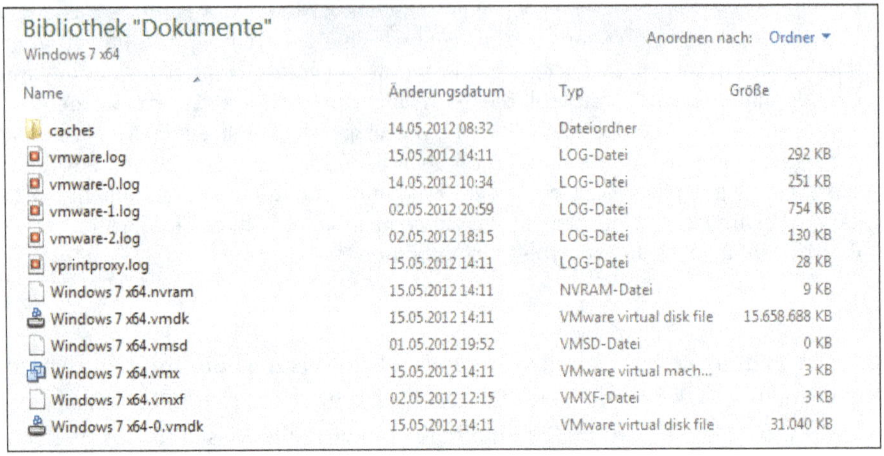

Name	Änderungsdatum	Typ	Größe
caches	14.05.2012 08:32	Dateiordner	
vmware.log	15.05.2012 14:11	LOG-Datei	292 KB
vmware-0.log	14.05.2012 10:34	LOG-Datei	251 KB
vmware-1.log	02.05.2012 20:59	LOG-Datei	754 KB
vmware-2.log	02.05.2012 18:15	LOG-Datei	130 KB
vprintproxy.log	15.05.2012 14:11	LOG-Datei	28 KB
Windows 7 x64.nvram	15.05.2012 14:11	NVRAM-Datei	9 KB
Windows 7 x64.vmdk	15.05.2012 14:11	VMware virtual disk file	15.658.688 KB
Windows 7 x64.vmsd	01.05.2012 19:52	VMSD-Datei	0 KB
Windows 7 x64.vmx	15.05.2012 14:11	VMware virtual mach...	3 KB
Windows 7 x64.vmxf	02.05.2012 12:15	VMXF-Datei	3 KB
Windows 7 x64-0.vmdk	15.05.2012 14:11	VMware virtual disk file	31.040 KB

Abbildung 11.2 Die Dateien einer virtuellen Maschine

Wenn Ihre Dateiendungen nicht sichtbar sind, müssen Sie die entsprechende Funktion aktivieren. Wählen Sie im Windows-Explorer den Menübefehl ORGANISIEREN | ORDNER- UND SUCHOPTIONEN. Klicken Sie im Dialogfeld ORDNEROPTIONEN auf die Registerkarte ANSICHT. Deaktivieren Sie das Kontrollkästchen ERWEITERUNGEN BEI BEKANNTEN DATEITYPEN AUSBLENDEN. Klicken Sie auf OK. Danach werden die Dateiendungen angezeigt. Kopieren Sie diese drei Dateien in das *VM copy*-Verzeichnis. Je nach Hardware kann dieser Vorgang einige Minuten dauern.

3. Öffnen Sie die Konfigurationsdatei (.vmx) im *VM copy*-Verzeichnis mit dem Windows Editor. Eine Möglichkeit: Klicken Sie mit der rechten Maustaste auf die .vmx-Datei und wählen Sie ÖFFNEN MIT. Wird der Windows Editor nicht angezeigt, klicken Sie auf das Standardprogramm AUSWÄHLEN und dann auf den DURCHSUCHEN-Button. Navigieren Sie zu dem Verzeichnis *C:\Windows\System32* und wählen Sie *notepad.exe*. Abbildung 11.3 zeigt einen Teil der Konfigurationsdatei.

4. Sie müssen den Namen der virtuellen Maschine an allen Stellen ändern. Wählen Sie zu diesem Zweck im Windows Editor den Menübefehl BEARBEITEN | ERSETZEN. Geben Sie im Dialogfeld ERSETZEN im Feld SUCHEN NACH den Wert Windows 7 x64 und im Feld ERSETZEN DURCH den Wert VM copy ein. Klicken Sie auf ALLE ERSETZEN. Schließen Sie dann das Dialogfeld ERSETZEN. Führen Sie die Änderung manuell durch, dürfen Sie den Eintrag für guestOS nicht ändern.

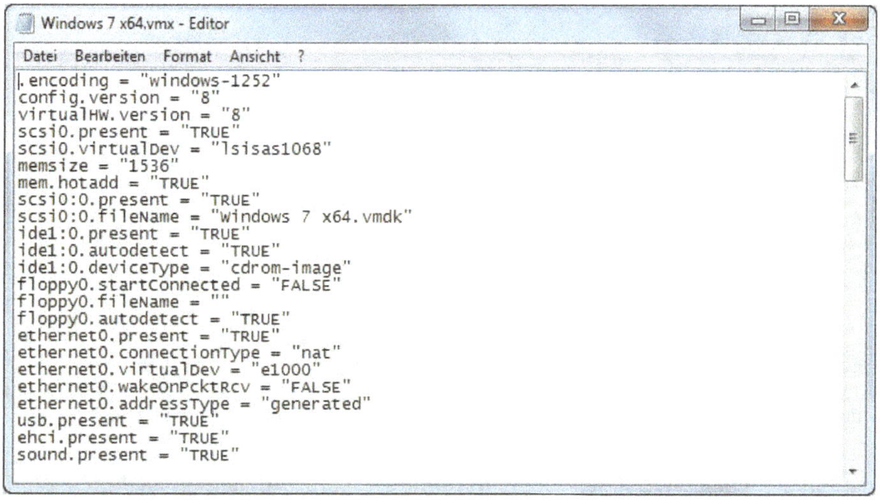

Abbildung 11.3 Die Konfigurationsdatei bearbeiten

5. Speichern Sie die Konfigurationsdatei und schließen Sie den Editor.
6. Ändern Sie die Namen der drei Dateien im *VM copy*-Verzeichnis ebenfalls in *VM copy*. Achtung: Die zweite Festplatte muss *VM copy-0.vmdk* heißen (siehe Abbildung 11.4).

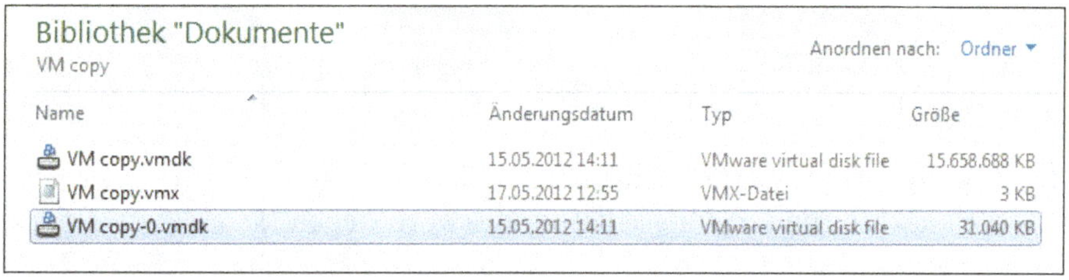

Abbildung 11.4 Umbenannte Dateien der neuen virtuellen Maschine

7. Starten Sie die virtuelle Maschine mit einem Doppelklick auf die Konfigurationsdatei. VMware Player startet die virtuelle Maschine, erkennt, dass etwas anders ist (siehe Abbildung 11.5), und fragt Sie, ob Sie die virtuelle Maschine verschoben oder kopiert haben. Klicken Sie auf I COPIED IT, um fortzufahren.

Wenn die virtuelle Maschine nicht erfolgreich gestartet wird, dann waren Ihre Änderungen der Konfigurationsdatei nicht korrekt oder die *.vdmk*-Dateinamen der virtuellen Festplatten stimmen nicht. Prüfen Sie Ihre Änderungen oder kopieren Sie die ursprüngliche Konfigurationsdatei erneut und versuchen Sie es noch

11.1 | Eine virtuelle Maschine kopieren

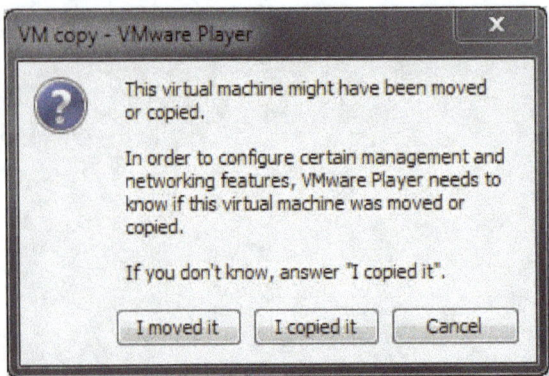

Abbildung 11.5 Meldung, dass die virtuelle Maschine verschoben oder kopiert wurde

einmal. Möglicherweise haben Sie in Kapitel 4, »Eine virtuelle Maschine erstellen«, irrtümlich einen wichtigen Schritt ausgelassen, als Sie die Festplattenkapazität festgelegt haben. Haben Sie entschieden, Ihre virtuelle Festplatte nicht in einer einzigen Datei zu speichern, müssen Sie mehr als zwei *.vmdk*-Dateien kopieren. Außerdem müssen Sie nicht nur die Dateien kopieren, sondern auch eine weitere Einstellung ändern. Eine der *.vmdk*-Dateien ist viel kleiner als die anderen und enthält Zeiger auf mehrere Teile der virtuellen Festplatte. Sie müssen diese Datei mit dem Editor öffnen und die ursprünglichen Namen der Zeiger in *VM copy* ändern, dann die geänderte Datei speichern und die virtuelle Maschine starten.

Prüfen Sie jetzt, ob die geklonte virtuelle Maschine mit der ursprünglichen identisch ist.

1. Windows startet mit demselben Anwendernamen wie die ursprüngliche virtuelle Maschine und fragt nach dessen Passwort. Geben Sie das Passwort ein, um sich anzumelden.

2. Glückwunsch! Sie haben eine virtuelle Maschine kopiert. Öffnen Sie ein Befehlszeilen-Fenster, indem Sie auf den START-Button klicken, cmd in das Suchfeld eingeben und auf das CMD-Symbol klicken.

3. Geben Sie `ipconfig` ein, um die Netzwerkeinstellungen der virtuellen Maschine anzuzeigen. Sie sollten ähnlich, aber nicht identisch, wie die der ursprünglichen virtuellen Maschine aussehen. Anzahl und Typ der Adapter und Verbindungen sollten übereinstimmen. Zuvor hatten wir zwei Ethernet-Adapter (siehe Abbildung 11.6).

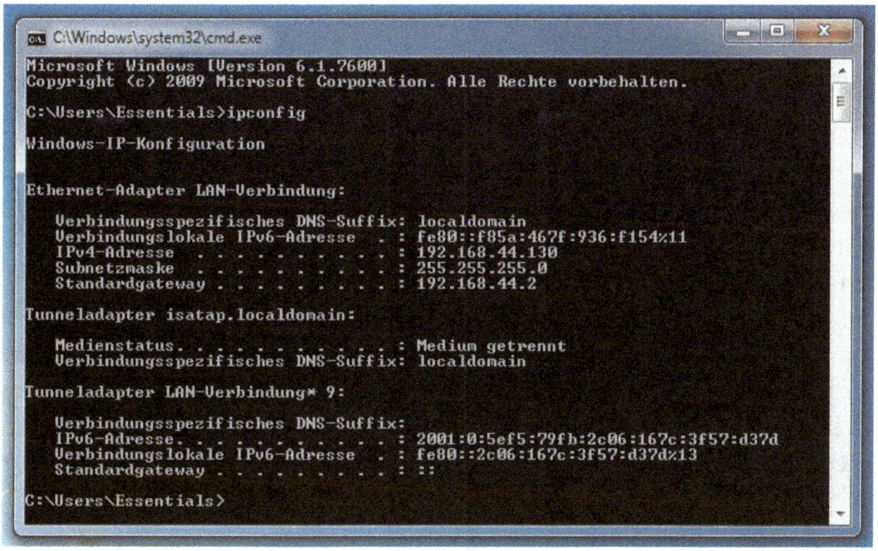

Abbildung 11.6 Die Netzwerkkonfiguration anzeigen

Möglicherweise unterscheiden sich die IP-Adressen. Aus Kapitel 10, »Networking für eine virtuelle Maschine verwalten«, wissen Sie, dass diese Systeme ihre IP-Adressen automatisch von einem DHCP-Server beziehen können. Als Sie VMware Player mitteilten, dass Sie die virtuelle Maschine kopiert haben, erstellte er für die virtuelle Maschine eine neue eindeutige Maschinen-ID. Hätten Sie I MOVED IT (Ich habe sie verschoben) geantwortet, wäre der eindeutige Bezeichner nicht geändert worden. Wäre die IP-Adresse fest in die virtuelle Maschine eincodiert, müssten Sie die Adresse manuell in eine neue Adresse ändern; andernfalls würden Sie Netzwerkprobleme mit zwei identisch referenzierten Systemen riskieren.

4. Schließen Sie das Befehlszeilen-Fenster.
5. Klicken Sie auf den START-Button und dann auf SYSTEMSTEUERUNG. Wählen Sie SYSTEM UND SICHERHEIT und dann SYSTEM. Alles, was über diese kopierte virtuelle Maschine angezeigt wird, ist mit der ursprünglichen identisch. Selbst der Computer-Name ist derselbe, was in einer realen Umgebung ein Problem wäre. Sie könnten den Systemnamen hier ändern, aber es ist nicht erforderlich, um diese Übung abzuschließen.
6. Sie können die kopierte virtuelle Maschine weiter studieren. Wenn Sie fertig sind, fahren Sie sie herunter, indem Sie den Menübefehl VIRTUAL MACHINE | POWER | POWER OFF im VMware-Player-Menü wählen. Beachten Sie, dass VM COPY bereits am Anfang der Liste der virtuellen Maschinen eingefügt worden ist.

7. Wir sind mit dieser virtuellen Maschine fertig. Sie können sie löschen, indem Sie mit der rechten Maustaste auf die virtuelle Maschine klicken und DELETE VM FROM DISK wählen. Es wird eine Warnmeldung angezeigt. Klicken Sie auf YES; dann werden alle Dateien gelöscht. Das einschließende Verzeichnis muss separat gelöscht werden.

Dieses einfache Szenario, die Dateien zu kopieren, funktioniert für unsere Zwecke, weil wir mit einer einzigen virtuellen Maschine arbeiten. Selbst bei einem Dutzend virtuellen Maschinen wäre der Aufwand erträglich. Doch bei hundert oder fünfhundert virtuellen wäre eine manuelle Erstellung beträchtlich aufwendiger und das Fehlerrisiko wäre größer. Glücklicherweise kann dieser Prozess auf mehreren Wegen automatisiert werden. Eine Methode ist das Scripting. Systemadministratoren erstellen Scripts, um die gerade ausgeführten Schritte zu duplizieren und den geklonten virtuellen Maschinen in dem Gast-Betriebssystem eindeutige Systeminformationen und Netzwerkadressen zuzuweisen. Außerdem können Sie für diesen Zweck Automatisierungswerkzeuge einsetzen, die eine benutzerfreundliche Schnittstelle und einen standardisierten wiederholbaren Prozess zur Verfügung stellen. Diese Werkzeuge gehören entweder zur Hypervisor-Verwaltung des Anbieters oder werden von Drittherstellern angeboten.

> **Tipp**
>
> **Was ist Sysprep?** Wenn Sie virtuelle Windows-Maschinen klonen, müssen Sie dafür sorgen, dass jede neue geklonte virtuelle Maschine über eine eindeutige ID verfügt. Microsoft stellt für diesen Zweck ein Werkzeug, Sysprep, zur Verfügung, das normalerweise zu diesem Prozess gehört. Sysprep ist ein Windows-spezifisches Utility, mit dem Administratoren aus einem Standardinstallationsimage von Windows eine eindeutige Kopie des Betriebssystems erstellen können. Sysprep kann dem Betriebssystem nicht nur eine eindeutige ID geben, sondern auch neue Gerätetreiber und Applikationen zu dem neuen Image hinzufügen. Jede Version von Windows, NT, XP, Vista und so weiter, verfügt über eine eigene Sysprep-Version, die zur Anpassung verwendet werden muss. Die Einführung zahlreicher virtueller Maschinen ist nicht Thema dieser Beispiele, deshalb wird das Arbeiten mit Sysprep hier nicht behandelt.

11.1.1 Mit Templates arbeiten

Neue virtuelle Maschinen von einer vorhandenen virtuellen Maschine abzuleiten, erspart in einer virtuellen Umgebung viel Zeit und Mühe. Dies ist einer der Hauptgründe, warum Systemadministratoren gerne aus einer physischen in eine virtuelle Umgebung umsteigen. Zum Klonen brauchen sie ein Vorbild, ein Standard-Image, das als Gussform dient, um die neuen virtuellen Maschinen zu erstellen. Zu diesem Zweck arbeiten sie mit dem Konzept des Templates, das für die Bereitstellung physischer Server entwickelt worden ist. Ein Template ist ein goldenes Image, ein vorgefertigtes, getestetes Image, das freigegebene Standard-Software des Unternehmens enthält.

Administratoren erstellen ein einsatzbereites Betriebssystem-Image mit einem Satz von Applikationen und Werkzeugen, jeweils mit den aktuellen Patches. Dieses Image wird auf einem Medium wie etwa einer DVD gespeichert. Wenn ein neuer Server installiert werden soll, kann das Image schnell auf diesen kopiert werden, ohne dass alle verschiedenen Installationen wiederholt werden müssten, aus denen das Image erstellt wurde. Außerdem verhindert ein Image in einem Read-only-Format unbeabsichtigte Änderungen. Virtuelle Umgebungen verwenden diese Technik ebenfalls zu ihrem Vorteil.

Das Image, aus dem Sie neue virtuelle Maschinen erstellen, enthält nicht nur ein großes Paket Software einschließlich eines Betriebssystems, sondern auch die Hardware-Konfiguration. Außerdem gibt es einen kleinen Unterschied zwischen dem Klonen einer virtuellen Maschine und der Erstellung einer neuen von einem Template. Beim Klonen ist eine virtuelle Maschine, nicht ein Template die Quelle, obwohl dies nicht unbedingt immer so sein muss. Ein Template ist normalerweise ein Image einer virtuellen Maschine, die nicht gestartet werden kann. Anders ausgedrückt: Tatsächlich ist es nicht mehr als eine Gussform für andere virtuelle Maschinen.

Templates werden erstellt, indem zunächst eine saubere, unbenutzte virtuelle Maschine für den Einsatz vorbereitet wird und diese dann mit einer einschlägigen Funktion des Hypervisors oder einem anderen Werkzeug in ein Image umgewandelt wird. So zeigt etwa Abbildung 11.7 das Menü, wenn Sie eine virtuelle Maschine in VMware vCenter, der Schnittstelle für die Verwaltung einer VMware-ESX-Infrastruktur, markieren und auswählen. Das Menü enthält zwei Optionen: erstens die ausgewählte virtuelle Maschine in ein Template zu klonen und zweitens die ausgewählte virtuelle Maschine in ein Template umzuwandeln.

Das folgende Beispiel zeigt eine neue virtuelle Maschine, die von einem Template geklont worden ist. Da VMware Player über diese Funktionalität nicht verfügt, wird stattdessen VMware Workstation verwendet. Zwei Schritte waren erforderlich, um das Template aus der virtuellen Windows-Maschine zu erstellen. Erstens wurde das Kontrollkästchen ENABLE TEMPLATE MODE in den ADVANCED OPTIONS der VIRTUAL MACHINE SETTINGS aktiviert. Zweitens wurde ein Schnappschuss der virtuellen Maschine erstellt, der als Template verwendet werden soll. Schnappschüsse werden später in diesem Kapitel behandelt. Abbildung 11.8 zeigt das Menü, um die virtuelle Maschine zu klonen.

11.1 | Eine virtuelle Maschine kopieren

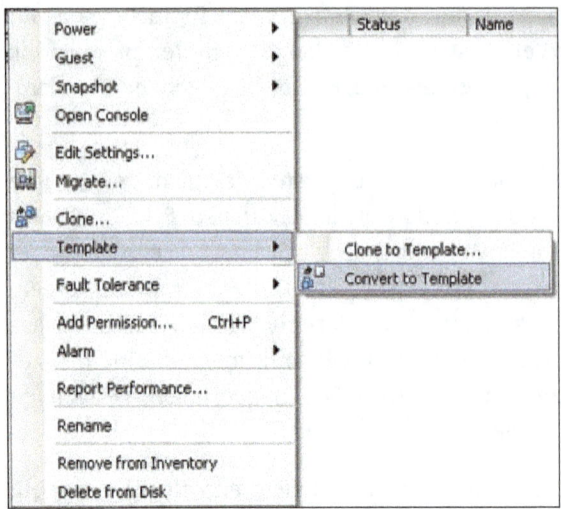

Abbildung 11.7 Optionen für die Erstellung eines Templates

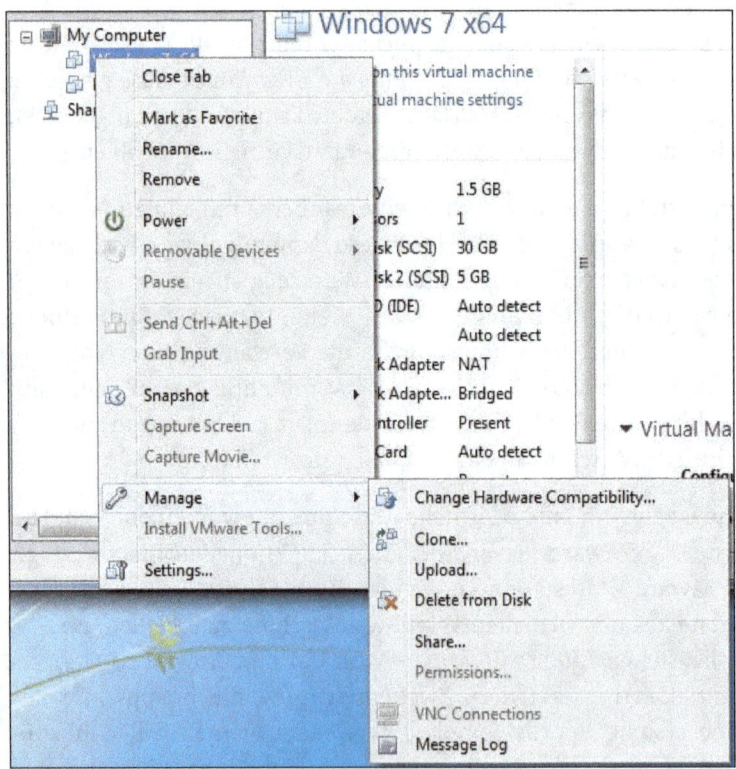

Abbildung 11.8 Eine virtuelle Maschine verwalten

244

Abbildung 11.9 zeigt den CLONE VIRTUAL MACHINE WIZARD. Die erste Seite erinnert den Benutzer daran, den Template-Modus in den VIRTUAL MACHINE SETTINGS zu aktivieren.

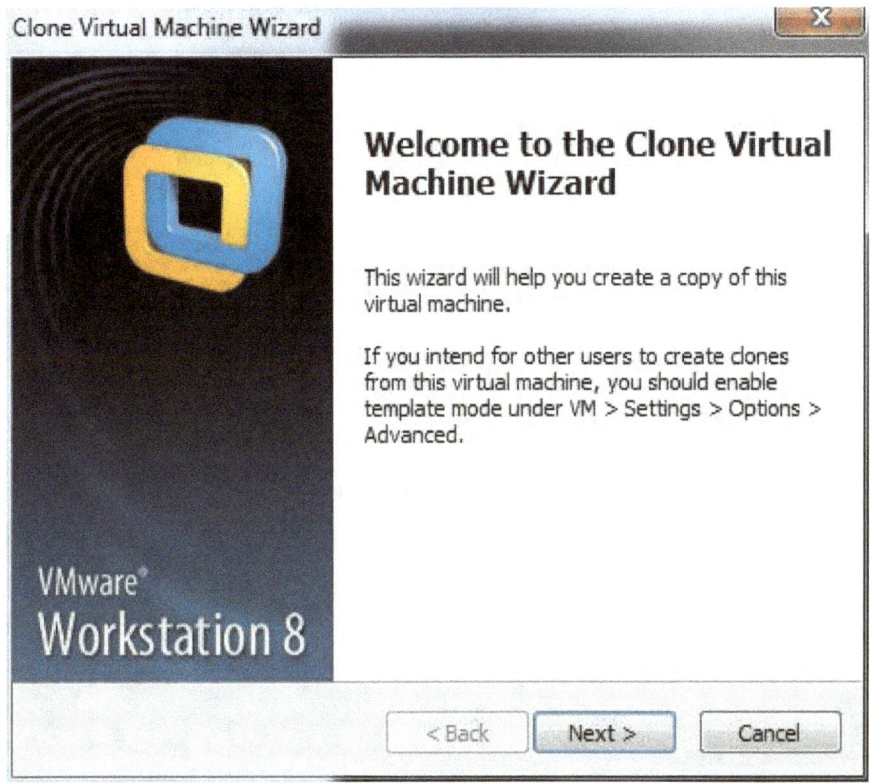

Abbildung 11.9 Der »Clone Virtual Machine Wizard«

Weil sich die virtuelle Maschine im Template-Modus befindet, müssen Sie einen Schnappschuss als Klon verwenden. In diesem Beispiel gibt es nur einen einzigen Schnappschuss (siehe Abbildung 11.10).

Abbildung 11.11 zeigt, dass Sie zwei verschiedene Typen von Klonen erstellen können. Ein FULL CLONE (kompletter Klon) ist eine komplette Kopie und erfordert denselben Festplattenspeicherplatz wie die ursprüngliche VM. Ein LINKED CLONE (verknüpfter Klon) benutzt die ursprüngliche VM als Referenz und speichert alle Änderungen in einem viel kleineren Festplattenspeicher. Da es sich um eine komplette Kopie handelt, muss die ursprüngliche virtuelle Maschine für den verknüpften Klon verfügbar sein. In diesem Beispiel wird ein kompletter Klon erstellt.

11.1 | Eine virtuelle Maschine kopieren

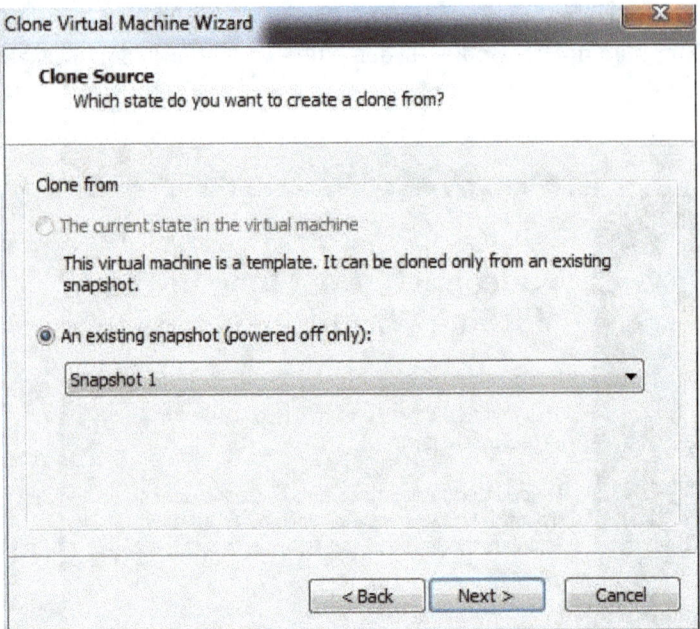

Abbildung 11.10 »Clone Source«

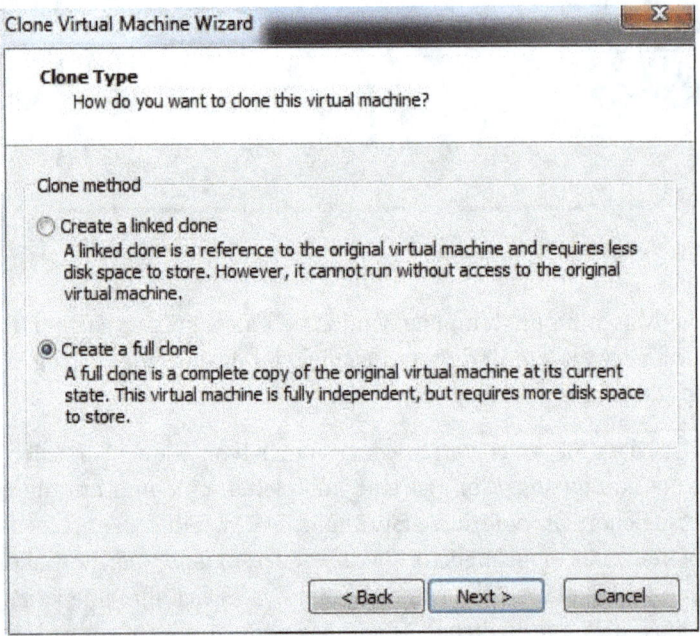

Abbildung 11.11 »Clone Type«

Im letzten Schritt geben Sie der neuen virtuellen Maschine einen Namen (siehe Abbildung 11.12). Der Assistent hat eine kurze Liste mit Schritten angezeigt. Mit einer Fortschrittsanzeige begleitet er den Prozess des Klonens. Wenn er fertig ist, wird die neue virtuelle Maschine in der Liste der virtuellen Maschinen angezeigt und kann gestartet werden. Eine kurze Prüfung zeigt, dass sie wie das Template konfiguriert ist, von dem sie abgeleitet wurde. Mit den verfügbaren Werkzeugen ist der Prozess viel schneller und weniger fehleranfällig als das frühere manuelle Verfahren. Sie könnten gleichzeitig auch mehrere virtuelle Maschinen klonen. Allerdings hängt dies von der Speicher-I/O-Bandbreite ab, da beim Klonen hauptsächlich Daten kopiert werden.

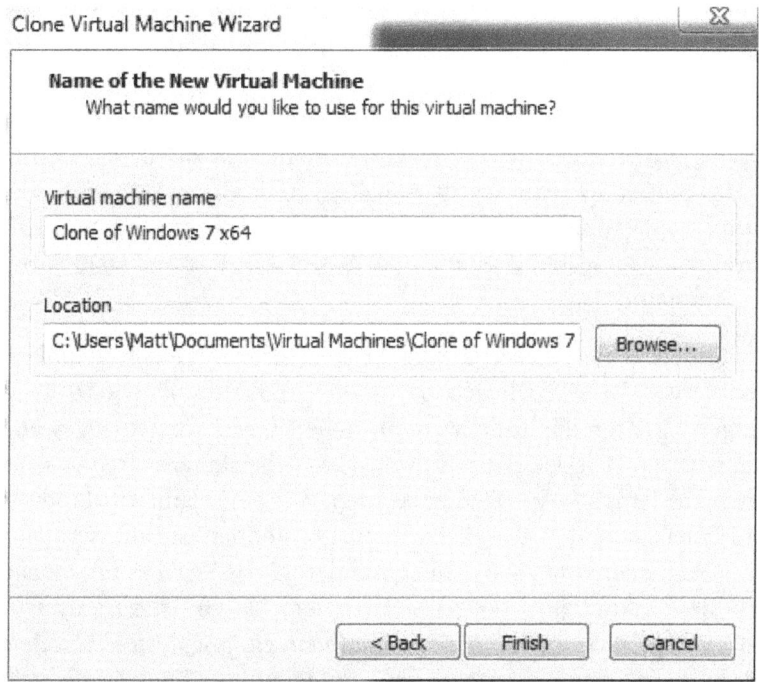

Abbildung 11.12 Den Klon benennen

11.2 Den Status einer virtuellen Maschine speichern

Es gibt viele Gründe, virtuelle Maschinen zu sichern. Am wichtigsten ist natürlich der Schutz vor Katastrophen. Werden Systeme durch eine Naturkatastrophe oder Vandalismus zerstört, sind korrekte, zeitnahe Sicherungen der System- und Applikationsdaten für eine Fortführung eines Unternehmens unverzichtbar. Da virtuelle

11.2 Eine virtuelle Maschine kopieren

Maschinen aus Dateien bestehen, können sie einfacher gesichert werden als ihre physischen Gegenstücke. Mehr darüber erfahren Sie in Kapitel 13, »Was bedeutet Verfügbarkeit?«; aber ein Use Case spielt auch beim Kopieren von virtuellen Maschinen eine Rolle.

In vielen Unternehmen werden verschiedene Applikationen von speziellen Teams betreut und gewartet. Sie entwickeln und erstellen neue Applikationsmodelle, spielen Updates vorhandener Applikationsmodule ein und testen routinemäßig Applikationen bei Betriebssystem-Patches oder -Updates. Vor der Virtualisierung mussten IT-Abteilungen einen physischen Server mit einer genauen Kopie der Software in der Produktionsumgebung samt Betriebssystem, Patches und Applikationen bereitstellen, dann die Änderungen anwenden und testen und schließlich entscheiden, ob sie in die Produktionsumgebung übernommen werden sollten. Die Hardware, die für den Test benutzt wurde, konnte dann für die nächsten Tests vorbereitet werden. Oft war diese Prozedur ein Engpass, der die Möglichkeiten eines Unternehmens einschränkte, neue Applikationsmodule einzusetzen oder mit Verbesserungen des Betriebssystems Schritt zu halten. In größeren Unternehmen mit Hunderten von Applikationen sind die Testumgebungen oft drei bis fünf Mal größer als die Produktionsumgebungen und binden wertvolle Ressourcen in Form von Ausrüstung, Raum und Geld.

Virtuelle Maschinen setzen viele dieser Ressourcen sofort frei. Mit einem Template eines Applikationsservers kann das Image, das in der Produktion eingesetzt werden soll, in wenigen Minuten dupliziert werden. Neue Patches können angewendet und bewertet werden. Fällt der Test positiv aus, kann die aktualisierte virtuelle Maschine in das neue Template konvertiert werden, mit dem dann das Produktionssystem aktualisiert wird. Gibt es kein Template, können Sie die virtuelle Produktionsmaschine klonen und auch damit garantieren, dass Patches mit einem Duplikat der Produktionskonfiguration getestet werden, die virtuelle Hardware-Konfiguration, das Betriebssystem und die Applikationen eingeschlossen. Mit den einschlägigen Werkzeugen des Hypervisors können Sie einfach Templates erstellen, virtuelle Maschinen klonen und sie für diese Tests in einer virtuellen Umgebung einsetzen. Schnappschüsse sind eine weitere Option, die Administratoren für diesen Zweck einsetzen können.

Allein die Bezeichnung *Schnappschuss* drückt fast alles aus, was Sie über diese Funktion wissen müssen. Ein Schnappschuss ist eine Methode, mit der nicht nur, wie beim Klonen oder dem Erstellen eines Templates, die Hardware- und Software-Konfiguration einer virtuellen Maschine, sondern auch ihr Verarbeitungsstatus festgehalten wird. Mit Schnappschüssen können Sie den Status einer virtuellen

Maschine zu einem bestimmten Zeitpunkt einfrieren und diesen dann später beliebig oft wiederherstellen, eine Möglichkeit, die speziell in Test- und Entwicklungsumgebungen nützlich ist. In gewisser Weise stellen Schnappschüsse einen RÜCKGÄNGIG-Button für den virtuellen Server zur Verfügung. Schnappschüsse sind jedoch nicht als Backup-Lösung für virtuelle Maschinen konzipiert. Werden sie für diesen Zweck eingesetzt, kann sogar die Performance der virtuellen Maschine und der gesamten virtuellen Umgebung bei Nutzung und Speicherung beeinträchtigt werden. Alle wichtigen Hypervisoren können Schnappschüsse erstellen. In den folgenden Abschnitten wird die Erstellung von Schnappschüssen mit VMware beschrieben. Andere Lösungen arbeiten ähnlich.

Bei einem Schnappschuss einer virtuellen Maschine werden einige neue Dateien erstellt. Eine Datei (mit der Endung *.vmsd*) enthält alle relevanten Informationen über den Schnappschuss. Eine Datei (mit der Endung *.vmem*) enthält den Status des Speichers der virtuellen Maschine. Die Datei mit dem Schnappschuss der virtuellen Maschine (mit der Endung *.vmsn*) enthält den Zustand der virtuellen Maschine zum Zeitpunkt des Schnappschusses. Außerdem werden Child-Festplatten (untergeordnete Festplatten; mit der üblichen Endung *.vmdk*) erstellt. Eine solche Festplatte wird als *Sparse Disk* bezeichnet.

Eine Sparse Disk ist eine Methode zur Speicheroptimierung, mit der vermieden werden soll, die gesamte Festplatte für einen Schnappschuss zu klonen. Sparse Disks arbeiten mit einer Copy-on-write-Strategie (Kopieren beim Schreiben), bei der nur Datenblöcke auf die Festplatte geschrieben werden, die von denen auf der ursprünglichen Festplatte abweichen. Der aktive Schnappschuss der virtuellen Maschine liest von der Child-Festplatte und der ursprünglichen Parent-Festplatte, schreibt aber nur auf die Child-Festplatte. Abbildung 11.13 zeigt ein einfaches Beispiel für einen

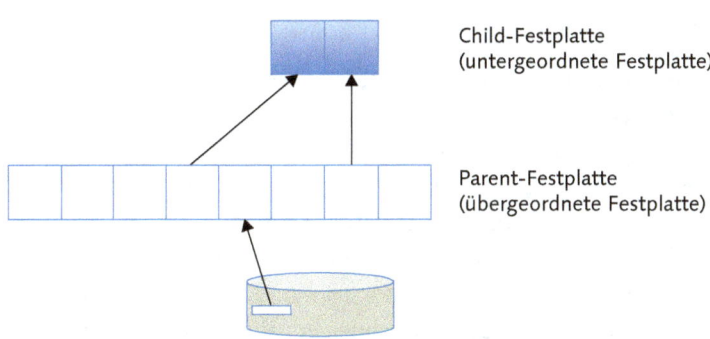

Abbildung 11.13 Ein erster Schnappschuss

Schnappschuss. Die untere Parent-Festplatte ist fürs Schreiben gesperrt; alle Datenblockänderungen werden auf die Sparse-Child-Festplatten geschrieben.

Abbildung 11.14 zeigt, was bei einem zweiten Schnappschuss passiert. Es wird eine zweite Child-Festplatte im Sparse-Format erstellt. Alle Datenblock-Änderungen, egal ob auf der ursprünglichen oder der ersten Child-Festplatte, werden auf die zweite Child-Festplatte geschrieben. Die erste Child-Festplatte ist wie die ursprüngliche Festplatte fürs Schreiben gesperrt und wird nur als Read-only-Referenz für aktuelle Daten verwendet. Bei diesem Verfahren kann leicht viel Speicherplatz auf der Festplatte verbraucht werden, wenn zu viele Schnappschüsse erstellt oder größere Datenmengen geändert werden. Außerdem wird der Zugriff auf die aktuellen Datenblöcke umso umständlicher, je mehr Schnappschüsse erstellt werden. Darunter kann die Performance der virtuellen Maschine leiden.

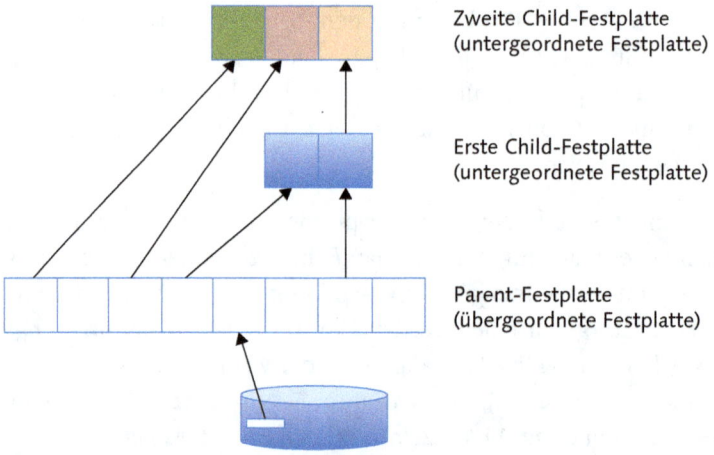

Abbildung 11.14 Ein zweiter Schnappschuss

11.2.1 Einen Schnappschuss erstellen

Die Schnappschuss-Beispiele zeigen, wie ein Schnappschuss erstellt wird und wie dann der ursprüngliche Zustand wiederhergestellt wird. Da VMware Player diese Funktion nicht anbietet, wird VMware Workstation verwendet. Der Klon der virtuellen Windows-Maschine wird gestartet; der Nutzer meldet sich an. Ein Schnappschuss soll den Ausgangszustand festhalten. Der Schnappschuss erfolgt über ein Workstation-Symbol oder das Menü. Der Schnappschuss-Assistent fordert den Nutzer zur Eingabe eines Namens für den Schnappschuss auf; im Beispiel wird der Name *Snapshot v1* verwendet. Während der Schnappschuss erstellt wird, erscheint eine kurze Fortschrittsanzeige und die entsprechenden Dateien werden erstellt.

Abbildung 11.15 zeigt die Datendateien, aus denen jetzt die virtuelle Maschine mit dem Schnappschuss besteht. Sie sehen unter anderem die Datei mit dem Speicherzustand (.*vmem*), die Schnappschuss-Konfigurationsdatei (.*vmsd*), die Datei mit dem Zustand der virtuellen Maschine (.*vmsn*) und die Child-Festplatten (.*vmdk*). Da die ursprüngliche virtuelle Maschine über zwei Festplatten verfügt, wurde auch für jede eine Child-Festplatte erstellt. Der Name jeder Child-Festplatte wird mit der Nummer des Schnappschusses gekennzeichnet, in diesem Fall *000001*.

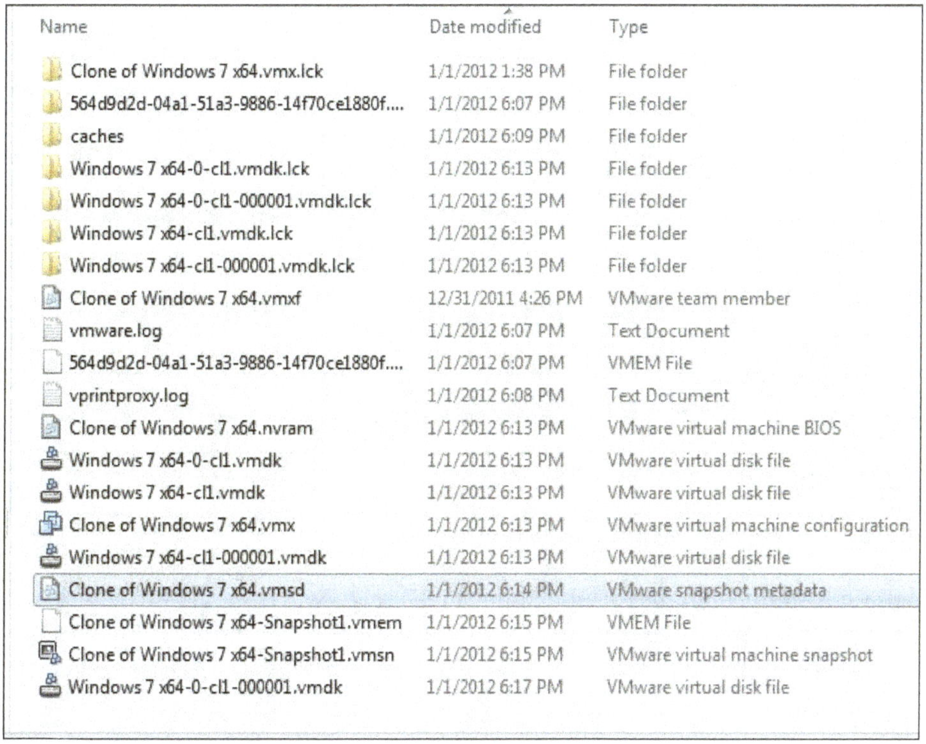

Name	Date modified	Type
Clone of Windows 7 x64.vmx.lck	1/1/2012 1:38 PM	File folder
564d9d2d-04a1-51a3-9886-14f70ce1880f....	1/1/2012 6:07 PM	File folder
caches	1/1/2012 6:09 PM	File folder
Windows 7 x64-0-cl1.vmdk.lck	1/1/2012 6:13 PM	File folder
Windows 7 x64-0-cl1-000001.vmdk.lck	1/1/2012 6:13 PM	File folder
Windows 7 x64-cl1.vmdk.lck	1/1/2012 6:13 PM	File folder
Windows 7 x64-cl1-000001.vmdk.lck	1/1/2012 6:13 PM	File folder
Clone of Windows 7 x64.vmxf	12/31/2011 4:26 PM	VMware team member
vmware.log	1/1/2012 6:07 PM	Text Document
564d9d2d-04a1-51a3-9886-14f70ce1880f....	1/1/2012 6:07 PM	VMEM File
vprintproxy.log	1/1/2012 6:08 PM	Text Document
Clone of Windows 7 x64.nvram	1/1/2012 6:13 PM	VMware virtual machine BIOS
Windows 7 x64-0-cl1.vmdk	1/1/2012 6:13 PM	VMware virtual disk file
Windows 7 x64-cl1.vmdk	1/1/2012 6:13 PM	VMware virtual disk file
Clone of Windows 7 x64.vmx	1/1/2012 6:13 PM	VMware virtual machine configuration
Windows 7 x64-cl1-000001.vmdk	1/1/2012 6:13 PM	VMware virtual disk file
Clone of Windows 7 x64.vmsd	1/1/2012 6:14 PM	VMware snapshot metadata
Clone of Windows 7 x64-Snapshot1.vmem	1/1/2012 6:15 PM	VMEM File
Clone of Windows 7 x64-Snapshot1.vmsn	1/1/2012 6:15 PM	VMware virtual machine snapshot
Windows 7 x64-0-cl1-000001.vmdk	1/1/2012 6:17 PM	VMware virtual disk file

Abbildung 11.15 Physische Dateien eines Schnappschusses

Zusätzlich zu den neuen Dateien im Host-Dateisystem verwaltet der Workstation-Schnappschuss-Manager eine Map (Zuordnungstabelle). Abbildung 11.16 zeigt die einfache Map, die wir bis jetzt erstellt haben. Unser Schnappschuss ist nur ein erster Pfosten, den wir eingeschlagen haben, um unsere virtuelle Maschine zu ändern.

Auch wenn wir unsere virtuelle Maschine nicht ändern, finden Änderungen statt. Mit der Zeit werden diverse Protokolle des Betriebssystems und von Überwachungswerkzeugen fortgeschrieben. Diese Änderungen fügen Datenblöcke zu

11.2 | Eine virtuelle Maschine kopieren

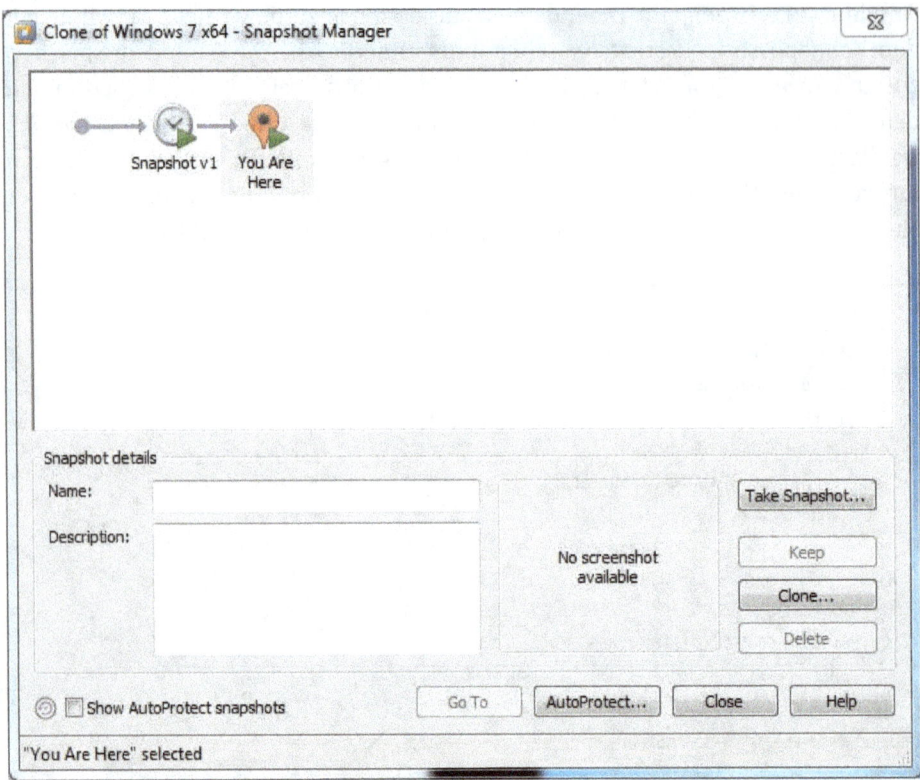

Abbildung 11.16 Schnappschuss-Manager von Workstation

den Child-Festplatten hinzu. Abbildung 11.17 zeigt, wie etwa die Erstellung und das Speichern eines Textdokuments auf dem Desktop zusätzliche Änderungen hinzufügt.

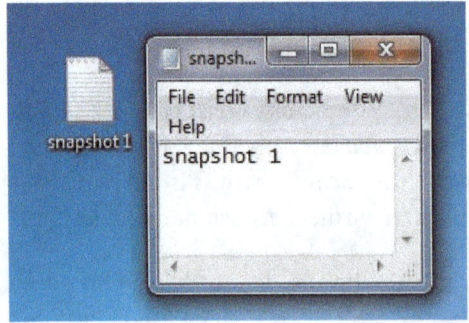

Abbildung 11.17 Änderung der virtuellen Maschine

Den Status einer virtuellen Maschine speichern | 11.2

An diesem Punkt wird ein zweiter Schnappschuss erstellt. Er erhält den Namen Snapshot v2. Der Inhalt des Textdokuments wird ebenfalls geändert und auf der Festplatte gespeichert. Abbildung 11.18 zeigt erneut die physischen Dateien der virtuellen Maschine. Die Liste enthält jetzt einen zweiten Satz von Dateien mit dem Speicherzustand, dem Systemzustand und den Child-Festplatten.

Windows 7 x64-0-cl1.vmdk	1/1/2012 6:13 PM	VMware virtual disk file
Windows 7 x64-cl1.vmdk	1/1/2012 6:13 PM	VMware virtual disk file
Clone of Windows 7 x64-Snapshot1.vmem	1/1/2012 6:15 PM	VMEM File
Clone of Windows 7 x64-Snapshot1.vmsn	1/1/2012 6:15 PM	VMware virtual machine snapshot
Clone of Windows 7 x64.nvram	1/1/2012 6:48 PM	VMware virtual machine BIOS
Windows 7 x64-0-cl1-000001.vmdk	1/1/2012 6:48 PM	VMware virtual disk file
Windows 7 x64-0-cl1-000002.vmdk	1/1/2012 6:48 PM	VMware virtual disk file
Windows 7 x64-cl1-000001.vmdk	1/1/2012 6:48 PM	VMware virtual disk file
Windows 7 x64-cl1-000002.vmdk	1/1/2012 6:48 PM	VMware virtual disk file
Clone of Windows 7 x64.vmx	1/1/2012 6:48 PM	VMware virtual machine configuration
Clone of Windows 7 x64.vmsd	1/1/2012 6:48 PM	VMware snapshot metadata
Clone of Windows 7 x64-Snapshot2.vmem	1/1/2012 6:50 PM	VMEM File
Clone of Windows 7 x64-Snapshot2.vmsn	1/1/2012 6:50 PM	VMware virtual machine snapshot

Abbildung 11.18 Physische Dateien mit einem zweiten Schnappschuss

Die Schnappschusskette im Workstation-Schnappschuss-Manager enthält jetzt einen zweiten Zeitpunkt (siehe Abbildung 11.19), der wiederhergestellt werden kann. Jetzt gibt es mehrere Möglichkeiten. Wenn Sie weitere Schnappschüsse erstellen, werden zusätzliche Schnappschussdateien angelegt und weitere Zeitpunkte für die Wiederherstellung der virtuellen Maschine festgehalten, allerdings auf Kosten der Performance und des Speicherplatzes.

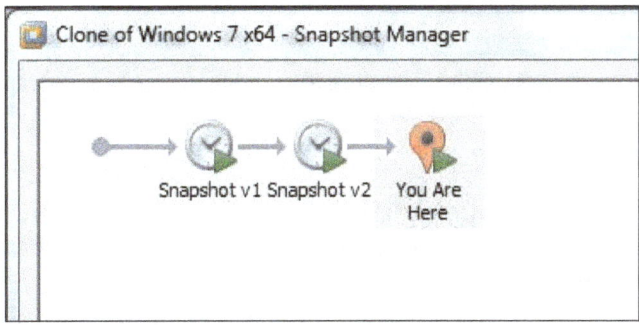

Abbildung 11.19 Ein zweiter Schnappschuss

11.2 | Eine virtuelle Maschine kopieren

Sie können Schnappschüsse nicht nur sequenziell nacheinander, sondern auch verzweigt erstellen, etwa um verschiedene Modellvarianten zu testen. Würde beispielsweise der erste Schnappschuss wiederhergestellt, dann die VM geändert und ein dritter Schnappschuss erstellt, dann gäbe es zwei Verzweigungen des ersten Schnappschusses. Verlaufen die Tests mit dem Schnappschuss der virtuellen Maschine erfolgreich, können Sie die Schnappschüsse in die ursprüngliche virtuelle Maschine integrieren, wodurch Sie praktisch diese ursprüngliche virtuelle Maschine aktualisieren. Sie werden dieses Beispiel etwas später nachvollziehen. Am häufigsten wird jedoch ein vorhergehender Schnappschuss wiederhergestellt.

Wie bei der Erstellung eines Schnappschusses können Sie einen vorhergehenden Schnappschuss mit einem Workstation-Symbol, einem Menübefehl oder vom Workstation-Schnappschuss-Manager wiederherstellen. So zeigt etwa Abbildung 11.20, wie Sie schnell zu Snapshot v2 zurückkehren können. VMware Workstation zeigt eine hilfreiche Warnung an, dass die gesamte Arbeit in der virtuellen Maschine seit der Erstellung des Schnappschusses durch die Aktion verloren geht. Während der Wiederherstellung wird eine Fortschrittsanzeige angezeigt. Danach befindet sich auch das Textdokument mit den ursprünglichen Daten wieder auf dem Desktop.

Abbildung 11.20 Rückkehr zu einem vorhergehenden Schnappschuss

11.2.2 Schnappschüsse integrieren

Angenommen, unsere ursprüngliche virtuelle Maschine müsste aufgrund Ihrer Tests aktualisiert werden. Sie haben festgestellt, dass die Betriebssystem-Patches keine Probleme für unsere Applikationsumgebung darstellen, und wollen sie in das System integrieren. Zu diesem Zweck müssen Sie die Änderungen in den Schnappschüssen in die ursprüngliche virtuelle Maschine einfügen. In VMware

Workstation können Sie die Schnappschuss-Änderungen auf die ursprüngliche virtuelle Maschine anwenden, indem Sie die Schnappschüsse in der Kette löschen. Der erste Schritt (siehe Abbildung 11.21) zeigt, dass die Daten von der zweiten Child-Festplatte in die Daten der ersten Festplatte integriert wurden. Die erste Child-Festplatte wird zum Schreiben entsperrt, damit sie aktualisiert werden kann. Datenblöcke, die nur auf der zweiten Child-Festplatte vorkommen, werden zu der ersten Child-Festplatte hinzugefügt. Datenblöcke auf der ersten Child-Festplatte, die geändert wurden und sich deshalb ebenfalls auf der zweiten Child-Festplatte befinden, können aktualisiert werden, indem die Änderungen von der zweiten auf die erste Child-Festplatte übertragen werden.

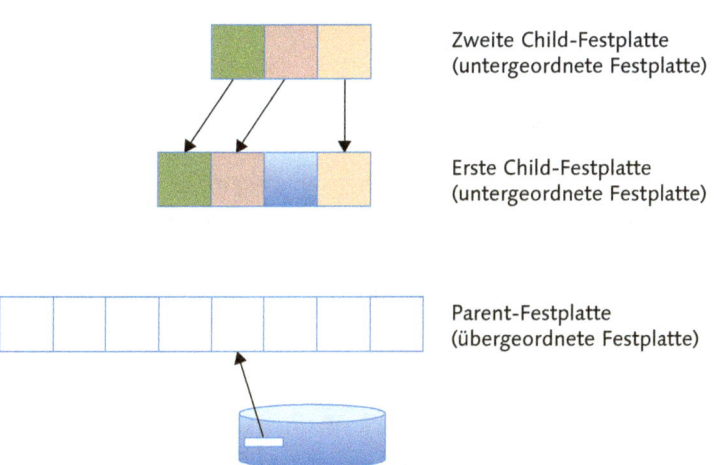

Abbildung 11.21 Den zweiten Schnappschuss löschen

Im nächsten Schritt wird die Child-Festplatte des ersten Schnappschusses, die jetzt auch die Änderungen und Ergänzungen der zweiten Child-Festplatte enthält, auf die entsperrte Parent-Festplatte übertragen (siehe Abbildung 11.22). Die ursprüngliche Festplatte wird dadurch allerdings nicht vergrößert. Im letzten Schritt werden alle zugehörigen Schnappschussdateien physisch von der Festplatte gelöscht. Alle Änderungen sind in die ursprüngliche virtuelle Maschine integriert worden. Jede Child-Festplatte kann so groß wie die Parent-Festplatte werden. Wenn Schnappschüsse also nicht regelmäßig integriert oder gelöscht werden, können große Teile des Festplattenspeichers konsumiert werden und die Performance der virtuellen Maschine könnte beeinträchtigt werden. Noch einmal: Schnappschüsse dienen dem Testen, nicht dem Backup.

11.3 Eine virtuelle Maschine kopieren

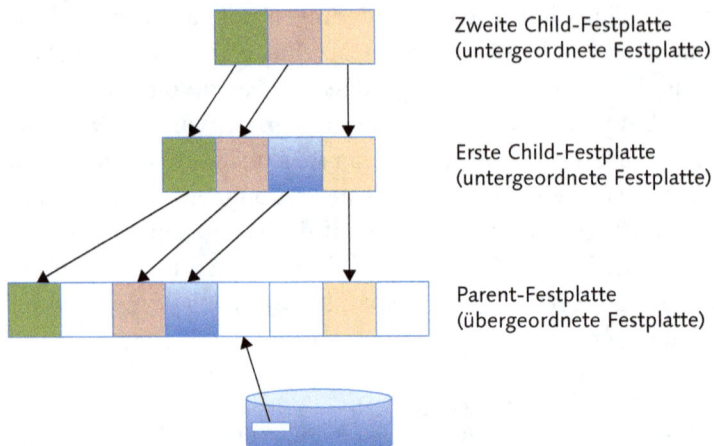

Abbildung 11.22 Den ersten Schnappschuss löschen

Obwohl die VMware-Terminologie für das Löschen von Schnappschüssen etwas verwirrend ist, können Sie Schnappschüsse löschen, die Sie nicht mehr benötigen und nicht in die ursprüngliche Maschine integrieren wollen. Die Schnappschussdateien werden von der physischen Festplatte gelöscht; und die Schnappschusseinträge werden aus dem Schnappschuss-Manager entfernt.

11.3 Die Grundlagen und darüber hinaus

Virtuelle Maschinen können einfacher als ihre physischen Gegenstücke gesichert und wiederhergestellt werden, weil sie aus Datendateien bestehen, die die gesamte Hardware- und Software-Konfiguration eines Servers enthalten. Das Klonen eines Servers ist nicht viel aufwendiger, als Dateien zu kopieren und einige Identitätseinstellungen zu ändern. So kann ein neuer Server schneller und zuverlässiger eingesetzt werden, als für jeden Server eine neue Instanz zu erstellen. Mit Templates können Sie Standard-Images erstellen, die als sauberes Modell für alle neuen Server eines Unternehmens verwendet werden können. Die beiden Funktionen haben die Bereitstellung und den Einsatz virtueller Server so vereinfacht und beschleunigt, dass heute ein neues Problem existiert: der so genannte *Virtual Sprawl* (Virtueller Wildwuchs).

Es werden unkontrolliert zu viele virtuelle Server eingesetzt, ohne dieses undisziplinierte, ressourcenfressende Wachstum durch ein entsprechendes Lifecycle-Management einzuschränken. Mit Schnappschüssen können Sie den Status einer virtuellen Maschine zu einem bestimmten Zeitpunkt einfrieren. Von dort aus können Sie weiterarbeiten oder einen früheren Zustand wiederherstellen. Solche Schnappschüsse sind besonders für das Testen von Änderungen in Applikationsumgebungen nützlich, etwa bei der Installation von Betriebssystem-Patches oder Applikations-Updates. Mit diesen drei Funktionen, dem Klonen, dem Templating und den Schnappschüssen, können Sie schnell und mit minimalem Aufwand genau definierte Testumgebungen einrichten, einsetzen und wiederherstellen. Sie brauchen dafür weit weniger Ressourcen als in einer ähnlichen physischen Konfiguration.

Übungen

- Kopieren Sie die Linux-VM mit dem manuellen Prozess, der in diesem Kapitel beschrieben wird. Wenn Sie die *.vmx*-Datei bearbeiten, vergleichen Sie sie mit der *.vmx*-Datei der virtuellen Windows-Maschine. Unterscheiden sich die Einträge grundsätzlich? Wird Ihre virtuelle Linux-Maschine korrekt geklont?

- Öffnen Sie die *.vmx*-Datei der ursprünglichen virtuellen Maschine und die der geklonten virtuellen Maschine nebeneinander. Sind die `uuid.location`-Einträge gleich? Falls nicht, warum nicht?

- Welche anderen Bezeichner müssten Sie in einer geklonten virtuellen Maschine ändern, damit diese eindeutig ist? Was könnte passieren, wenn diese Änderungen nicht vorgenommen werden?

Kapitel 12
Zusätzliche Geräte in virtuellen Maschinen verwalten

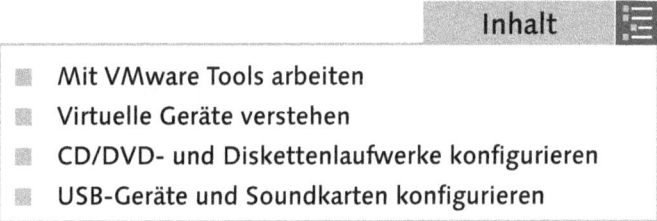

- Mit VMware Tools arbeiten
- Virtuelle Geräte verstehen
- CD/DVD- und Diskettenlaufwerke konfigurieren
- USB-Geräte und Soundkarten konfigurieren

CPU, Speicher, Festplattenspeicher und Networking sind die vier Hauptressourcen der Server-Virtualisierung. Sie sind für den reibungslosen Betrieb einer virtuellen Umgebung verantwortlich. Allerdings benötigen Anwender und Applikationen für ihre Arbeit in einer virtuellen Maschine noch andere Geräte. Hypervisoren unterstützen zahlreiche andere Gerätetypen und Verbindungen, damit virtuelle Maschinen mit seriellen und parallelen Geräten, den neuesten USB-Geräten und fortgeschrittenen grafischen Displays arbeiten können. Zu diesem Zweck bieten die Anbieter diverse Ergänzungen und Optimierungen für Gäste an, die normalerweise mit einer Software-Suite installiert werden.

12.1 Mit VMware Tools arbeiten

Bei der Einrichtung einer virtuellen Maschine haben Sie auch die VMware Tools installiert. Sie umfassen mehrere Utilities, die die Performance einer virtuellen

12.1 | Zusätzliche Geräte in virtuellen Maschinen verwalten

Maschine verbessern und dem Anwender zusätzliche Funktionen zur Verfügung stellen. Ohne diese Werkzeuge funktioniert das Gast-Betriebssystem nicht ganz so reibungslos. VMware Tools besteht aus drei separaten Teilen: einem Betriebssystem-Service, einem Satz verbesserter Gerätetreiber und einem Anwender-Prozess, der die Anwendererfahrung verbessert. Unter Windows laufen die VMware Tools als Windows-Dienst (vmtoolssd.exe). Auf Linux-Systemen laufen sie als Daemon (vmtoolsd). Beide starten, wenn die virtuelle Maschine gebootet wird. Sie stellen unter anderem die folgenden Dienste zur Verfügung:

- Cursor-Steuerung (Windows)
- Zeitsynchronisation zwischen Gast und Host
- Heartbeat (Meldung der Betriebsbereitschaft)
- Verbesserte Kommunikation zwischen Hypervisor und virtuellen Maschinen
- Display-Synchronisierung (Windows)
- Ausführung von Befehlen (Windows) oder Skripts (Linux), um das Betriebssystem einer virtuellen Maschine sauber zu starten und herunterzufahren

VMware Tools stellt auch verbesserte Gerätetreiber für folgende Geräte zur Verfügung:

- Mäuse
- SCSI-Geräte (BusLogic)
- Grafisches SVGA-Display mit besserer Performance und höheren Auflösungen
- Networking (*vmxnet* und *vmxnet3*)
- Audio
- Shared Folders (gemeinsam genutzte Ordner)
- Virtuelles Drucken (Windows)
- Automatische Backups
- Speicherkontrolle

Der User-Prozess von VMware Tools wird unter Windows als Teil des Dienstes *vmtoolssd.exe* installiert. Auf Linux-Systemen läuft er als Programm *vmware-user* und wird gestartet, wenn der Anwender eine X11-Session startet. Der User-Prozess stellt folgende Funktionen zur Verfügung:

- Display-Synchronisierung (Linux)
- Cursor-Steuerung (Linux)

- Kopieren und Einfügen von Text zwischen einer virtuellen Maschine und diversen anderen Stellen
- Andere produktspezifische Anwenderverbesserungen

Neben VMware gibt es noch andere Lösungen, um die Performance der virtuellen Maschine zu verbessern, etwa für Citrix-XenServer-Implementierungen. *Citrix Tools for Virtual Machines* wird ebenfalls in dem Betriebssystem installiert und ersetzt die nativen Netzwerk- und SCSI-Gerätetreiber durch eine optimierte Version, die den Durchsatz zwischen der virtuellen Maschine und dem Hypervisor erhöht. Ohne diese Treiber leidet die Performance und einige Fähigkeiten wie etwa die Live-Migration funktionieren nicht. Außerdem kann die XenCenter-Verwaltungssuite mit diesen Werkzeugen Performancemetriken für eine virtuelle Windows-Maschine abrufen.

Für Microsoft Hyper-V gibt es ebenfalls ein Zusatzpaket namens *Integration Services*. Es modifiziert den Betriebssystemkern und fügt neue virtuelle Gerätetreiber hinzu, um die Kommunikation der virtuellen Maschinen mit der Hardware zu verbessern. Zusätzlich zu den Gerätetreibern werden folgende Funktionen verbessert:

- Zeitsynchronisation
- Heartbeat der virtuellen Maschine
- Herunterfahren des Betriebssystems
- Datenaustausch

Alle Lösungen tragen dazu bei, die virtuelle Maschine und die Anwendererfahrung zu verbessern und, was in diesem Kontext am wichtigsten ist, mit überarbeiteten Gerätetreibern die Performance der Geräte zu optimieren.

12.2 Virtuelle Geräte verstehen

Eine neu erstellte virtuelle Maschine enthält ohne zusätzliche Anpassung bereits einen Satz vorkonfigurierter virtueller Geräte. Mit zusätzlichen Anpassungen können Sie diese Geräte noch flexibler machen. Neben den vier Hauptbereichen stehen zusätzliche Geräte zur Verfügung, bei PCs etwa USB-Geräte wie Tastaturen oder Mäuse, Drucker mit verschiedenen Anschlüssen (seriell, parallel, USB), grafische Displays oder Soundkarten. Gehen Sie wie folgt vor, um die verschiedenen virtuellen Hardware-Geräte anzuzeigen:

12.3 | Zusätzliche Geräte in virtuellen Maschinen verwalten

1. Starten Sie Ihre virtuelle Windows-Maschine.

2. Wählen Sie den Menübefehl Virtual Machine|Virtual Machine Settings. Die Registerkarte Hardware sollte standardmäßig ausgewählt sein und die Geräte der virtuellen Maschine anzeigen.

3. Eine kurze Wiederholung: Der virtuelle Speicher (Memory) kann nach oben oder unten angepasst werden. Die Anzahl der virtuellen Prozessoren kann ebenfalls erhöht oder verringert werden. Netzwerkadapter können hinzugefügt und für verschiedene Zwecke und Netzwerkverbindungstypen konfiguriert werden. Außerdem können zusätzliche Festplatten verschiedener Größe und Eigenschaften hinzugefügt und konfiguriert werden.

12.3 CD/DVD-Laufwerke konfigurieren

Ein CD/DVD-Laufwerk ist eines der Standardgeräte, die in einer virtuellen Maschine vorkonfiguriert sind; der Grund liegt auf der Hand. Die meisten Applikationen und Betriebssysteme werden immer noch von CDs oder DVDs installiert. Auch wenn Sie Software heute auf elektronischem Weg kaufen, wird sie oft im ISO-Format heruntergeladen, einem Standardformat für CDs oder DVDs. Bei der Installation von Windows und Linux in den virtuellen Maschinen haben Sie gesehen, dass Sie ein System auch von einem ISO-Image booten können, das sich nicht auf einer CD befindet.

Markieren Sie CD/DVD (IDE) (siehe Abbildung 12.1). Wählen Sie als Connection (Verbindung) die Option Use physical drive (physisches Laufwerk verwenden) und nicht wie zuvor die Option Use ISO image file. Unter Device status (Gerätestatus) wird angezeigt, dass das Gerät verbunden ist und beim Starten der Maschine automatisch verbunden wird. Für unsere einfache Konfiguration ist dies in Ordnung, doch in einer normalen Umgebung mit vielen virtuellen Maschinen auf einem einzigen Host wäre diese Einstellung problematisch. Würde jede virtuelle Maschine auf dem System versuchen, sich mit dem Gerät zu verbinden, hätte nur die zuerst gestartete Erfolg. Sie würde das Gerät kontrollieren, bis sie entweder heruntergefahren oder ein Administrator die Verbindung in diesen Einstellungen trennen würde. Deshalb sollte die Einstellung Connect at power on für dieses Gerät normalerweise deaktiviert werden.

Ein Diskettenlaufwerk konfigurieren | 12.4

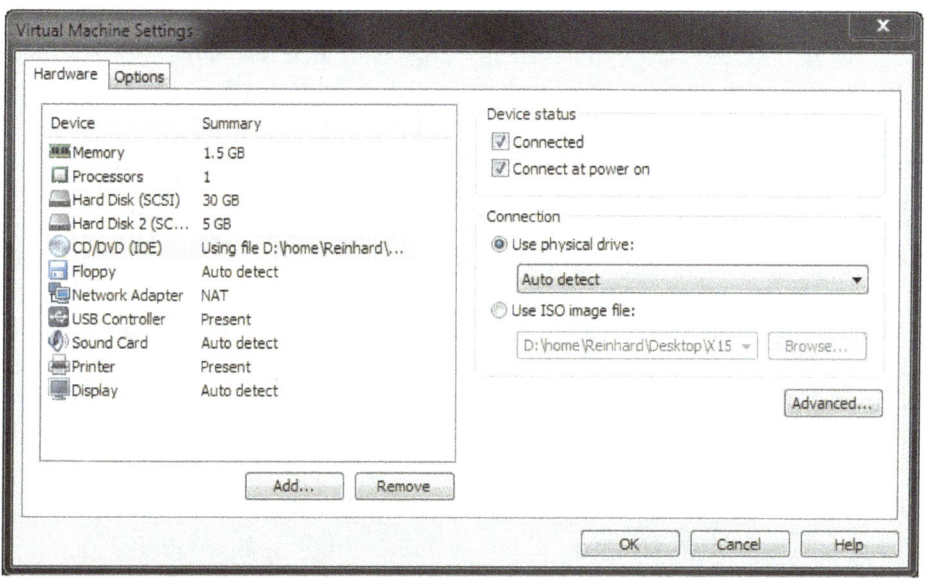

Abbildung 12.1 CD/DVD-Gerätekonfiguration

Das Drop-down-Listenfeld in dem CONNECTION-Feld zeigt alle CD/DVD-Geräte an, die auf dem physischen Server verfügbar sind. Gibt es mehr als ein Gerät, können Sie das bevorzugte Gerät auswählen. Mit dem ADVANCED-Button können Sie eine spezielle Adresse für das Gerät auswählen, aber nur, wenn die virtuelle Maschine ausgeschaltet ist.

12.4 Ein Diskettenlaufwerk konfigurieren

Während CDs und DVDs sowohl für kommerzielle als auch für Konsumzwecke verwendet werden, gibt es kaum noch Disketten. Ursprünglich bestanden Disketten aus einer magnetisch beschichteten Kunststoffscheibe, die in einer dünnen quadratischen Hülle eingeschlossen war. Diskette und Hülle waren biegsam (daher der Name »Floppy«, »schlaff, biegsam«). Disketten waren eines der ersten Medien, mit denen Dateien von einem System auf ein anderes transportiert werden können. In der Anfangszeit der PCs war die Diskette der dominante Datenträger. Die ersten Floppies wurden in den 1970ern entwickelt; sie hatten einen Durchmesser von 8 Zoll und konnten 1,2 MB Daten speichern. Als die PCs eingeführt wurden, setzte sich ein kleineres Floppy-Format durch: 5,25 Zoll mit etwa derselben Kapazität. Ende der 1980er wurde dieses Format durch ein noch kleineres abge-

263

12.4 | Zusätzliche Geräte in virtuellen Maschinen verwalten

löst: 3,5 Zoll mit einer Kapazität von 1,44 MB Daten und einer nicht mehr biegsamen, starren Plastikhülle. Heute sind sie durch kleinere, dichtere und schnellere Speichergeräte wie USB-Flash-Laufwerke, SD-Speicherkarten oder tragbare Festplattenlaufwerke abgelöst worden.

Warum wird dieses fast ausgestorbene Speichermedium immer noch unterstützt? Dafür gibt es mehrere gute Gründe. Einer der Gründe, warum Konsolidierung und virtuelle Umgebungen für Unternehmen attraktiv sind, ist die fortgeführte Unterstützung älterer Betriebssysteme und der Hardware-Geräte, mit denen sie arbeiten. Ein Windows-NT-Server, der seine Daten von einem Disketten-Image einliest, funktioniert in einer virtuellen Umgebung immer noch. Daten können immer noch mit einem virtuellen Disketten-Image von einem System auf ein anderes übertragen werden, obwohl sie heute wahrscheinlich über ein Netzwerk gesendet oder per Hand auf eines der erwähnten neueren Speichermedien übertragen werden würden. Disketten-Images sind nicht unbedingt eine realistische, aber immer noch machbare Lösung.

Markieren Sie den Eintrag FLOPPY. Abbildung 12.2 zeigt die Konfigurationsoptionen für das virtuelle Diskettenlaufwerk. DEVICE STATUS und die CONNECTION-Optionen sind bis auf einige Ausnahmen dieselben wie für das CD/DVD-Gerät. So soll etwa das Kontrollkästchen READ-ONLY verhindern, dass die virtuelle Dis-

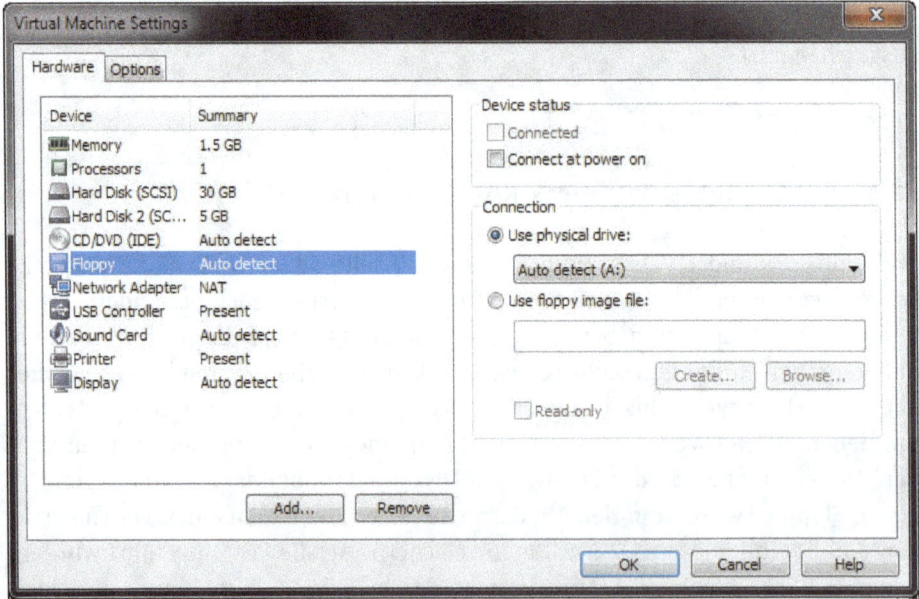

Abbildung 12.2 Diskettenkonfiguration

kette versehentlich gelöscht oder überschrieben wird. Es simuliert ein Attribut physischer Disketten, die über eine Kerbe verfügten, die mit einem Schieber geschlossen werden konnte, um die Diskette mit einem Schreibschutz zu versehen.

Die zweite Option ist der CREATE-Button. Damit können Sie eine virtuelle Diskette erstellen und wie auf eine physische Diskette Daten darauf kopieren. VM Player verwendet für die Diskette eine Datei des Host-Dateisystems.

1. Am unteren Rand des VMware-Player-Fensters befindet sich ein Geräte-Panel, das die virtuellen Geräte der virtuellen Maschine anzeigt. Das FLOPPY-Symbol ist jedoch deaktiviert und wird grau dargestellt. Um das Diskettenlaufwerk zu verbinden, aktivieren Sie die Kontrollkästchen CONNECTED und CONNECT AT POWER ON im Feld DEVICE STATUS. Aktivieren Sie das Optionsfeld USE FLOPPY IMAGE FILE im Feld CONNECTION.

2. Klicken Sie auf den CREATE-Button, um das Dialogfeld CREATE A FLOPPY IMAGE zu öffnen. Der Standardspeicherort ist der Ordner, in dem die virtuelle Maschine angesiedelt ist. Geben Sie *Essentials* als Dateinamen ein und klicken Sie auf SPEICHERN.

3. Klicken Sie auf OK, um die Änderungen zu speichern und fortzufahren. Beachten Sie, dass das Floppy-Symbol jetzt aktiv ist und, wie die anderen verfügbaren und angemeldeten Geräte, mit einem grünen Punkt (einer virtuellen grünen LED) I/O-Aktivitäten angezeigt werden.

4. Klicken Sie in der virtuellen Windows-Maschine auf den START-Button und klicken Sie dann auf COMPUTER. Die Diskette ist jetzt verfügbar und angemeldet, aber noch nicht nutzbar. Klicken Sie mit der rechten Maustaste auf das Symbol des Diskettenlaufwerks und wählen Sie in dem Kontextmenü den Befehl FORMATIEREN (siehe Abbildung 12.3). Übernehmen Sie die Standardeinstellungen in dem Dialogfeld DISKETTENLAUFWERK (A:) FORMATIEREN und klicken Sie auf STARTEN, um die virtuelle Diskette zu formatieren.

5. Es erscheint eine Warnung, dass Sie mit dieser Aktion alle Daten auf diesem Datenträger löschen. Klicken Sie auf OK, um fortzufahren. Kurz danach erscheint die Meldung FORMATIEREN ABGESCHLOSSEN. Klicken Sie auf OK, um das Meldungsfenster zu schließen. Klicken Sie auf SCHLIESSEN, um das Formatierungsfenster zu verlassen.

6. Wenn Sie jetzt auf das Diskettenlaufwerk doppelklicken, wird sein Stammverzeichnis im Windows-Explorer geöffnet. Wie bei den Festplatten können Sie jetzt Dateien in dieses Verzeichnis kopieren. Wenn Sie fertig sind, schließen Sie das COMPUTER-Dialogfeld.

12.5 | Zusätzliche Geräte in virtuellen Maschinen verwalten

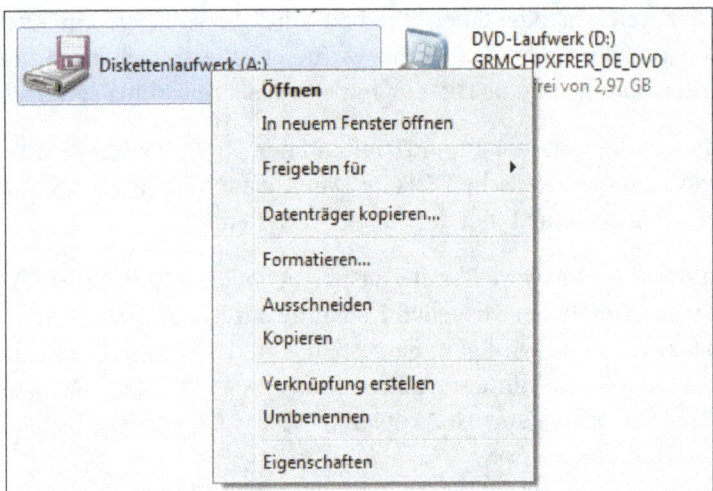

Abbildung 12.3 Optionen der Diskettenverwaltung

7. Öffnen Sie den Windows-Explorer Ihres Hosts und navigieren Sie zum Verzeichnis Ihrer virtuellen Maschine (siehe Abbildung 12.4). Es enthält jetzt das Disketten-Image, *Essentials.flp*. Es hat dieselbe Größe wie eine physische Diskette, nämlich 1,44 MB. Sie könnten diese Datei in einer weiteren virtuellen Maschine öffnen, indem Sie sie in den VIRTUAL MACHINE SETTINGS mit dieser VM verbinden und die Option USE FLOPPY IMAGE FILE aktivieren.

Windows 7 x64-0.vmdk.lck	21.05.2012 11:59	Dateiordner	
Windows 7 x64-9d8e774a.vmem.lck	21.05.2012 11:59	Dateiordner	
Essentials.flp	21.05.2012 12:07	FLP-Datei	1.440 KB
vmware.log	21.05.2012 11:59	LOG-Datei	0 KB
vmware-0.log	21.05.2012 10:55	LOG-Datei	238 KB

Abbildung 12.4 Die Image-Datei der Diskette

8. Schließen Sie den Windows-Explorer und öffnen Sie erneut die VIRTUAL MACHINE SETTINGS.

12.5 Eine Soundkarte konfigurieren

Die Produktion von Sound gilt normalerweise nicht als notwendige Funktion von virtuellen Maschinen, da die meisten Geschäftsanwendungen ihre Daten den

Anwendern nicht per Audio präsentieren. Dies ändert sich schnell. Immer mehr virtuelle Desktops, neuere Social-Media-Applikationen, E-Learning, Multimedia-Applikationen und Video-Clips machen Sound zu einem integralen Bestandteil der Bereitstellung von Computerdiensten. Dieser Wandel wird auch dadurch beschleunigt, dass die Grenze zwischen Konsumenten- und Unternehmensdienste immer mehr verschwimmt, wodurch beide Seiten gezwungen sind, Eigenschaften und Erwartungen der anderen zu übernehmen beziehungsweise zu erfüllen.

Glücklicherweise können Hypervisoren bereits eine virtualisierte Soundkarte anbieten. Eine virtuelle Soundkarte überträgt die Kontrolle an die lokale Soundkarte, die dann vom Gast-Betriebssystem der virtuellen Maschine genutzt werden kann. Eine virtuelle Desktop-Maschine, die auf einem Host-Server im Datenzentrum Windows 7 ausführt, nutzt die physische Soundkarte des Client-Geräts, auf das der Anwender von der virtuellen Maschine aus zugreift. Die meisten Hypervisoren verfügen über diese Fähigkeit und sind ähnlich aufgebaut.

Genau wie mit dem Floppy-Symbol am unteren Rand des VMware-Player-Fensters wird dort auch angezeigt, ob Sound verfügbar und aktiv ist. Da die Soundkarte eines der Standardgeräte ist, die beim Erstellen der virtuellen Maschine installiert werden, wird das Symbol nicht grau dargestellt. Wenn Sie den Eintrag SOUND CARD markieren, werden die Gerätoptionen der Soundkarte angezeigt (siehe Abbildung 12.5). Ähnlich wie bei den Disketten- und CD/DVD-Laufwerken zeigt das Feld DEVICE STATUS, dass das Gerät automatisch mit der virtuellen Maschine

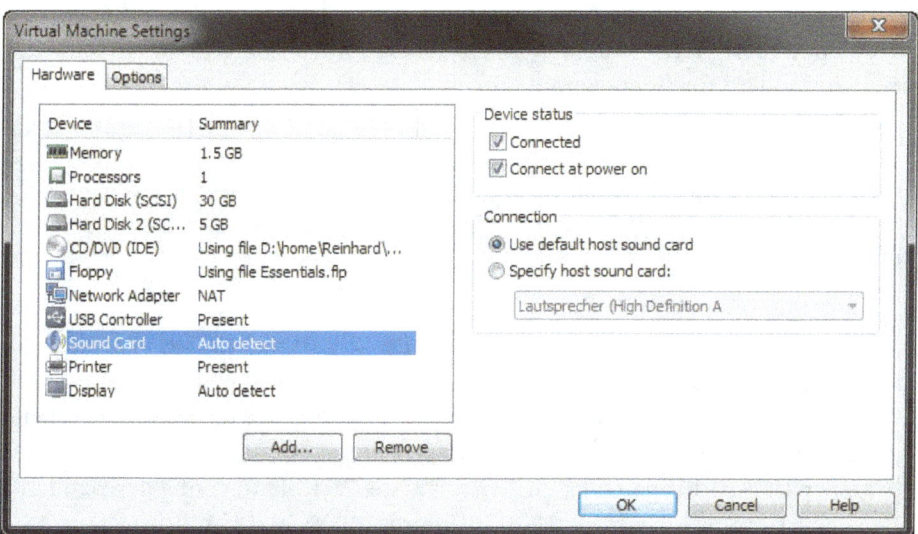

Abbildung 12.5 Soundkarten-Optionen

12.6 | Zusätzliche Geräte in virtuellen Maschinen verwalten

verbunden ist, wenn diese gestartet wird. Die Soundkarte kann auch nach der Erstellung der virtuellen Maschine konfiguriert werden. Das Feld CONNECTION enthält zwei Optionen: USE DEFAULT HOST SOUND CARD (Standard-Soundkarte des Hosts verwenden) und SPECIFY HOST SOUND CARD (Host-Soundkarte spezifizieren). Wenn Sie die zweite Option auswählen, können Sie in dem Drop-down-Listenfeld die Standardeinstellung ändern, aber nur wenn Ihr System über mehrere Sound-Optionen verfügt.

12.6 USB-Geräte konfigurieren

In den 1980ern konnten PCs und andere Computer mit verschiedenen Methoden mit Speicher- und Schnittstellengeräten verbunden werden. Drucker wurden ursprünglich über parallele, Modems für die Kommunikation über serielle Schnittstellen verbunden. Für Tastaturen und Mäuse gab es wieder andere Schnittstellen. Es gab sogar einen speziellen Port für einen Spiele-Joystick. Die Schnittstellen waren weder in Form noch in Funktion kompatibel. 1994 unternahmen mehrere Unternehmen der PC-Branche, darunter auch IBM, Microsoft und Intel, eine erste Anstrengung, die Schnittstellen für den Anschluss externer Geräte zu vereinheitlichen. Zwei Jahre später wurde das Ergebnis vorgelegt: der USB-Standard (Universal Serial Bus). Der USB-Standard definierte eine Verbindung, die einen höheren Datendurchsatz und zugleich eine Stromversorgung der angeschlossenen Geräte ermöglichte. Inzwischen haben USB-Anschlüsse viele Verbindungstypen für Computerperipheriegeräte der ersten Generation verdrängt. USB ist heute der De-facto-Standard für Geräteverbindungen.

> **Hinweis**
>
> Heute arbeiten mehr Unternehmen an der Weiterentwicklung des USB-Standards mit als die ursprünglichen sieben. Mehr darüber und das künftige Wireless USB finden Sie unter *www.usb.org*.

Disketten wurden schnell durch daumengroße USB-Laufwerke als schnelle und mobile Datenspeicher verdrängt. Wahrscheinlich haben Sie selbst schon USB-Geräte benutzt und ihre einfache Plug&Play-Nutzung schätzen gelernt. Heute werden Digitalkameras, MP3-Player, Lautsprecher, Mäuse, Tastaturen und Drucker über einen USB-Port angeschlossen. Seit der ersten Veröffentlichung des Standards gab es zwei größere Updates. USB 2.0 wurde 2000 veröffentlicht; die größte

Änderung dieses Standards war eine Vervierfachung der Geschwindigkeit auf 60 MB pro Sekunde.

Kleinere Verbesserungen in der Zwischenzeit brachten uns als Nutzern mobiler Geräte zwei der gebräuchlichsten Funktionen – Synchronisierung und das Wiederaufladen unserer mobilen Geräte über eine USB-Verbindung mit einem Computer. Heute werden zunehmend auch Bluetooth und WLAN zur Synchronisierung eingesetzt, aber solange Energie nicht drahtlos übertragen werden kann, hängt das Wiederaufladen immer noch von einer Kabelverbindung ab. USB 3.0 wurde Ende 2008 veröffentlicht und ist immer noch relativ neu. Der Durchsatz wurde erneut verbessert und kann theoretisch 625 MB pro Sekunde übertragen, zehn Mal mehr als USB 2.0. Da weitere Verbesserungen und Erweiterungen geplant sind, wird uns der USB-Standard wohl noch eine Weile erhalten bleiben.

1. Abbildung 12.6 zeigt einige Optionen für die Verwaltung der USB-Verbindung einer virtuellen Maschine. Das Feld CONNECTIONS enthält vier Kontrollkästchen. Die Option ENABLE HIGH-SPEED SUPPORT FOR USB 2.0 DEVICES (Hochgeschwindigkeitsunterstützung für virtuelle Geräte ermöglichen) ist für Geräte mit höheren Anforderungen an die Übertragungsgeschwindigkeit (etwa Webcams, Mikrofone und Lautsprecher) bestimmt.

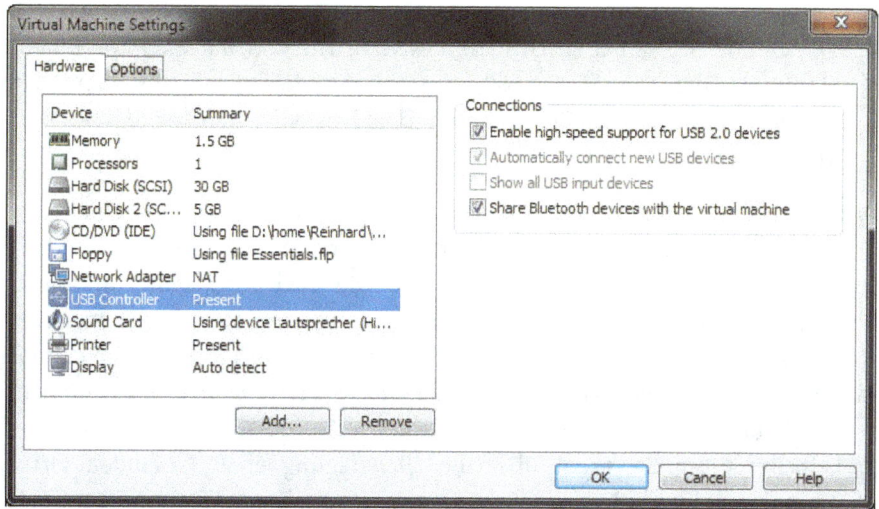

Abbildung 12.6 USB-Verwaltungsoptionen

12.6 | Zusätzliche Geräte in virtuellen Maschinen verwalten

2. Wird die Option AUTOMATICALLY CONNECT NEW USB DEVICES (Neue USB-Geräte automatisch verbinden) aktiviert, kann sich die virtuelle Maschine mit neu angeschlossenen Geräten verbinden.

3. Wird die Option SHOW ALL USB INPUT DEVICES (Alle USB-Geräte anzeigen) aktiviert, werden alle angeschlossenen USB-Geräte am unteren Rand des VMware-Player-Fensters angezeigt. Wenn das Gerät bereits mit dem Host verbunden ist, wird es angezeigt, aber grau dargestellt. Wenn Sie mit der rechten Maustaste auf das Gerät klicken, können Sie es mit der virtuellen Maschine verbinden (siehe Abbildung 12.7). Da ein USB-Gerät gleichzeitig nur mit einem Computer verbunden sein kann, wird es von dem Host-System getrennt, bevor es mit dem Gast verbunden wird.

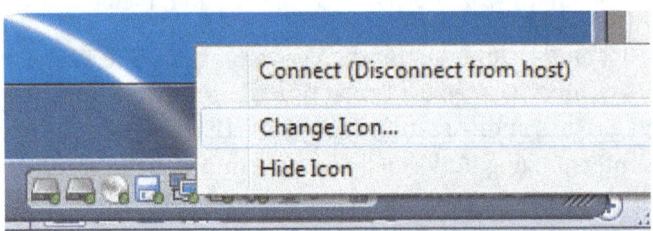

Abbildung 12.7 Ein USB-Gerät von einem Host verbinden

4. Die Option SHARE BLUETOOTH DEVICES WITH THE VIRTUAL MACHINE (Bluetooth-Geräte mit der virtuellen Maschine verbinden) leistet, was ihr Name sagt: Sie können Geräte, die per Bluetooth mit dem Host verbunden sind, mit dem Gast verbinden.

Typ-2-Hypervisoren verfügten ursprünglich über eine überlegene Unterstützung für USB-Geräte, weil sie das Host-Betriebssystem nutzen konnten, auf dem der Hypervisor läuft. Deshalb bieten Lösungen wie VMware Player Funktionen an, über die Typ-1-Hypervisoren nicht verfügen, etwa die Bluetooth Connectivity. In Unternehmensumgebungen ist dies normalerweise kein Problem. Die ersten Versionen von Typ-1-Hypervisoren konnten USB überhaupt nicht unterstützen; ein Grund dafür war die Live-Motion-Funktion. In Kapitel 13, »Was bedeutet Verfügbarkeit«, erfahren Sie mehr über die Übertragung einer laufenden virtuellen Maschine von einem physischen Host auf einen anderen. War ein USB-Gerät mit dem ersten physischen Server verbunden, stand es auf dem zweiten physischen Host nach der Übertragung der virtuellen Maschine nicht mehr zur Verfügung. Allerdings unterstützen neuere Versionen diese Funktionalität bis zu einem gewissen Grad.

12.7 Grafische Displays konfigurieren

Eine virtuelle Maschine unterstützt wie eine physische Maschine ein grafisches Display oder einen Monitor. In der Praxis haben virtuelle Maschinen, die auf einem physischen Host installiert sind, keine eigenen HIDs (Human Interface Devices; Benutzerschnittstellengeräte wie Maus, Tastatur, Monitor und andere), sondern der Anwender verbindet die virtuelle Maschine für die jeweilige Sitzung mit einem Basissatz solcher Geräte. Doch viele Applikationen und Situationen erfordern speziellere Konfigurationen. Software-Entwickler verwenden üblicherweise mehrere Bildschirme, um zusätzlichen Platz auf dem Desktop zu gewinnen. Neuere Betriebssysteme stellen höhere Anforderungen an die Auflösung von Bildschirmen; die klassische 640x480-Bildschirmauflösung reicht nicht mehr aus. Außerdem verwenden viele Applikationen hochauflösende Videos, für die ebenfalls höhere Bildschirmauflösungen benötigt werden. Auch hier handhaben die Hypervisoren diese Geräte, indem sie auf die Hardware des Displays selbst zugreifen.

Wenn Sie im Dialogfeld VIRTUAL MACHINE SETTINGS den Eintrag DISPLAY hervorheben, werden die Optionen für dieses Gerät angezeigt (siehe Abbildung 12.8). Das Kontrollkästchen ACCELERATE 3D GRAPHICS dient speziell zur Unterstützung von Windows DirectX. Das Feld MONITORS enthält zwei Optionsfelder. Die Option USE HOST SETTING FOR MONITORS (Host-Einstellungen für Monitore verwenden) leistet,

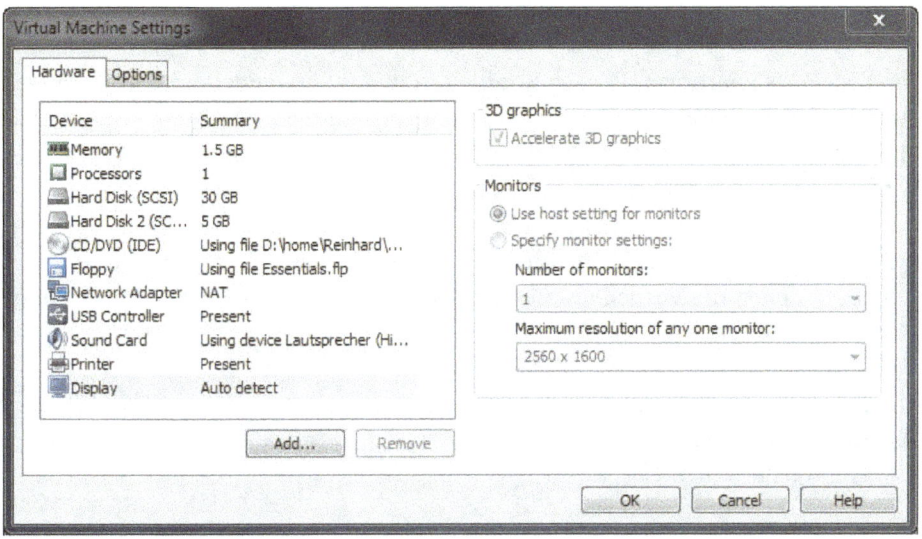

Abbildung 12.8 Optionen für Display-Geräte

was ihre Bezeichnung ausdrückt. Sie wird im VMware Player aktiviert, der auf ein zugrunde liegendes Host-Betriebssystem zugreifen kann.

Mit der Option SPECIFY MONITOR SETTINGS (Monitor-Einstellungen spezifizieren) können Sie die Anzahl der Monitore festlegen, auf die die virtuelle Maschine zugreifen kann, und diese Monitore konfigurieren. So kann eine virtuelle Maschine mehrere hochperformante grafische Displays nutzen.

12.8 Andere Geräte konfigurieren

Es gibt noch andere Geräteverbindungstypen, die für eine virtuelle Maschine konfiguriert werden können, aber bei der Erstellung der virtuellen Maschine standardmäßig nicht installiert werden. Häufig handelt es sich um Verbindungstypen etwa für serielle oder parallele Geräte, die heute mit anderen Mitteln wie etwa USB angeschlossen werden.

Serielle Ports übertragen Daten seriell, das heißt ein Bit nach dem anderen. Die ersten Computer kommunizierten häufig mit Hilfe externer Modems, die an serielle Ports angeschlossen waren. Das Internet gab es damals noch nicht. Falls sie überhaupt noch vorhanden sind, sind PC-Modems heute üblicherweise in die PC-Hauptplatine integriert und werden über eine RJ11-Buchse mit der externen Welt verbunden.

Parallele Ports übertragen je nach Konfiguration des verwendeten Kabels mehrere Datenbits gleichzeitig (also parallel). Dieser Verbindungstyp wurde ursprünglich entwickelt, um die Bandbreite für Drucker zu vergrößern. Bald wurden parallele Verbindungen aber auch für andere externe Peripheriegeräte wie Laufwerke oder Festplatten verwendet. Heute sind sie durch USB-Geräte abgelöst worden und werden kaum noch in die Computer-Hardware eingebaut. Dennoch gibt es Situationen, in denen die virtuelle Maschine parallele oder serielle Ports braucht oder emulieren muss.

> **Hinweis**
>
> 64-Bit-Microsoft-Windows-Betriebssysteme unterstützen den ausgemusterten parallelen Port nativ nicht mehr.

1. Die virtuelle Maschine muss für diesen Prozess ausgeschaltet werden. Fahren Sie sie herunter und öffnen Sie dann das Dialogfeld VIRTUAL MACHINE SETTINGS.

2. Klicken Sie auf den ADD-Button am unteren Rand des Dialogfelds VIRTUAL MACHINE SETTINGS, um ein Hardware-Gerät hinzuzufügen. Klicken Sie im Dialogfeld ADD HARDWARE WIZARD auf den Eintrag SERIAL PORT und dann auf NEXT, um fortzufahren. Auf der nächsten Seite werden drei Arten von seriellen Ports zur Auswahl angeboten (siehe Abbildung 12.9).

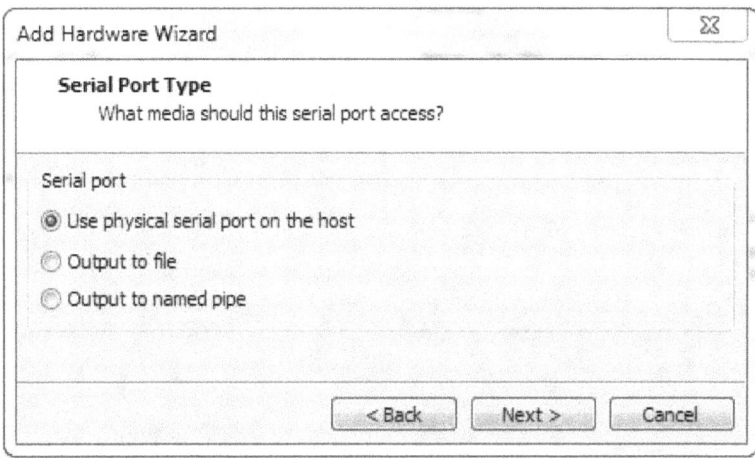

Abbildung 12.9 Typen serieller Ports

3. Die Option USE PHYSICAL SERIAL PORT ON THE HOST (Den physischen seriellen Port des Hosts verwenden) ähnelt den Einstellungen der anderen, weiter vorne behandelten Geräte. Klicken Sie auf NEXT, um fortzufahren.

4. Die nächste Seite heißt SELECT A PHYSICAL SERIAL PORT (Einen physischen seriellen Port auswählen). Die Standardeinstellung ist AUTO DETECT (Automatische Erkennung); doch wenn Ihr System über einen seriellen Port verfügt, können Sie diesen auch ausdrücklich in dem Drop-down-Listenfeld auswählen. Außerdem enthält diese Seite das bekannte Kontrollkästchen CONNECT ON POWER ON (Verbindung beim Start herstellen), mit dem der Port beim Start der virtuellen Maschine mit dieser verbunden werden kann. Klicken Sie auf <BACK, um zur Seite SERIAL PORT TYPE zurückzukehren.

5. Wählen Sie die Option OUTPUT TO FILE (Ausgabe in Datei) aus und klicken Sie dann auf NEXT. Mit dem BROWSE-Button können Sie zu einer vorhandenen Datei navigieren, mit der dieser Port verbunden werden soll; alternativ kön-

nen Sie eine Datei erstellen, in die Daten gestreamt werden sollen. Diese Funktion kann für Simulationen verwendet werden. Klicken Sie auf <BACK, um zur Seite SERIAL PORT TYPE zurückzukehren.

6. Klicken Sie auf CANCEL, um das Fenster zu schließen.

Betrachten wir jetzt den parallelen Port.

1. Klicken Sie auf den ADD-Button am unteren Rand des Dialogfelds VIRTUAL MACHINE SETTINGS, um ein Hardware-Gerät hinzuzufügen. Wählen Sie den Eintrag PARALLEL PORT aus und klicken Sie auf NEXT, um fortzufahren.

2. Der Wizard öffnet die Seite PARALLEL PORT TYPE (siehe Abbildung 12.10). Dort werden zwei Typen paralleler Ports angeboten.

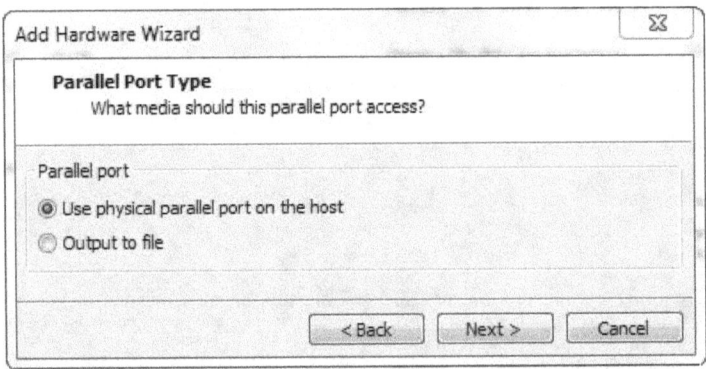

Abbildung 12.10 Typen paralleler Ports

3. Die Option USE PHYSICAL PARALLEL PORT ON THE HOST (Den physischen parallelen Port des Hosts verwenden) ähnelt wieder den Einstellungen der anderen, weiter vorne behandelten Geräte. Klicken Sie auf NEXT, um fortzufahren.

4. Die nächste Seite heißt SELECT A PHYSICAL PARALLEL PORT (Einen physischen parallelen Port auswählen). Die Standardeinstellung ist AUTO DETECT (Automatische Erkennung); doch wenn Ihr System über einen parallelen Port verfügt, können Sie diesen auch ausdrücklich in dem Drop-down-Listenfeld auswählen. Außerdem enthält diese Seite das bekannte Kontrollkästchen CONNECT ON POWER ON (Verbindung beim Start herstellen), mit dem der Port beim Start der virtuellen Maschine mit dieser verbunden werden kann. Klicken Sie auf <BACK, um zur Seite PARALLEL PORT TYPE zurückzukehren.

5. Wählen Sie die Option OUTPUT TO FILE (Ausgabe in Datei) aus und klicken Sie dann auf NEXT. Mit dem BROWSE-Button können Sie zu einer vorhandenen

Datei navigieren, mit der dieser Port verbunden werden soll; alternativ können Sie eine Datei erstellen, in die Daten gestreamt werden sollen. Diese Funktion kann für Simulationen verwendet werden. Klicken Sie auf <BACK, um zur Seite PARALLEL PORT TYPE zurückzukehren.

6. Klicken Sie auf CANCEL, um das Fenster zu schließen.

Betrachten wir schließlich ein generisches SCSI-Gerät.

1. Klicken Sie auf den ADD-Button am unteren Rand des Dialogfelds VIRTUAL MACHINE SETTINGS, um ein Hardware-Gerät hinzuzufügen. Wählen Sie den Eintrag GENERIC SCSI DEVICE aus und klicken Sie auf NEXT, um fortzufahren.

2. Der Wizard öffnet die Seite CHOOSE SCSI DEVICE (siehe Abbildung 12.11). Dort werden die SCSI-Geräte-Optionen angeboten.

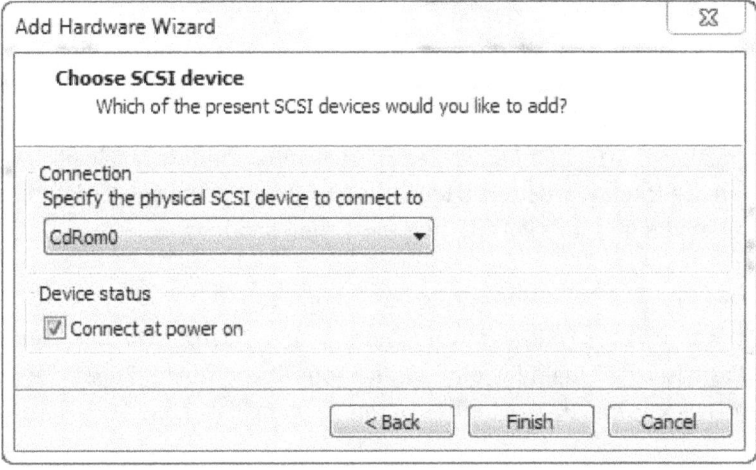

Abbildung 12.11 Optionen für generische SCSI-Geräte

3. In dem Drop-down-Listenfeld CONNECTION können Sie ein SCSI-Gerät auswählen. Außerdem enthält diese Seite das bekannte Kontrollkästchen CONNECT ON POWER ON (Verbindung beim Start herstellen), mit dem das Gerät beim Start der virtuellen Maschine mit dieser verbunden werden kann.

4. Klicken Sie auf CANCEL, um das Fenster zu schließen.

Nicht alle Geräte können in einer virtuellen Umgebung verwendet werden. Für bestimmte PC-Boards wie etwa Faxmodems gibt es keine virtuellen Gegenstücke. Auch branchenspezifische Hardware wie etwa Telefonsysteme können nicht virtualisiert werden. Abgesehen von einigen wenigen verstreuten Beispielen können die meisten heutigen Peripheriegeräte mit einer virtuellen Maschine in optimierter Form verbunden werden. Weitere Fortschritte von Technologie und Hypervisoren werden wahrscheinlich dazu führen, dass die Anzahl der Geräte, die nicht virtualisiert werden können, gegen null gehen wird.

12.9 Die Grundlagen und darüber hinaus

Neben CPU, Speicher, Festplatten und Networking verwenden virtuelle Maschinen noch andere Peripheriegeräte. Geräte wie Mäuse, Tastaturen, CD/DVD-Laufwerke oder Soundkarten müssen ebenfalls effizient virtualisiert werden, damit Applikationen korrekt ausgeführt werden können und eine ansprechende Benutzererfahrung vermitteln. Um diese zusätzlichen Geräte zu optimieren, werden optimierte Gerätetreiber und zusätzliche Gast-Betriebssystemprozesse kombiniert und per Software-Installation zu der virtuellen Maschine hinzugefügt. Eine der Stärken der Virtualisierung ist die Unterstützung älterer Gerätetechnologien; dadurch wird die Lebensdauer von Applikationen über die der ursprünglichen Hardware hinaus verlängert. Im Laufe der Zeit sind nicht nur die Peripheriegeräte, sondern auch die Hypervisoren weiterentwickelt worden. Letzte können heute ausgemusterte, aktuelle und künftige Gerätetypen und ihre Verbindungsmethoden handhaben.

Übungen

- Fügen Sie ein weiteres USB-Hardware-Gerät in den VIRTUAL MACHINE SETTINGS hinzu. Was passiert? Fügen Sie eine zweite Soundkarte hinzu. Fügen Sie einen weiteren Drucker hinzu. Warum reagieren sie genau wie das USB-Hardware-Gerät?

- Verbinden Sie ein USB-Gerät mit Ihrer virtuellen Maschine. Verwenden Sie einen USB-Stick oder ein ähnliches Speichergerät. Wie schwierig ist dieser Prozess? Können Sie leicht Daten zwischen dem Host-Betriebssystem und dem Gast-Betriebssystem übertragen?

Kapitel 13
Was bedeutet Verfügbarkeit?

> **Inhalt**
> - Die Verfügbarkeit steigern
> - Eine virtuelle Maschine schützen
> - Mehrere virtuelle Maschinen schützen
> - Datenzentren schützen

Das Informationszeitalter hat unsere Erwartungen geändert, die wir an diverse Dienste stellen. Das Internet steht uns rund um die Uhr zur Verfügung und ermöglicht uns den Zugang zu den neuesten Nachrichten oder unseren Kontenständen. Die Server und Datenzentren, die diese Daten liefern, müssen einer hundertprozentigen Betriebsbereitschaft möglichst nahe kommen. Dieser Anforderung gilt auch für virtuelle Umgebungen. Durch den Einsatz traditioneller Verfügbarkeitslösungen kann eine virtuelle Maschine so zuverlässig wie eine physische arbeiten. Mit Funktionen, die sich mit physischen Servern nicht oder nicht leicht realisieren lassen, können virtuelle Maschinen sogar eine noch bessere Verfügbarkeit erzielen als physische Server. Werden mehrere virtuelle Maschinen auf einem einzigen Host implementiert, gewährleisten neue Techniken, dass ein Ausfall des Hosts die Gruppe nicht bleibend beschädigt. Schließlich stellt die Virtualisierung billigere und flexiblere Optionen zur Verfügung, um ganze Datenzentren vor einer Unterbrechung aufgrund umfassender Katastrophen zu schützen.

13.1 Die Verfügbarkeit steigern

In der jüngeren Geschichte gibt es zahlreiche Beispiele für neue Technologien, die für unseren Alltag unverzichtbar geworden sind. 1882 errichtete Thomas Edison das erste Stromkraftwerk; aber es dauerte fast weitere 70 Jahre, um die gesamten Vereinigten Staaten mit Elektrizität zu versorgen. Kühlschränke, Haushaltsgeräte, Herde und Licht fallen aus, wenn der Strom ausfällt. Stromversorgungsunternehmen haben ausgefeilte Stromnetze aufgebaut, um solche Fälle zu vermeiden; dennoch haben wir immer noch recht regelmäßig unter Stromausfällen zu leiden.

Die Telefondienste folgten einem ähnlichen Wachstumsmuster. Das Telefon wurde Mitte der 1850er Jahre erfunden und kam etwa zwanzig Jahre später auf den Markt. 1910 umfasste das AT&T-System fast sechs Millionen Telefone. Fünfzig Jahre später waren es 80 Millionen Telefone; und als die ersten Handys in den frühen 1990ern eingeführt wurden, stieg die Anzahl auf über 200 Millionen Telefone. Da der Kommunikationsdienst, der durch das Telefon ermöglicht worden war, für das Alltagsleben unverzichtbar wurde, wurde es lebenswichtig, die Verfügbarkeit dieses Dienstes zu garantieren. Wegen der relativen Einfachheit des Systems konnten die Telefontechniker eine Verfügbarkeit von über 99,999 Prozent oder eine Ausfallzeit pro Jahr von weniger als sechs Minuten erzielen. Diese Stufe der Bereitschaft, die viele Unternehmen zu erreichen suchen, wird im Amerikanischen oft als *dial-tone availability* (Wählton-Verfügbarkeit) bezeichnet. Wie oft haben Sie in Ihrem Leben ein (Festnetz-)Telefon in die Hand genommen und keinen Wählton gehört?

Heute betrachten wir diese grundlegenden Dienste als unverzichtbar und können uns nicht vorstellen, auch nur einige Stunden ohne sie zu leben. Während sofort verfügbare Kommunikations- und Stromversorgungsdienste potenziell lebensrettend sein können, sind andere Dienste nicht so kritisch. Der erste Bankautomat wurde 1969 in den USA installiert; heute sind mehr als 400.000 über das ganze Land verteilt. Bis dahin musste man eine Bankfiliale während ihrer Öffnungszeit besuchen und war auf einen Schaltermitarbeiter angewiesen. Wann haben Sie zuletzt mit einem Schaltermitarbeiter Ihrer Bank gesprochen? Heute erwarten wir, dass wir jederzeit Transaktionen ausführen können. Wir können von unseren PCs Kontoauszüge abrufen, Geld überweisen und sogar monatlich Rechnungen bezahlen. Mobile Geräte schaffen eine ganz neue Dimension finanzieller Transaktionen, etwa mit digitalen Geldbörsen, die in Japan bereits weit verbreitet sind. Aber wie wichtig ist der Bankautomat, wenn er nicht verfügbar ist? Die Wahrheit ist: Ein Bankautomat, der außer Betrieb ist, oder eine Bank-Website, deren Dienste nicht zur Verfügung stehen, sind zwar unbequem, aber nicht so kritisch wie ein Stromausfall. Doch die Erwartung ist dieselbe geworden.

Diese neue Anforderung beschränkt sich nicht auf Bankautomaten, sondern auf praktisch alles, von dem unser Informationszeitalter getragen wird. So wie wir nicht zufrieden sind, Finanztransaktionen nur während der Öffnungszeiten der Bank durchzuführen, bestehen wir zunehmend darauf, dass alle unternehmerischen und kommerziellen Dienste 24 Stunden am Tag, 7 Tage in der Woche und 365 Tage im Jahre verfügbar sind. Und Unternehmen stellen Dienste unter diesen Bedingungen zur Verfügung. Sie können jederzeit, Tag oder Nacht, Musik von Apples iTunes Store herunterladen, mit einem Freund im Ausland skypen, einen Film von Amazon.com streamen, eine Versicherung für Ihr Auto kaufen, ein Buch auf Ihren Kindle herunterladen, alles Mögliche googeln oder Online-Vorlesungen besuchen. Diese Anbieter verfügen über riesige Datenzentren, um den Bedarf zu befriedigen. Ihr Ziel ist eine Wählton-Verfügbarkeit. Tabelle 13.1 zeigt, was einige verschiedene Verfügbarkeitsprozentsätze übersetzt in Zeit bedeuten.

Verfügbarkeit (%)	Ausfallzeit pro Jahr
99	3,65 Tage
99,9	8.8 Stunden
99,99	53 Minuten
99,999 (»five nines«, »fünf Neunen«)	5,3 Minuten

Tabelle 13.1   Verfügbarkeitsprozentsätze

Ähnlich wie ein nicht betriebsbereiter Bankautomat ist eine Dienstunterbrechung bei einem der genannten Beispiele zwar unbequem, aber keine Katastrophe. Oder doch? Wenn das Datenzentrum eines Unternehmens durch eine Naturkatastrophe total ausfällt, könnte dies das Ende des Unternehmens sein. Mehr über diese Möglichkeit erfahren Sie am Ende des Kapitels. Doch was passiert bei kurzfristigeren Ausfällen? Betrachten wir ein weiteres Beispiel aus der Praxis: E-Mail und der Blackberry. In den Jahren 2007 bis 2011 hatten die Nutzer des Internet-basierten Blackberry-E-Mail-Dienstes von Research In Motion jedes Jahr unter größeren Ausfällen zu leiden, in einigen Fällen mehrere Tage lang. Jedes Mal wurde das Ereignis in den nationalen oder sogar internationalen Nachrichten erwähnt.

Nicht per E-Mail kommunizieren zu können ist insbesondere für Geschäftsleute unbequem, aber die schwerwiegendere Auswirkung war für RIM der Verlust von Kunden, die wegen der Ausfälle abwanderten. Dienstunterbrechung bedeutet

13.2 | Was bedeutet Verfügbarkeit?

Einkommensverluste, und Studien haben gezeigt, dass ein durchschnittliches Unternehmen als Folge einer Ausfallzeit 100.000 Dollar pro Stunde verlieren kann. Längere Ausfälle gefährden die Existenz größerer Unternehmen. Intern bedeuten Systemausfallzeiten Produktivitätsverluste, was den Gesamtverlust vergrößert. Wenn Unternehmen, die derartige Dienste anbieten, die Vorteile der Virtualisierung untersuchen, zählt eine höhere Verfügbarkeit zu ihren höchsten Prioritäten. Und wenn virtualisierte Datenzentren in Zentren des Cloud Computings umgewandelt werden, wird die Verfügbarkeit noch wichtiger.

> **Hinweis**
>
> Befragungen von CIOs, also IT-Abteilungsleitern, haben immer wieder gezeigt, dass eine höhere Verfügbarkeit neben der Konsolidierung und der verbesserten Flexibilität einer der drei Hauptgründe für den Umstieg auf eine virtuelle Umgebung ist.

Bei Ausfallzeiten spielen zwei zusätzliche Aspekte eine Rolle. Erstens gibt es zwei Arten von Ausfallzeiten: geplante und ungeplante. Bei geplanten Ausfallzeiten wird ein System zu festgesetzten Zeiten zwecks Wartung abgeschaltet, etwa für Software-Updates oder Hardware-Upgrades. Auf jedem Fall steht das System nicht zur Verfügung und bietet dem Anwender keine Dienste an. Bei ungeplanten Ausfallzeiten sind größere oder kleinere Katastrophen eingetreten: Die Applikation enthält einen Bug; eine Hardware-Komponente ist ausgefallen; der Anwender hat auf den falschen Knopf gedrückt; oder der Hund hat das Stromkabel durchgebissen. Solche Ausfälle treten plötzlich ein, sie sind teuer, und es kann Stunden oder länger dauern, das Problem zu beheben. Zweitens wissen Sie nicht, wann ein ungeplanter Ausfall eintritt. Selbst bei einer Verfügbarkeit von 99,9 Prozent fällt das System durchschnittlich immer noch fast neun Stunden pro Jahr aus. Nach Murphys Gesetz tritt ein Ausfall jedenfalls zum ungünstigsten Zeitpunkt ein.

> **Hinweis**
>
> Eine Studie, die Mitte der 1990er von Stratus Computer, einem Hersteller von fehlertoleranter Hardware, in Auftrag gegeben wurde, zeigt, dass der Hauptgrund für Systemausfälle menschliches Versagen war.

13.2 Eine virtuelle Maschine schützen

Untersuchen wir die Verfügbarkeit in einer virtuellen Umgebung. Dabei müssen wir drei Schichten unterscheiden: eine einzelne virtuelle Maschine, einen Host oder Gruppen von Hosts und das gesamte Datenzentrum. Zusätzlich zu den virtuellen Maschinen und ihren Hosts spielen auch die weitere Infrastruktur wie das Netzwerk und Speichersystem sowie Umgebungsfaktoren wie die Stromversorgung oder die Klimatisierung eine Rolle. Alle genannten Bereiche verfügen über separate Methoden, um die Verfügbarkeit zu verbessern. Sie werden hier nur in einem Virtualisierungskontext behandelt.

Zunächst lernen Sie anhand einer einzelnen virtuellen Maschine, wodurch Aufgaben in einer virtuellen Umgebung oft verfügbarer sind als auf einem physischen Server. Zuerst scheint dies der Intuition zu widersprechen. Wenn ein einzelner physischer Server aus irgendeinem Grund ausfällt, ist nur eine einzige Aufgabe betroffen, während bei einem Ausfall eines virtuellen Hosts mehrere virtuelle Maschinen betroffen wären. Virtuelle Infrastrukturen verfügen über Funktionen, die automatisch alle Aufgaben schneller schützen und wiederherstellen als die meisten physischen Infrastrukturen.

Wie in anderen Bereichen der Virtualisierung lassen sich auch viele Verfügbarkeitsstrategien für physische Server gut in die virtuelle Umgebung übertragen. Es gibt immer noch keinen Ersatz für gute Backup- und Wiederherstellungsverfahren. Auch wenn dies hier nicht im Detail behandelt wird, können Applikationsdateien immer noch mit denselben Werkzeugen gesichert und wiedergestellt werden, die auch auf einem physischen Server verwendet werden. Diese sind in einer virtuellen Umgebung nicht immer die beste Wahl, weil die Operation viele Ressourcen beansprucht: Der Versuch, gleichzeitig mehrere virtuelle Maschinen zu sichern, kann schnell die Verarbeitungskapazität und Netzwerk-Bandbreite des Hosts aufbrauchen.

Aus Kapitel 11, »Eine virtuelle Maschine kopieren«, weiter vorne wissen Sie, dass eine VM aus einem Satz von Dateien besteht und Sie deshalb nicht nur die Applikationsdateien, sondern auch den gesamten Server, einschließlich des Betriebssystems und der Konfiguration der virtuellen Hardware, schützen können, indem Sie die Dateien dieser virtuellen Maschine sichern. Zu diesem Zweck bieten Virtualisierungsanbieter, Storage Provider und Dritthersteller zahlreiche Applikationen an, die auf der Ebene der gespeicherten Dateien arbeiten und damit die virtuellen Maschinen und den Hypervisor nur minimal beeinträchtigen.

13.2 | Was bedeutet Verfügbarkeit?

> **Tipp**
>
> **Einige fortgeschrittene Themen** Die Leichtigkeit und Geschwindigkeit, mit der virtuelle Maschinen erstellt werden können, bietet IT-Abteilungen riesige Vorteile; aber wie der Zauberlehrling erfahren musste, sind sie nicht immer ein Segen. Unternehmen, die diese technischen Errungenschaften nicht in strikte Geschäftsprozesse eingebunden hatten, ertranken bald in virtuellen Maschinen. Ein Entwickler konnte eine Testumgebung anfordern und eine Stunde später darüber verfügen. In der folgenden Woche konnte er eine andere bekommen. Schließlich befanden sich in der Umgebung Dutzende von virtuellen Maschinen, die kein festgelegtes Entsorgungsdatum hatten und die Ressourcen für geschäftskritische Aufgaben vorzeitig aufbrauchten.
>
> Dieses Phänomen ist der so genannte *Server Sprawl* (Server-Wildwuchs). Viele für den kurzfristigen Einsatz erstellte, aber langfristig installierte virtuelle Maschinen werden nicht heruntergefahren. Diese Server-Zombies laufen zwar mit einem minimalen Ressourcenverbrauch in der Umgebung, leisten aber keine nützliche Arbeit mehr, weil sie von ihren ursprünglichen Anforderern aufgegeben und vergessen oder »aus Vorsicht« nicht gelöscht wurden. Über die Sicherheit in virtuellen Umgebungen gibt es umfangreiche Informationen, die sich teilweise mit denen für physische Umgebungen überlappen – etwa der *PCI DSS* (Payment Card Industry Data Security Standard) der Kreditkartenbranche und andere Regelwerke und Antiviren-Lösungen, die Systeme vor unerwünschten Angriffen schützen sollen. Jeder Anbieter hat besondere Empfehlungen und Best Practices. Siehe:
>
> - VMware:
>
>   *http://www.vmware.com/technical-resources/security/index.html*
> - Microsoft:
>
>   *http://technet.microsoft.com/en-us/library/dd569113.aspx*
> - Citrix:
>
>   *http://support.citrix.com/article/CTX120716*
>
> Für virtuelle Infrastrukturen wurden diverse neue Methoden zur Lösung dieser Probleme entwickelt. Beispielsweise skaliert die traditionelle Lösung nicht, Antiviren-Software auf jedem Gast zu installieren. Updates für alle Gastsysteme herunterzuladen und sie dann gleichzeitig zu scannen, wäre viel zu aufwendig. Deshalb hat VMware ein virtuelles Gerät entwickelt, das einen ganzen Host überwacht und mit Drittanbietern zusammenarbeitet, um die Virendefinitionen zu verwalten und die Gastsysteme zu scannen, was viel effizienter ist und besser skaliert als die alte Methode.

Die erste Verteidigungslinie ist der Schutz der einzelnen Aufgabe; zentral ist hier die Verwaltung oder die Wiederherstellung nach einem Ausfall. Andere Aspekte betreffen eher einen umfassenderen Kontext: Antiviren- und andere Sicherheitsmaßnahmen, um böswillige Absichten zu vereiteln; geeignete Auslegung der Größe, der Architektur und der Kapazitäten, um Performancespitzen abzufangen und Raum für Wachstum zu schaffen; und eine brauchbare Lebenszyklusverwaltung, um einen Wildwuchs virtueller Server, virtuelle Zombie-Server und Ressourcenverschwendung zu vermeiden. Diese Bereiche sind wichtig, gehen aber über das Thema dieses Kapitels hinaus. Die folgenden Funktionen und Lösungen werden vom Hypervisor von VMware, aber auch von anderen Herstellern angeboten. Mit jeder neuen Version bieten VMware, Microsoft oder Citrix neue Funktionen an. Weil VMware die größte Breite und Tiefe von Funktionen anbietet und mehr als 80 Prozent Marktanteil hat, konzentrieren wir uns hier auf dieses Produkt.

Virtuelle Architekturen setzen mehrere Strategien ein, um zu verhindern, dass Hardware-Ausfälle eine virtuelle Maschine abstürzen lassen. Viele dieser Techniken wurden in physischen Umgebungen entwickelt und eingesetzt. In Kapitel 9, »Festplattenspeicher für eine virtuelle Maschine verwalten«, haben Sie die RAID-Technologien kennen gelernt, die die Verfügbarkeit der auf Festplatten gespeicherten Daten durch eine Kombination von Festplatten-Mirroring, Festplatte-Striping und anderen Techniken erhöhen, die einen Datenverlust bei einem Festplattenausfall verhindern sollen. Diese Standardverfahren sind für die Betriebssysteme transparent, die auf die Daten auf den geschützten Festplatten zugreifen. Deswegen funktionieren sie genauso gut auch in einer virtuellen Umgebung.

Häufig unterstützen Storage Arrays, die Systemen Festplattenspeicher zur Verfügung stellen, sowohl physische als auch virtuelle Server. Zusätzlich kann auch der Zugriffspfad von diesen Festplattenspeichern zum Host-System und damit auch zu den virtuellen Maschinen vor Ausfällen geschützt werden. Das Verfahren wird als *Multipathing* (»Mehrwegverfahren«) bezeichnet, weil vom Host zu dem Storage Array nicht nur einer, sondern mehrere redundante Zugriffspfade eingerichtet werden. Der physische Pfad wird verdoppelt: zwei Controller in dem Storage Array, separate Netzwerk-Switches und zwei physische NICs im Host-Server. Fällt eine der Komponenten aus, kann das Betriebssystem auf der virtuellen Maschine immer noch den anderen nutzen. Diese Funktionalität ist für Betriebssystem und Applikationen transparent. Das Multipathing bietet zusätzlich einen Performancevorteil: Per Load Balancing (Lastenausgleich) können Daten über beide Pfade gleichzeitig übertragen werden.

Beim NIC *Teaming* (siehe Abbildung 13.1) werden zwei oder mehr physische Netzwerkadapter zu einer Gruppe zusammengefasst. Per Lastenausgleich kann diese Gruppe den Verkehr über alle physischen Geräte verteilen, um einen höheren Durchsatz zu erzielen. Was jedoch wichtiger ist: Sie hält die Verbindung zum

13.2 | Was bedeutet Verfügbarkeit?

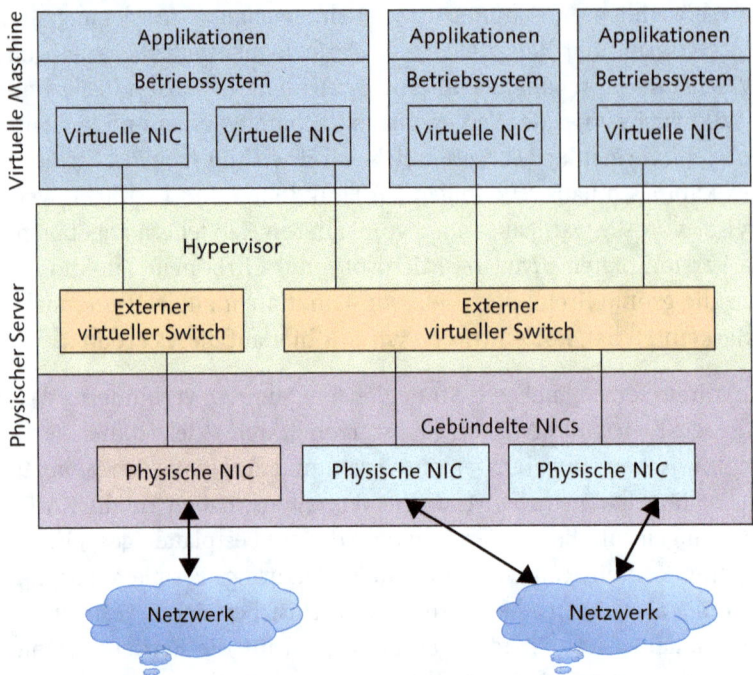

Abbildung 13.1 NIC Teaming

Netzwerk aufrecht, sollte ein Adapter ausfallen. Alle physischen NICs müssen demselben virtuellen Switch zugeordnet sein.

In der virtuellen Maschine stellt VMware Tools einen Heartbeat zwischen dem Gast-Betriebssystem und dem Hypervisor zur Verfügung. Wenn der Gast wegen eines Betriebssystemabsturzes ausfällt oder ein Fehler in einer Applikation zu einem Absturz des Betriebssystems führt, kann der Hypervisor diesen Gast rebooten. Der Benutzer kann per Parameter festlegen, wie oft ein Gast neu gestartet werden soll, bevor dieser Versuch aufgegeben wird, um eine Endlosschleife von Neustarts zu vermeiden. Per Konfiguration kann der Administrator bei diesem Ereignis benachrichtigt werden. Applikationen können auch mit Werkzeugen von Drittanbietern überwacht werden. Fällt die Applikation, aber nicht das Betriebssystem aus, kann sie automatisch ohne menschlichen Eingriff neu gestartet werden.

Alle diese Techniken, Funktionen und Lösungen können die Betriebsbereitschaft einer virtuellen Maschine und damit die Verfügbarkeit ihrer Aufgaben verbessern. Doch die virtuelle Maschine und der Hypervisor hängen immer noch von der zugrunde liegenden Server-Hardware ab. Was passiert, wenn der Virtualisierungs-Host-Server ausfällt?

13.3 Mehrere virtuelle Maschinen schützen

Verschiedene Lösungen sollen die Gefahr von Server-Ausfällen minimieren. Seit den 1980ern werden kommerziell fehlertolerante Lösungen angeboten, die erst per Software und dann per Hardware Server-Ausfälle verhindern sollten. Fehlertolerante Hardware verwendet redundante Systeme, bis hinunter zu den Ventilatoren und Netzteilen und manchmal doppelten Stromkabeln in separaten Stromnetzen. Bei einer solchen Architektur verursacht der Ausfall einer einzigen Komponente nicht den Absturz einer Applikation.

Diese Systeme wurden ursprünglich für Unternehmen konzipiert, für die eine außerordentliche Betriebsbereitschaft lebenswichtig war, wie etwa Notdienste oder Flugkontrollsysteme. Bald begannen auch Unternehmen, die in bestimmten Zeiten von überlebenswichtigen Transaktionen abhängig waren, diese Techniken zu übernehmen – etwa Börsenhändler, für die ein Ausfall während eines Handelstages Millionen Dollar pro Stunde kosten kann, oder öffentliche Transportdienste, bei denen Ausfälle Fahrplanverzögerungen verursachen können, oder sogar Home-Shopping-Kanäle, für die eine Stunde Ausfall bei der Bestellannahme einen beträchtlichen finanziellen Verlust bedeutet. Solche Systeme existieren immer noch, werden aber zunehmend durch zuverlässiger gewordene kommerzielle Server und andere Lösungen verdrängt.

Eine dieser Lösungen ist das *Clustering* (wörtlich *Bündelung, Gruppierung*). Wenn zwei oder mehr Server physisch vernetzt, Speicherressourcen gemeinsam genutzt und mit einschlägiger Clustering-Software gesteuert werden, können Applikationen in einem einfachen Cluster bei einem Server-Ausfall schneller wieder einsatzbereit sein. Fällt der primäre Server aus irgendeinem Grund aus, leitet die Cluster-Software den Applikationsverkehr zum sekundären Server, und die Verarbeitung kann fortgesetzt werden. Die Cluster-Software sorgt dafür, dass mehrere Server wie eine einzige Ressource präsentiert werden; doch oft ist ihre Verwaltung komplexer und erfordert spezielle Kenntnisse; manchmal müssen auch Applikationen geändert werden.

Einige Beispiele für solche Lösungen sind Microsoft Cluster Services, Symantec Cluster Server oder Oracle Real Applications Clusters. Ähnlich wie andere bereits vorgestellte Lösungen können sie ebenfalls in der virtuellen Umgebung eingesetzt werden; doch auch hier bietet die Virtualisierung einige neue Funktionen. Sie können nicht nur virtuelle Maschinen zu einem Cluster zusammenfassen, sondern auch eine physische Maschine mit einer virtuellen Maschine. Einige Unternehmen, die über Erfahrungen mit dem Clustering verfügen, aber mit der Virtualisie-

13.3 | Was bedeutet Verfügbarkeit?

rung noch nicht vertraut sind, setzen oft die letztere Konfiguration ein. Aber dabei handelt es sich nur um eine Applikation auf einem physischen oder virtuellen Server. Was passiert in einem Virtualisierungs-Host?

Virtuelle Cluster haben von Natur aus eine hohe Verfügbarkeit. Ein einfacher virtueller Cluster (siehe Abbildung 13.2) besteht aus zwei oder mehr physischen Servern, einer gemeinsam genutzten Speicherressource und den erforderlichen Netzwerkressourcen. Auf jedem Host ist ein Hypervisor installiert, der eine oder mehrere virtuelle Maschinen steuert. Fällt ein Virtualisierungs-Host aus, fallen alle virtuelle Maschinen, die von ihm abhängen, ebenfalls aus. Weil der Speicher gemeinsam genutzt wird, kann die Cluster-Software auf die Dateien der virtuellen Maschine zugreifen und alle ausgefallenen virtuellen Maschinen auf anderen Hosts in dem Cluster neu starten. So kann die Ausfallzeit auf wenige Minuten reduziert werden. Performance-Algorithmen sorgen dafür, dass die Hosts über eine ausreichende Reservekapazität verfügen, bevor diese virtuellen Maschinen hinzugefügt werden.

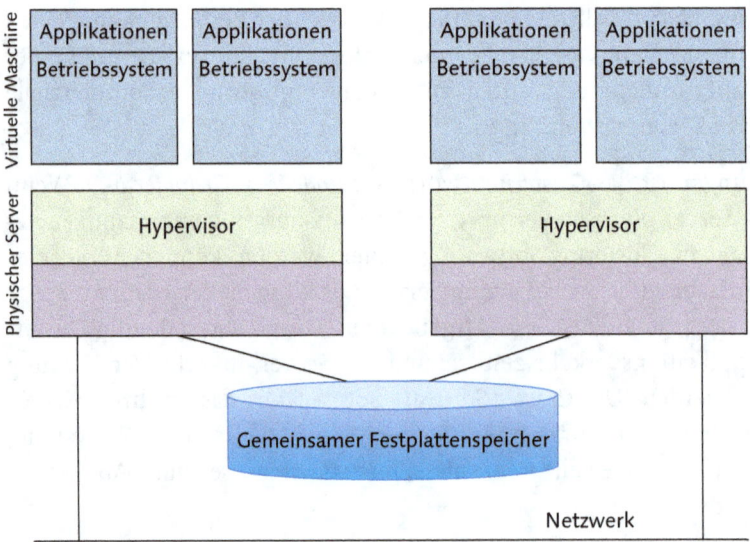

Abbildung 13.2 Ein virtueller Plattform-Cluster

Wenn Sie die Konfiguration einer virtuellen Umgebung planen, sollten Sie die Reservekapazität zur Sicherung der Hochverfügbarkeit (HA = High-Availability) als Randbedingung berücksichtigen. Auch wenn dieser Prozess immer noch eine Wiederherstellung ist, bietet eine solche Architektur viele Vorteile. In einer physischen Umgebung erfordert diese Funktionalität spezielle Software und zusätzliche

Hardware und schützt üblicherweise eine einzige Applikation. In einer virtuellen Umgebung ist diese Funktionalität in die Architektur eingebaut; sie schützt alle virtuellen Maschinen auf dem Host und ist für die Gast-Betriebssysteme und ihre Applikationen transparent. Applikationen, die früher aufgrund zu hoher Kosten nicht geschützt werden konnten, profitieren heute ebenfalls von einer höheren Verfügbarkeit allein dadurch, dass sie in einer virtuellen Infrastruktur eingesetzt werden. Doch letztlich bedeutet ein Ausfall eines Host-Servers den Ausfall virtueller Maschinen, und es gibt nur eine Ausnahme von dieser Situation.

Die *Fault Tolerance* (*Fehlertoleranz*, *FT*) funktioniert ähnlich wie Clustering-Software, bietet aber eine höhere Verfügbarkeit. Eine fehlertolerante virtuelle Maschine kann den Ausfall eines Virtualisierungs-Hosts überstehen, ohne dass sie selbst ausfällt oder ihre Applikationen beeinträchtigt werden. Abbildung 13.3 zeigt eine einfache Illustration einer fehlertoleranten virtuellen Maschine. Dabei wird neben der primären virtuellen Maschine eine sekundäre auf einem anderen Host installiert. Diese dupliziert schnell den Zustand der primären Maschine; Änderungen auf der primären Maschine werden parallel auf der sekundären dupliziert. Die beiden virtuellen Maschinen überwachen gegenseitig ihren Heartbeat. Falls der primäre Host ausfällt, übernimmt der sekundäre sofort dessen Aufgaben. Auf einem anderen Host wird ein neuer sekundärer Host erstellt; damit

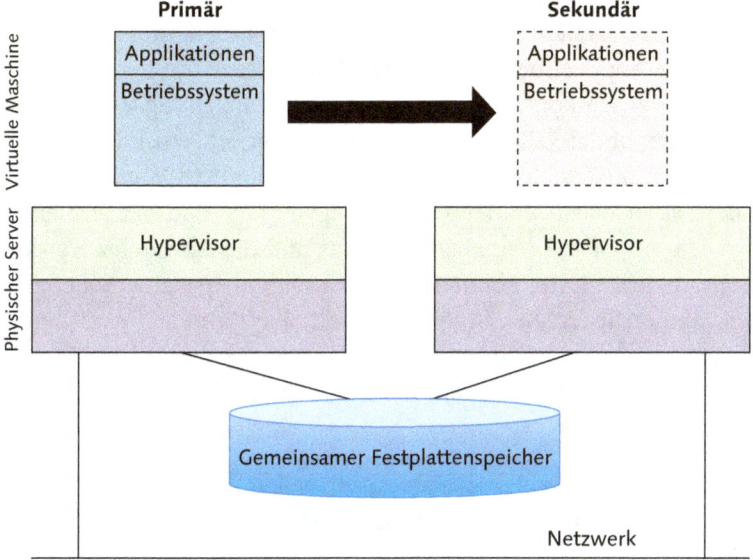

Abbildung 13.3 Eine fehlertolerante VM

13.3 | Was bedeutet Verfügbarkeit?

ist die virtuelle Maschine wieder geschützt. Es gehen keine Transaktionen verloren; und es gibt keine Nachteile für den Anwender.

Bei der Planung der Kapazitäten Ihrer Ressourcen müssen Sie natürlich berücksichtigen, dass diese fehlertolerante virtuelle Maschine den Ressourcenbedarf verdoppelt, weil in der Infrastruktur zwei Kopien dieser Maschine parallel ausgeführt werden. Außerdem werden zusätzliche Netzwerkressourcen benötigt, um die laufenden Änderungen der virtuellen Maschine zu übertragen. Wie bei der Hochverfügbarkeit ist keine spezielle Software erforderlich; die Funktion ist in den Hypervisor eingebaut und wird mit einem Kontrollkästchen aktiviert. Weil zusätzliche Ressourcen verbraucht werden, werden nur geschäftskritische Aufgaben fehlertolerant ausgeführt. Als dies geschrieben wurde, unterstützte nur VMware diese Funktion.

Mit der Live-Migration-Funktion, die Sie weiter vorne kennen gelernt haben, kann eine virtuelle Maschine ohne Ausfallzeit oder Beeinträchtigung der Performance von Applikationen von einem Virtualisierungs-Host auf einen anderen verschoben werden. Auch wenn dies eine erstaunliche Funktion ist, ist es bei einem Ausfall eines physischen Servers zu spät, die virtuellen Maschinen zu verschieben. Die Funktion dient der Verfügbarkeit bei geplanten Ausfallzeiten. Muss ein Server in einer physischen Umgebung gewartet oder sogar ersetzt werden, steht die Applikation erst wieder zur Verfügung, wenn der Prozess abgeschlossen ist.

Eine Ausnahme zu diesem Szenario wäre ein durch eine Cluster-Lösung geschütztes System, bei dem die Applikation während der Wartungszeit auf den sekundären Server ausgeführt werden könnte. In einer virtuellen Umgebung werden alle virtuellen Maschinen auf andere Hosts in dem Cluster migriert, wenn der Server offline gewartet werden muss (siehe Abbildung 13.4). Ist die Host-Wartung abgeschlossen, wird der Server wieder in den Cluster eingebunden und mit virtuellen Maschinen belegt. Die Applikationen fallen nicht aus und die Anwender werden nicht beeinträchtigt. In dem Cluster können Hosts transparent ersetzt werden; und Wartungsarbeiten können jederzeit erfolgen, da sie keine virtuellen Maschinen mehr beeinträchtigen, anstatt für Feiertage eingeplant zu werden. Wenn Cloud-Computing-Dienste erfolgreich sein wollen, müssen sie über diese Art von Flexibilität verfügen.

Per Live Migration kann die Verfügbarkeit von virtuellen Maschinen während einer Wartung des Virtualisierungs-Hosts gewährleistet werden; doch dies ist nur ein Teil der Infrastruktur. Manchmal müssen auch Storage Arrays gewartet oder ersetzt werden. Dieser Umstand wird durch eine ähnliche Technologie, die so genannte *Storage Migration*, für das Speicherelement einer virtuellen Maschine

Mehrere virtuelle Maschinen schützen | 13.3

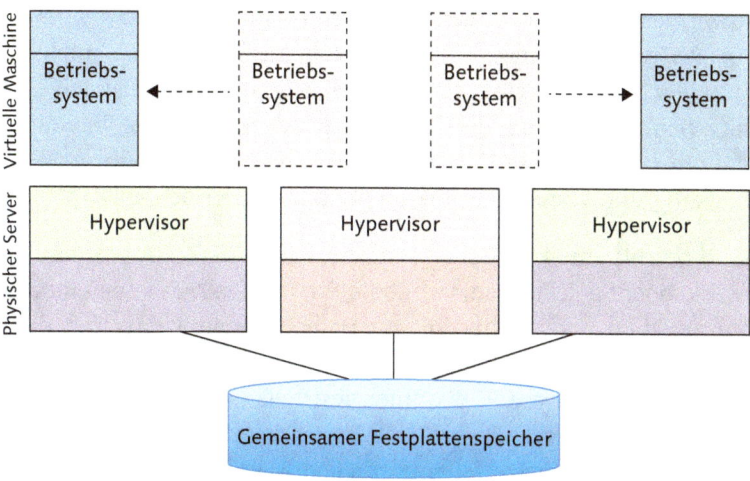

Abbildung 13.4 VM-Migration während der Wartung

unterstützt (siehe Abbildung 13.5). Während bei einer Live Migration im Wesentlichen Speicherstrukturen von einem Host auf einen anderen übertragen werden, werden bei der Storage Migration physische Dateien ohne Ausfallzeit und Beeinträchtigung der Applikation von einer Festplatte auf eine andere verschoben, während die virtuelle Maschine läuft.

Diese Funktion ermöglicht den Austausch von Storage Arrays, indem die Dateien der virtuellen Maschine von dem alten Array ohne Ausfallzeiten auf das neue

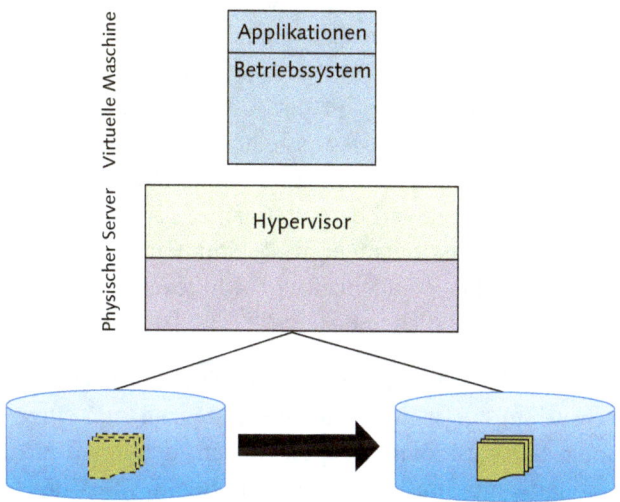

Abbildung 13.5 Storage Migration

Array übertragen werden. Dadurch können auch Performanceprobleme gemildert werden. Lässt die Performance einer Festplatte nach, weil die Daten ungleich verteilt sind, kann ein Administrator per Storage Migration die Dateien der virtuellen Maschine neu verteilen, um die Lasten auszugleichen. Neuere Versionen der Storage Migration können diese Operation automatisch ausführen, um Performanceprobleme aufgrund von I/O-Konflikten proaktiv zu vermeiden.

Ein letztes Szenario betrifft einen partiellen Host-Ausfall. Verlöre ein bestimmter Host einen Netzwerk- oder Speicherpfad, würden die virtuellen Maschinen immer noch laufen, könnten aber nicht mehr auf ihre Daten zugreifen oder mit dem Anwender kommunizieren. Der Virtualisierungs-Host würde ebenfalls noch laufen. Neuere Versionen von VMware ESX können feststellen, ob der Pfad zu und von anderen Hosts in dem Cluster noch verfügbar ist. Ist dies der Fall, verlagert die Hochverfügbarkeitsfunktion die betroffenen virtuellen Maschinen auf Hosts, die noch mit dem Netzwerk oder den Speicherressourcen verbunden sind. Ist der Pfad nicht verfügbar oder reichen die Ressourcen nicht aus, um die Hochverfügbarkeit zu garantieren, dann passiert nichts.

13.4 Datenzentren schützen

Auch wenn die Infrastruktur geschützt ist, können unkontrollierbare Ereignisse eintreten. Naturkatastrophen und menschengemachte Desaster schlagen ohne Vorwarnung zu; ein betroffenes Datenzentrum kann davor kaum geschützt werden. Für das Unternehmen können die Folgen noch katastrophaler sein. Im Gegensatz zu der negativen Publicity, die durch kurzfristige Ausfälle verursacht wird, bedeutet der Verlust eines Datenzentrums oft den Untergang des Unternehmens. Die amerikanische Statistikbehörde hat festgestellt, dass 93 Prozent der Unternehmen, die ihre Datenzentren für zehn Tage verloren, innerhalb des Jahres bankrottgingen. Selbst kurze Ausfälle wirken verheerend. Gartner berichtete, dass Unternehmen, die wegen einer Katastrophe für mehr als 24 Stunden den Zugang zu ihren Daten verlieren, mit einer Wahrscheinlichkeit von 40 Prozent scheitern. Wie reduzieren Unternehmen diese schrecklichen Risiken?

Viele Unternehmen verfügen für solche Szenarios bereits über Desaster-Recovery-Pläne (DR-Pläne). Sie haben entweder längst ein sekundäres Datenzentrum eingerichtet oder Verträge mit einem Service-Provider abgeschlossen, der ihnen eine Infrastruktur zur Verfügung stellen kann, um kritische Funktionen des Geschäftsbetriebs auszuführen, bis sie in ihr eigenes Datenzentrum zurückkehren können.

Dieses Verfahren lässt sich sowohl in physischen als auch virtuellen Umgebungen einsetzen, obwohl die Virtualisierung auch hier einige interessante zusätzliche Aspekte bietet.

Üblicherweise reist ein Teil der IT-Mitarbeiter jährlich einmal mit einem Satz von System-Backups zum Standort des Desaster-Recovery-Zentrums, um den DR-Plan zu testen. Zu diesem Zweck müssen die Mitarbeiter ein funktionsfähiges Duplikat der Applikation erstellen; dann testen und messen sie den Aufwand, der für die Wiederherstellung einer funktionsfähigen Umgebung erforderlich ist. Oft muss ein Duplikat der gesamten Hardware mit einer entsprechenden Infrastruktur von Peripheriegeräten bis hinunter zu den Firmware-Patches auf den NIC-Karten bereitgestellt werden. Ein weiterer Nachteil ist, dass bei diesen Tests häufig nur ein Teil der Infrastruktur getestet wird, die bei einem echten Notfall gebraucht werden würde. Bei den meisten erfolgreichen DR-Tests werden weniger als zehn Prozent der erforderlichen Infrastruktur wiederhergestellt; der Prozess dauert drei bis fünf Geschäftstage, und die Applikationen werden nur beschränkt getestet. Wenn man die Reisekosten der Mitarbeiter und den Ausfall ihrer normalen Arbeit einrechnet, sind die Kosten für einen solchen Test beträchtlich.

Selbst wenn Sie sonst nichts ändern, kann ein Team bei der Virtualisierung die Infrastruktur so wiederherstellen, dass sie mit der ursprünglichen identisch ist. Weil der Hypervisor die physische Hardware durch eine Abstraktionsschicht von den Gästen isoliert, können Sie die Wiederherstellung problemlos auf einer beliebigen Hardware-Server-Plattform durchführen. Die Einrichtung erfordert nur die Installation eines Hypervisors, falls der Hosting Provider nicht schon eine virtuelle Umgebung eingerichtet hat. Dann kopieren Sie die Dateien der virtuellen Maschine von den Backup-Medien auf den Festplattenspeicher. Es ist zwar nicht ganz so einfach, kommt der Realität aber nahe. Anbieter haben viele Lösungen entwickelt, um Datenzentren oder wenigstens die kritischen Systeme zu schützen. Applikationslösungen umfassen verschiedene Grade der Datenreplikation, wobei die Daten entweder zeitnah oder in Echtzeit an eine zweite Site übertragen werden.

Storage-Anbieter arbeiten ebenfalls mit Replikation und senden geänderte Datenblöcke von dem Storage Array einer Site zu dem Storage Array einer DR-Site. Dies hat oft den Vorteil, dass die Replikation unabhängig von der Applikation erfolgt und die CPU nicht belastet, weil das Storage Array den gesamten Prozess verwaltet und ausführt. Virtualisierungsanbieter nutzen diese vorhandenen Kanäle, um Datenverluste bei einer Katastrophe zu vermeiden. Der Site-Recovery-Manager von VMware nutzt entweder eine Storage- oder eine Prozessor-Replikation, um

13.4 | Was bedeutet Verfügbarkeit?

die Dateien einer virtuellen Maschine zu kopieren und an die DR-Site zu senden und auf dem neuesten Stand zu halten (siehe Abbildung 13.6). Bei einer Katastrophe verfügt die DR-Site bereits über alle virtuellen und einsatzbereiten Maschinen. Dann sind DR-Tests umfassend und garantieren, dass alle benötigten virtuellen Maschinen verfügbar und ihre Daten aktuell sind. Diese Lösung bietet noch einen weiteren Vorteil: Die DR-Site des Unternehmens kann aus einem lokalen oder fernen Hosting Provider mit einer virtuellen Infrastruktur bestehen. Das Unternehmen muss nicht unbedingt selbst eine private DR-Site aufbauen und warten. Andere Lösungen stellen ähnliche Funktionen zur Verfügung.

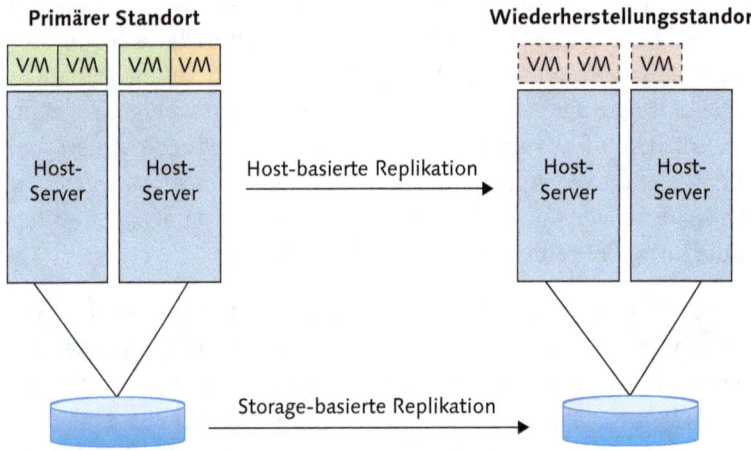

Abbildung 13.6 Site-Recovery-Manager

Demnächst sind neue Lösungen zu erwarten. Storage- und Netzwerk-Anbieter arbeiten bereits an neuen Funktionen, die man als »long-distance VMotion« (»Fern-VMotion«) bezeichnen könnte und die die Möglichkeit bieten, eine virtuelle Maschine über große geografische Distanzen hinweg zu transportieren, ohne die Applikation zu unterbrechen. So könnten komplette Datenzentren transparent ohne Unterbrechung ihrer Operation rund um den Globus an Orte verlagert werden, an denen sich die Anwender oder die Ressourcen befinden. Für die Desaster Recovery bedeutet dies, dass ein Datenzentrum – vorausgesetzt, es ist Zeit genug – vom Ort der Katastrophe verlagert werden könnte, wodurch eine Wiederherstellung überflüssig wäre. Diese Funktionen sind bereits demonstriert worden; aber für einen breiteren Einsatz werden viel größere Netzwerk-Bandbreiten benötigt, als gegenwärtig allgemein zur Verfügung stehen.

Diese Fähigkeit der dynamischen Verlagerung von Aufgaben ohne Service-Unterbrechung wird über den Erfolg des Cloud Computings entscheiden. Auch wenn wir uns erst in der Anfangsphase einer solchen Bereitstellung von Diensten befinden, zeichnen sich bereits der Bedarf und die höheren Erwartungen der Unternehmen ab, die diese Architekturen und Dienste nutzen. 2011 erlitt der EC2-Service (Elastic Compute Cloud) von Amazon zwei größere Ausfälle; wenigstens einer wurde durch natürliche Ereignisse verursacht. Microsoft, das bestimmte Online-Dienste wie etwa Office365 oder Hotmail in die eigenen Cloud-Dienste übertragen hat, hatte im Laufe des Jahres wegen derselben natürlichen Ereignisse ebenfalls Verfügbarkeitsprobleme sowie einige Netzwerkprobleme. Ein Problem der Speicherverwaltung war dafür verantwortlich, dass Millionen Anwender von Google Docs nicht auf ihre Cloud-basierten Dokumente zugreifen konnten. Kein Zweifel, die Branche befindet sich immer noch im Lernstadium, was die Handhabung von Architekturen von Cloud-Größe angeht. Doch sicher wird die Virtualisierung einen großen Anteil daran haben, Cloud-Service-Infrastrukturen mit einer Verfügbarkeit, Flexibilität und Anpassbarkeit zur Verfügung zu stellen, die anspruchsvollsten Unternehmensforderungen gerecht werden.

13.5 Die Grundlagen und darüber hinaus

Die Verfügbarkeit von Applikationen ist ein entscheidender Faktor für Geschäftsoperationen und die Kundenzufriedenheit. Weil wir im heutigen Informationszeitalter immer stärker auf Dienste angewiesen sind, die über technische Kanäle bereitgestellt werden, ist es ein Hauptanliegen, die Plattformen, die diese Kanäle zur Verfügung stellen, vor Ausfällen zu schützen. Die Virtualisierung kombiniert vorhandene Verfügbarkeitslösungen, die in der physischen Welt entwickelt wurden und sich dort bewährt haben, mit neuen Funktionen, die nur mit virtuellen Maschinen möglich sind.

Betrachten wir die virtuelle Infrastruktur, können wir mehrere Ebenen der Verfügbarkeit unterscheiden: einzelne virtuelle Maschinen, Gruppen von virtuellen Maschinen auf einem Cluster von Hosts sowie komplette Datenzentren. Viele Aufgaben, für die bei einem physischen Server der Aufwand für eine Hochverfügbarkeitslösung zu hoch ist, können virtuell leicht diesen Grad der Verfügbarkeit erreichen. Dadurch wird die Gesamtverfügbarkeit des Datenzentrums verbessert. Je mehr Unternehmen Dienste per Cloud Computing an ihre Kunden liefern, desto mehr entwickelt sich die Verfügbarkeit aus einer Bequemlichkeit in eine Notwendigkeit. Die gestiegenen Erwartungen, dass diese Dienste immer zugänglich sind, werden Unternehmen zwingen, viele dieser Lösungen einzusetzen.

13.5 Was bedeutet Verfügbarkeit?

Übungen

- Das Datenzentrum Ihres Unternehmens hatte neulich unter einem Stromausfall zu leiden; deshalb konnten Unternehmensapplikationen zwei Tage lang nicht genutzt werden. Sie sind aufgefordert worden, eine Strategie zu entwerfen, um die Betriebsbereitschaft für den Fall eines weiteren Stromausfalls schnell wiederherzustellen. Welche Art der Verfügbarkeit (HA/DR/FT) würden Sie empfehlen und warum?
- Sie werden aufgefordert, die Verfügbarkeit einer Applikation sicherzustellen, die für den täglichen Geschäftsbetrieb unverzichtbar ist. Bei einem Ausfall würde das Unternehmen Hunderttausende Euro pro Stunde verlieren. Welche Art der Verfügbarkeit (HA/DR/FT) würden Sie empfehlen und warum?
- Wie würden Sie den Besitzer einer geschäftskritischen Applikation überzeugen, in eine virtuelle Umgebung umzuziehen? Seine Hauptsorge ist die gemeinsame Nutzung eines Servers mit anderen virtuellen Maschinen, die die Verfügbarkeit beeinträchtigen könnten.

Kapitel 14
Wie arbeiten Applikationen in einer virtuellen Maschine?

Inhalt
▪ Applikationsperformance in einer virtuellen Infrastruktur
▪ Applikationen in einer virtuellen Umgebung einsetzen
▪ Virtuelle Appliances und vApps verstehen

Die Virtualisierung und ihre Vorteile ändern die Konzeption und den Einsatz von Infrastrukturen. Letztlich geht es jedoch um Applikationen, also um Programme, mit denen die Geschäftsprozesse eines Unternehmens abgewickelt werden. Sie entscheiden über seine Wettbewerbsvorteile, seinen Gewinn und Verlust und sein langfristiges Wohlergehen und Wachstum. Weil das Überleben des Unternehmens von diesen Applikationen abhängt, zögern ihre Betreiber, ihre bewährten Verfahren in eine virtuelle Infrastruktur zu übertragen. Normalerweise sind sie erst dann zu einem Umstieg bereit, wenn sie verstanden haben, wie eine virtuelle Umgebung zu einer Verbesserung von Performance, Sicherheit und Verfügbarkeit beitragen kann.

Hypervisoren stellen performante Ressourcen durch Rückgriff auf die physische Infrastruktur zur Verfügung. Mehrere virtuelle Maschinen können zu Gruppen zusammengefasst werden, um Applikationen schneller und zuverlässiger bereitzustellen. Heute werden zunehmend mehr kommerzielle Dienste über Cloud-Computing-Modelle angeboten. In diesen neuen Applikationsumgebungen ist es

14.1 | Wie arbeiten Applikationen in einer virtuellen Maschine?

lebenswichtig, dass die auf den virtuellen Plattformen laufenden Applikationen zuverlässig, skalierbar und sicher unterstützt werden.

14.1 Applikationsperformance in einer virtuellen Infrastruktur

Bis jetzt haben wir uns auf virtuelle Maschinen und die sie unterstützende virtuelle Umgebung konzentriert. Doch letztlich geht es darum, die Applikationen, die bisher auf physischen Servern liefen, in diese virtuellen Umgebungen zu übertragen und sie an deren Vorteilen teilhaben zu lassen. Applikationen sind Gruppen von Programmen, die ihren Anwendern Dienste leisten und Daten liefern. Aus dem Verkauf dieser Dienste und Daten generieren Unternehmen ihr Einkommen. Aus Furcht vor Serviceunterbrechungen zögern die Betreiber der Applikationen häufig, ihre Umgebungen zu ändern. Sie sind nicht bereit, Applikationsänderungen zu riskieren, die die Verfügbarkeit, Skalierbarkeit und Sicherheit einer Applikation gefährden könnten.

In Kapitel 13, »Was bedeutet Verfügbarkeit?«, haben Sie einige Methoden kennen gelernt, wie die Betriebsbereitschaft von Applikationen in einer virtuellen Umgebung verbessert werden kann. Braucht eine virtuelle Maschine zusätzliche Ressourcen, können Sie ihre Konfiguration leicht ändern. Dadurch sind virtuelle Maschinen skalierbarer als ihre physischen Gegenstücke. Per Live Migration oder Storage Migration können Applikationen in einer virtuellen Umgebung flexibler eingesetzt werden. Templates und Klone erleichtern die Erstellung und Verwaltung virtueller Maschinen. Dadurch können Applikationen beträchtlich schneller produktiv eingesetzt und Konfigurationsfehler vermieden werden. Beides beeinflusst Gewinn und Verlust des Unternehmens. Diese Aspekte sind alle wichtig, aber entscheidend ist wahrscheinlich die Performance der Applikationen.

Applikationen mit einer schlechten Performance leben normalerweise nicht lange, weil sie das Geschäft auf vielen Ebenen beeinträchtigen. Abgesehen von dem offensichtlichen zusätzlichen Zeitaufwand, der die Effizienz verringert, frustrieren langsame Applikationen die internen Anwender sowie die Kunden des Unternehmens mit negativem Einfluss auf den Umsatz. Auch hier kommen die gestiegenen Anwendererwartungen ins Spiel. Denken Sie nur an Ihre eigenen Erfahrungen mit Online-Diensten. Würden Sie Produkte auf einer Website kaufen, deren Checkoutprozess 20 Minuten dauert? Oder würden Sie nach einem anderen Anbieter suchen, bei dem der Kauf weniger umständlich ist? Dies ist ein Grund, warum Applikationsbetreiber die Virtualisierung skeptisch betrachten – sie haben

Vorbehalte, Ressourcen eines Virtualisierungs-Hosts mit anderen zu teilen, wenn ihre gegenwärtige Applikationsplattform ausschließlich für ihre Bedürfnisse zur Verfügung steht, auch wenn diese teuer und ineffizient ist.

Die Virtualisierung verfügt über mehrere Verfahren, mit denen Sie einer geschäftskritischen Applikation die Ressourcen zur Verfügung stellen können, die sie für eine schnelle und effiziente Arbeit braucht, selbst wenn dies auf Kosten weniger kritischer virtueller Maschinen gehen sollte. Wie schon bei anderen Beispielen verwenden wir hier das Modell der ESX-Lösung von VMware. Auch wenn die Virtualisierungslösungen anderer Anbieter nicht alle Funktionen dieses Produkts enthalten, wird sich dies wahrscheinlich in künftigen Versionen ändern. Betrachten wir zunächst die Ressourcen-Einstellungen. Jede virtuelle Maschine verfügt über drei Einstellungen für ihre CPU- und Speicherressourcen.

Abbildung 14.1 illustriert die Optionen für diese Einstellungen der virtuellen Maschine (SHARES, RESERVATIONS und LIMIT). Mit SHARES wird festgelegt, welchen Anteil diese VM, verglichen mit den anderen VMs, an der CPU-Kapazität haben soll. Dieser Parameter legt damit den Vorrang fest. Hat eine VM halb so viele CPU-Shares wie eine andere VM, steht ihr nur die Hälfte der Ressourcen zur Verfügung. Bei einem CPU-Konflikt wird einer VM mit mehr Shares mehr CPU-Zeit zugewiesen. Mit RESERVATION wird das garantierte Minimum festgelegt, über das eine VM immer verfügen kann, selbst wenn die Ressourcen knapp sind. Existieren auf einem Virtualisierungs-Host nicht genügend Ressourcen, um die Reservierung zu erfüllen, kann die VM nicht gestartet werden. Dann wird die virtuelle Maschine auf einem anderen Host in dem Cluster gestartet. Mit LIMIT wird der maximale Umfang der Ressourcen festgelegt, die einer VM zugewiesen werden können. Diese Einstellung wird normalerweise nicht verwendet, weil die für die virtuelle Maschine konfigurierten Ressourcen, die Speicherkapazität oder die Anzahl der Prozessoren, die Obergrenze setzen.

Auf einem einzelnen Virtualisierungs-Host priorisiert der Hypervisor anhand dieser Einstellungen die Zuteilung der Speicher- und CPU-Ressourcen. Bestehen keine Ressourcenkonflikte, erhalten alle virtuellen Maschinen bei Bedarf alle erforderlichen Ressourcen. Dies ist das optimale Szenario. Fordern virtuelle Maschinen mehr Ressourcen an, als der physische Host bereitstellen kann, teilt der Hypervisor die Ressourcen anhand der Ressourceneinstellungen zu. Sind diese korrekt konfiguriert, können sich virtuelle Maschinen mit kritischen Applikationen darauf verlassen, genügend Ressourcen zu erhalten, um ihre Performance zu bewahren. Bei weniger kritischen Applikationen kann die Performance leiden; doch dies sollte sich nicht nachteilig auf das Geschäft auswirken.

14.1 | Wie arbeiten Applikationen in einer virtuellen Maschine?

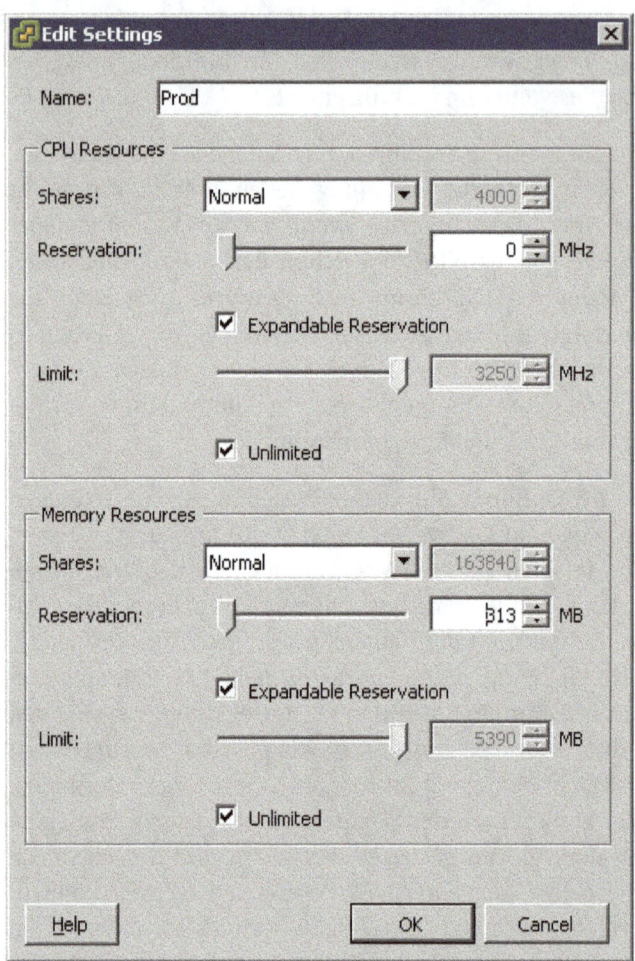

Abbildung 14.1 Ressourceneinstellungen der virtuellen Maschine

Dieses Modell ist für einen einzelnen Virtualisierungs-Host einfach genug. Doch was passiert in einem Virtualisierungs-Cluster? Hier werden *Ressourcenpools* verwendet. Ihr Name beschreibt ihre Funktion treffend. Ressourcenpools können für einen einzelnen Virtualisierungs-Host oder für mehrere Hosts in einem Cluster eingesetzt werden. Ein Pool verwaltet Speicher- und CPU-Ressourcen, die von virtuellen Maschinen, Gruppen von virtuellen Maschinen oder anderen Einheiten wie etwa Abteilungen gemeinsam genutzt werden. Ressourcenpools können weiter in kleinere Child-Ressourcenpools unterteilt werden, mit denen ein Administrator die Ressourcenzuordnung feiner kontrollieren kann.

Die Optionen für die Verwaltung eines Ressourcenpools ähneln denen einer einzelnen virtuellen Maschine. Sie können Ressourcen-Shares, Reservations und Limits einstellen. Die Unterschiede liegen darin, dass Sie dann einem Pool mehrere virtuelle Maschinen zuordnen können und dass der Ressourcenpool mehrere Virtualisierungs-Hosts überspannen kann. Noch einmal: Eine kritische Applikation, die aus mehreren virtuellen Maschinen besteht und über mehr als einen Virtualisierungs-Host verteilt ist, kann wahrscheinlich immer über genügend Ressourcen verfügen. Abbildung 14.2 zeigt ein einfaches Beispiel für zwei Ressourcenpools in einem Cluster. Jedem Pool wird ein Teil der aggregierten Ressourcen mit einer gewissen Reserve für späteres Wachstum und kurzfristige Performancespitzen zugewiesen. Da ihre Konfiguration dynamisch geändert werden kann, leidet die Performance nicht, wenn Ressourcenpools angepasst werden müssen.

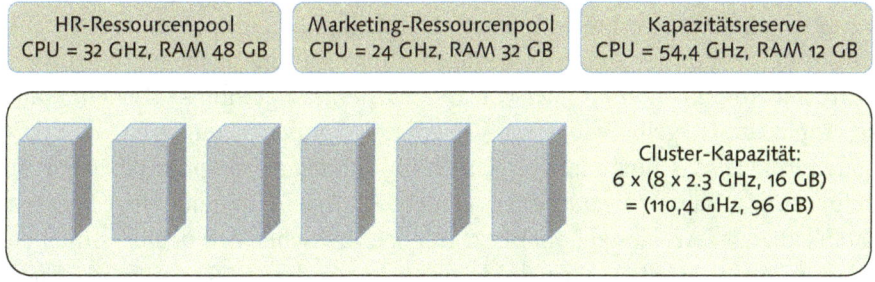

Abbildung 14.2 Ressourcenpools

Eine weitere Funktion, die eine gute Applikationsperformance in einer virtuellen Umgebung unterstützt, ist die Live Migration. Wenn die Ressourcen für eine Applikation auf einem physischen Server aufgebraucht sind, muss die Applikation abgeschaltet werden, um den Server mit zusätzlichen Ressourcen auszurüsten oder ihn komplett durch eine größere Maschine zu ersetzen. Virtuelle Maschinen sind flexibler, weil Sie in diesem Fall schnell neue Ressourcen hinzufügen können. Wenn das Betriebssystem über eine Hot-add-Fähigkeit verfügt, ist die Ausfallzeit null, andernfalls nur minimal.

Doch was passiert in einem Virtualisierungs-Server, wenn die meisten physischen Ressourcen bereits von mehreren gehosteten virtuellen Maschinen aufgebraucht sind und eine VM weitere Ressourcen anfordert? In diesem Fall können eine oder mehrere virtuelle Maschinen per Live Migration auf andere Virtualisierungs-Hosts in dem Cluster verschoben werden, um Ressourcen für die anfordernde virtuelle Maschine freizugeben. Wenn der Ressourcenbedarf befriedigt ist und die Gesamtanforderung auf dem Virtualisierungs-Host auf das vorhergehende Niveau zurück-

14.1 | Wie arbeiten Applikationen in einer virtuellen Maschine?

gegangen ist, können die virtuellen Maschinen wieder zurückverlagert werden. Offensichtlich müssen auf den anderen Hosts entsprechende Ressourcen zur Verfügung stehen, damit die Gäste dorthin verschoben werden können. Reichen die verfügbaren Ressourcen in dem Cluster nicht aus, muss er durch weitere Hosts erweitert werden.

Muss der Administrator einer Virtualisierungs-Infrastruktur deshalb die Performance des Clusters laufend überwachen, um virtuelle Maschinen rechtzeitig zu verschieben? Nein. Die Virtualisierungslösungen verfügen über eingebaute Funktionen, die automatisch für eine gleichmäßige Lastverteilung sorgen. Werden Ressourcen in einem Cluster ungleich genutzt, können virtuelle Maschinen automatisch von einem Virtualisierungs-Host auf einen anderen verlagert werden, um die verfügbaren Ressourcen optimal und gleichmäßig auszulasten.

Dies ist eine einfache Beschreibung eines ausgefeilten Lastenausgleichsverfahrens zur Performanceoptimierung. Verschiedene Automatisierungsebenen ermöglichen Eingriffe der Administratoren oder vollautomatisierte Migrationsstrategien. Komplexe Applikationsregeln, wie etwa *VM-affinity*, können garantieren, dass bestimmte virtuelle Maschinen immer gleichzeitig auf demselben physischen Server ausgeführt und zusammen verschoben werden. Ein Grund für eine solche Regel ist etwa ein laufender Austausch hoher Datenmengen zwischen den beiden virtuellen Maschinen. Auf demselben Virtualisierungs-Host werden die Daten sehr schnell über das virtuelle Netzwerk im Systemspeicher ausgetauscht. Sie müssen nicht über die langsameren physischen Kabel zwischen physischen Hosts übertragen werden.

Umgekehrt kann auch eine *Anti-affinity* konfiguriert werden. Sie garantiert, dass zwei ausgewählte virtuelle Maschinen niemals gleichzeitig Gast auf demselben Virtualisierungs-Host sein können. Eine Anwendung wäre etwa eine kritische Applikation, die redundant auf zwei virtuellen Maschinen läuft, um die Verfügbarkeit beim Ausfall eines Virtualisierungs-Hosts zu garantieren. Ähnlich kann auch die Storage Migration (siehe Kapitel 13, »Was bedeutet Verfügbarkeit?«) automatisiert werden. Damit können virtuelle Infrastrukturen mit Storage Arrays kommunizieren, um Performanceprobleme von Festplatten automatisch zu beheben, ohne dass ein Storage-Administrator die Probleme lokalisieren, diagnostizieren und lösen müsste.

Obwohl die folgenden zwei Funktionen bereits früher erwähnt worden sind, lohnt sich ein zweiter Blick auf ihren Zweck. In Kapitel 9, »Festplattenspeicher für eine virtuelle Maschine verwalten«, wurde unter anderen die Optimierungsfunktion *Storage I/O Control* behandelt, eine Quality-of-Service-Funktion, die den Speicherdurchsatz pro virtueller Maschine steuern kann. Indem Sie den virtuellen Maschinen einer kritischen Applikation höhere Prioritäten zuweisen, können Sie dafür sorgen, dass Konflikte beim Festplatten-I/O für diese Applikation nicht zum Engpass werden. Natürlich setzt dies voraus, dass genügend physische Ressourcen zur Verfügung stehen, um den Bedarf zu befriedigen.

Wie bei Ressourcenpools werden Prioritäten mit Shares und Limits definiert. Aus Kapitel 10, »Networking für eine virtuelle Maschine verwalten«, wissen Sie, dass Sie auch den Netzwerk-Durchsatz priorisieren können. Auch hier werden Shares und Limits verwendet. Die Netzwerk-I/O-Kontrolle kann auf Verkehrstypen, Gruppen von virtuellen Maschinen und einzelne virtuelle Maschinen angewendet werden. Die beiden genannten Funktionen können für eine gute Performance kritischer Applikationen sorgen, auch wenn sonst Ressourcenengpässe auftreten könnten. Außerdem verbessern sie die Effizienz, indem sie die Zeit und den Aufwand reduzieren, die ein Applikationsadministrator aufwenden muss, um derartige Performanceprobleme zu überwachen und zu beheben.

Dies sind nicht die einzigen Maßnahmen, mit denen Sie für eine gute Performance von Applikationen in virtuellen Maschinen sorgen können. Wie Sie gesehen haben, können bewährte Verfahren für die Konfiguration der verschiedenen Bereiche der Infrastruktur – CPU, Speicher, Netzwerk und Festplattenspeicher – von physischen auf virtuelle Systeme übertragen werden. Dasselbe gilt auch hier. Mehr und schnellere Festplatten verbessern die Antwortzeiten von Speichergeräten. Höhere Bandbreiten verringern Netzwerkkonflikte. Virtualisierungsfunktionen verbessern die Verfügbarkeit, Flexibilität und Performance. Aber es gibt noch mehr.

14.2 Applikationen in einer virtuellen Umgebung einsetzen

Um eine gute Performance einer Applikation zu gewährleisten, müssen Sie ihren Ressourcenbedarf kennen und vor allem die Nutzung dieser Ressource regelmäßig messen. Wenn Sie die Anforderungen verstanden haben, können Sie den Einsatz einer Applikation in einer virtuellen Umgebung planen. Dabei können Sie immer auf einige Dinge zählen. Eine Applikation mit einer schlechten Architektur verhält sich nicht unbedingt performanter, wenn sie aus einer physischen in eine virtuelle Umgebung übertragen wird. Auch eine Applikation, die nicht genügend Ressourcen bekommt, wird eine schlechte Performance zeigen. Eine korrekte Performance einer Applikation lässt sich am besten dadurch garantieren, der virtuellen Ma-

14.2 | Wie arbeiten Applikationen in einer virtuellen Maschine?

schine genügend Ressourcen zuzuweisen, um Konflikte zu vermeiden. Betrachten wir ein einfaches Beispiel.

Viele Applikationen werden in Form einer dreischichtigen Architektur geliefert (siehe Abbildung 14.3). Die Konfigurationsparameter in der Abbildung sind nur Beispielzahlen. Es gibt einen Datenbankserver, auf dem die Daten der Applikation gespeichert und verwaltet werden. Normalerweise handelt es sich um eine Oracle-Datenbank, Microsoft SQL Server oder vielleicht die Open-Source-Lösung MySQL. Dieser Server bildet normalerweise die größte der drei Schichten. Er enthält mehrere Prozessoren und einen umfangreichen Speicher, in dem Daten zwischengespeichert werden, um Abfragen schnell zu beantworten. Datenbankserver brauchen umfangreiche Ressourcen in Form von Systemspeicher, CPU und besonders Festplatten-I/O-Durchsatz.

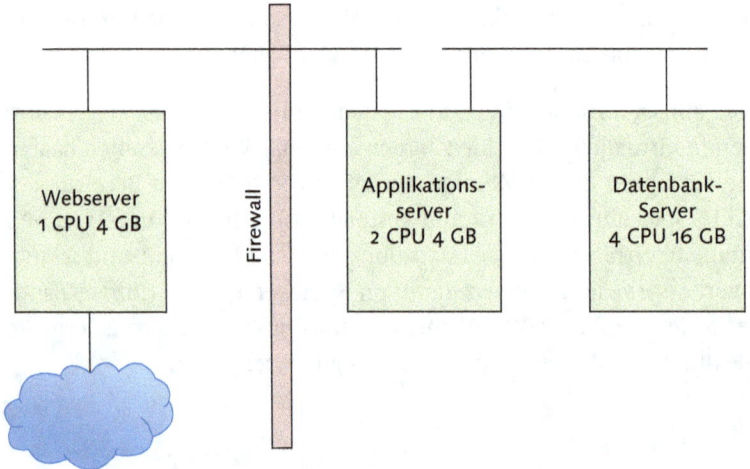

Abbildung 14.3 Dreischichtige Architektur – physisch

Die nächste Schicht wird von dem Applikationsserver gebildet, auf dem die Applikation mit den Geschäftsprozessen läuft. Oft handelt es sich um eine in Java geschriebene Lösung, IBM Websphere, Oracle (BEA) WebLogic oder das Open-Source-Produkt Tomcat. In einer Microsoft-Umgebung läuft wahrscheinlich .NET Framework mit C#, aber es stehen auch viele andere Frameworks und Programmiersprachen zur Auswahl. Applikationsserver brauchen normalerweise umfangreiche CPU-Ressourcen, greifen kaum auf Festplatten zu und benötigen durchschnittliche Speicherressourcen. Die letzte Schicht besteht aus dem Webserver. Webserver bilden die Schnittstelle zwischen dem Anwender und dem Applikationsserver. Sie präsentieren der Welt das »Gesicht« der Applikation in Form von

HTML-Seiten. Einige Beispiele für Webserver sind Microsoft IIS und der Open-Source-HTTP-Server von Apache. Webserver brauchen normalerweise viel Speicher, weil sie Seiten zwischenspeichern, um bessere Antwortzeiten zu erzielen. Eine Auslagerung dieser Seiten auf die Festplatte (Swapping) verzögert die Antworten und könnte den Anwender veranlassen, die Seite erneut zu laden.

Wenn Sie eine Website besuchen, präsentiert Ihnen der Webserver HTML-Seiten, mit denen Sie interagieren können. Wenn Sie Funktionen auf der Seite auswählen, vielleicht um Ihre Kontodaten zu aktualisieren oder einen Artikel in einen Einkaufswagen zu legen, werden die Daten an den Applikationsserver weitergeleitet, der sie verarbeitet. Daten, die auf den Webseiten angezeigt werden sollen, wie etwa Ihre Kontaktdaten oder der Lagerbestand eines Artikels, werden von dem Datenbankserver abgerufen. Wenn die Anforderung erfüllt ist, werden die Daten über den Applikationsserver in Form von HTML zurückgesendet und auf einer Webseite angezeigt. Im Gegensatz zu einer virtuellen Umgebung sind Arbeitsteilung und Verteilung der Ressourcen in einer physischen Umgebung endgültig, da jede Schicht über ihre eigene Server-Hardware und eigene Ressourcen verfügt.

Abbildung 14.4 zeigt eine mögliche Architektur dieses Modells. Hier sind alle Schichten auf demselben virtuellen Host angesiedelt. In der Praxis wird dies wahrscheinlich nicht gemacht, aber bei einer kleinen Website ist es definitiv möglich. Der Virtualisierungs-Host muss jetzt über genügend Speicher- und CPU-Ressour-

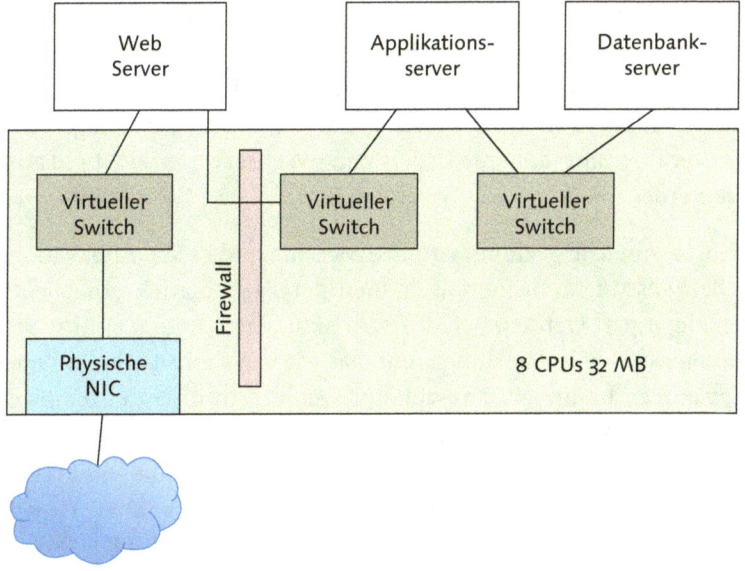

Abbildung 14.4 Dreischichtige Architektur – virtuell

14.2 | Wie arbeiten Applikationen in einer virtuellen Maschine?

cen für die gesamte Applikation verfügen. Davon muss jede virtuelle Maschine genügend Ressourcen bekommen, um ihre Aufgaben performant zu erfüllen.

Das Ressourcen-Sharing kann hier mit den weiter vorne beschriebenen Ressourcenparametern der virtuellen Maschine, Shares, Limits und Reservations, optimiert werden. Während die gesamte Netzwerk-Kommunikation in dem physischen Modell über Netzwerkkabel läuft, erfolgt sie hier mit Maschinengeschwindigkeit über das virtuelle Netzwerk in dem Virtualisierungs-Host. Auch die Firewall, die den Webserver in der DMZ von dem Applikationsserver abschottet, kann hier Teil des virtuellen Netzwerks sein. Auch wenn sich Applikationsserver und Datenbankserver physisch auf demselben Host befinden wie der Webserver, sind sie vor externen Bedrohungen geschützt, weil ein Zugriff auf sie wie in einer physischen Umgebung nur durch Überwinden der Firewall möglich ist. Weil diese Server keinen direkten Zugang zu einem externen Netzwerk haben, können sie nur durch die Firewall erreicht werden.

Wenn sich die Anforderungen an die Applikationperformance ändern, kann das Modell leicht angepasst werden. Applikationen, die viele Anwender unterstützen müssen, führen mehrere Kopien des Webservers und des Applikationsservers aus. Bei einer physischen Konfiguration ist es nicht ungewöhnlich, dass Dutzende von Blade-Servern eine solche Applikation unterstützen. Zwischen den Schichten werden Load Balancer eingesetzt, die den Verkehr gleichmäßig verteilen und ihn bei einem Ausfall eines Webservers oder Applikationsservers umlenken. In einer virtuellen Umgebung können für den gleichen Zweck virtuelle Maschinen als Load Balancer eingesetzt werden. Im Gegensatz zu einer physischen Umgebung können in einer virtuellen Umgebung schnell neue virtuelle Maschinen von einem vorhandenen Template geklont, in die Umgebung integriert und sofort eingesetzt werden, wenn zur Verarbeitung höherer Lasten neue Webserver oder Applikationsserver benötigt werden.

Wenn auf einem Host zahlreiche geklonte virtuelle Maschinen dieselbe Applikation unter demselben Betriebssystem ausführen, können per Page Sharing erhebliche Speicherressourcen eingespart werden. Bei Ressourcenkonflikten in einem Virtualisierungs-Cluster können virtuelle Maschinen automatisch verschoben werden, um alle physischen Ressourcen bestmöglich auszulasten. Außerdem macht es die Live Migration überflüssig, die Applikation zwecks Wartung physischer Geräte abzuschalten. Schließlich bleibt die Applikation auch dann verfügbar, wenn ein Server ausfällt, da Kopien des Webservers und des Applikationsservers auf anderen Virtualisierungs-Hosts dessen Funktionen übernehmen. Die ausgefallenen virtuellen Maschinen werden einfach an anderer Stelle des Clusters wiederhergestellt.

Applikationen in einer virtuellen Umgebung einsetzen | 14.2

Wie können Sie bei all diesen verschiedenen Schichten und möglichen Konfliktpunkten feststellen, was in einer Applikation passiert? Nun, Sie können mit diversen Werkzeugen die Aktivitäten in einem System überwachen und für eine spätere Analyse oder Vergleiche protokollieren. Anhand dieser Protokolldaten können Sie Wachstumstrends ermitteln, etwa um künftige Kapazitätsanforderungen zu modellieren. Damit können Sie rechtzeitig potenzielle Engpässe erkennen und vorbeugend zusätzliche Hardware erwerben, um einen plötzlichen Ressourcenmangel zu vermeiden.

Die Software der Virtualisierungsanbieter umfasst grundlegende Werkzeuge zur Performanceanalyse und Trendermittlung. Zusätzliche Funktionen können als Add-ons hinzugekauft werden. Außerdem gibt es einen florierenden Markt einschlägiger Werkzeuge von Drittanbietern, die mehrere Hypervisor-Lösungen unterstützen. Wie üblich gibt es viele entsprechende Shareware- und Freeware-Werkzeuge, die Sie einfach herunterladen können. Ob sie nutzbar sind, hängt von Ihrer konkreten Situation ab. Wichtig ist: Die Performance einer Applikation zu messen, um ihre Arbeitsweise in einer Umgebung zu verstehen, sollte eine Pflichtaufgabe der Applikationsverwaltung in einem Unternehmen sein.

1. Um einen schnellen Blick auf die Performance einer virtuellen Maschine zu werfen, schalten Sie die virtuelle Linux-Maschine ein, die Sie in Kapitel 6 erstellt haben.

2. Melden Sie sich bei der virtuellen Maschine an.

3. Öffnen Sie einen Browser und navigieren Sie zu *http://dacapobench.org/*. DaCapo ist eine Benchmark-Suite, mit der Sie eine Last auf der virtuellen Linux-Maschine generieren werden.

4. Klicken Sie auf den DOWNLOAD-Link links auf der Seite. Laden Sie die Datei *dacapo.jar* herunter. Wenn das Download-Fenster erscheint (siehe Abbildung 14.5), wählen Sie DATEI SPEICHERN; klicken Sie dann auf OK. Die Datei umfasst etwa 160 MB; deshalb kann der Download, je nach Netzwerkverbindung, etwas länger dauern. Schließen Sie das Download-Fenster und den Browser, wenn der Download abgeschlossen ist.

5. Wählen Sie den Menübefehl ANWENDUNGEN | SYSTEMWERKZEUGE | TERMINAL, um ein Terminal-Fenster zu öffnen. Navigieren Sie zu dem Verzeichnis, in das Sie die *jar*-Datei (Java-Archivdatei) heruntergeladen haben. Das standardmäßige Download-Verzeichnis finden Sie unter */home/<Anwender>/Downloads*.

14.2 | Wie arbeiten Applikationen in einer virtuellen Maschine?

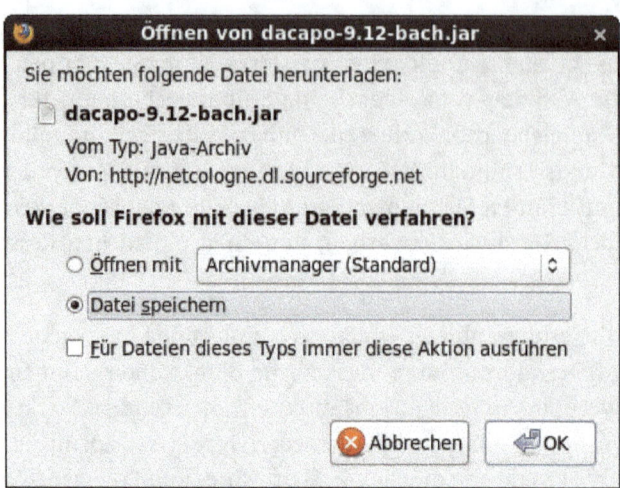

Abbildung 14.5 Die »jar«-Datei speichern

6. Geben Sie `java -jar dacapo-9.12-bach.jar h2` ein, um den Benchmark auszuführen. Dieser Benchmarktest wird im Speicher ausgeführt; er testet die virtuelle Maschine. Danach zeigt er die Messergebnisse an (siehe Abbildung 14.6).

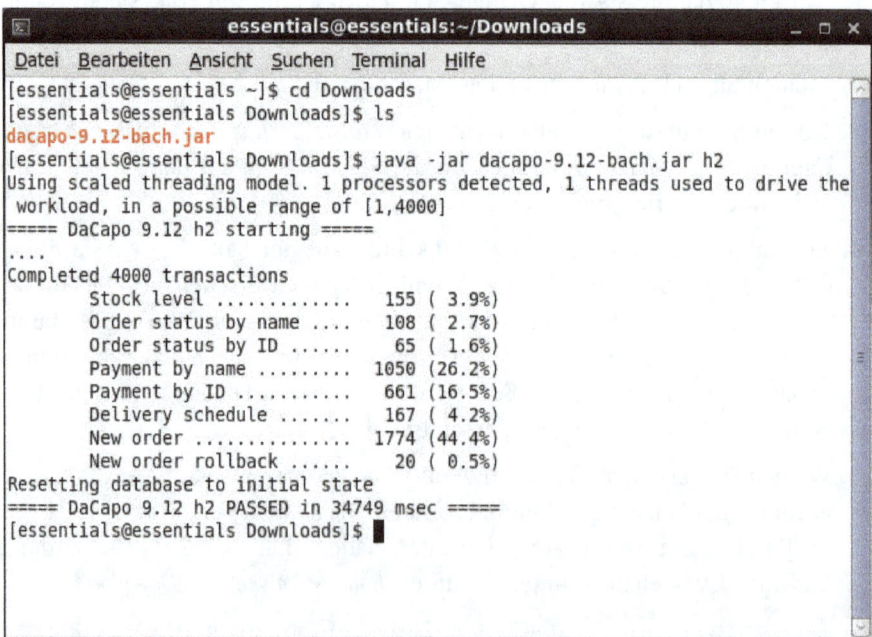

Abbildung 14.6 Den Benchmarktest ausführen

Applikationen in einer virtuellen Umgebung einsetzen | 14.2

7. Der vorhergehende Schritt liefert nicht viele Informationen. Eine Überwachung der Ressourcen der virtuellen Maschine zeigt Ihnen, wie die Benchmark-Applikation das System beeinflusst. Wählen Sie den Menübefehl ANWENDUNGEN | SYSTEMWERKZEUGE | TERMINAL | SYSTEMÜBERWACHUNG, um das Dialogfeld SYSTEMÜBERWACHUNG zu öffnen, und klicken Sie auf die Registerkarte RESSOURCEN (Abbildung 14.7).

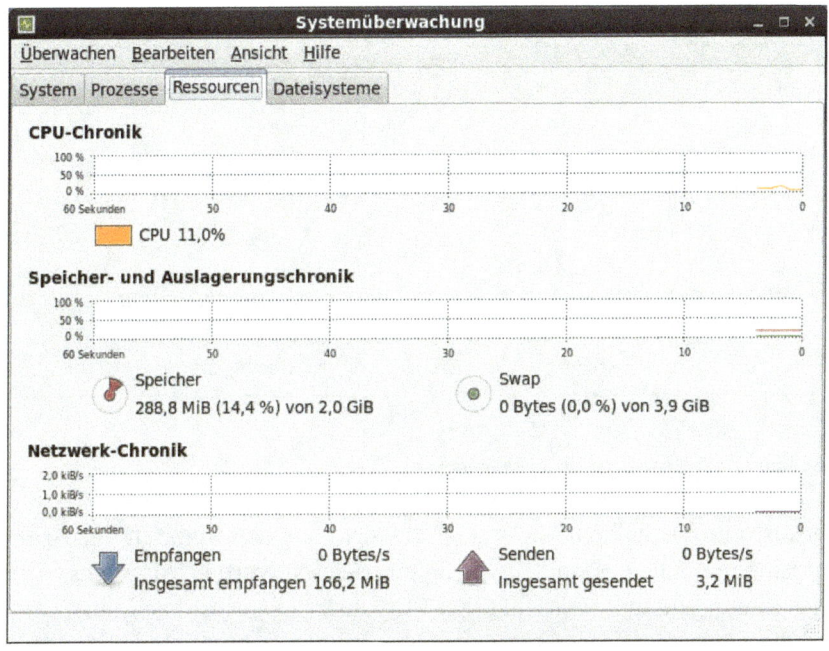

Abbildung 14.7 Das Dialogfeld »Systemüberwachung«

8. Das Dialogfeld zeigt die letzten 60 Sekunden der CPU-Aktivitäten, des Speichers und der Auslagerungsfunktion sowie den Netzwerk-I/O an. Weil der Benchmark speicherbasiert arbeitet, sollten Sie Aktivitäten in den ersten beiden Bereichen sehen. Verschieben Sie das Terminal-Fenster, damit Sie Befehle eingeben und gleichzeitig das Dialogfeld SYSTEMÜBERWACHUNG sehen können.

9. Führen Sie den Benchmark-Test erneut aus und beobachten Sie die Auswirkungen. Sie können einen steilen Anstieg der CPU-Nutzung bis zur 100-Prozent-Marke beobachten. Dort bleibt der Wert für die Dauer des Tests (siehe Abbildung 14.8). Obwohl die Speichernutzung steigt, geht sie kaum über die 50-Prozent-Marke; deshalb scheinen die 2 GB Speicher, die dieser virtuellen Maschine zugewiesen wurden, mehr als ausreichend zu sein. Auslagerung und Netzwerk-I/O sind nicht betroffen.

14.2 | Wie arbeiten Applikationen in einer virtuellen Maschine?

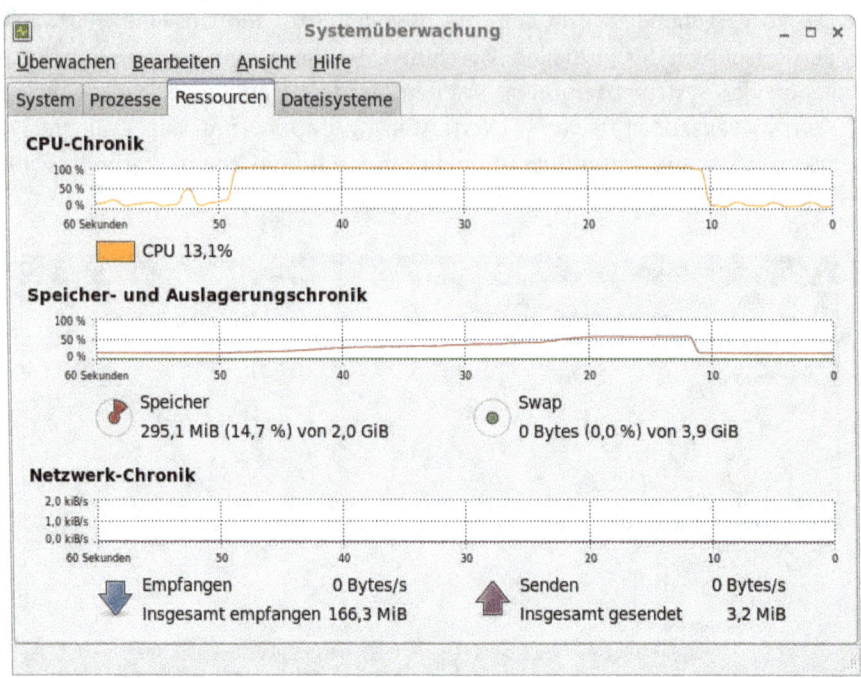

Abbildung 14.8 Benchmark-Auswirkungen

10. Dies ist nur das halbe Bild. Es zeigt die Sicht aus dem Inneren der virtuellen Maschine und die Ressourcen, die ihr zugewiesen wurden. Als Nächstes untersuchen wir, wie diese Aktivität den Virtualisierungs-Host beeinflusst. Ändern Sie die Fenstergröße der virtuellen Maschine auf Ihrem Desktop, damit Sie Platz für ein weiteres Fenster haben.

11. Klicken Sie auf den START-Button von Windows. Geben Sie perfmon in das Feld PROGRAMME/DATEIEN DURCHSUCHEN ein. Doppelklicken Sie oben in der Ergebnisliste auf das Programm LEISTUNGSÜBERWACHUNG. Verschieben Sie sein Fenster so, dass Sie sowohl das Programmfenster als auch die virtuelle Maschine sehen können (siehe Abbildung 14.9).

12. Öffnen Sie im Fenster LEISTUNGSÜBERWACHUNG den Ordner ÜBERWACHUNGSTOOLS und markieren Sie das Symbol LEISTUNGSÜBERWACHUNG. Standardmäßig wird die CPU-Performance angezeigt, und Sie können die CPU-Nutzung beobachten. Sie können den Inhalt des Überwachungsfensters löschen, indem Sie mit der rechten Maustaste auf die Performancegrafik klicken und in dem Kontextmenü den Befehl LÖSCHEN auswählen.

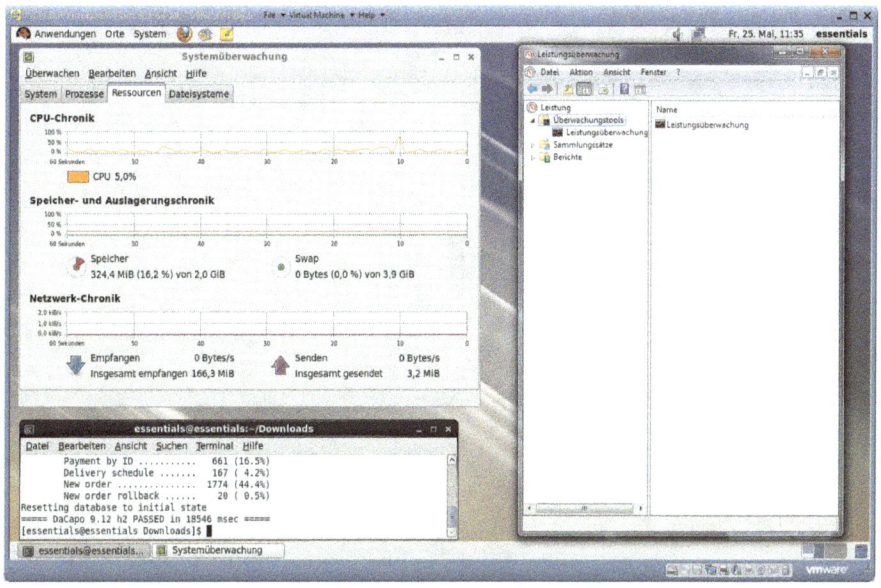

Abbildung 14.9 Den Virtualisierungs-Host untersuchen

13. Starten Sie erneut den Benchmarktest in der virtuellen Linux-Maschine. In der Linux-Systemüberwachung passiert dasselbe wie zuvor. Die CPU-Aktivität steigt für die Dauer des Tests auf 100 Prozent an. Auch im Fenster der Windows-LEISTUNGSÜBERWACHUNG zeigt sich eine Leistungsspitze (siehe Abbildung 14.10), die aber im Schnitt bei Weitem nicht das Maximum erreicht. In einer produktiven Applikationsumgebung könnte dies ein Indiz dafür sein, dass Sie eine oder mehrere vCPUs zu der virtuellen Maschine hinzufügen sollten, um die Performance zu verbessern.

Offensichtlich sind dies einfache Werkzeuge und einfache Tests. Doch auch bei größeren mehrschichtigen Applikationen, die auf mehreren Systemen laufen, gelten dieselben Prinzipien. In einer virtuellen Umgebung muss die Performance im Inneren der virtuellen Maschine gemessen werden, um festzustellen, wo und welche Ressourcenengpässe bestehen, die die Performance der Applikation beeinträchtigen. Doch auch auf dem Virtualisierungs-Host und der übergreifenden Cluster-Schicht müssen Messungen vorgenommen werden, um ein komplettes Bild der Performance der Umgebung zu gewinnen. Viele Unternehmen messen laufend die Performance ihrer geschäftskritischen Applikationen, damit sie das Verhalten ihrer Umgebung regelmäßig begutachten können. Mit diesen Informationen können sie proaktiv potenzielle Ressourcenengpässe vermeiden, anstatt auf einen Eintritt von Applikationsproblemen zu warten.

14.3 | Wie arbeiten Applikationen in einer virtuellen Maschine?

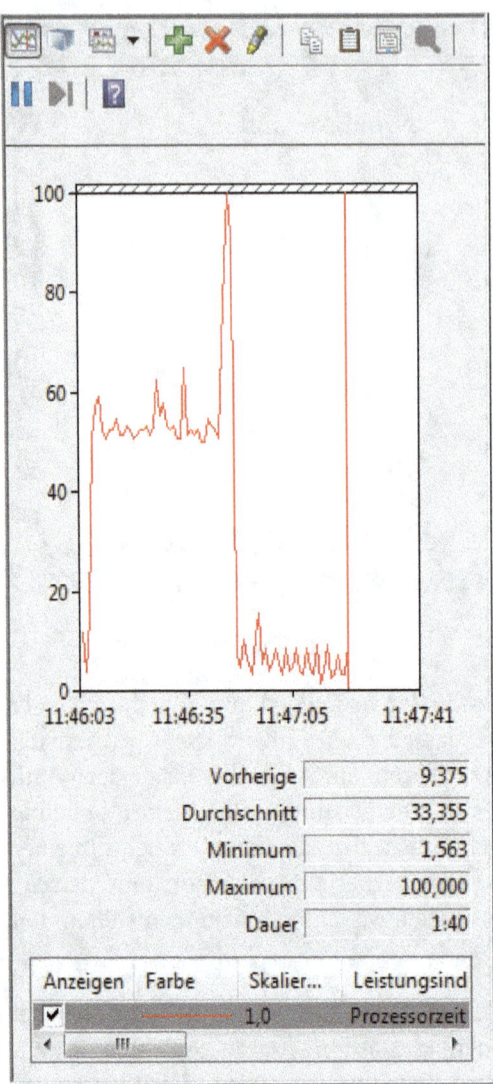

Abbildung 14.10 Leistungsüberwachung auf dem Host

14.3   Virtuelle Appliances und vApps verstehen

Größere dreischichtige Applikationen werden wahrscheinlich von einem Entwicklungsteam einer IT-Abteilung erstellt, kleinere können auch von einem Entwickler bewältigt werden. Bei der Entwicklung kommen verschiedene Rollen zum Tragen:

Ein Virtualisierungsadministrator erstellt die ursprünglichen virtuellen Maschinen und konfiguriert sie nach Vorgabe einiger Basisparameter. Ein Betriebssystem-Ingenieur installiert auf jeder VM ein Betriebssystem samt den neuesten Patches. Gleichzeitig werden etwaige Standardwerkzeuge des Unternehmens installiert. Dann installiert und konfiguriert ein Applikationsentwickler oder Anwendungsspezialist die Applikationskomponenten – Webserver, Applikationsserver, Applikationscode und Datenbank. Mit nachfolgenden Integrationstests wird die virtuelle Maschine als Applikationseinheit einem Belastungstest unterzogen. Nachdem die Tests abgeschlossen und notwendige Änderungen vorgenommen worden sind, werden sie in Templates umgewandelt. Diese dienen dann als Gold-Images zur Produktion virtueller Maschinen. Wie Sie erfahren haben, beschleunigen virtuelle Maschinen diese Bereitstellungsprozedur um Größenordnungen; dennoch entspricht sie Schritt für Schritt der Bereitstellungsprozedur eines physischen Servers. Virtuelle Appliances ändern dieses Modell.

Virtuelle Appliances sind vorgefertigte virtuelle Maschinen, die bereits alles enthalten, was Sie für den Einsatz einer Applikation benötigen. Oft wird ein Open-Source-Betriebssystem oder ein speziell entwickeltes Thin OS, auch *JeOS* genannt (*Just Enough Operating System*, ausgesprochen wie englisch »juice«) eingesetzt, das nur die Komponenten enthält, die von der Applikation benötigt werden. Deshalb sind die traditionellen Patching- und Wartungsaufgaben eines Systems mit einem traditionellen Betriebssystem bei virtuellen Appliances überflüssig. Wenn eine neue Version verfügbar ist, wird die komplette virtuelle Maschine ersetzt. Dadurch wird die Zeit minimiert, um eine neue Version einzusetzen. In vielen Fällen läuft die Installation wie folgt ab: Die neue Version wird heruntergeladen; die virtuelle Maschine wird auf einem Virtualisierungs-Host entpackt und gestartet; einige minimale Konfigurationsschritte stellen die Verbindung zu einem Netzwerk oder Speichersystem her. Virtuelle Appliances werden oft im OVF-Format geliefert. Deshalb können sie schnell auf beliebigen Hypervisoren eingesetzt werden.

Der nächste Schritt besteht darin, eine oder mehrere virtuelle Maschinen, aus denen eine Applikation besteht, in einen Container zu packen. Dieser Container wird als *vApp* (virtuelle Applikation) bezeichnet. Eine vApp könnte etwa die drei virtuellen Maschinen der weiter vorne beschriebenen dreischichtigen Applikation enthalten. Ähnlich wie eine virtuelle Appliance wird eine vApp im OVF-Format gespeichert. Dadurch ist sie leicht transportabel.

14.3 | Wie arbeiten Applikationen in einer virtuellen Maschine?

> **Tipp**
>
> **Wo können Sie virtuelle Appliances bekommen?** Anbieter von Software-Applikationen bieten ihre Lösungen zunehmend auch als virtuelle Appliances an. Dadurch werden Erwerb und Einsatz der Lösungen viel einfacher als mit traditionellen Methoden. Unter anderem werden virtuelle Appliances in folgenden Repositories angeboten:
>
> - VMware: *www.vmware.com/appliances/directory/*
> - JumpBox: *www.jumpbox.com/library*
> - Microsoft: *www.microsoft.com/en-us/server-cloud/datacenter/virtualization-trial.aspx*
> - Oracle: *www.oracle.com/technetwork/community/developer-vm/index.html?ssSourceSiteId=ocomen*
>
> Eine Suche nach »Virtual Appliance« im Internet ergibt Tausende anderer Software-Anbieter. Einige, wie etwa Oracle, liefern ein proprietäres Format, während viele andere VMs im OVF anbieten. Da in der virtuellen Umgebung andere Antiviren- und Sicherheitsmodelle gelten, bieten Anbieter wie etwa Trend Micro ihre Lösungen als virtuelle Appliances an. Außerdem werden heute zahlreiche Open-Source-Werkzeuge als virtuelle Appliances angeboten, so etwa StressLinux (*http://www.stresslinux.org/*) oder Apache CouchDB (*http://wiki.apache.org/couchdb/FrontPage*).

Eine vApp enthält auch Daten über die Networking-, Verfügbarkeits- und Sicherheitsanforderungen der Applikation. Betrachten Sie vergleichsweise einen Container auf einem Frachtschiff. Wenn das Schiff andockt, werden Tausende Container entladen und schnell und effizient in tausend verschiedene Richtungen versendet. Hafenarbeiter lesen mit entsprechenden Geräten die Barcodes auf den Containern. Die Barcodes können alle wesentlichen Daten enthalten: Art und Menge der Produkte, Zollinformationen, Eigentümer und Zielort. vApps enthalten in ihrem Container alle erforderlichen Einsatzdaten. Werden vApps in einer virtuellen Umgebung eingesetzt, kann die so verpackte Applikation mit den gewünschten Graden von Verfügbarkeit und Sicherheit sowie der richtigen Netzwerkkonfiguration in einem Cluster eingesetzt werden, ohne dass ein Administrator eingreifen müsste.

Diese Funktionalität (die Möglichkeit, Maschinen schnell zu klonen und einzusetzen sowie Applikationen zu verschieben, während diese verfügbar, skalierbar, sicher und verwaltbar bleiben) ist der Kern, auf dem die Verheißungen des Cloud Computings basieren. Die Aussicht, neue Dienste schneller und effizienter zu liefern und sie sicher, skalierbar und hochverfügbar zur Verfügung zu stellen, treibt die nächste Evolution der Datenverarbeitung an. Es wird nicht lange dauern, bis neue Cloud-Computing-Modelle komplette Datenzentren mit denselben Fähigkeiten wie bei virtuellen Maschinen zur Verfügung stellen. Dieses neue Modell basiert auf der Virtualisierung.

14.4 Die Grundlagen und darüber hinaus

Die Vorteile der Virtualisierung kommen vielen Teilen des Datenzentrums zugute, aber am meisten profitieren die Applikationen, die in virtuellen Maschinen laufen. Kritische Applikationen müssen in einer sicheren und verfügbaren Umgebung laufen; andernfalls ist die Existenz des Unternehmens gefährdet. Funktionen wie etwa Live Migration, Rapid Provisioning (schnelle Bereitstellung) durch Templates und Hochverfügbarkeit stellen Applikationen die erforderliche flexible Infrastruktur sowie viele neue Vorteile zur Verfügung, die in einer physischen Umgebung nicht existieren.

Die Performance von Applikationen in einer virtuellen Maschine ist der Hauptgrund, warum Applikationsbetreiber die Virtualisierung skeptisch betrachten. Durch eine korrekte Konfiguration und die Nutzung von Überwachungswerkzeugen kann eine Performance gewährleistet werden, die der in einer physischen Umgebung entspricht oder besser ist. Applikationen können als vorinstallierte virtuelle Geräte geliefert werden, wodurch Kosten und Bereitstellungszeiten noch weiter reduziert werden. Mit der weiteren Verbreitung des Cloud Computings werden Applikationen zunehmend in virtuellen Datenzentren eingesetzt werden und Ressourcenpools nutzen, die auf umfangreichen physischen Infrastrukturen basieren. Diese neuen Modelle werden die Dienste bereitstellen, die wir heute und künftig nutzen; und die Virtualisierung ist die Technologie, die dies möglich macht.

Übungen

- Laden Sie eine virtuelle Appliance von einem der Repositories herunter und starten Sie sie. War dieser Prozess einfacher, als eine virtuelle Maschine zu erstellen und das Betriebssystem zu installieren? Als einfache Appliance bietet sich eine der vielen angebotenen MySQL-Appliances an. Sie stellt nicht nur die virtuelle Maschine und das Betriebssystem, sondern auch eine Applikation zur Verfügung.
- Fügen Sie einen zweiten Prozessor zu der virtuellen Linux-Maschine hinzu und führen Sie den DaCapo h2-Benchmark erneut aus. Ändert sich die Performance? Wird die CPU immer noch zu 100 Prozent genutzt? Falls dies so ist, was sagt Ihnen das über den Benchmark? Die CPU war bei vielen einzelnen vCPU-Tests der Engpass. Haben Sie einen weiteren Engpass entdeckt? Welche Auswirkungen hat das auf die Ressourcen auf dem physischen Host?

Glossar

Ballooning	Ein Prozess, der es dem Hypervisor ermöglicht, physische Seiten im Speicher wiederzugewinnen, indem er das Betriebssystem der virtuellen Maschine zwingt, Speicherseiten zu leeren.
Bandbreite (englisch »Bandwidth«)	Ein Maß für die Netzwerkperformance, das auf der Datenmenge basiert, die in einer bestimmten Zeiteinheit durch das Netzwerk fließen kann. Sie wird üblicherweise in Bits pro Sekunde angegeben.
Bare-Metal (»nacktes Metall«)	Ein Computer-Server ohne installierte Betriebssystem-Software.
BCDR	Business Continuance and Disaster Recovery ist ein Teilaspekt der Verfügbarkeitsthematik, der sich mit der Frage beschäftigt, wie Unternehmen ihre geschäftskritischen Verarbeitungsprozesse vor Naturkatastrophen oder menschengemachten Disastern schützen können, die anderenfalls die Dienste des Rechenzentrums unterbrechen oder erheblich behindern würden.
Bridged-Netzwerk (»überbrücktes Netzwerk«)	Ein Verbindungstyp, mit dem ein Adapter einer virtuellen Maschine mit einer eindeutigen IP-Adresse eine direkte Verbindung zu dem physischen Netzwerk herstellen kann.
CIFS	Common Internet File System ist ein mit NFS vergleichbares Dateisystem, aber fokussiert auf Microsoft-Windows-Umgebungen.
Clone	Eine exakte Kopie einer virtuellen Maschine. Nach dem Klonen muss die neue virtuelle Maschine noch

| Glossar

	endgültig angepasst werden, damit sie eine eindeutige Identität hat.
CNA	Converged Network Adapter ist ein einzelner Netzwerk-Adapter, der mehrere Netzwerk-Protokolltypen unterstützt und gewöhnlich über erheblich größere Bandbreiten verfügt als ältere NICs.
Containment	Das Verfahren, neue Applikationen auf virtuellen Maschinen einzusetzen, anstatt neue physische Server-Hardware zu kaufen, bereitzustellen und einzusetzen.
Core (Kern)	Mikroprozessoren werden in Paketen geliefert, die eine oder mehrere Prozessoreinheiten enthalten. Jede einzelne Prozessoreinheit ist ein Core (Kern).
CPU	Die Central Processing Unit ist der Kern oder das »Gehirn« eines Computers, in dem die Befehle des Anwenders und Systems ausgeführt werden. Die heutigen Computer arbeiten mit Mikroprozessoren, und der Begriff *Prozessor* wird oft gleichbedeutend mit CPU verwendet.
Daemon	Ein UNIX- oder Linux-Programm, das als Hintergrundprozess ausgeführt wird. Solche Programme führen üblicherweise Systemaufgaben wie etwa `cron` (`crond`), den System Scheduler, aus oder verwalten FTP-Funktionen (`ftpd`).
DAS	Direct Attached Storage bezeichnet die Festplatten, die in einen Computer eingebaut sind.
Datenzentrum (auch »Rechenzentrum«, englisch »Data Center«)	Ein großer Computerraum, ein komplettes Stockwerk in einem Gebäude oder ein separates Gebäude, in dem die zentrale IT-Infrastruktur eines Unternehmens untergebracht ist.
Deduplikation (wörtlich »Entdopplung«)	Ein Speichertechnologie, die Daten komprimiert und Speicherplatz auf einer Festplatte freisetzt, indem sie doppelt vorhandene Kopien von Daten entfernt. Es wird nur eine Kopie bewahrt; die Duplikate werden durch Pointer (Zeiger) auf diese Kopie ersetzt. Deduplikation kann auf Byte-, Block- oder Dateiebene erfolgen.

Glossar

DHCP	Das Dynamic Host Configuration Protocol ist ein weitverbreiteter Standard, der es Servern ermöglicht, Computern und andere Geräten in einem Netzwerk IP-Adressen zuzuweisen.
DMZ (»Demilitarisierte Zone«)	Ein jenseits einer Firewall eines Unternehmens existierender Netzwerkbereich, der Verbindungen zum Internet herstellt. In diesem Bereich werden nur wenige Ressourcen, üblicherweise Webserver, untergebracht. Sie sind meist gegen böswillige Angriffe »gehärtet«, enthalten kaum wertvolle Informationen und sind durch eine Firewall mit dem geschützten Netzwerk verbunden.
Fibre-Channel	Ein Branchenstandardprotokoll für die Verbindung von Storage Area Networks mit Computern.
FT (Fehlertoleranz, englisch »Fault Tolerance«)	Hardware- und/oder Software-Lösungen und -Implementierungen, die ein System so konfigurieren, dass bei einem Server eine oder mehrere Komponenten ausfallen können, ohne dass Daten verloren gehen oder Dienste unterbrochen werden.
Guest (Gast)	Eine virtuelle Maschine oder VM. Sie wird als *Guest* bezeichnet, weil sie auf einem Host-Server läuft.
HA, High Availability (Hochverfügbarkeit)	Hardware- und/oder Software-Lösungen und -Implementierungen, die bei einer IT-Infrastruktur für eine höhere Verfügbarkeit (Leistungsbereitschaft) und Widerstandsfähigkeit (Robustheit) sorgen.
HBA	Host Bus Adapter, auch *Host-Adapter* genannt. Ein HBA ist ein Hardware-Gerät, das einen Computer mit einem Netzwerk oder einem Storage-Netzwerk verbindet. Ursprünglich verbunden mit der Fibre-Channel Connectivity.
HID	Human Interface Device ist eine breite Definition für eine Klasse von Computerperipheriegeräten für den Datenaustausch zwischen Computern und Menschen: Tastaturen, Mäuse, Touchpads, Joysticks, Kinect für Xbox, Wii Remotes, und andere.
Hyper-Threading	Eine Mikroprozessor-Technologie von Intel, die die Performance verbessert, indem sie das Prozesssche-

| Glossar

	duling effizienter nutzt – praktisch werden zwei Threads ausgeführt, wo früher nur einer lief.
Hypervisor (wörtlich »Aufseher«)	Ursprünglich *Virtual Machine Manager*, oder *VMM*, genannt. Der Hypervisor ist eine Software-Schicht, die entweder zwischen einem Betriebssystem und den virtuellen Maschinen oder direkt auf der Hardware, dem »Bare-Metal«, installiert wird und die Umgebung zur Verfügung stellt, in der die virtuellen Maschinen arbeiten.
IP-Adresse	Die Internet Protocol Address ist die eindeutige 32-Bit-Zahl, die einen Computer oder andere Geräte in einem Netzwerk identifiziert. Bei der traditionellen Notation werden die 32 Bits in vier 8-Bit- oder 1-Byte-Segmente zerlegt. Jedes Byte wird in eine Dezimalzahl umgewandelt und die vier Zahlen werden jeweils durch einen Punkt getrennt – zum Beispiel 192.168.000.001.
iSCSI	Das Internet Small Computer System Interface ist der Branchenstandard für die Verbindung von Speichergeräten mit Ethernet-Netzwerken und den Datenaustausch über solche Netzwerke mit SCSI-Befehlen.
ISO Image	Ein standardisiertes Dateiformat für Dateien, die das exakte Image (Bild) einer optischen Disk, etwa einer CD oder einer DVD, enthalten. Sie enthalten oft Betriebssystem- oder Applikationsdateien für Installationszwecke.
Kompression	Eine Technik zur Speicheroptimierung, bei der Speicherseiten komprimiert und in einem reservierten Cache (Zwischenspeicher) im physischen Speicher abgelegt werden, anstatt aus dem Speicher auf einen Plattenspeicher ausgelagert zu werden.
Konsolidierung	Das Verfahren, bei dem mehrere physische Server durch Nutzung der Virtualisierung auf einem Server zusammengefasst werden.
Konsolidierungsrate	Ein Maß für die Konsolidierung; die Anzahl der virtuellen Maschinen, die auf einem einzelnen Server zusammengefasst sind.

Glossar

Linux	Ein Open-Source-Betriebssystem, das von UNIX abgeleitet wurde. Es ist üblicherweise kostenlos oder für wenig Geld erhältlich. Linux läuft auf vielen verschiedenen Computern einschließlich Mainframes, Servern, Desktops, Mobilgeräten und anderen kommerziellen Geräten wie etwa Kabel-/Satelliten-Boxen und Video-Game-Konsolen.
Load Balancer	Eine Hardware- oder Software-Komponente, die den Verkehr aus mehreren Quellen ausgleicht und verhindert, dass ein Weg überladen wird. Load Balancer können Verkehre auch umlenken, sollte ein Weg ausfallen.
Memory Overcommit	Die Fähigkeit eines Hypervisors, seinen virtuellen Maschinen mittels Speicherverwaltungsoptimierung mehr virtuellen Speicher zuzuweisen, als physischer Speicher in dem Host vorhanden ist, auf dem die VM läuft.
Modem	Ein Gerät, das digitale in analoge Signale umwandelt und umgekehrt. Mit einem Modem kann sich ein Computer über eine Telefonleitung mit einem anderen verbinden und mit ihm Daten austauschen. Die Basistechnologie hat sich weiterentwickelt und wird heute noch breit eingesetzt.
Multicore	Ein Mikroprozessor, der mehr als eine Prozessoreinheit enthält.
Multipathing	Von *Multipathing* spricht man, wenn mittels mehrerer I/O-Controller, Netzwerk-Switches oder NIC-Karten mehrere Pfade von dem Datenspeicher zu einem Server zur Verfügung stehen.
NAS	Network Attached Storage ist normalerweise ein Plattenspeicher, der mit einem dateibasierten Protokoll wie etwa CIFS oder NIFS über ein Netzwerk mit einem oder mehreren Computern verbunden ist. Als dateibasiertes System verfügt NAS über Dateisysteme, die extern von den unterstützten Computersystemen erstellt und verwaltet werden.
NAT	Network Address Translation ist ein Verbindungstyp, der es einer virtuellen Maschine ermöglicht, eine

| Glossar

	IP-Adresse im physischen Netzwerk mit anderen virtuellen Maschinen zu teilen. Jede virtuelle Maschine verfügt über eine eindeutige lokale Adresse, die bei ausgehendem Verkehr in die gemeinsame Adresse übersetzt wird. Umgekehrt wird bei eingehendem Verkehr die gemeinsame Adresse in die eindeutige lokale Adresse übersetzt.
Netzwerk-Switch	Ein Gerät, das Computer, Drucker, Fileserver und andere Geräte verbindet und effizienten Datenaustausch zwischen ihnen ermöglicht. In gewisser Weise erstellen und definieren Switches die Netzwerke, die sie verwalten.
NFS	Network File System ist ein offenes Branchenstandardprotokoll, das von Computern üblicherweise benutzt wird, um auf Network-Attached-Storage-Systeme zuzugreifen.
NIC	Network Interface Card (Netzwerkschnittstellenkarte) ist ein Gerät, über das ein Computer mit einem Netzwerk verbunden werden kann. Eine andere Bezeichnung ist *Netzwerk-Adapter*.
NTP	Network Time Protocol ist ein offener Standard für die Kommunikation eines Computers mit Internet-Time-Servern oder mit anderen Servern.
OVF	Das Open Virtualization Format ist ein plattformunabhängiger Branchenstandard, der ein Format für das Packaging und die Distribution von virtuellen Maschinen definiert.
P2V	Abkürzung für *Physical-to-Virtual* (»physisch zu virtuell«). Der manuelle oder automatisierte Prozess, bei dem die Daten von einem physischen Server in eine virtuelle Maschine übertragen werden. Die Daten umfassen das Betriebssystem, die Applikationsdateien und alle Datendateien.
Page Sharing	Eine Technik der Speicheroptimierung, bei der identische Seiten im Speicher nur in einer einzigen Kopie gespeichert und von mehreren virtuellen Maschinen gemeinsam genutzt werden. Sie funktioniert auch für

Glossar

	identische Seiten in einer virtuellen Maschine. Die Technik ähnelt der Deduplikation bei Plattenspeichern.
Paging	Der Prozess, bei dem Computer Blöcke (»Seiten«) des Arbeitsspeichers auf eine Festplatte auslagern und wieder einlesen.
Rechenzentrum	siehe *Datenzentrum*
Ressourcen-Pool	Eine Zusammenfassung von Ressourcen, die es einem Virtualisierungsadministrator ermöglicht, virtuellen Maschinen, Gruppen von virtuellen Maschinen oder Gruppen von Benutzern Ressourcen zuzuweisen.
RHEL	Abkürzung für *Red Hat Enterprise Linux*. Red Hat gehört zu den führenden Anbietern von Linux-Distributionen. Das Unternehmen erzielt seine Gewinne durch den Support und nicht durch den Verkauf von Lizenzen. Enterprise Linux ist eine Version, die von Red Hat angeboten wird.
SAN	Storage Area Network ist eine Kombination aus Netzwerkressourcen und Disk-Arrays, die Datenspeicherung für Computer ermöglicht. Mehrere Computer greifen auf das SAN zu, das getrennt von dem physischen (oder virtuellen) Server existiert.
SCSI	Small Computer System Interface ist ein Branchenstandard, der die Verbindung von Speichergeräten und den Datenaustausch mit Computern definiert.
SMP-Virtualisierung	Symmetric Multiprocessing ist eine Computer-Architektur, die eine bessere Performance ermöglicht, indem sie nebenläufig mehrere Prozessoren und Shared Memory (gemeinsam genutzter Speicher) nutzt.
Snapshot	Ein Snapshot (Schnappschuss) ist ein Satz von Dateien, die den Status einer virtuellen Maschine zu einem bestimmten Zeitpunkt festhalten, damit Sie diesen Zeitpunkt wiederherstellen können. Sie können mehrere Snapshots einer virtuellen Maschine erstellen.
Template	Eine virtuelle Maschine, die als Prototyp für eine häufig verwendete Konfiguration dient. Eine virtuelle Maschine, die von einem Template abgeleitet ist, muss noch endgültig, etwa durch einen System-

| Glossar

	namen und Netzwerk-Informationen, an ihren Einsatzzweck angepasst werden.
USB	Universal Serial Bus ist ein Branchenstandard für die Verbindung externer Geräte mit einem Computer. Der Standard definiert die physischen Verbindungen sowie die Funktionen der verschiedenen Geräte, die von ihm unterstützt werden. Zusätzlich zu dem Datenaustausch können USB-Geräte ihren Betriebsstrom von dem Computer beziehen, mit dem sie verbunden sind. Mobile Geräte können über die USB-Verbindung auch ihre internen Batterien aufladen.
vCPU	Ein virtuelle CPU, also die virtuelle Repräsentation eines Computerprozessors.
Virtualisierung	Der Prozess, durch den ein physischer Server in Software-Konstrukte abstrahiert wird, die aus der Sicht des Anwenders wie ihre physischen Gegenstücke aussehen und sich ebenso wie diese verhalten.
Virtuelle Maschine oder VM	Ein Container (Behälter), der ein Gast-Betriebssystem und Applikationen in einer Software-Abstraktion eines physischen Servers ausführt. Eine abgeschaltete virtuelle Maschine besteht nur aus einem Satz von Dateien, die zusammen die virtuelle Hardware und die Daten beschreiben, die die virtuelle Maschine bilden.
VM-Affinität (und -Anti-Affinität)	Regeln, die zwei oder mehr virtuelle Maschinen verknüpfen, damit sie auf demselben Virtualisierungs-Host koexistieren. Anti-Affinitätsregeln sorgen dafür, dass zwei Maschinen nicht zusammen auf demselben Virtualisierungs-Host existieren. Diese Regeln werden von Funktionen wie der Live Migration oder der automatischen und manuellen sowie der Hochverfügbarkeits-Recovery respektiert.
VMware Tools	Eine Kombination aus Gerätetreibern und Prozessen, die den Umgang des Anwenders mit der virtuellen Maschine verbessern, die Performance der virtuellen Maschine verbessern und deren Verwaltung unterstützen. VMware Tools ist eine spezielle Erweiterung von VMware; andere Virtualisierungs-Anbieter stellen ähnliche Suites zur Verfügung.

Lösungen zu den Zusatzaufgaben

Kapitel 1

- In den zwölf Jahren, die seit dem Jahr 2000 vergangen sind, haben sich die Prozessorgeschwindigkeiten etwa alle 18 Monate verdoppelt oder alle drei Jahre vervierfacht. Insgesamt sind die Prozessoren also rund tausend Mal schneller geworden. Wenn sich der Trend in den nächsten zehn Jahren fortsetzt, werden die künftigen Prozessoren noch einmal fünfhundert Mal schneller sein als die heutigen.

- Gegenwärtig werden etwa zwei Dutzend verschiedene Lösungen für die Server-Virtualisierung angeboten. Drei dieser Angebote beherrschen zusammen etwa 95 Prozent des kommerziellen Marktes. Zwei Architekturen werden im Mainstream eingesetzt, einige andere sind Nischenlösungen.

- Es gibt keine Untergrenze für die Anzahl von Servern, bei deren Unterschreiten eine Virtualisierung nicht mehr rentabel ist, obwohl es bei geringeren Stückzahlen länger dauert, den ROI (Return On Investment) zu erreichen. Die Einsparungen für jeden physischen Server, der durch eine virtuelle Lösung ersetzt wird, gehen direkt in die Gewinn-und-Verlust-Rechnung des Unternehmens ein. Außerdem werden in den Folgejahren weitere Einsparungen bei den Umweltkosten erzielt, weil Energie- und Raumbedarf sinken. Höhere Flexibilität, größere Verfügbarkeit und die Möglichkeit eines schnelleren und agileren Einsatzes machen etwaige Nachteile von Prozessänderungen schnell wett. Selbst wenn die Anfangsinvestitionen die anfänglichen Kosteneinsparungen überwiegen, gleichen die Vorteile in den Folgejahren diese Differenzen mehr als aus.

| Lösungen zu den Zusatzaufgaben

Kapitel 2

- Auf dem Markt werden viele Typ-2-Hypervisoren (gehostete Hypervisoren) angeboten, darunter unter anderem: VMware Player, VMware Workstation, VMware Fusion, Microsoft Virtual Server, Oracle (Suns) VirtualBox und Parallels Desktop. Abstrakt betrachtet leisten alle dasselbe: Sie ermöglichen es einem Anwender, eine oder mehrere virtuelle Maschinen auf ihren Systemen auszuführen. Die Auswahl einer geeigneten Lösung hängt von mehreren Kriterien ab. Einige Lösungen sind Freeware. Spielen die Kosten eine Rolle, liegt eine solche Lösung nahe. Andere, wie etwa VMware Fusion oder Parallels Desktop, laufen auf einem bestimmten Betriebssystem, in diesem Fall MacOS. Anwendungsentwickler mit komplexeren Anforderungen ziehen möglicherweise Virtual Box oder Workstation vor.

- Gegenwärtig liegt der Schwerpunkt auf der Server-Virtualisierung, aber auch smarte Geräte werden zunehmend virtualisiert. Handys und Tablets können mehrere Personalities in Form von Gästen ausführen. Auf ein Mobilgerät eines Mitarbeiters kann leicht eine zweite Unternehmens-Personality geladen werden. Dieser zusätzliche Workspace kann komplett von dem Unternehmen kontrolliert werden. Der unternehmensspezifische und der persönliche Bereich wären strikt getrennt. Deshalb könnten böswillige Apps nicht auf die Infrastruktur des Unternehmens zugreifen. Andere Geräte, wie etwa Smart-TVs oder sogar Autos, könnten mehrere strikt voneinander getrennte vorinstallierte Personalities hosten, die je nach Anwender personalisiert werden könnten, ohne dass es zu Konflikten mit den Einstellungen andere Anwender käme.

- Wie bei der ersten Übung hängt die Antwort auf diese Fragen normalerweise von der Kernanforderung ab. Die teurere, funktionsreichere Lösung könnte Funktionen enthalten, die dem Unternehmen einen Wettbewerbsvorteil verschaffen oder die Verfügbarkeit geschäftskritischer Aufgaben verbessern. Wenn ein Unternehmen umgekehrt die zusätzlichen Funktionen dieser Lösung nicht benötigt, reicht oft eine billigere Lösung. Die eingesparten Finanzmittel stünden dann für andere Projekte zur Verfügung. Viele Anbieter bieten auch verschiedene Versionen ihrer Produkte an – gewissermaßen vom Kleinwagen bis zur Luxuslimousine. Oft können Sie mit einer einfachen Version beginnen und fortgeschrittene Funktionen bei Bedarf nachrüsten.

Kapitel 3

- Es gibt kaum Gründe, virtuelle Maschinen nicht zu nutzen. Allein die Kosteneinsparungen rechtfertigen den Umstieg aus einer physischen Umgebung in eine virtuelle. Hinzu kommen die Vorteile der höheren Verfügbarkeit und der leichteren Verwaltung. Die wenigen Ausnahmen lassen sich drei Hauptbereichen zuordnen. Erstens gibt es immer noch Maschinen, die allein wegen ihrer Größe und ihrer Ressourcenanforderungen nicht virtualisiert werden können. Als dies geschrieben wurde, konnte VMware in einer einzigen virtuellen Maschine bis zu 32 virtuelle CPUs und bis zu einem Terabyte Speicher unterstützen. Beide Werte sind mehr als groß genug, um mehr als 99 Prozent der heutigen physischen x86-Server zu unterstützen. Zweitens gibt es Systeme mit physischen Server-Komponenten, etwa *Faxboards*, die nicht virtualisiert werden können. Andere Server müssen physisch existieren, weil laut Applikationslizenz bestimmte physische Komponenten vorhanden sein müssen. Im Laufe der Zeit werden viele dieser Geräte und Prüfungen auch in der virtuellen Umgebung implementiert werden. Schließlich meinen einige Unternehmen, die Anzahl ihrer Server müsse eine bestimmte Schwelle erreichen, bevor sich eine Virtualisierung ihrer Umgebungen lohne. Es gibt keinen korrekten Mindestwert, der anzeigt, wann sich eine Virtualisierung für ein Unternehmen lohnt. Selbst Unternehmen mit wenigen Servern können durch eine Umstellung auf eine virtuelle Umgebung operationale und finanzielle Vorteile erzielen.

- Als dies geschrieben wurde, konnte man Tausende virtueller Appliances von Dutzenden von Websites herunterladen. Viele, aber nicht alle Appliances werden im OVF-Format angeboten. Einige Applikationsanbieter stellen ihre Appliances nur in einem Format zur Verfügung, das auf einen speziellen Hypervisor zugeschnitten ist. Dafür gibt es mehrere Gründe: Partnerschaften; Verbindungen zu bestimmten Virtualisierungsanbietern; oder manchmal mangelnde Ressourcen, um mehrere Versionen gleichzeitig zu unterstützen.

- Die Anforderungen an ein OVF-Package sind ziemlich einfach. Es muss mindestens einen OVF-Deskriptor enthalten, ein XML-Dokument, das das Package und seinen Inhalt beschreibt. Weiteres Material ist optional. Allerdings würde es die Dateien der virtuellen Maschine umfassen – sowohl die Konfigurationsdateien als auch die Dateien der virtuellen Festplatten. Ein OVF-Package kann auch mehr als eine virtuelle Maschine enthalten. Alle Komponenten eines Packages können in einer einzigen Datei im TAR-Format gespeichert und transportiert werden.

| Lösungen zu den Zusatzaufgaben

Kapitel 4

- Der Mindestwert hängt vom ausgewählten Gast-Betriebssystem und den Empfehlungen seines Herstellers ab. Der Höchstwert hängt vom insgesamt verfügbaren physischen Speicher minus den Speicherbedarf für VMware Player und das Betriebssystem ab. Auf einem 32-Bit-Host können einer einzelnen VM maximal 8 GB Speicher zugewiesen werden, auf einem 64-Bit-Host sind es 32 GB.

- Die Hardware-Ausstattung der erstellten virtuellen Maschine liegt nahe am möglichen Minimum. Man könnte noch das Diskettenlaufwerk und vielleicht die Soundkarte und den Drucker entfernen, ohne das System zu beeinträchtigen. Sie im System zu lassen, hat kaum Auswirkungen. Über viele virtuelle Maschinen hinweg verbrauchen überflüssige Hardware-Gerätedefinitionen Speicher und Festplattenressourcen. Es gibt keine fehlenden Geräte. Zusätzliche Hardware-Geräte werden in späteren Kapiteln hinzugefügt.

- Die .vmx-Datei ist eine einfache Textdatei. Deshalb können Sie die Konfiguration der virtuellen Maschine auch ohne die Verwaltungsschnittstelle mit einem einfachen Texteditor anzeigen und ändern und dann die virtuelle Maschine neu starten. Normalerweise sollten Sie dies jedoch nicht tun, weil Fehler in der .vmx-Datei einen Start der virtuellen Maschine verhindern oder sie sogar unwiderruflich beschädigen können. Die Datei enthält Einträge für Geräte oder Geräteparameter, die nicht aktiv sind.

Kapitel 5

- Es gibt viele Lösungen für den ersten Teil der Frage. Eine mögliche Lösung ist Microsoft Hyper-V (mehr dazu unter *http://technet.microsoft.com/en-us/library/cc794868%28WS.10%29.aspx*). Als dies geschrieben wurde, unterstützte sie zwölf Versionen des Windows-Betriebssystems von Windows 2000 Server SP4 bis Windows Server 2008 R2 SP1, zwei Versionen von CentOS Linux, zwei Versionen von SuSE Linux, sechs Versionen von Red Hat Enterprise Linux und fünf Desktop-Windows-Versionen von Windows XP bis Windows 7 SP1, also insgesamt 27 verschiedene Versionen von fünf verschiedenen Betriebssystemen. Der zweite Teil der Frage muss bejaht werden. Virtuelle Maschinen können ältere Betriebssysteme unterstützen. Dadurch können Unternehmen die Lebensdauer von Applikationen verlängern, die immer noch wertvoll sind, aber nur auf ausgemusterten Betriebssystemen laufen oder Hardware erfordern, die nicht mehr zuverlässig funktioniert oder nicht mehr reparierbar ist.

- Virtualisierungsanbieter unterscheiden sich erheblich in der Tiefe und Breite der Betriebssysteme, die sie unterstützen. Alle unterstützen Versionen von Microsoft Windows sowie zahlreiche beliebte Linux-Versionen. Citrix XenServer (siehe *http://docs.vmd.citrix.com/XenServer/6.0.0/1.0/en_gb/guest.html#creatingVMs_support_OS_minimums*) unterstützt sieben verschiedene Betriebssysteme. Zusätzlich zu Microsoft unterstützen das Produkt die Linux-Versionen von Debian und Ubuntu. VMware (*http://partnerweb.vmware.com/GOSIG/home.html*) unterstützt 23 verschiedene Betriebssysteme mit über einhundert Versionen, darunter 14 Windows-Versionen ab Windows 3.1. Die Auswahl Ihrer Virtualisierungsplattform hängt davon ab, ob und wie viele verschiedenartige Betriebssysteme Ihre Applikation unterstützen muss.

Kapitel 6

- VMware Player speichert und restauriert den Zustand der Maschine sofort, aber das Betriebssystem wird nicht neu gestartet. Das System-Monitor-Utility muss geschlossen und neu geöffnet werden, damit der Wert aktualisiert wird; aber der Speicher wird hinzugefügt.

- Nur wenige Daemons laufen speziell für einen bestimmten Anwender, wahrscheinlich einige, die mit dem Gnome-Dateisystem (gvfsd) zu tun haben, oder einige andere Utilities (seahorse-daemon; key manager, notification-daemon; system messages) sowie die weiter vorne behandelten vmtoolsd. Arbeiten Sie als root, laufen zusätzlich einige weitere Daemons. Weil root zugleich Superuser ist, laufen alle System-Daemon-Prozesse zu seiner Unterstützung. Wenn normale Anwender diese Dienste anfordern, werden für sie root-Prozesse ausgeführt; aber diese können von normalen Anwendern nicht beeinflusst werden, wodurch eine gewisse Sicherheit gewährleistet wird.

Kapitel 7

- Mit vier physischen Quad-Core-CPUs stehen Ihnen 16 CPUs als Prozessor-Ressourcen zur Verfügung. Bei 18 vCPUs pro physischer CPU könnten Sie potenziell 288 virtuelle Maschinen mit einer einzelnen vCPU unterstützen. Wenn Sie zwanzig Prozent der Ressourcen in Reserve halten, sinkt diese

| Lösungen zu den Zusatzaufgaben

Anzahl auf 230. Die meisten Hosts haben nicht so viele Gäste, weil nicht die CPU, sondern normalerweise der Speicher die maßgebende Ressource ist.

- Mit 48 Kernprozessoren könnten Sie 32 physische CPUs einrichten. Bei 18 vCPUs pro physische CPU könnten Sie potenziell 576 Gäste mit einer einzelnen vCPU unterstützen. Wenn Sie zwanzig Prozent der Ressourcen in Reserve halten, sinkt diese Anzahl auf 460. Die 17 neuen Gäste reduzieren diese Anzahl um 68, so dass Sie 392 virtuelle Maschinen mit einer einzelnen vCPU unterstützen können.

Kapitel 8

- Sieben. 4 GB mal sieben Maschinen plus Hypervisor-Speicherbedarf.
- Zehn. Bei einer Overcommit-Rate von 1,25:1 wird jede virtuelle Maschine praktisch mit 3 GB gezählt. 3 GB mal zehn Maschinen plus Hypervisor-Speicherbedarf.
- Achtunddreißig. Jede virtuelle Maschine wird jetzt nur mit drei Vierteln eines GB oder 768 MB gezählt. Dreiviertel mal achtunddreißig virtuelle Maschinen plus Hypervisor-Speicherbedarf.
- Fünfunddreißig. (90 Prozent von 31 GB) x 1,25. Weil die virtuellen Maschinen alle dasselbe Betriebssystem und dieselbe Applikation ausführen, ist die Memory-Overcommit-Rate wahrscheinlich sehr konservativ. Je nach Applikation und Performance ist dieses Beispiel mehr oder weniger realistisch.

Kapitel 9

- Bei insgesamt 24 Kernen könnten Sie pro Kern bis zu 24 virtuelle Maschinen verwenden. Bei 256 GB Speicher und ohne Nutzung der Memory-Overcommit-Vorteile könnten Sie bis zu 32 virtuelle Maschinen einsetzen. Bei einem Terabyte Festplattenspeicher können Sie zehn virtuelle Maschinen zur Verfügung stellen. Möglicherweise braucht auch der Hypervisor einen gewissen Festplattenspeicher, aber dieser wäre so klein, dass Sie zehn virtuelle Maschinen einrichten könnten. Der Engpassfaktor ist hier der verfügbare Festplattenspeicher.
- Bei 30 GB pro virtuelle Maschine könnten Sie jetzt bis zu 33 virtuelle Maschinen einrichten, 23 mehr als beim ersten Einsatz. Dies wäre mehr, als Ihr

Speichermodell unterstützen könnte. Aber mit Page Sharing könnten Sie diesen Wert leicht erreichen. 33 virtuelle Maschinen würden auch Ihre 24 Prozessoren übersteigen. Sie bräuchten zusätzliche Informationen über die Nutzung der CPU-Ressourcen, bevor Sie eine Entscheidung darüber treffen könnten, mehr als 14 virtuelle Maschinen hinzuzufügen. Aus mehreren Gründen sollten Sie viel mehr virtuelle Maschinen zu Ihrem Host hinzufügen. Haben Sie nur einen einzigen Host, hätte ein potenzieller Ausfall eine ernsthafte Dienstunterbrechung zur Folge. Sie sollten sich einige Zeit lang mit der virtuellen Umgebung vertraut machen und Strategien untersuchen, um die Verfügbarkeit zu vergrößern. Außerdem sollten Sie dafür sorgen, dass Ihr physischer Host alle Anforderungen handhaben kann, die in verschiedenen Situationen über eine aussagekräftige Zeitspanne hinweg an ihn gestellt werden können. Zeigen sich dabei Ressourcenengpässe – etwa bei der CPU oder beim Speicher –, treten Zugriffskonflikte auf, die Performanceprobleme verursachen und die Kunden unzufrieden machen können. Auf einem einzelnen Host stehen nur begrenzte Ressourcen zur Verfügung. Deshalb sollten Sie dafür sorgen, dass sie ausreichend vorhanden sind.

Kapitel 10

- Fügen Sie über VIRTUAL MACHINE SETTINGS einen zweiten Netzwerkadapter hinzu und wählen Sie die Option BRIDGED aus. Starten Sie die virtuelle Maschine neu. Windows fügt das Gerät beim Neustart hinzu. Öffnen Sie per *cmd.exe* ein Befehlszeilenfenster und starten Sie `run ipconfig`. Die VM sollte jetzt zwei Ethernet-Adapter-Verbindungen enthalten, jede mit einer eigenen IP-Adresse.

Kapitel 11

- Die *.vmx*-Datei ist vom Gast-Betriebssystem unabhängig. Deshalb sind die Eintragungen identisch. Etwaige Unterschiede sind auf unterschiedliche virtuelle Hardware-Konfigurationen zurückzuführen. Wenn die Schritte korrekt ausgeführt werden, sollte die virtuelle Linux-Maschine ebenfalls erfolgreich starten.

- Die UUID-Einträge der ursprünglichen und der geklonten virtuellen Maschine sollten verschieden sein. Die UUID des Klons wurde geändert, als Sie die Meldung beim Start, ob die virtuelle Maschine verschoben oder kopiert worden war, mit »I copied it« (»Ich habe sie kopiert«), beantworteten. Hätten Sie die Frage mit »I moved it« (»Ich habe sie verschoben«) beantwortet oder wäre die geklonte virtuelle Maschine noch nicht eingeschaltet worden, dann wären die UUIDs immer noch identisch.

- Alles, was andere Systeme oder Applikationen verwenden, um eine virtuelle Maschine zu identifizieren, müsste geändert werden. Dazu zählen unter anderem der Systemname, IP-Adressen, die den Netzwerkverbindungen zugeordnet sind, sowie Referenzen von System- oder Netzwerkadressen im Applikationscode. Die neue virtuelle Maschine müsste in Netzwerkverzeichnistabellen (DNS) eingetragen werden, damit Netzwerkanforderungen an das neue System weitergeleitet werden können.

Kapitel 12

- Die kurze Antwort lautet: Die Hardware der virtuellen Maschine beschränkt die Anzahl der Geräte eines Typs, die Sie zur Konfiguration der virtuellen Maschine hinzufügen können. In gewisser Hinsicht spiegelt dies die Einschränkungen eines physischen Servers wider, der auch nur über eine beschränkte Anzahl von Slots für PC-Schnittstellenkarten verfügt. Bei USB-Geräten ist dies wahrscheinlich nie ein Problem, weil Sie über einen Port bis zu 127 USB-Geräte anschließen können. Zwar ist dies offensichtlich unrealistisch, aber möglich. So können etwa die meisten modernen Drucker sowohl über das Ethernet-Netzwerk als auch über den USB-Port angeschlossen werden.

- USB-Geräte lassen sich sehr einfach mit physischen oder virtuellen Maschinen verbinden oder von ihnen trennen. Laut USB-Standard können sie auch ohne Umkonfiguration mit verschiedenen Betriebssystemen arbeiten. Deshalb sollte es kein Problem sein, eine Datei von dem Host-Betriebssystem auf ein USB-Gerät zu kopieren, dieses Gerät dann mit dem Gast-Betriebssystem zu verbinden und die Datei auf das Gast-Dateisystem zu kopieren. VMware Player verfügt über eine fortgeschrittene Funktion, die diese Prozedur umgehen kann, indem sie ein gemeinsames Verzeichnis für Host- und Gast-Betriebssysteme einrichtet. Dateien, die in dem gemeinsamen Verzeichnis gespeichert werden, sind von beiden Betriebssystemen aus zugänglich. Sie können diese Funktion aktivieren, indem Sie die Option SHARED FOLDERS auf der Registerkarte OPTIONS im Dialogfeld VIRTUAL MACHINE SETTINGS aktivieren.

Lösungen zu den Zusatzaufgaben

Kapitel 13

- Dieser Ausfalltyp erfordert einen anderen Lösungsweg, weil die lokalen Ressourcen nicht zur Verfügung stehen. Sie sollten empfehlen, eine Desaster-Recovery-Lösung für die geschäftskritischen Applikationsaufgaben zu implementieren.

- Weil eine Ausfallzeit geschäftskritisch ist, wäre Fehlertoleranz die bessere Wahl. Abhängig von anderen Faktoren könnte auch die Bereitstellung einer Desaster-Recovery-Funktion (Wiederherstellung nach einer Katastrophe) infrage kommen.

- Eine virtuelle Umgebung ist nicht weniger verfügbar als eine physische Umgebung. Handelt es sich um eine geschäftskritische Applikation, ist möglicherweise bereits eine Hochverfügbarkeitslösung installiert. Diese Lösung könnte auch in der virtuellen Umgebung laufen. Mit einigen Maßnahmen kann der Übergang vereinfacht werden. Eine Brücke von einer physischen zu einer virtuellen Maschine wäre billiger als zwei physische Server. Wenn keine Hochverfügbarkeitslösung installiert ist, könnten Sie eine anbieten oder sogar für Fehlertoleranz sorgen, wenn die Applikation wirklich geschäftskritisch ist. Da einzelne virtuelle Maschinen den physischen Server nicht beeinflussen können, hat eine gemeinsame Nutzung des Virtualisierungs-Hosts keinen Einfluss auf die Verfügbarkeit.

Kapitel 14

- Die virtuelle Appliance Turnkey Linux MySQL kann von *http://www.turnkey-linux.org/mysql* heruntergeladen werden. Viele virtuelle Appliances mit verschiedenen Entwicklungs-Stacks sind bereits einsatzbereit vorinstalliert und vorkonfiguriert. Die auf Ubuntu-Linux basierende virtuelle Maschine kann heruntergeladen (ca. 210 MB und vier Minuten) und in einem neuen Unterverzeichnis des Verzeichnisses *Virtuelle Maschinen* entpackt werden. Navigieren Sie zu dem Verzeichnis mit den *.vmdk-* und *.vmx-*Dateien. Klicken Sie mit der rechten Maustaste auf die *.vmx-*Datei und wählen Sie den Menübefehl ÖFFNEN MIT|VMWARE PLAYER. Die virtuelle Maschine beginnt mit dem Startvorgang. Sie fordert Sie auf, ein ROOT ACCOUNT-Passwort und ein MySQL-Passwort einzugeben. Das nächste Dialogfeld (INITIALIZE HUB SERVICES) können Sie überspringen; klicken Sie auf SKIP. Installieren Sie die Sicherheits-Updates (SECURITY UPDATES). Es empfiehlt sich, den Inhalt des MYSQL APPLIANCE SER-

331

| Lösungen zu den Zusatzaufgaben

vices-Fensters festzuhalten (Abschrift, Screenshot). Klicken Sie auf ADVANCED MENU und wählen Sie dann QUIT. An der Linux-Eingabeaufforderung (MYSQL LOGIN:) können Sie sich als root anmelden. An der Root-Eingabeaufforderung (root@mysql ~#) können Sie mit mysql –u root –h 192.168.178.27 –p eine Verbindung zu MySQL herstellen (Ihre Adresse finden Sie in dem MYSQL APPLIANCE SERVICES-Fenster, das Sie bei der Einrichtung festgehalten haben. Geben Sie das Passwort ein, wenn Sie dazu aufgefordert werden.) Um zu prüfen, ob die Datenbank läuft, können Sie einen der Befehle status; oder show databases; (jeweils mit Semikolon am Ende!) eingeben. Um die Datenbank zu verlassen, geben Sie exit ein. Dieser Prozess ist viel einfacher und schneller als die Erstellung Ihrer virtuellen Maschinen.

- Der Benchmark zeigt, dass ein zweiter Thread verwendet wird, um den Test auszuführen. Ein Blick auf den Linux-System-Monitor zeigt, dass die Nutzung der vCPU in der Spitze zwar 100 Prozent erreicht, aber dort nicht bleibt. Je nachdem, ob die Performance jetzt akzeptabel ist, sollte möglicherweise eine dritte vCPU eingerichtet werden oder nicht. Der Speicher wird im selben Maße genutzt und das Networking wird von diesen Tests immer noch nicht betroffen. Deshalb beeinträchtigen keine neuen Engpässe die Performance. (Bei meinem System erreichen die CPU-Spitzen auf dem physischen Host fast 80 Prozent; aber es gibt immer noch eine Reservekapazität, falls erforderlich.)

Stichwortverzeichnis

A

Affinität 322
AMD 173
Anti-Affinität 300, 322
Apple 36
Appliance
– virtuelle 310
Applikation
– dreischichtige Architektur 302
– in einer virtuellen Maschine 295
– Performance 296
– Ressourcenbedarf 301
– virtuelle 311
Applikationsserver 302
Applikationsverwaltung 305
Applikationsvirtualisierung 39
Ausfallzeit 280
Auslagerung 178
Auslagerungsdatei 178

B

Ballooning 183, 315
Bandbreite 315
Bandwidth 315
Bankautomaten 279
Bare-Metal 315
Bare-Metal-Lösung 53
BCDR 315
BEA Liquid VM 75

Bell Laboratories 22
Benchmark 305
Bridged-Netzwerk 223, 227, 321
BSD jails in FreeBSD 50
Business Continuance and
 Disaster Recovery 315
Byte-Größen 25

C

Cache 178
CD/DVD-Laufwerk 262
Central Processing Unit 164, 316
Child Disk 73
Chipsatz 173
CIFS 315, 319
Citrix Sicherheit 282
Citrix Application Streaming 39
Citrix Tools for Virtual Machines 261
Citrix Xen 52
Citrix XenConvert 79
Citrix Xenserver 187
Clone 315
Cloud Computing
– Begriff 35
– Sicherheit 292
– und Virtualisierung 35
Clustering 285
CNA 316
Cold cloning 80

Commodore 64   176
Common Internet File System   315
Computer-Architektur   321
Containment   31, 78, 92, 316
Converged Network Adapter   316
Copy-on-Write   185
Core   316
CP/M   22
CPU   163–164, 316
– Mehrkern-CPU   165
– vCPU   322
– virtuelle Maschine   62

D

Daemon   160, 316
DAS   316
data center *siehe* Datenzentrum
Dateisystem   194
Daten-Deduplikation   205
Datenbankserver   302
Datenzentrum   24, 316
– Energieverbrauch   25
– schützen   290
Deduplikation   205, 316
Delta Disk   73
Desaster-Recovery-Plan   290
Desktop-Virtualisierung   38
DHCP   219, 317
Dienste, Verfügbarkeit   278
Digitale Daten   190
Direct Attached Storage   316
Disk Mirroring   204
Disk Striping   204
Diskettenlaufwerk   263
Display   271
Distributed Management
   Task Force   74
DMTF   74
DMZ   317

Dom0   53
Domain 0   53
DR-Plan   290
Durchsatzkapazitäten   204
DVD-Laufwerk   262
Dynamic Host Configuration
   Protocol   317

E

Elastic Sky X   51
Entdopplung   316
Enterprise Linux   321
ESX   51
ESXi   51

F

Fault Tolerance   287, 317
Fehlertoleranz   287, 317
Festplatten   189
– Optionen   195
– virtuelle   191
Festplatten-Virtualisierung   193
Festplattenspiegelung   204
Fibre-Channel   317
Floppy   263
FT   287, 317

G

Gast   317
Gesamtbetriebskosten   31
Goldberg, Robert P.   21
Ground Storm X   51
GSX   51
Guest   317

H

HA   286, 317
Hardware einer virtuellen
   Maschine   330

Headroom 28
Heartbeat 284
Heiße Umwandlung 80
HID 317
High-Availability 286
Hochverfügbarkeit 286
Host Bus Adapter 317
Host-Adapter 317
Host-only-Netzwerk 223, 228
Hot cloning 80
HP P4000 LeftHand SAN 195
HP-UX Containers 50
Human Interface Device 317
Hyper-Threading 171, 317
Hypervisor 21, 37, 41, 43, 315
– Funktion 47
– Geschichte 42
– Typ-1-Hypervisor 44
– Typ-2-Hypervisor 45
– Vergleich der Angebote 50
– Xen 52

I
iCloud 36
Infrastrukturdienste 33
Integration Services 261
Intel 27, 173, 317
Internet Protocol Address 318
Internet Small Computer System Interface 318
IP-Adresse 318
iSCSI 318
ISO Image 318

K
Kern 316
Kern (CPU) 165, 322
Klonen 79, 236
– heißes 80

– kaltes 80
Kompression 318
Komprimierung 186
Konfiguration 120
– der virtuellen CPU 168
– des virtuellen Speichers 178
– von virtuellen Festplatten 195
Konsolidierung 30, 78, 232
Konsolidierungsrate 31, 318
Kopieren 235

L
Linux 318
– auf virtueller Maschine installieren 131, 133
– auf virtueller Maschine konfigurieren 154
– virtuelle Maschine optimieren 160
Linux-Distribution 161
Live Migration 288, 322
Load Balancer 319

M
Mehrkern-CPU 165
Memory Overcommitment 184
Messung
– der Performance 128, 161
– einer virtuellen Maschine 128, 161
Microsoft Sicherheit 282
Microsoft App-V 39
Microsoft Cluster Services 285
Microsoft Hyper-V 54, 187, 261, 326
Microsoft System Center VMM 79
Microsoft Virtual Server 324
Microsoft Windows 22
Microsoft Windows Virtual PC 81
Mikroprozessor 316
– Multicore 319
Modem 319

Monitor 271
Moore, Gordon 27
Moores Gesetz 24, 26
Multicore 319
Multipathing 283, 319

N

NAS 193, 319
NAT 319
NAT-Netzwerk 223, 229
Network Address Translation 229, 319
Network Attached Storage 319
Network File System 320
Network Interface Card 212, 320
Network Time Protocol 320
Netzwerk 156, 211
– konfigurieren 223
– Systemadresse 219
– Verbindungstypen 223
Netzwerk-Adapter 316, 320
Netzwerk-Switch 320
Netzwerk-Virtualisierung 211
– Performance 232
Netzwerkkarte 212
Netzwerkperformance 315
Netzwerkressourcen
– virtuelle Maschine 64
Netzwerkschnittstellenkarte 320
Netzwerkverkehr 217
NFS 320
NIC 212, 320
NIC Teaming 283
NIFS 319
Novell Platespin Migrate 79
NTP 320

O

Open Virtualization Format 74, 320
Open-Source 319
Optimierung
– der virtuellen CPU 169
– des virtuellen Speichers 180, 182
– einer virtuellen Maschine 127
– virtuelles Netzwerk 231
– von virtuellen Festplatten 203
Oracle (Suns) VirtualBox 324
Oracle Real Applications Clusters 285
Oracle VM 55
Oracle VM VirtualBox 55
OS/2 22
Overcommitment 184
OVF 74, 320
OVF-Package 325
OVF-Standard 74

P

P2V 77, 320
– Umwandlung 77
– Werkzeuge 79
Package
– Linux-Distribution 161
Page file 178
Page Sharing 184, 320
Paging 178, 321
Paralleler Port 274
Parallels Desktop 81, 324
Parallels Virtuozzo 50
Partieller Host-Ausfall 290
PC-Betriebssysteme 23
PCI DSS 282
Performance
– einer virtuellen Maschine 127
– messen 128, 161

– RAID 205
– von Applikationen 296
Physical-to-Virtual 77, 320
Physische Maschine in virtuelle umwandeln 78
Pipe 204
Plattenspeicher
– virtuelle Maschine 65
Plattenspeichervirtualisierung 189
Popek, Gerald J. 21
PowerVM 50
Prozessor 316
Prozessoreinheit 316
Prozessorgeschwindigkeit 323
Prozessorleistung 27

Q

QoS 208
Quality of Service 208–209
Quest Software vConverter 79
Qumranet 56

R

RAID
– Level 205
– Verfügbarkeit und Performance 205
RAM 175
Random Access Memory 175
Rechenzentrum 316, 321
Red Hat 56, 321
Red Hat Enterprise Linux 56, 133, 321
Redundant Array of Inexpensive Disks 205
Ressourcen
– Allokation 48
– Konflikt 297
– Pool 298, 321
– Virtualisierung 297

RHEL 56, 133, 321
Ringe 68
Root-Passwort 141

S

SAN 193, 321
Sandbox 42
Schlüsseltrends 19
Schnappschuss 73, 247–248, 321
– Dateien 249
– erstellen 250
– integrieren 254
SCSI 321
– Gerät 275
Serieller Port 272
Server
– Anzahl 323
– Einsatz 23
– Konsolidierung 30
– Typ erkennen 120
– Virtualisierung 37, 324
– Wachstum 22
– Wildwuchs 282
– Zombies 282
Server Sprawl 282
Sicherheit 282
– Cloud Computing 292
Small Computer System Interface 321
SMP-Virtualisierung 321
Snapshot 73, 321
Solaris Zones 50
Solid-State Disk 208
Soundkarte 266
Sparse Disk 249
Speicher 175
– virtuelle Maschine 63
Speicherbedarf berechnen 181
Speicherkomprimierung 186

Stichwortverzeichnis

Speicheroptimierung
– Page Sharing 320
– verschiedener Anbieter 187
Speicherverwaltungsaufwand 181
Speichervirtualisierung 175
Speicherwachstum 176
SSD 208
Status speichern 247
Storage Area Network 321
Storage-Migration 288
Storage-Optionen 195
Swap file 178
Swap-Bereich 186
Switch 213
Symantec Cluster Server 285
Symantec System Recovery 79
Symmetric Multiprocessing 321
Sysprep 242
Systemadresse 219
Systemüberwachung 305

T

Template 242, 321
– Virtuelle Maschine 71
Thick Provisioning 206
Thin Provisioning 206
Thread 171
Tiered Storage 209
Total cost of ownership 31
Turnkey Linux MySQL 331
Typ-1-Hypervisor 44
Typ-2-Hypervisor 45, 324

U

Unified Communications 73
Universal Serial Bus 322
UNIX 22, 319
USB 322

USB-Gerät 268
User Domain 193

V

vApp 310
vCPU 166, 322
– Anzahl 169
Verfügbarkeit 315, 331
– RAID 205
– von Diensten 278
Verfügbarkeitsstrategien 281
Verfügbarkeitstechniken 204
Virtual Box 81
Virtual Machine Manager 41, 318
Virtual Sprawl 256
Virtual-Machine-Monitor 21, 41
Virtualisierung
– Bedeutung 29
– Begriff 19
– Chipsatz 173
– der CPU 163
– des Desktops 38
– des Speichers 175
– eines Unternehmens 32
– Einführung 32
– Ressourcen 297
– Speichernutzung 186
– Strategien 77
– Trends 32
– und Cloud Computing 35
– von Applikationen 39
– von Festplatten 189
– von Servern 37
Virtualisierungs-Software 36
Virtualisierungs-Workbench 81
Virtuelle Appliances 331
– Quellen 312
Virtuelle Applikation 311

Stichwortverzeichnis

Virtuelle Cluster 286
Virtuelle CPU
– konfigurieren 168
– optimieren 169
Virtuelle Festplatte 191
– konfigurieren 195
– optimieren 203
– partitionieren 142
Virtuelle Maschine
– Applikationen 295
– Arbeitsweise 67
– Aufbau 59
– Begriff 59
– CD/DVD-Laufwerk 262
– CPU 62, 163
– Dateien 60, 236
– Diskettenlaufwerk 263
– Display 271
– Distribution 320
– erstellen 77, 81, 92, 94
– Festplatten 189
– Gründe für den Einsatz 325
– Hardware 330
– Hardware-Ressourcen 60
– Host-Server 61
– klonen 69, 79, 236
– Kommunikation 214
– konfigurieren 93
– Kopie 315
– kopieren 235
– Linux installieren 131, 133
– Linux konfigurieren 154
– Linux optimieren 160
– messen 128, 161
– Monitor 271
– Netzwerk 156, 211
– Netzwerkressourcen 64
– Nutzung 69
– optimieren 127

– Packaging 320
– paralleler Port 274
– Performance 127
– Plattenspeicher 65
– Schnappschuss 247, 321
– schützen 280
– SCSI-Gerät 275
– serieller Port 272
– Sicherheit 68
– Soundkarte 266
– Speicher 63, 175
– Status speichern 247
– Templates 71, 242
– USB-Geräte 268
– Verfügbarkeit 278
– verschieben 218
– Windows aktualisieren 102
– Windows installieren 101, 102
– Windows konfigurieren 120
Virtuelle Maschinen
– vCPU 166
– zusätzliche Geräte 259
Virtuelle Realität 20, 47
Virtueller Speicher
– konfigurieren 178
– optimieren 180, 182
Virtueller Switch 213, 218
Virtuelles Gerät 75, 261
Virtuelles Netzwerk 64
– optimieren 231
VM 59
– Affinität 322
– Anti-Affinität 322
VM-affinity 300
.vmdk 238, 249
.vmem 249
VMKernel 51
VMM 318
– Kerneigenschaften 21

| Stichwortverzeichnis

vmnetcfg.exe 226
VMotion 218
.vmsd 249
vmtoolssd.exe 260
VMware 29
– Sicherheit 282
VMware Converter 79
VMware ESX 50
VMware Fusion 81, 324
VMware Player 327
– erkunden 88
– herunterladen 82
– installieren 83
– Konfiguration 120
VMware Server 51
VMware ThinApp 39
VMware Tools 259, 322
– installieren 115, 153
VMware Virtual Storage Appliance 195
VMware vSphere 187
VMware Workstation 81, 324
.vmx 238

W

Wählton-Verfügbarkeit 278
WebLogic 75
Webserver 303
Werkbank 81
Windows 22
– auf virtueller Maschine aktualisieren 102
– auf virtueller Maschine installieren 101
Windows 7 auf virtueller Maschine installieren 102
Workbench 81

X

Xen Hypervisor 52

Z

Zeit synchronisieren 161
Zeitzone 139
Zwischenspeicher 178

www.ingramcontent.com/pod-product-compliance
Lightning Source LLC
LaVergne TN
LVHW060136080526
838202LV00049B/4005